KB270034

LEARNING iOS
게임 프로그래밍

이 책을 읽는 순간 여러분은 이미 iOS 게임 개발자!

마이클 데일리 지음
정기훈 옮김

정보문화사
Information Publishing Group

Learning iOS 게임 프로그래밍

초판 1쇄 인쇄 | 2012년 8월 3일
초판 1쇄 발행 | 2012년 8월 10일

지 은 이 | 마이클 데일리
옮 긴 이 | 정기훈
발 행 인 | 이상만
발 행 처 | 정보문화사
편 집 팀 장 | 김우진
책 임 편 집 | 정수진
표지디자인 | 성연미
내지디자인 | 성은경
주   소 | 서울 종로구 동숭동 1-81
전   화 | (02)3673-0037~9(편집부) (02)3673-0114(대)
팩   스 | (02)3673-0260
등   록 | 제1-1013호
I S B N | 978-89-5674-568-8

도서 문의 및 A/S 지원
정보문화사 홈페이지 | http://www.infopub.co.kr
저자 이메일 | lonathe@yahoo.com

이 책은 저작권법에 따라 보호받는 저작물이므로 무단 전재와 무단 복제를 금하며,
이 책 내용의 전부 또는 일부를 사용하려면 반드시 저작권자와 정보문화사의 서면동의를 받아야 합니다.

※ 정보문화사는 독자 여러분의 의견에 항상 귀를 기울이고 있습니다.
※ 잘못된 책은 구입처에서 교환해드립니다.
※ 가격은 뒤표지에 있습니다.

Learning iOS 게임 프로그래밍 책을 추천합니다!

"iPad, iPhone, iPod touch 게임 개발 세계에 입문하는 데 아주 훌륭한 길잡이가 될 책이다."

– Tom Bradley, 소프트웨어 설계자이자 TBXML 개발자

"훌륭한 개발자와 게임이다. 이 책 안에는 iPhone 게임 개발을 위한 모든 것이 담겨있다. 어쩌면 당신이 AppStore 대박의 주인공이 될지도 모른다."

– Sebastien Cardoso

이 책과 함께라면 곧바로 여러분만의 게임을 만들 수 있을 것이다. 예제로 쓰인 코드는 설명이 잘 되어 있기 때문에 모호한 설명으로 가득한 인터넷 자료를 검색하느라 시간을 낭비할 필요가 없다."

– Pablo Gomez Basanta, Mind 창업자

"마이클 데일리는 한 분야에 있어 아주 숙련된 전문가만이 다른 사람을 가르칠 수 있다는 고정관념을 깨뜨린 사람이다. 그는 자신도 공부를 하면서 다른 사람을 가르칠 수 있다는 것을 보여주었을 뿐만 아니라, 그가 지닌 열정과 뛰어난 문제 해결 능력 그리고 완벽한 게임 프로젝트는 이 책을 내가 읽은 최고의 서적 중 하나로 만들었다."

– Eugene Snyetilov

"만약 OpenGL과 OpenAL을 이용하는 iOS 2D 게임 프로그래밍에 관심이 있다면 이 책이 완벽하고 재미있는 게임을 만들 수 있도록 도와줄 것이다."

– Scott D. Yelich

"마이클 데일리는 iPhone 애플리케이션 개발의 애매한 부분을 정리해준다. 탄탄한 예제, 알기 쉬운 설명과 노하우가 담긴 팁은 이 책을 iPhone 개발자라면 꼭 지녀야 할 must have 서적으로 만들었다."

– Brandon Middleton, Tic Tac Toe Ten 개발자

"이 책은 iOS 게임 개발의 A부터 Z까지 설명하고 있다. 즉, 아주 기본적인 용어 설명부터 완전한 게임을 다루는 기술까지 모든 내용이 이 책 안에 들어 있다. 이 책을 읽고 나면 어느새 모든 이론과 기술을 지니고 게임을 만들고 있는 자신을 발견하게 될 것이다. 게임 개발에 있어 이 책보다 더 뛰어난 참고서는 없을 것이다."

– Rod Strougo, Prop Group 창업자

역자의 글

한국에 iPhone이 처음 출시된 후 30개월 동안 일어난 한국 IT 생태계의 변화는 과거 30년간 이루어진 변화만큼이나 놀랍고도 혁신적이었다. 우리 나라에 스마트폰 열풍이 불며 절반에 가까운 가입자가 스마트폰을 사용하게 되었고, 통신회사는 이동통신망 개방과 더불어 기하급수적으로 증가하는 데이터 트래픽 사용량에 대응하기 위한 투자를 끊임없이 진행하고 있다. 또한 단말 제조사는 새로운 성장기회를 놓칠세라 연구개발에 집중했고 그 결과 한국의 단말이 세계시장 점유율 No. 1을 기록하는 기염을 토하기도 하였다.

하지만 누구보다 반가워 했을 사람은 바로 소프트웨어 개발자가 아닐까 싶다. 1인 개발자 시장이 활짝 열리며 자신의 제품에 대한 반응이 금전적인 형태로 아주 신속하게 돌아온다는 사실을 알게 된 수많은 개발자들은 새로운 플랫폼이 나타나면 늘 그랬듯이 금광을 찾아 서부로 떠나듯 미지의 세계로 뛰어들고 있다. 그러나 탐험을 위해서는 언제나 충분한 준비가 필요한 것처럼 스마트폰, 특히 iPhone 개발에는 만반의 준비가 필요하다. 특히 iPhone 게임 개발을 목표로 하고 있다면 iOS 개발에 대한 지식뿐만 아니라 게임 개발에 대한 지식까지 겸비해야 하기 때문에 디버깅과 함께할 수많은 밤을 위해서라도 든든한 무기가 필요하다.

이 책은 iOS 게임 개발에 관심을 갖고 있는 개발자를 위한 최적의 안내서이자 지침서이다. 게임 개발에 낯선 개발자라도 어렵지 않게 게임 개발에 뛰어들 수 있도록 좋은 길잡이가 되어줄 것이다. 특히 게임 엔진의 핵심을 포함한 게임의 전체 코드를 제공하고 코드에 대해 조리 있게 설명해서 게임 개발 follower들로 하여금 단기간에 레벨업할 수 있는 지름길을 제공한다. 물론 2D 게임에 대한 내용만을 다룬다는 것은 약점이 될 수 있겠지만 이 책을 통해 숲을 볼 수 있는 시각을 키우게 된다면 3D를 포함한 이후의 세부 개념에 대한 학습 및 개발이 더욱 수월해질 것이다.

이 책을 번역할 수 있도록 기회를 제공한 정보문화사에게 깊은 감사를 전한다. 특히 오랜 시간 동안 역자를 믿고 독려해준 김우진 팀장님께 깊은 고마움과 경의를 표한다. iOS 게임 개발에 대한 많은 노하우를 전할 수 있는 기회를 제공해준 이 책의 저자 마이클 데일리에게도 심심한 감사를 전한다. 그리고 사랑스런 아내와 윤서, 태원이에게도 고마운 마음을 전한다.

정기훈

역자 소개

현재 KT에서 LTE WARP 프로젝트를 진행하고 있다. 옮긴 책으로는 〈예제로 배우는 핵심 패턴 아이폰 프로그래밍〉, 〈New 알기쉬운 TCP/IP〉 등이 있으며 〈원리로 이해하는 네트워크 입문〉 등 다수의 책을 집필하였다.

 감사의 글 

이 책을 집필하는 것은 아주 놀라운 여행이었으며, 많은 사람의 도움으로 무사히 여행을 마칠 수 있었다. 이 지면을 빌어 고마움을 전하고자 한다.

- 가장 먼저 Addison-Wesley 편집장인 Chuck Toporek와 그의 충실한 팀원 Romny French에게 감사를 전한다. Chuck은 저자의 블로그에 실린 강좌 비디오를 보고 비디오 내용을 책으로 정리할 것을 권했고 이 책을 집필하는 과정에서 업무 진행을 훌륭하게 도와주었으며, 특히 세금관련 정보를 때맞추어 알려주어 이 책이 출판되는 데 큰 무리가 없도록 해주었다. 이들의 도움과 격려가 없었다면 게임 개발자이자 블로거일 뿐이던 내가 저자가 될 생각은 하지 못했을 것이다.
- John Bloomfield는 전문 웹 디자이너로 71Squared.com 블로그에서 디자인과 사이트 관리를 맡고 있다. John의 훌륭한 작업이 있었기 때문에 Chuck이 블로그에서 저자의 강좌를 볼 수 있었으며, 그것이 바로 집필의 기회로 이어질 수 있었다. 나의 오랜 친구이기도 한 John은 지금은 지구 반대편인 호주에 살고 있지만, 공간의 제약에도 불구하고 그는 이 프로젝트를 지속적으로 지원하고 있다.
- Tom Bradley는 능력 있는 개발자이자 TBXML[1]을 만든 장본인으로 많은 시간을 저자와 함께 했다. 심지어는 새벽까지 버그를 잡고 성능을 높이기 위해 같이 고민하기도 하였다. Tom의 도움 덕분에 Sir Lamorak's Quest의 개발에 있어 힘든 고비를 넘길 수 있었으며, 프로젝트를 제때 마칠 수 있었다.

---

[1] TBXML: www.tbxml.co.uk

- Ryan Sumo는 필리핀 마닐라에 살고 있는 전문 비디오 게임 아티스트로 Sir Lamorak's Quest의 모든 그래픽 작업을 진행하였다. 특히 중세시대의 모습을 잘 묘사하였으며, 빠른 그래픽 작업과 훌륭한 피드백 및 조언으로 저자를 항상 즐겁게 하였다. 만일 마닐라에 갈 일이 있다면 이 책을 직접 전해주길 바란다. 아마도 Ryan은 이 책을 전달해주는 당신에게 술을 한잔 사줄 것이다. Ryan의 그래픽 작업을 보고 싶다면 ryansumo.carbonmade.com을 방문하기 바란다.

- Vince Webb은 런던에서 음악을 전공하고 수상 경력도 지닌 훌륭한 음악가로, Sir Lamorak's Quest의 음악을 담당하였다. Vince는 아주 멋진 음악으로 Sir Lamorak's Quest의 완성도를 한 단계 더 높이는데 크게 기여했다. 현재도 다수의 프로젝트에 참여하고 있으며, www.vincewebb.com에서 그의 작품을 볼 수 있다. 저자는 이렇게 뛰어난 사람과 같이 작업할 수 있었던 것에 그저 감사할 따름이다.

- 블로그 71Squared.co.uk를 통해 Sir Lamorak's Quest의 베타 테스터로 지원한 베타 테스터 그룹에도 감사의 인사를 전한다. 이들은 저자의 블로그에 자주 방문하는 이웃으로 베타 테스트를 진행하는 동안 너무나도 훌륭한 피드백과 조언을 제공해 주었다. 이러한 도움 덕에 게임이 더욱 세련되게 다듬어질 수 있었다. 이들의 활약상은 Sir Lamorak's Quest: The Spell of Release 게임의 개발자 소개에서 확인할 수 있다.

- 마지막 인사는 가족을 위해 남겨두었다. Sir Lamorak's Quest를 개발하고 이 책을 집필하는 길고 긴 시간 동안 아내 Alison과 멋진 아이들 Caragh, Alex, Matthew는 저자와 함께하지 못했다. 이들의 인내와 사랑과 지원이 없었다면 아직도 게임 개발자의 꿈만 꾸고 있었을 것이다.

이 책의 내용이 이 책을 읽는 모든 분들에게 많은 도움이 되길 바라며, 아이디어나 조언이 있다면 언제든지 알려주기 바란다.

마이클 데일리(Michael Daley)
mike@71squared.com

저자 소개

마이클 데일리는 낮에는 대기업 간 커뮤니케이션을 지원하는 세계적인 소프트웨어 회사에서 일하고 밤에는 iPhone 게임 개발을 공부하는 평범한 개발자이다. 마이클은 Sinclair Spectrum 48k에서 BASIC 언어로 게임을 만든 것으로 시작해 Commodore 64와 Amiga A500 플랫폼의 게임을 제작하기도 했다. 이러한 게임 프로그래밍에 대한 열정은 iPhone의 출시와 함께 Objective-C와 iPhone 게임 개발을 공부하도록 만든 원동력이 되었다.

수년간 여러 가지 게임을 그저 아이들을 위해서만 만들다가 iPhone 출시를 계기로 플레이 대상을 확장할 수 있는 새로운 계기를 마련하였다. 그는 진정한 Apple 팬으로, Apple의 최신기기에 많은 시간과 돈을 투자하고 있다.

시작하며

게임을 만드는 것은 정말 힘든 작업이다. 아무리 경험이 많은 프로그래머라 할지라도 게임과 관련된 디자인 패턴, 전문 용어, 사고 과정은 익숙하지 않은 경우가 많다. 몇 년간 비즈니스 애플리케이션 개발이 본업이 되면서, 게임은 그저 아이들을 위해 취미로 만드는 수준이었다. 하지만 iPhone과 iPod Touch가 출시되면서 저자의 게임도 세상에 빛을 볼 때가 되었다.

iPhone 게임 개발을 위해 가장 먼저 한 일은 iPhone 게임 개발 관련 서적을 구하는 것이었다. 하지만 아무리 찾아봐도 입맛에 꼭 맞는 책이 없다는 사실을 깨닫고는 온라인 강좌를 직접 만들기 시작했다. 그러다가 결국 저자가 항상 꿈에 그리던 게임 개발 서적의 집필 기회가 찾아온 것이다.

수년 동안 여러 게임 개발 서적을 읽으며 들었던 생각은 항상 각각의 세부 개념들에 대해서는 충실히 다루면서도 게임 개발에 대한 전체적인 프로세스에 대해서는 언급하지 않는다는 것이었다. 물론 예제도 부분적으로만 제공되었다. 저자는 좋은 책이란 특정 부분에 대한 상세한 설명도 중요하지만 설명하는 부분이 전체 프로젝트에서 어떻게 구현되고 동작하는지 보여주는 것 또한 중요하다고 생각해왔기 때문에, 이 책에서는 iPhone 개발에 필요한 여러 가지 개념에 대해서 설명할 뿐만 아니라 전체 게임에서 어떻게 동작하는지도 보여주고 있다.

Sir Lamorak's Quest: The Spell of Release 게임은 이 책을 위해 개발한 게임으로, 본문에서 어떻게 구현하였는지를 설명할 것이다. 물론 이 게임은 App Store에서 무료로 다운로드할 수 있다.

게임 다운로드 방법

Sir Lamorak's Quest를 App Store에서 다운로드받기 위해서는 다음 주소로 접속하면 된다.

http://itunes.apple.com/us/app/sir-lamoraks-quest-the-spell/id368507448?mt=8

게임은 무료로 다운받을 수 있으니 바로 다운로드하고 실행하여 Lamorak을 성에서 탈출시키기 바란다(역자주: AppStore에서 'Sir Lamorak's Quest'를 입력하면 바로 검색된다).

이 책에서는 2D 게임을 제작할 수 있는 핵심 요소에 대해서 설명한다. 이러한 내용에는 OpenGL ES와 OpenAL 뿐만 아니라 게임 엔진에 있어 필수 요소인 스프라이트 시트, 애니메이션, 터치 입력, 사운드 등도 포함된다.

각 장에서는 이러한 핵심 요소에 대한 자세한 설명과 함께, 경우에 따라서 타일 맵 편집기 같이 개발에 도움이 되는 툴이나 OpenGL ES를 이용한 각종 효과 등에 대해서도 설명한다. 이렇게 기본적인 내용과 기술에 대한 설명이 끝나면 이러한 내용이 Sir Lamorak's Quest 프로젝트에서 어떻게 활용되었는지 살펴본다. 이와 같은 이론과 실무의 조합은 다른 게임 개발 서적에서 부족하게 느꼈던 부분을 채워줄 수 있을 것이다.

Sir Lamorak's Quest 게임에 관하여

1982년 크리스마스 선물로 받은 Sinclair Spectrum 48k로부터 저자의 게임 플레이는 시작되었다. 한동안 게임에 흠뻑 빠진 이후 컴퓨터는 삶의 일부가 되었다.

이 책을 위한 게임을 구상하는 과정에서 한창 게임을 즐기던 1980년대를 떠올리게 되었다. 그 당시의 게임들은 비주얼적으로 화려하지는 않았지만 게임에 몰두하게 만드는 매력이 있었다.

iPhone 게임을 구상하는 동안 게임에 넣고 싶었던 기능뿐만 아니라 iPhone의 특성을 고려했을 때 꼭 필요한 부분이 무엇인가에 대한 내용도 넣기 위해서 노력했는데, 이러한 개념 중 하나가 임시성(casual)이다. 즉 언제든지 게임을 시작하거나 끝낼 수 있어야 하며, 그러는 와중에도 게임은 연속성이 유지되어야 한다.

또한 게임 컨트롤은 사용자가 쉽게 인지할 수 있도록 화면상에 조이패드를 구현하였으며, 오른손/왼손 사용자가 모두 플레이할 수 있도록 조이패드의 방향을 바꿀 수 있게 한 것도 큰 특징이다.

그리고 게임을 플레이하면서 1980년대 게임에 사용된 여러 디자인 아이디어를 반영하기로 했는데 그 중 하나가 배경이 움직이는 방식을 채용한 것이다.

이 책의 구성

이 책은 총 16장으로 구성되어 있으며, 각 상은 Sir Lamorak's Quest의 특정 부분을 담당한다.

- **1장 게임 디자인**

  게임을 디자인할 때 고려할 점에 대해 설명한다. 특히 게임을 제작할 때 좋은 사고를 할 수 있는 프로세스를 제시한다. 물론 모든 장르의 게임에 대해 어떤 식으로 게임을 디자인하는 것이 좋은지 일일이 열거할 수는 없지만, 가능한 중요한 것을 간추려 설명하도록 노력하였다.

- **2장 The Three Ts: Terminology, Technology, and Tools**

  경력이 오래 된 프로그래머조차도 게임 개발을 시작하면 3개의 T 때문에 힘들어한다. 2장에서는 게임 개발에 사용되는 세 가지 용어인 terminology, technology, tool에 대해서 설명한다. 여기서 설명하는 용어들은 이 책에서 전반적으로 사용하게 된다.

- **3장 여정의 시작**

  처음으로 iPhone 화면에 무언가를 그리게 된다. 이 과정을 통해 OpenGL ES 템플릿을 Xcode에 추가하는 방법에 대해 배우게 된다.

- **4장 게임 루프**

  모든 게임에 있어 게임 상태를 체크하는 부분이 바로 게임 루프(game loop)이다. 게임 루프를 이용하여 인공지능이나 렌더링 같은 게임 속 모든 주요 요소의 작업이 시기 적절하게 이루어진다. 말은 쉽지만 구현이 만만치 않으며 접근 방법도 다양하기 때문에 이러한 내용들에 대해서 자세히 논의한다.

- ● 5장 이미지 렌더링

이미지를 화면에 그리는 것은 모든 게임의 기본이다. 5장에서는 OpenGL ES의 기본 지식과 이를 이용하는 몇 가지 클래스를 통해 화면에 이미지를 렌더링하는 방법을 알아본다.

- ● 6장 스프라이트 시트

스프라이트 시트(Sprite sheet)는 여러 개의 작은 이미지가 모여 있는 큰 이미지 하나를 일컫는다. 이렇게 하면 작은 이미지를 일일이 텍스처로 처리할 때보다 메모리도 줄이고 OpenGL ES의 성능은 높일 수 있다는 장점이 있다. 애니메이션을 구현하기 위해서도 스프라이트 시트를 이용하는 경우가 많다. 아울러 스프라이트 시트를 크기에 상관없이 제작하는 방법에 대해서도 설명한다.

- ● 7장 애니메이션

스프라이트 시트를 이용하여 애니메이션을 만들기 위해서는 각 프레임 이미지를 스프라이트 시트에 넣어야 한다. 7장에서는 주인공이 달려가는 애니메이션을 독립된 이미지를 이용하여 구현하는 방법에 대해 설명한다.

- ● 8장 비트맵 폰트

게임에서 사용자와 정보를 교환하는 대표적인 방법이 바로 텍스트이다. 그래서 게임 사용 방법이나 최고 점수 같은 정보를 화면에 보여주는 것은 매우 중요하다. 8장에서는 이러한 텍스트를 만들기 위한 오픈 소스 폰트 제작 도구를 소개하며 이를 이용하여 비트맵 폰트로 만드는 방법을 설명한다. 또, 이렇게 만든 이미지를 스프라이트 시트에 넣고 폰트처럼 사용하는 방법에 대해서도 설명한다. 이를 위해 Sir Lamorak's Quest에서 사용한 폰트 렌더링용 클래스인 Bitmap 클래스에 대한 자세한 설명도 덧붙였다.

- ● 9장 타일 맵

타일 맵을 이용하면 아주 커다란 게임 세상도 몇 장의 이미지만을 이용해서 보여줄 수 있다. 타일 맵은 닌텐도의 수퍼 마리오 시절부터 이용된 기법으로, 방대한 게임 세상을 제한된 메모리로 표현할 수 있도록 한다. 9장에서는 타일 맵을 화면에 렌더링하는 과정뿐만 아니라 오픈 소스 툴을 이용하여 타일 맵을 제작하는 방법에 대해서도 설명한다.

- **10장 Particle Emitter**

많은 게임에서 여러 가지 특수효과를 사용한다. 이러한 특수효과에는 불꽃, 폭발, 연기, 섬광 등이 있는데 이런 것들은 대부분 particle system을 이용하여 만들어낸다. Particle system은 다수의 입자를 생성하고 제어하는 시스템으로 각 입자마다 자신만의 크기, 모양, 색깔, 이동 방향, 소멸시점 등의 속성을 가지고 있다. 입자의 life cycle 동안에는 particle 설정에 따라 위치, 크기, 색깔 등이 변한다. 10장에서는 이러한 particle system을 만드는 방법과 다양한 특수효과를 연출하는 방법에 대해 설명한다.

- **11장 사운드**

현대 게임에서 사운드가 차지하는 비중은 날로 높아지고 있다. 11장에서는 iPhone의 미디어 플레이어의 기능을 살펴보고 OpenAL을 이용하여 음악을 재생하고 3D 사운드 효과를 내는 방법에 대해 설명한다.

- **12장 User Input**

12장에서는 iPhone에서 터치 센서와 가속도 센서를 이용하여 게임을 제어하는 방법에 대하여 설명한다. 여기에는 멀티 터치 처리 방법과 가속도 센서에서 제공되는 데이터 처리 방법도 포함된다.

- **13장 Game Interface**

13장에서는 인터페이스에 대한 내용을 다룬다. 즉 Sir Lamorak's Quest가 항상 가로 방향으로 실행되도록 하는 방법에 대한 설명과 함께 OpenGL ES와 UIKit 인터페이스를 섞어서 보여주는 방법에 대해서도 알아본다.

- **14장 게임 오브젝트와 엔티티**

Sir Lamorak's Quest 게임에서 성 내부를 이리저리 돌아다니는 플레이어를 위해 아이템 및 적들과 같은 다양한 오브젝트와 엔티티를 이곳 저곳에 배치하였다. 14장에서는 이러한 오브젝트와 엔티티를 어떻게 구현하였는지 살펴본다.

- **15장 충돌 감지**

플레이어나 적들이 벽과 문을 자유로이 통과해버리면 게임이 제대로 진행되지 않을 것이다. 그렇기 때문에 플레이어와 이동 금지 영역, 또는 플레이어와 오브젝트 및 엔티티 간에 충돌이 일어나는지 여부를 확인하는 것은 대단히 중요하다. 15장에서는 이러한 여러 가지 형태의 충돌을 감지하는 방법에 대해서 설명하고, Sir Lamorak's Quest에서는 어떻게 구현하였는지 알아본다.

- **16장 끝내기**

여기까지 왔다면 이미 게임 개발에 필요한 중요한 개념들을 모두 파악한 상태일 것이다. 그러나 게임의 마지막 완성도를 높이기 위해 몇 가지 기억할 점이 있다. 16장에서는 전화가 오는 등의 이벤트가 발생할 때 자동으로 게임을 저장하고 다시 실행했을 때 이어서 진행할 수 있는 방법에 대해 설명한다. 또한 instruments 같은 성능 분석 툴을 통해 자신의 프로젝트를 분석하는 방법과 베타 테스트를 진행할 때 주의해야 할 점 몇 가지에 관해서도 알아본다.

대상 독자

이 책은 아직 컴퓨터 게임 프로그램 제작 경험이 없는 프로그래머를 대상으로 집필하였다. 즉 Objective-C에 대한 약간의 지식이 있으며, 책에서 설명하는 여러 가지 개념 또는 구현에 대해 이해할 수 있을 정도의 수준은 된다고 가정하였다.

이 책을 모두 읽고 나면 게임 엔진에 대해 이해가 깊어질 것이며, 2D 게임 엔진 제작을 위한 충분한 지식과 역량을 갖추게 될 것이다. 이러한 경험을 바탕으로 이 책에서 사용한 게임 엔진을 자신의 게임에 적용시킬 수도 있으며 Cocos2D 같은 3rd party 게임 엔진을 사용할 수도 있게 될 것이다.

알맞은 독자

여러분이 만일 iPhone 애플리케이션을 개발한 경험이 있으면서 게임 개발로 눈을 돌리는 상황이라면 이 책이 꼭 맞는 책이 될 것이다. 이미 가지고 있는 지식을 기반으로 이 책에서 제공하는 용어, 기술, 툴 등을 비롯한 실제 구현 예제는 여러분의 기대를 충족시켜줄 것이다.

읽지 않아도 되는 독자

이미 게임 개발에 대한 프로세스를 이해하고 있거나 3D 게임 개발을 목표로 하는 사람이라면 이 책이 맞지 않을 것이다.

이 책을 읽는 독자는 Objective-C, C, Xcode, 인터페이스 빌더 등에 익숙하다고 가정하였다. 물론 C를 사용하는 부분은 가능한 한 줄였지만 두 언어에 대한 기본지식이 있는 것이 유리하다. 이 책을 읽으면서 도움이 될 만한 서적은 다음과 같으니 참고하도록 하자.

- 코코아 프로그래밍(아론 힐리가스, 인사이트, 2009)
- Learning Objective-C 2.0(Robert Clair, Addison-Wesley, 2011)
- 프로그래밍 오브젝티브 C 2.0(스티븐 코찬, 인사이트, 2009)
- 코코아 디자인 패턴(에릭 벅, 케이앤퍼북스, 2009)
- The iPhone Developer's Cookbook, Second Edition(한국어판)(에리카 세든, 에이콘, 2010)
- Core Animation: Simplified Animation Techniques for Mac and iPhone Development(Marcus Zarra, Matt Long, Addison-Wesley, 2010)
- iPhone Programming: The Big Nerd Ranch Guide(Aaron Hillegass, Joe Conway, Big Nerd Ranch, Inc., 2010)

소개한 책을 비롯하여 인터넷 등을 통해 Mac과 iPhone 프로그래밍 및 Objective-C 언어와 Cocoa 프레임워크 등을 익히는 데 도움을 받을 수 있을 것이다.

소스코드 다운로드

이 책의 모든 내용을 이해하기 위해서는 Sir Lamorak's Quest의 전체 소스코드가 필요하다. 소스코드는 InformIT.com이나 정보문화사(www.infopub.co.kr) 자료실에서 다운로드할 수 있다. 이 책에서는 많은 양의 코드를 살펴볼 뿐만 아니라 중간중간 연습문제도 제시하기 때문에 가능하면 Xcode와 iOS SDK 등의 Apple 개발도구를 같이 설치하기 바란다. Apple 개발도구는 Apple iOS Dev Center에서 다운로드할 수 있다.

차 례

Chapter 05 이미지 렌더링

Chapter 10 Particle Emitter

Chapter 01
게임
디자인

나는 게임을 사랑한다. 정말 짧고 간결한 한 마디지만 이 안에 저자에 대한 모든 설명이 들어있다고 해도 과언이 아니다. 저자는 1982년 처음 컴퓨터를 가졌을 때부터 게임을 즐겼다. 한 달여 동안 부모님을 졸라서 마침내 1982년 크리스마스 아침에 예쁘게 포장된 상태로 받은 바로 그 선물 – 내 첫 번째 컴퓨터 – 은 다름아닌 Sinclair Spectrum 48k이다(그림1.1). 회색의 고무 키보드에 까맣고 빛나는 몸체는 아름다움과 마법 그 자체였다.

| 그림 1.1 | 저자의 오리지널 1982년도 Sinclair ZX Spectrum

그때는 처음 받은 컴퓨터가 어떻게, 왜 그렇게 동작하는지에 대한 고민도 없이 그저 즐기기에 바빴다. 그저 카세트 드라이브가 돌아가는 소리를 들으며 처음 접한 게임이 로딩되어 화면이 TV에 나타나는 것을 가만히 앉아서 보고 있을 뿐이었다. 그리고 그것이 컴퓨터와 오랜 시간 동안 교감하기 위한 시작임을 알고 있었다.

Spectrum 컴퓨터가 생긴 이후 할 수 있는 한 많은 게임을 해보는 데에는 그리 오랜 시간이 걸리지 않았다. 그러면서 슬슬 컴퓨터(그리고 게임)가 실제로 어떻게 동작하는지 궁금해지기 시작했다. 그 당시에는 많은 잡지가 있었는데 거기에서 Sinclair에서 돌아가는 BASIC 언어에 대한 정보를 구할 수 있었다. 〈Sinclair User〉나 〈ZX Computing〉 같은 잡지에는 간혹 어떠한 프로그램에 대한 소스코드 전체를 싣기도 했는데, 그 프로그램을 실행하기 위해서는 신중하게 코드를 입력해야 했다. 저자 역시 몇 시간 동안 긴긴 소스코드를 힘들게 입력했는데도 불구하고 프로그램이 동작하지 않아 낙심한 적이 많았다.

하지만 괜한 시간낭비 같던 그 과정들은 시간이 지나면서 그 가치를 드러내기 시작했다. 소스코드 전체를 타이핑하는 동안 게임이 어떻게 동작하고 필요한 블록은 무엇인지 알게 되었으며, 대형 게임회사에서 일하지 않더라도 누구든지 – 침실에서 Spectrum을 가지고 프로그래밍하는 나 자신을 포함해서 – 컴퓨터 게임을 만들 수 있다는 사실 또한 알 수 있었다.

iPhone 게임 프로그램을 만들기 위한 과정은 유년시절에 컴퓨터 게임을 만들던 방식과 큰 차이가 없었지만 수많은 시행착오를 겪으며 느낀 상실감을 한번의 성공으로 모두 날려버렸던 기억을 다시금 떠올리게 했다. 사실 똑같이 프로그램을 작성하는 것이지만 회사에서 일로 프로그래밍하는 것은 게임에서 스크린 위로 날아다니는 무언가를 보는 듯한 느낌만을 줄 뿐이었다. 하지만 iPhone 게임 프로그래밍을 할 때는 달랐다. 다시 12살의 어린 소년으로 돌아가 하나하나 문제를 해결해가는 즐거움을 느끼게 된 것이다. 아마도 많은 사람들이 이러한 느낌을 다시 발견해서 게임 프로그램을 만들고 공유하는 것인지도 모른다.

그 동안 많은 분야에서의 눈부신 기술 발전 덕분에 게임을 제작하고 공유·판매하는 것이 옛날 카세트 장치를 이용하는 것과는 비교할 수 없을 만큼 엄청나게 쉽고 편리해졌지만, 게임에 대한 아이디어를 떠올리고 그것을 게임에 적용하는 일련의 과정은 크게 변한 것이 없다.

이번 장에서는 게임을 디자인하고 개발하기 위해 필요한 필수 개념에 대하여 다룰 것이다. 필수 디자인 개념은 아래와 같다.

- High level 게임 디자인
- 스토리 라인
- 게임 플레이 요소

게임을 만드는 데 있어 기초를 탄탄히 하는 것은 매우 중요하다. 따라서 이번 장에서는 iPhone 게임을 제작하는 긴 여정에 필요한 여러 가지 정보에 대해 설명할 것이다.

✖ 모든 것을 시작하게 만든 게임

그 당시에는 아주 인기 있는 게임이었던 Manic Miner[1]를 만든 17세 소년 Matthew Smith에게 깊은 감명을 받았다. Manic Miner(그림 1.2)는 20단계로 구성된 게임으로 배경음악이 있는 최초의 게임이다. Matthew는 Manic Miner를 단 6주 만에 제작하였다. 물론 Matthew가 분명 천재적인 재능을 가지고 있는 것도 사실이었지만 그는 이 게임을 통해 상상력과 프로그래밍 능력만 있다면 누구든지 게임을 만들 수 있다는 것을 보여주었다.

| 그림 1.2 | ZX Spectrum에서 돌아가는 Manic Miner의 1단계

그 이후로 컴퓨터는 저자의 삶에 있어 많은 부분을 차지하게 되었으며, 이 일을 업으로 삼게 되었다. 물론 지금은 잘 나가는 컴퓨터 게임을 제작하는 것이 아니라 기업

---

1 Manic Miner 게임에 대한 역사는 en.wikipedia.org/wiki/Manic_Miner를 참조하면 된다. 실제 게임 플레이 화면을 보고 싶다면 YouTube에서 "Maniac Miner"로 검색하면 된다.

용 소프트웨어를 만들고 있다. 그럼에도 불구하고 여전히 다른 사람이 즐길 수 있는 게임 프로그램을 만드는 것을 취미로 삼고 있다. 지난 수년간 여러 가지 프로그래밍 언어를 가지고 단순한 형태의 많은 프로토타입을 제작하였지만 결국 모두 빛을 보지 못하고 사장되었다(최근에는 Java를 사용하고 있다).

이미 Apple의 열성 팬이기도 했지만, iPhone이 출시되면서 당연하게도 iPhone의 매력에 흠뻑 빠져들지 않을 수가 없었다. 그리고는 Apple에서 iPhone SDK를 내놓자마자 많은 사람이 그런것처럼 나도 바로 다운로드해서 가지고 놀기 시작했다. 그러면서 App Store에 게임이 늘어나기 시작하는 것도 발견하게 되었다.

이것은 마치 Spectrum을 가지고 놀던 어린 시절과 같았다. 사람들은 자기 방에 앉아 iPhone 게임을 만들고 App Store에 등록하고 배포하기 시작하였으며, 나 역시 인터넷을 통해 게임 개발에 필요한 많은 정보를 구하기 시작한 것이 그리 오래되지 않았다. 이 책을 읽는 동안 자연스럽게 이러한 다양한 내용에 대하여 학습하게 될 것이다.

🛠 그래서, 대단한 아이디어란 게 뭔데?

모든 게임은 한 가지 개념과 함께 시작하는데 그것이 바로 아이디어이다. 이 책의 집필을 위한 게임을 구상하기 위하여 가장 훌륭한 정보를 제공해주는 사람을 찾아갔는데, 그건 바로 저자의 아이들이었다. 저자는 30분 가량 아이들이 이야기하는 것을 받아 적는데 그러면 이 녀석들은 정말 열심히 게임 속 세상을 묘사한다. 사람과 사물들은 어떻게 행동하는지, 주인공이 사용하는 무기는 무엇인지, 또한 무기를 사용함에 있어 가장 중요한 것으로 주인공 또는 적들이 어떻게 죽는지에 대해 열심히 설명한다. 남자아이들이어서인지 모르겠지만 설명하는 것에 너무 심취한 나머지 심지어는 죽는 과정에 대해 좀 심하게 묘사하는 경우도 있는데, 이럴 때면 아빠는 지금 Halo 10을 만드는 게 아니라고 선을 그어주기도 한다.

1980년대에 즐겼던 Spectrum 게임에서 수많은 아이디어를 얻었으며, 매우 재미있게 플레이했던 기억 때문인지 처음에는 iPhone으로 이와 같은 클래식 게임을 많이 즐겼다.

iPhone에 적합한 게임

게임에 대한 컨셉을 잡는데 있어 가장 크게 고려해야 할 사항 중 하나는 사람들이 iPhone을 사용한다는 것이다. 물론 저자 역시 iPhone으로 게임하는 것을 좋아하지만 iPhone으로는 두 아들과 같이 Xbox로 게임할 때처럼 몇 시간씩 게임을 하지 않는다. 대부분의 사람들도 마찬가지로 iPhone을 잡고 게임을 실행한 다음, 잠깐 동안 (간혹 회의 시간에도) 게임을 하고는 다시 집어넣는다. 이러한 트렌드는 이미 App Store의 낲은 게임에 반영되고 있다.

이것은 매우 중요한 사항이며, 이로 인해 다음과 같은 여러 가지 관점에서 고려할 점이 생긴다.

- 게임을 다시 시작하면 이전에 종료한 지점에서부터(혹은 종료한 단계의 시작 지점부터) 계속 진행할 수 있어야 한다.
- 게임 조종은 금방 익숙해질 수 있도록 직관적이어야 한다. 사람들이 게임을 시작하자 마자 바로 게임에 빠져들게 하고 싶다면 얼마나 게임 조종을 쉽게 하느냐가 관건이다. 더욱이 iPhone을 사용하기 때문에 iPhone에 걸맞은 컨트롤도 필요하다. 예를 들면, 가속도 센서나 멀티터치 같은 iPhone만의 메커니즘 활용을 고려하는 것이 좋다.
- 스토리 라인이 너무 복잡하면 다시 게임을 시작할 때 그 동안 진행한 내용을 잊어버려 어리둥절할 수 있다.
- 게임에서 이루어야 할 목표가 분명해야 한다. 간단하면서도 좋은 예로 점수 또는 시간을 들 수 있다.

게임을 디자인할 때는 위의 사항뿐만 아니라 다른 많은 부분에 대해서도 고려해야 한다. 만약 캐주얼 게임을 만든다면 게임을 시작할 때 이전에 종료한 지점에서부터 계속 게임을 진행시켜야 하며, 게임 조종을 위해서 화면에 조이패드를 보여주는 등 플레이하는데 쉽게 적용할 수 있도록 해야 한다.

　이 책은 기본적으로 캐주얼 게임을 제작하는 것을 목표로 하기 때문에(따라서 Halo 10을 만드는 방법은 여기 없다!) 유령이 살고 있는 성을 배경으로 하는 2D 게임을 가지고 설명할 것이다. 그 성에는 유령, 흡혈귀 등이 살고 있기 때문에 바보가 아닌 이상 아무도 가지 않는다. 이러한 내용을 바탕으로 게임의 스토리 라인을 작성하면 이미지를 만드는 데 도움이 될 뿐만 아니라 게임을 프로그래밍하는 동안 방향성을 유지하는데 많은 도움이 된다.

스토리 라인

　여러분은 게임 속에서 모험을 좋아하는 젊은 기사 Lamorak이 되어, 부와 명성 그리고 마을의 어여쁜 아가씨들의 관심을 받기 위한 모험을 떠나게 된다. 목적지는 Ulpha 숲 속에서 오랜 시간 동안 방치된 Egremont 성으로, 유령이 그 성에 살고 있다는 소문을 확인하여 진정한 용사로 인정받고자 길을 나선다.

　드디어 이끼가 가득한 고(古)성에 도착하였다. 이때, 마치 입구 안에서 수많은 시선이 자신을 바라보고 있는 듯한 느낌이랄까? 상당한 불안감이 엄습하기 시작한다. Lamorak의 믿음직한 말(馬) Buttercup도 두려움에 휩싸인 채 안절부절 못하다 Lamorak이 내리자마자 한바탕 몸부림치고는 도망가버렸다. 혼자 남은 Lamorak은 밀려오는 바람에 떠밀리듯 성문 앞으로 다가가 성문을 열기 시작했다. 오랫동안 아무도 오지 않았음을 알리듯 삐그덕거리는 기분 나쁜 소리를 내며 마침내 성문이 열렸다.

　천천히 성 안으로 들어갈수록 칠흑같은 어둠으로 아무것도 보이지 않게 되었지만 음산한 바람소리와 똑똑 떨어지는 물방울 소리는 더욱 또렷하게 들리고 있었다. 그러다 갑자기 바람이 불어오더니 성문이 닫혀버렸다. Lamorak은 다시 열려고 하지만 닫힌 문은 열리지 않았다. Lamorak은 성에 갇혀버린 것이다.

게임 디자인

왜 성에 들어왔을까 하고 잠시 후회할 겨를도 없이 어둠 속에서 악마의 목소리가 들려왔다.

"이 성에서 나가기 위해서는 탈출 주문을 외워야 한다. 그렇지 않으면 영원히 이 성에 갇혀 있게 될 것이다. 음하하하하하!"

어둠 속에 홀로 선 Lamorak은 두려움을 떨치며 생각을 가다듬었다. 이렇게 된 이상 탈출 주문이 무엇인지, 어디에 있는지, 그리고 그 목소리의 주인공은 누구인지를 밝혀내야 할 것이다. 하지만 분명한 것은 이 성 안에는 Lamorak 혼자만 있지 않다는 것이다.

이름에 숨겨진 의미

저자는 이와 같은 오싹한 이야기를 좋아한다. 어쨌거나 스토리 라인을 완성하면 나머지를 디자인하는 과정은 훨씬 수월해진다. 보통 이 시점에서 게임의 이름을 짓게 되는데, 이때 만든 이름은 게임을 제작하는 동안 계속해서 참조할 수 있고 게임의 고유성을 만드는데도 도움이 된다.

게임 이름하나 짓는 게 무슨 큰 일이냐고 생각할 수도 있겠지만 App Store에 게임을 등록하기 위해서는 몇 가지 고려해야 할 점이 있다. 이 책을 쓰는 현재 App Store에는 15만개 이상의 앱이 등록되어 있으며, 그 말은 같은 수만큼의 이름이 이미 사용되었다는 것을 의미한다. 따라서 게임의 이름에 시간, 돈, 디자인을 위한 노력 등을 투자하기 전에 먼저 App Store를 검색해서 원하는 이름이 사용 중인지 확인해야 한다.

또한 저작권에 대해서도 고려해야 한다. 이 부분은 제작자 본인에게 직접적으로 피해가 발생할 수도 있는 문제이기 때문에 꼼꼼하게 체크해야 한다. 이름뿐만 아니라 게임에서 발생하는 모든 컨텐츠에 대해서도 저작권 문제에 얽힐 수 있다. App Store에 등록하는 동안 저작권에 대해서 자유로운지에 대한 질문을 받을 것이다. 다시 한번 강조하지만 저작권에 대한 문제는 면밀히 검토해야 한다.

이름을 결정할 때 자신이 사용하고자 하는 이름을 누군가가 사용하는지 알아보기 위하여 자주 App Store를 검색하게 되는데, 그렇기 때문에 가능한 한 사람들이 잘 사용하지 않는 이름을 만들어야 한다. 예를 들어, 'i'로 시작하는 게임 이름은 엄청나게 많기 때문에 'i'로 시작하는 이름은 피하는 것이 좋다.

마지막으로, iPhone 홈 화면의 App 아이콘 아래에 나타나는 App 이름의 글자 수에 제한이 있다는 것도 계산해야 한다(영문 약 10자, 한글 6자). 그래서 보통 전체 제목의 앞글자를 따거나 각인되기 쉬운 짧은 단어로 이름을 만든다. 만약 글자가 너무 많으면 iPhone에서는 중간에 '…'을 표기하면서 이름을 줄여버린다.

그래서 이 게임의 경우 전체 이름은 Sir Lamorak's Quest: The Spell of Release 이지만 iPhone에서 사용하는 이름은 전체 이름의 앞 글자만 따다 쓴 SLQTSOR로 하였다.

게임의 목표

게임의 스토리 라인을 만든 다음에는 게임의 목표를 설정해야 한다. 주인공이 성에서 탈출하기 위해서는 탈출 주문을 찾아야 하는데, 스토리 라인을 따르자면 목표는 아주 심플하다. 플레이어는 Lamorak가 되어 성 안 곳곳을 돌며 탈출 주문을 찾으면 된다. 나는 스토리 라인을 좀 더 보강하면서 디테일한 면을 추가하기로 하였다. 예를 들어 "탈출 주문은 양피지에 적혀 있으며 성에 있는 악마가 세 조각으로 잘라내서 성 구석구석에 숨겨 놓았다"와 같이 좀 더 세부적인 내용을 덧붙이는 것이다.

주문이 적혀 있는 세 조각을 모두 찾은 다음에는, 다시 처음에 들어온 입구로 돌아가 탈출하면 된다. 물론 굉장히 쉬운 것처럼 보이겠지만 주인공이 쉽게 탈출하도록 놔두지는 않을 것이다. 악마는 성 곳곳에 무서운 유령과 장애물을 설치하여 주문 찾는 것을 더욱 어렵게 만들었다.

Lamorak이 성 내부를 돌아다니면서 유령을 잡을 때마다 점수가 올라가며, 얼마나 빨리 탈출하는지 그 시간을 기록한다.

이렇게 게임을 제작하면서 사람들이 이 게임을 계속해서 플레이하는 이유에 대해서 미리 생각해 보았다. 아마도 빠른 시간 안에 게임을 클리어하면서도 그 시간 안에

게임 디자인

더 많은 점수를 내기 위해 게임을 계속할 것이다. 여기까지 생각이 미치고 나니 플레이어로 하여금 탈출 주문이 적힌 양피지 조각을 동일한 위치에서 찾게 되는 지루함을 없애기 위하여 양피지 조각이 숨겨진 위치가 매번 바뀌도록 하였다.

✖ 게임 플레이 요소

게임의 스토리 라인과 복표를 만드는 다음에는 게임의 메커니즘에 대해서 고민할 차례다. 게임이 어떻게 끝나는지, 에너지는 어떻게 회복하는지, 유령은 어떻게 없애는지, Lamorak의 진로를 어떻게 방해하는지 등이 이러한 메커니즘의 예가 될 수 있다. 이러한 것들을 정리하기 위해 아이디어를 쭉 적어보았다. 게임 구상 단계에서 나는 이 게임을 너무 쉽지도 어렵지도 않게 만들려고 했다. 또한 플레이하는 동안 약간의 고민과 스킬이 필요하도록 했다. 물론 수많은 테스트와 시행착오가 기다리고 있다는 사실도 알고 있었다. 그동안의 경험으로 미루어 봤을 때 아무리 쉽고 간단한 게임일지라도 난이도의 균형을 맞추는 것은 결코 쉬운 일이 아니다. 아래의 섹션을 통해 게임을 제작할 때 사용하는 게임 메커니즘에 대해 설명할 것이다. 게임을 개발하는 동안 이러한 메커니즘은 충분히 변경될 수 있겠지만 그때마다 아이디어를 정리하고 전체적인 구도를 조정하는 것이 필요하다.

> **Note** 마지막으로 언급한 부분이 조금 이상하게 들릴 수도 있을 것이다. 그 동안의 경험으로 미루어 봤을 때, 프로젝트를 시작할 때는 좋은 아이디어를 많이 가지고 출발하면서 가능한 한 이 아이디어들을 게임 플레이의 중심이 되도록 반영하거나 게임이 끝날 때까지 유지하도록 마음 먹는다. 그러나 구현하는데 너무 복잡하거나 실제 게임에서 잘 동작하지 않거나 게임을 너무 쉽게 혹은 어렵게 만드는 것들을 제거하다 보면, 몇 가지 아이디어를 제외하고는 다 떨어져 나갔다는 것을 확인하게 된다.

시간

시간은 보통 두 가지 방식으로 사용된다. 하나는 플레이어가 임무를 수행하는 데 시간제한을 두는 것이며, 다른 하나는 클리어하는 데 얼마나 많은 시간이 걸렸는지 카운트하는 것이다. 이 게임에서는 얼마나 빨리 클리어하는가를 측정하는 데 시간을 사용했다. 점수와 시간은 플레이어로 하여금 얼마나 게임을 진행했고 목표에 가까이 다가갔는지를 확인할 수 있는 지표를 제공한다.

또 다른 형태의 타이머로 플레이어의 에너지(체력)를 들 수 있다. 플레이어가 가만히 있을 때에도 계속해서 에너지는 감소하기 때문에 플레이어는 계속해서 움직여가며 에너지가 소진되기 전에 에너지를 채울 수 있는 아이템을 찾아야 한다.

생명

게임은 보통 도전적이기 때문에 플레이어가 죽는 것은 어쩔 수 없는 것이다. 플레이어가 죽게 되면 게임을 처음부터 다시 시작하게 하거나, 아니면 초기에 지정된 생명 수만큼(2개/3개 등) 계속 진행할 수 있도록 한다. 나는 보통 죽으면 처음부터 다시 시작하도록 게임을 만들었지만, 이번에는 3개를 제공했다[2]. 3개는 임의로 정한 숫자이지만, 대부분의 아케이드 게임에서 3개를 제공하기 때문에 3개로 결정하였다. 게임을 테스트하면서 생명 수를 조정하는 것으로 게임의 난이도를 결정할 수도 있다.

체력

플레이어의 체력은 게임에 있어 결정적인 요소이기 때문에 게임을 진행하는 동안 계속해서 관리하게 된다. 고민하다 보니 적들이 플레이어를 때릴 때만 체력이 닳도록 하는 방식은 게임의 몰입도를 떨어뜨릴 수도 있다는 생각이 들었다. 왜냐하면 적을 잘 피하면서 무기를 적절히 활용하면 큰 어려움 없이 게임을 진행할 수 있기 때문이다. 그래서 아무런 행동을 하지 않더라도 플레이어의 체력이 저절로 감소하도록 디자인했다. 그냥 돌아다니기만 해도 체력이 떨어지기 때문에 플레이어는 열심히 성 내부를 뛰어다니게 된다. 이것은 스토리 라인과도 맞아 떨어지는 것이, Lamorak은 성에 오랜 시간 동안 갇혀있는 것을 원치 않기 때문에 열심히 뛰어다닐 수 밖에 없으

---

2 예를 들어, Zombieville USA에서 좀비에게 죽으면 처음부터 다시 시작해야 했다. 그러나 iPhone 3.0 SDK에 포팅한 버전 1.4부터는 게임 시작 전에 생명 수를 결정할 수 있도록 옵션을 제공하였다. Zombieville USA에 대한 자세한 정보는 iTunes App Store에서 확인할 수 있다.

며 자연스레 체력은 줄어드는 것이다. 물론 적에게 공격당하면 체력은 더 많이 줄어든다.

그와 동시에 성에 갇힌 우리의 영웅이 살아남을 수 있도록 하기 위해서 체력을 올려주는 아이템을 제공한다. 아이템을 사용하면(단순히 아이템 위를 지나가면 된다) Lamorak의 체력은 조금 회복된다. 플레이어가 좀 더 생각할 수 있도록 아이템의 개수를 제한하였다. 즉 아이템 하나를 소비하면 다시는 같은 장소에 아이템이 나타나지 않는 식이다. 이렇게 하면 어떻게 아이템을 활용해아 체력이 다 떨어지기 전에 성을 빠져나갈지 고민하게 되면서 게임이 조금 어려워진다. 이러한 과정은 플레이어로 하여금 언제 아이템을 먹어야 체력을 다 소진하지 않을 수 있는지와 같은 플레이 스킬을 자연스레 체득할 수 있도록 한다. 물론 적을 피해 다녀야 오래 살 수 있는 것은 당연하다.

오브젝트(Object)

모든 게임은 하나 이상의 오브젝트를 가지고 있다. 무기, 에너지 아이템, 폭탄, 보너스 등이 모두 오브젝트이다. 이러한 오브젝트는 보통 게임의 장르, 스토리 라인, H/W 기종 등에 따라 결정된다. 예를 들어 Lamorak에게 9mm 기관총이나 고스트 버스터 가방을 줄 수도 있겠지만, 이렇게 하면 게임의 스토리 라인과 맞지 않는다. 또한 "I'll be back…"을 외치며 돌아다니게 하는 것도 어울리지 않는다.

그래서 이 게임에서는 3가지의 오브젝트만을 사용하기로 하였다.

- 에너지: 체력 회복
- 열쇠: 잠긴 문 열기
- 양피지 조각: 탈출 주문 획득

앞에서도 언급하였듯이 힘들게 떠올린 많은 아이디어들이 설령 변경되고 사용되지 않는 한이 있더라도 아이디어를 많이 기록하는 것이 게임을 개발하는데 많은 도움이 될 것이다.

열쇠

게임의 몰입도를 좀 더 높이기 위해서 방을 연결하는 문을 두 가지 형태로 만들었다. 하나는 일반적인 문으로 무작위로 열리고 닫히며, 다른 하나는 색깔을 띤 문으로 같은 색깔의 열쇠가 있어야 열린다.

색깔 열쇠를 제공하는 또 다른 이유는 미로와 같은 성을 돌아다니며 이미 방문한 방을 기억할 수 있도록 도와주기 위해서다.

에너지 아이템

성을 돌아다니다 보면 에너지 아이템을 쉽게 볼 수 있는데 각각 정해진 양의 체력을 채워준다. 에너지 아이템 위를 지나가면 자동으로 에너지 아이템을 획득함과 동시에 체력이 올라간다. 에너지 아이템은 플레이어의 체력을 100% 넘게 채울 수는 없으며 한 번 사용한 다음에는 다시 나타나지 않는다.

양피지 조각

양피지 조각은 총 3개가 있다. 게임 스토리상 Lamorak은 3개로 나뉘어 있는 탈출 주문이 적힌 양피지 조각을 찾아야 한다. 세 조각을 모두 모으면 우리의 주인공은 탈출 주문을 외울 수 있게 된다. 한가지 중요한 사실은 양피지 조각을 획득하면 자동으로 인벤토리가 채워지는데 인벤토리에 담을 수 있는 아이템 수는 열쇠를 포함하여 3개뿐이라는 점이다. 즉, 양피지 조각 세 개를 모두 담기 위해서는 열쇠를 하나라도 갖고 있으면 안 된다는 얘기다.

문(門, Door)

방을 연결하는 문은 자동으로 열리고 닫힌다. 일부는 유령이 닫기도 하는데 이렇게 해서 Lamorak을 다른 길로 유도하여 체력을 소비하게 만든다. 이러한 형태의 장애물은 특히 에너지 아이템을 먹으려고 하다 막히는 경우에 게임의 몰입도를 높이는 역할을 한다. 문이 열리고 닫히는 시간은 random 값으로 하여 플레이어가 문이 여닫히는 타이밍을 기억하지 못하도록 하였다. 문이 열리거나 닫히는 시간은 1초에서

10초 사이에서 자동으로 결정되며, 이렇게 함으로써 매 게임마다 난이도가 달라지게 된다.

무기

많은 게임에서 무기를 제공한다. 이 게임에서도 유령의 성에 갇혀 있는 기사를 생각하며 도끼를 사용하기로 결정하였다. 도끼는 한 번에 하나만 던질 수 있으며, 날아간 도끼는 적들을 죽이는데 벽을 만나면 튕겨져 다른 방향으로 날아가게 된다. 날아다니는 도끼는 몇 초 지나면 자동으로 없어진다. 도끼가 사라지면 Lamorak은 다시 도끼를 던질 수 있다.

이와 같은 아이디어는 저자가 자주 즐겨 했던 Spectrum의 고전 게임에서 따온 것이다. 그저 무작정 아무데나 무기를 날리기보다는 이와 같이 무기사용에 약간의 제한을 둠으로써 좀 더 기술적으로 무기를 사용하도록 유도하는 것이 더 좋다고 생각하기 때문에 이러한 방법을 적용하였다. 또한 이러한 무기 사용법은 Lamorak이 어떻게 모든 도끼를 찾을 수 있을 것이냐에 대한 대답이 될 수도 있는데, 이 도끼는 부메랑처럼 다시 돌아와 Lamorak이 계속 사용할 수 있는 것이다 – 믿거나 말거나.

엔티티(Entity)

엔티티 없이는 어떠한 게임도 완성되지 못할 것이다. Lamorak이 성 안을 돌아다니며 탈출 주문을 찾는 동안 단순히 문만 스스로 여닫히고 있다면 게임은 굉장히 지루해질 것이다. 이러한 따분함을 떨쳐버리도록 우리의 주인공으로 하여금 싸우게 만들었다. 이 게임에서는 다음과 같은 여러 종류의 엔티티를 만들어 플레이어를 공격하도록 하였다.

- 유령
- 호박머리
- 마녀
- 박쥐

- 좀비
- 프랑켄슈타인
- 흡혈귀

이러한 엔티티는 두 가지 방법으로 성 내부를 돌아다닌다. 첫 번째 방법은 단순히 무작위로 돌아다니는 것이다. 속도와 방향만 random하게 변할 뿐 단순하게 돌아다니기 때문에, 플레이어는 잠시 멈추어 움직임을 관찰하면 대충 이동 경로를 파악할 수 있다. 두 번째 방법은 첫 번째와는 달리 플레이어를 쫓아다니는 것이다. 이러한 두 가지 방법은 중간중간 바뀌기 때문에 유령이 단순히 돌아다니기만 하다가 갑자기 플레이어를 쫓아올 수도 있다. 이와 같은 기법은 플레이어로 하여금 게임을 더욱 힘들게 만드는 역할을 한다.

플레이어(Player)

게임 플레이 요소의 마지막으로 플레이어를 들 수 있다. 플레이어는 매우 중요한 요소 중 하나로 스토리 라인의 중심이 되어 이야기를 이끌어간다. 또한 주인공인만큼 특별한 스킬 또는 액션을 펼칠 수 있다. 앞에서 소개한 스토리 라인에 따라, 이 게임에서는 주인공이 성에 갇혀 있으며 무기로 도끼를 들고 있다는 것을 알고 있다. 이를 배경으로 이미 앞에서 살펴본 플레이어의 액션을 정리하자면 다음과 같다.

- 성 내부를 돌아다닌다.
- 플레이어의 진행 방향으로 도끼를 던진다.
- 에너지 아이템 위를 지나가는 방법으로 아이템을 획득한다.
- 열쇠를 모을 수 있다. 열쇠는 인벤토리에 저장되며 인벤토리에는 양피지 조각도 저장할 수 있다.
- 인벤토리에 문과 같은 색깔의 열쇠가 있어야 색깔 문을 통과할 수 있다.
- 닫혀 있는 문이나 잠긴 문은 같은 색깔의 열쇠 없이 통과할 수 없다.
- 인벤토리에 양피지 조각 세 개가 모두 모이면 정문을 통과할 수 있다.

이것들은 아주 기본적인 행동이자 게임의 목표를 달성하는데 있어 플레이어에게 꼭 필요한 행동이다. 주인공이 어떻게 구현되었는지 - 룩 앤 필-는 앞으로 계속 설명할 것이다.

⚒ 정리

이번 장은 아주 장황했던 만큼 많은 개념에 대해 다룰 수 있었다. 또한 이 책에서 무엇을 얻을 수 있는지에 대해서 엿보기도 했으며 게임 개발에 필요한 여러 아이디어에 대해서도 알 수 있었다. 스토리 라인, 게임의 목표, 플레이 요소 등이 이러한 아이디어가 되어 게임을 개발하는 데 사용되었다. 자세한 내용은 앞으로 차근차근 살펴나갈 것이다.

이제 게임 이름, 스토리 라인, 목표, 플레이 요소를 결정하였으니 다음으로는 기술적인 부분에 대하여 알아볼 차례이다. 즉 이러한 내용을 코딩하는 방법에 대하여 다룰 것이다. 다음 장에서는 게임을 개발할 때 많이 사용되는 스프라이트, 텍스처 등과 같은 용어에 대하여 살펴볼 것이다. 또한 우리의 게임을 구현하는 데 필요한 상위 레벨 기술인 Objective-C, OpenGL ES, OpenAL 등에 대해서도 알아볼 것이다.

이번 장에서는 In-App 결제 등과 같은 부분은 다루지 않았다. 물론 Sir Lamorak's Quest 게임에서는 In-App 결제는 사용하지 않지만 게임을 개발할 때 이와 같은 기법은 충분히 고려해볼 만하다. 충성 고객들을 위하여 새 버전에 레벨, 무기, 에너지 등과 같은 것을 구입할 수 있도록 구현하면 게임이 더욱 다채로워질 것이다.

Chapter 02

Three Ts: Terminology, Technology, Tools

1장에서는 Sir Lamorak's Quest 게임을 위한 기본적인 게임 디자인, 스토리 라인, 게임 요소 등에 대해서 살펴보았다. 물론 이러한 내용은 매우 중요하지만 어떻게 보면 그저 이야기에 불과한 것이다. 그래서 이번 장에서는 이와 같은 이야기를 현실 세계의 iPhone 게임으로 구현할 수 있도록 만들어 주는 세 가지 T: Terminology, Technology, Tools에 대하여 다룰 것이다.

이 책에서는 Objective-C나 C 등을 어떻게 사용하는지에 대해서는 다루지 않는다. 게다가 OpenGL, OpenAL 등과 같은 내용에 대해서는 세부적인 내용까지 익힐 수 있는 훌륭한 책[1]이 많이 있다. 여기서는 이러한 기술을 왜, 어떻게 사용하는가에 대해 이해할 수 있을 정도만 언급할 것이다.

게임을 개발할 때 사용하는 terminology(용어)는 일반 애플리케이션을 개발할 때 사용하는 용어와는 조금 다르다. 이번 장에서 이와 같은 차이점에 대해 이해하고 나면 나머지 부분을 읽는데 큰 어려움이 없을 것이다.

Technology에서는 iPhone 프로그램을 개발하기 위하여 Apple에서 만든 프로그래밍 언어인 Objective-C와 게임에서 주로 사용되는 기술인 OpenGL ES(Open Graphics Language Embedded Systems)와 OpenAL(Open Audio Language)과 같은 내용을 다룬다.

세 번째 영역인 tool에서는 게임을 개발할 때 꼭 필요한 툴인 Pixelmator(www.pixelmator.com)와 같은 것에 대해 알아볼 것이다.

2장을 끝낼 즈음이면 이 책을 읽기 위해 필요한 기본적인 용어에 대해 충분히 이해하게 될 것이며, 여러 기술에 대한 시각도 생기고 앞으로 사용할 툴이 어떤 것인지에 대한 정보도 갖게 될 것이다. 이제부터 설명하는 여러 용어들이 낯설더라도 너무 걱정할 필요 없다. 이 책을 읽는 동안 충분히 익숙해질 것이다. 물론 조언이 필요하다면 Google이 아주 훌륭한 도움말을 제공할 것이다. 여러 기술과 용어를 익혀갈수록 검색 능력이 향상되는 것을 느낄 수 있을 것이다.

---

1 OpenGL관련 책으로는 〈OpenGL Programming Guide〉, 〈OpenGL Shading Language〉, 〈OpenGL ES 2.0 프로그래밍 가이드〉 등이 있다.

✖ Terminology

첫 번째로 terminology이다. 전문 개발자이거나 초보 개발자에 상관없이 게임 개발에 사용되는 용어는 익히 알고 있는 뜻과는 조금 다를 것이다. 여기서는 이 책에서 자주 언급하는 용어에 대한 의미의 차이에 대하여 설명할 것이다.

게임 개발에 필요한 기술을 정하기 전에, 먼저 화면에 스프라이트(sprite)를 어떻게 표현할 것인지를 생각해 보자. 그렇게 하자면 먼저 스프라이트가 무엇인지를 알아야 한다. 만약 푸른 빛의 날개를 가진 요정을 떠올리고 있다면 정말로 이번 장을 꼭 정독해야 할 것이다.

아마도 스프라이트나 애니메이션(animation) 등에 대해 이미 알고 있는 사람도 있겠지만 컴퓨터 게임에서 어떻게 사용되는가에 대해서 생각하면서 읽어보는 것도 좋을 것이다.

스프라이트(Sprite)

스프라이트(Sprite)는 화면에 표시하기 위해 만든 2D 비트맵 이미지를 의미한다. Sinclair Spectrum이나 Commodore 64, 심지어는 VIC-20 같은 구형 컴퓨터는 CPU와 GPU(Graphics Processing Unit) 성능이 모자라 실시간으로 렌더링(rendering)하기 어려웠기 때문에 이를 보완하기 위하여 스프라이트를 사용하였다.

> **Note** GPU는 CPU를 도와 그래픽 계산만 전문적으로 하는 프로세서이다. 주로 2D, 3D 그래픽 렌더링을 위한 수학적 계산에 사용된다.

이러한 구형 컴퓨터에서 프로그래머들은 비트맵 이미지를 하드웨어 스프라이트로 지정하여 사용했는데 이렇게 하기 위하여 아무것도 그리지 않은 화면에 비트맵 그림을 먼저 그리는 것으로 하드웨어 스프라이트를 초기화했다. 그러면 별도의 drawing 코드 없이 CPU의 하드웨어 스프라이트의 정보가 담겨 있는 레지스터만 변경하는 것으로 바뀌는 스프라이트 이미지를 표현할 수 있었다. 이와 같은 하드웨어 기반의 스프라이트는 자원에 제약이 많았던 과거의 컴퓨터에서 그래픽 기능을 구현하기 위

하여 즐겨 사용한 기술이다. 많은 게임에서 스프라이트는 배, 미사일, 총알, 적 등을 표현하는데 사용되었다. 그림 2.1은 주인공 Lamorak의 스프라이트이다.

| **그림 2.1** | 스프라이트의 예. Lamorak을 표현하기 위하여 이러한 스프라이트 모음이 사용되었다.

iPhone은 1980년대 컴퓨터와 비교가 되지 않을 정도의 컴퓨팅 파워를 가지고 있다. iPhone 3GS, iPhone 4, iPad에 있는 GPU는 OpenGL ES 2.0을 지원할 정도로 성능이 뛰어나다.

> **Tip**
>
> **OpenGL ES란?**
>
> OpenGL ES(ES는 Embedded Systems을 의미)는 OpenGL 그래픽 언어군에 속해 있으며 특히 모바일 장치를 지원하기 위하여 사용한다. iPhone 1세대와 iPhone 3G는 OpenGL ES 1.1까지만 지원하며 iPhone 3GS, iPhone 4, iPad는 OpenGL ES 1.1과 2.0을 모두 지원한다. OpenGL ES 2.0의 가장 큰 장점은 셰이더 언어(shader language)를 지원한다는 것이다. 즉, 사용자 정의 함수를 만들 수 있다는 것이다.

Sir Lamorak's Quest에서는 스프라이트를 단순히 이미지로 사용하였다. 그래서 주인공과 다른 엔티티를 비롯한 많은 이미지를 표현하기 위하여 Image 클래스를 만들었다. Image 클래스는 스프라이트, 배경화면, 버튼 등을 그리는데 사용된다.

> **Tip**
>
> **스프라이트를 만드는 방법**
>
> 여기서 스프라이트 이미지를 어떻게 만드는지 궁금할 것이다. 자세한 내용은 앞으로 차차 설명하겠지만 대답은 간단하다. 그냥 Photoshop이나 Pixelmator 같은 그래픽 프로그램을 띄우고 스프라이트에 들어갈 그림을 그리면 된다.

스프라이트를 다 그린 후에는 PNG와 같이 스프라이트를 지원하는 파일 포맷으로 저장한다. PNG뿐만 아니라 GIF, BMP 등도 사용이 가능하지만 Apple에서는 iPhone 이미지 포맷으로 PNG를 권고하고 있기 때문에 이 책에서는 PNG 포맷을 사용할 것이다. 5장 "이미지 렌더링"에서 Image 클래스를 이용하여 PNG 파일을

OpenGL 텍스처로 불러와 화면에 보여주는 방법에 대해 알아볼 것이다.

사실 정말 중요한 점은 스프라이트를 불러와 화면에 그리는 것이 스프라이트를 만드는 것보다 훨씬 쉽다는 것이다(물론 개인적인 생각이다). 왜냐하면 스프라이트를 만든다는 것은 곧 그림을 그린다는 것인데 저자에게는 그림에 대한 재능이 없기 때문이다. 차라리 스프라이트를 불러와 화면에 뿌리고, 애니메이션을 만들고, 움직이도록 만드는 것이 속 편하다. 만약 여러분이 그림에 자신이 없다면 프리랜서 디자이너를 영입하는 것도 도움이 될 것이다.[2]

스프라이트 시트(Sprite Sheet)

앞에서 언급한 것과 같이 스프라이트는 주인공이나 적들과 같은 하나의 개체를 화면에 그리기 위하여 사용하는 이미지를 말한다. 여기서 유추해 볼 때 스프라이트를 많이 사용하는 게임에서 스프라이트 한 장 당 파일 하나로 구성한다면 파일 개수가 많아져 관리하기가 쉽지 않을 것이다. 이를 해결하기 위하여 여러 개의 스프라이트를 하나의 이미지에 저장하게 되었는데 이것을 스프라이트 시트(sprite sheet)라고 한다.

스프라이트 시트의 아이디어는 간단하다. 여러 개의 스프라이트 이미지를 하나의 이미지에 그리드 형태로 담는 것이다. 그렇게 하면 마치 배열을 다루는 것과 같이 행과 열을 가지고 원하는 스프라이트 이미지를 추출할 수 있다. 예를 들어, 가로 세로 40 픽셀(pixel)인 스프라이트 이미지로 이루어진 스프라이트 시트에서 원하는 이미지를 추출하기 위하여 다음과 같은 수식을 사용할 수 있다.

```
x = column * 40;
y = row * 40;
```

만약 2행 3열에 있는 스프라이트를 추출하기 위한 x, y 좌표를 위의 식으로 계산한다면 x 좌표는 120, y 좌표는 80이 된다. 이렇게 계산하는 것으로 각 스프라이트

---

2 게임 개발 포럼을 돌아다니다 보면 www.idevgames.com이나 www.gamasutra.com 등과 같은 곳에서 프리랜서로 일하는 그래픽 디자이너와 접촉할 수 있을 것이다.

이미지의 왼쪽 상단의 좌표를 얻을 수 있게 된다. 그림 2.2에서는 스프라이트 크기가 가로, 세로 40 픽셀인 4×4 형태의 스프라이트 시트를 보여주고 있다. 이 스프라이트 시트의 기준점(즉, x = 0, y = 0)은 맨 왼쪽 상단의 점이 된다.

| **그림 2.2** | 16개의 스프라이트 이미지를 갖고 있는 4×4 형태의 스프라이트 시트

스프라이트가 꼭 정사각형일 필요는 없다. 위의 그림은 단지 예일 뿐이다. 직사각형 모양의 스프라이트를 만들어도 전혀 무방하다.

　좀 더 복잡한 형태의 스프라이트 시트로는 스프라이트 시트 팩이 있다(그림 2.3). 스프라이트 시트 팩에는 서로 다른 스프라이트 이미지 또는 스프라이트 시트가 들어 있다. 그림 2.3을 보면 스프라이트 시트 팩은 크기가 제각각인 스프라이트로 구성되어 있다.

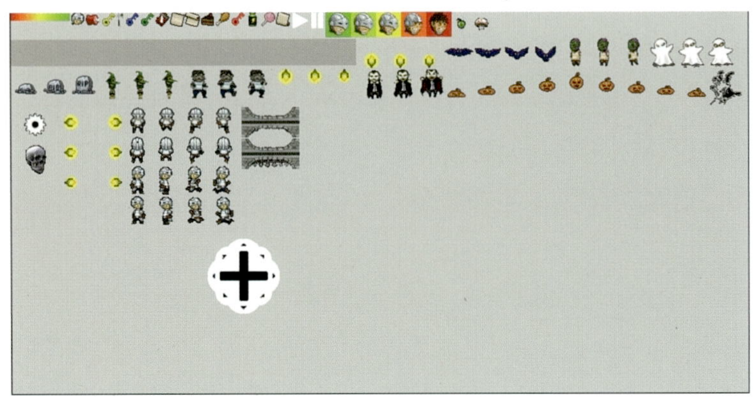

| **그림 2.3** | 스프라이트 시트 팩에 들어 있는 서로 다른 크기의 스프라이트 이미지. 각각의 이미지를 추출할 때 더 주의해야 한다.

스프라이트 시트 팩과 같이 복잡한 형태의 스프라이트 시트에서는 단순한 계산으로 스프라이트 이미지를 추출하기 어렵다. 대신 컨트롤 파일(control file)을 사용하게 되는데, 컨트롤 파일은 두 가지 역할을 담당한다.

- 스프라이트 시트 안에 있는 모든 스프라이트의 위치를 잡는다.
- 각 스프라이트에 대한 키 값을 정의한다(예를 들면, 스프라이트 이름을 키 값으로 할 수도 있다).

컨트롤 파일로는 일반 텍스트 파일 또는 XML 파일을 사용하며, 가끔 스프라이트 시트와 동시에 만들기도 한다. 컨트롤 파일의 스프라이트 데이터는 직접 만들 수도 있고(스프라이트 시트에서 일일이 지정), Zwoptex[3]와 같이 스프라이트 시트에서 자동으로 스프라이트를 추출하는 툴을 이용할 수도 있다. 게임이 시작되면서 컨트롤 파일은 파싱되어 게임 프로그램은 각각의 스프라이트가 스프라이트 시트의 어느 위치에 있는지 알게 된다.

> **Note** 여기서는 단순한 형태와 복잡한 형태의 스프라이트 시트를 모두 사용할 것이다. 6장 "스프라이트 시트"에서 스프라이트 시트를 만드는데 도움이 되는 애플리케이션에 대하여 알아볼 것이다.

좀 더 흥미를 유발하기 위해 스프라이트 시트의 다른 형태를 살펴보자. OpenGL ES에는 스프라이트 시트와 비슷한 개념으로 texture atlas가 있다. OpenGL ES와 텍스처(texture)는 이번 장 후반에서 다룰 것이지만 간단히 텍스처에 대해 설명하자면 텍스처는 이미지의 또 다른 표현으로 OpenGL ES에서 오브젝트 표면에 입히는 이미지로 이해하면 된다. 여러 개의 스프라이트 이미지를 모아 한 장의 스프라이트 시트를 만드는 것과 같이 texture atlas 한 장에는 여러 개의 텍스처가 들어 있다.

기본적으로 스프라이트 시트를 만드는 방법은 스프라이트를 만드는 방법과 동일

---

3 Zwoptex (http://zwoptexapp.com/flashversion/)는 플래시 버전의 스프라이트 시트 생성 툴로, 다양한 크기의 이미지를 한데 묶고 배열하여 스프라이트 시트를 생성한다. Cocoa 버전은 http://www.zwoptexapp.com/ 에서 확인할 수 있다.

하다. 그리고 자주 사용하는 스프라이트를 모은 커다란 이미지를 스프라이트 시트로 사용할 수도 있을 것이다. 하지만 그럴수록 스프라이트 시트 안에 있는 스프라이트의 정확한 위치를 잘 기록해야 하는데, 이 작업은 매우 복잡하고 힘들기 때문에 툴을 사용하는 것이 좋다.

스프라이트 시트는 애니메이션 효과를 보여줄 때도 편리하다. 또한 타일 모양의 스프라이트 시트는 타일 형태의 맵을 사용할 때 좋다(이번 장 후반에서 다룰 것이다)

애니메이션(Animation)

움직이는 스프라이트를 만드는 것은 제법 어려운 작업이다. 하지만 앞에서도 이야기한 것과 같이 애니메이션 그림을 창작하는 것에 비하면 훨씬 쉬운 작업임에는 틀림없다. 애니메이션(Animation)은 게임에 있어 가장 중요한 요소 중 하나이다. 심지어는 테트리스 같은 게임에서도 무언가 움직이고 있다. 주인공이 고정된 모습으로 이리저리 움직이면 게임의 재미가 엄청나게 줄어들 것이다. 팔도 움직이고 다리도 움직여야 좀 더 실감나고 몰입도도 높아지기 마련이다. 요즘 나오는 3D 게임에서는 사물들(예를 들면 적들까지도)을 수많은 삼각형을 이용한 복잡한 형태의 3D 모델을 이용하여 만들어 낸다. 여기에 움직임까지 표현하기 위해 많은 삼각형이 이동하고 변하는 수학적 계산을 실시간으로 하게 된다. 심지어는 골격 시스템을 이용하여 뼈와 관절의 움직임을 계산하고 표현하기도 한다.

하지만 Sir Lamorak's Quest는 2D 게임이기 때문에 이렇게 복잡한 계산을 하지 않아도 된다. 대신 스톱 모션 애니메이션(stop-motion animation)과 유사한 형태의 애니메이션을 사용할 것이다. 즉, 하나의 이미지(스프라이트)를 보여주고는 조금 바뀐 모양의 다음 이미지(스프라이트)를 보여주는 것을 반복하여(코딩 작업) 마치 이미지 속 물체가 움직이는 것처럼 만드는 것이다.

이와 같은 애니메이션을 표현할 때는 스프라이트 시트의 역할이 굉장히 두드러진다. 가령 스프라이트 시트 하나에 애니메이션 한 동작을 위한 모든 프레임을 정의하는 식으로 여러 개의 스프라이트 시트를 만들어 놓으면, 원하는 애니메이션을 보여줄 때마다 해당 스프라이트 시트를 로드하여 보여줄 수가 있는 것이다. 이러한 스프라이트 시트의 예를 그림 2.4에서 보여주고 있다. 맨 윗줄에 있는 이미지들은 아래

로 달리는 모습을, 그 다음은 위쪽, 다음은 오른쪽으로, 맨 아래는 왼쪽으로 달리는
모습을 나타낸다.

스프라이트 시트에서 각각의 스프라이트를 신속하게 참조할 수 있다는 장점 덕분에, 애니메
이션을 구성하는 각각의 프레임을 정의할 때 스프라이트 시트가 무척 훌륭한 툴로 작용한다.
이러한 기법은 7장 "애니메이션"에서 Animation 클래스를 만들 때 사용할 것이다.

| 그림 2.4 | 애니메이션 스프라이트 시트

   누구나 아주 훌륭한 그래픽을 보여주고 싶어하지만, 본인이 그런 자질이 없거나
그런 능력자를 쉽게 구하기 어렵다면 직접 자료를 구해 사용하고자 할 것이다(당연
히 합법적이어야 한다). 만약 이러한 작업에 어려움을 느끼고 있다면 차라리 자신의
드로잉 실력에 맞는 수준의 게임을 만드는 것도 좋은 방법이 될 수 있다. Parachute
Panic[4]과 Neon Tango[5]같은 게임들은 개발자의 그림 실력이 게임의 인기에 큰 영향
이 없다는 것을 증명하고 있다.

이미지에 얽매이기 보다는 프로토타입(Prototype)에 더 집중할 것
게임의 프로토타입을 디자인할 때 이미지나 애니메이션이 필요한 경우가 있는데, 세계적인
그래픽 아티스트가 아닌 이상 멋진 이미지를 매번 만들어 내는 것은 쉬운 일이 아니다. 이런
때 저자가 이용하는 꼼수가 있는데, 바로 인터넷을 활용하는 것이다. 즉 인터넷에서 임시로
비슷한 느낌의 이미지나 애니메이션을 차용하는 것이다. 그리고는 게임을 개발하면서 창작
한 그래픽으로 넣어주면 된다. 생각보다 많은 게임 프로젝트가 프로토타입 단계에서 그래픽
에 대해 너무 깊이 고민하다가 실패한다는 것을 유념했으면 좋겠다.

---

4 App Store에서 Parachute Panic을 검색하면 Parachute Panic을 찾을 수 있다.

5 Freeverse에서 제작한 슈팅 게임 Neon Tango (http://www.freeverse.com/mac/product/?id=7015)는 간
   단한 기하학 도형만으로도 훌륭한 게임을 만들 수 있다는 것을 증명한 게임으로, 판정도 극단적이고 그래픽
   효과도 조잡하지만 아이디어를 얻는 데 많은 도움이 될 것이다.

비트맵 폰트(Bitmap Font)

Sir Lamorak's Quest의 모든 그래픽은 OpenGL로 렌더링된다. 실제로 iPhone에서 돌아가는 OpenGL은 모바일 기기를 위한 버전인 OpenGL ES(Embedded Systems)이며, "Technology" 섹션에서 자세히 다룰 것이다.

안타깝게도 OpenGL ES는 일반 폰트를 지원하지 않기 때문에 비트맵 폰트(Bitmap Font)를 사용해야 한다.

사실 비트맵 폰트는 스프라이트나 스프라이트 시트와 별반 다를 것이 없다. 왜냐하면 비트맵 폰트를 사용하기 위하여 스프라이트나 스프라이트 시트를 사용하기 때문이다. 이에 대해서는 8장 "비트맵 폰트"에서 자세히 다룰 것이다.

어쨌거나 OpenGL ES가 폰트를 지원하지 않기 때문에 이미지로 폰트를 만들어야 한다. 그래서 각 글자에 대한 폰트 이미지를 스프라이트 시트로 만드는 것이다. 문제는 이러한 비트맵 폰트를 일일이 수작업으로 만드는 과정이 매우 힘들다는 것이다. 다행히 Hiero[6], bmfont[7] 같은 비트맵 폰트 제작 툴이 있어 폰트를 스프라이트 시트로 어렵지 않게 만들 수 있다. Hiero의 경우 "Tools" 섹션에서 한 번 더 살펴볼 것이다.

bmfont가 Hiero에 비해 더 많은 기능을 갖고 있지만 Windows에서만 동작한다는 단점이 있기 때문에, 여기서는 Mac에서도 동작 가능한 Java 기반의 Hiero를 가지고 작업을 할 것이다.

타일 맵(Tile Maps)

앞에서 1980년대를 떠올리며, 저자의 게임에 대한 사랑과 게임 프로그래밍의 시작에 대하여 언급하였다. 시간이 흐르며 비약적인 기술의 발전이 있었지만 여전히 예전의 컨셉들이 회자되고 있다는 점은 참으로 재미있는 현상이 아닐 수 없다.

8비트(혹은 16비트) 컴퓨터 시대의 이슈 중 하나는 메모리(RAM)를 어떻게 활용하느냐였다. 플랫폼 게임이나 롤플레잉 게임 같은 경우, 각각의 단계에 대한 광활한 맵을 한정된 메모리에 다 올릴 수 없었다. 게다가 사용자는 제한된 화면 크기 안에서만

---

6 Hiero는 slick.cokeandcode.com/demos/hiero.jnlp 에 접속하면 되며, 브라우저에서 바로 실행할 것이다.

7 bmfont는 www.angelcode.com/products/bmfont/ 에서 구할 수 있다.

맵을 볼 수 있었다. iPhone 3GS는 가로모드로 480×320, iPhone 4는 960×640, iPad는 1024×768의 크기만을 볼 수 있다.

이러한 점을 극복하기 위하여 타일 맵(tile maps)이 만들어졌다. 타일 맵은 보통 2차원 격자무늬 형태로 만들어졌으며 각각의 셀, 즉 타일에는 전체 맵에 매핑되는 위치 정보가 들어 있다. 이러한 위치 정보를 통해 전체 맵의 일부를 추출하여 화면에 보여주게 된다. 타일에는 위치 정보와 더불어 맵에 대한 정보도 같이 들어 있다. 이를 테면 벽, 울타리 등과 같이 통과 금지 구역이라든지, 불길 같이 닿으면 에너지가 줄어드는 것 등을 들 수 있다.

이런 식으로 맵을 구성하면 한번에 전체 맵에 대한 정보를 저장할 필요 없이 플레이어가 움직이는 영역에 대해서만 저장하면 되기 때문에 메모리를 굉장히 아낄 수가 있다. 물론 iPhone은 8비트 컴퓨터보다 훨씬 성능이 뛰어나지만 여전히 자원은 제한적이기 때문에 가능한 메모리를 아껴가며 사용하는 것이 좋다.

타일 맵을 구성하는 요소는 두 가지가 있다.

- **스프라이트 시트**: 환경 구성을 위한 분리된 이미지들이 모여 있다.
- **맵 파일(Map file)**: 맵에 대한 타일의 위치정보를 저장한다. 수작업으로 진행하기 때문에 맵이 커질수록 제작하는 데 오래 걸린다.

Sir Lamorak's Quest에서 주인공은 성 안을 돌아다닐 것이다. 이를 위하여 타일 맵을 직접 구현하는 것도 좋겠지만, 그것보다는 전체 타일 맵을 그린 다음 전체를 훑어 보며 작업을 하는 것이 훨씬 쉬울 것이다. 이러한 내용은 9장 "타일 맵"에서 자세히 다룰 것이다.

Doom 3, Quake Arena 등 많은 대규모 게임에서는 맵 디자이너가 3D 맵을 자유로이 디자인할 수 있도록 맵 에디터를 제공하기도 한다. 그러나 여기서는 그렇게 복잡한 것까지 필요치 않기 때문에 쉽게 만들고 고칠 수 있는 맵을 사용하기로 하였다. 다른 툴 등을 활용해서 자신의 게임을 제작하고 튜닝하는 것이 아무래도 전체를 하드 코딩하는 것보다는 훨씬 쉽다.

이는 타일 맵을 만들 때도 마찬가지로 이 책에서는 Tiled[8]라는 툴을 사용할 것이다. 자세한 내용은 이번 장 후반의 "Tools" 섹션에서 다룰 것이다.

Particle System

많은 게임에서 연기와 불꽃 등의 효과를 연출하는 것을 보았을 것이다. 이와 같은 효과를 표현하기 위한 방법에는 두 가지가 있다. 하나는 스프라이트 애니메이션을 사용하는 것이고 다른 하나는 particle emitter를 사용하는 것이다. 스프라이트 애니메이션을 사용할 경우 각각의 효과를 보여주기 위해 많은 양의 이미지 프레임을 만든 다음 하나하나 보여주면 된다. 이러한 스프라이트 애니메이션 기법은 20년 전 아케이드 게임에서 많이 사용하였을 뿐만 아니라 요즘에 나온 게임에서도 자주 목격되고 있다.

하지만 이제는 일개 데스크톱이나 콘솔 게임기에도 그 당시만해도 상상할 수 없었던 훌륭한 CPU와 GPU를 갖추고 있으며, 심지어 iPhone에 들어간 프로세서와 그래픽 프로세서는 과거의 아케이드 게임의 그것보다 성능이 훨씬 뛰어나다. 이러한 H/W의 지원 덕분에 이제는 연기, 불꽃 같은 효과를 보여주기 위해 20년 전의 기술을 사용하는 대신 실시간으로 보여줄 수 있는 particle system을 사용할 수 있게 되었다.

> **Tip** **놀라지 말 것**
>
> 여기서 이야기하는 particle(입자)은 블랙홀을 만들어 세계를 멸망으로 이끌 것이라는 소문이 도는 LHC(Large Hadron Collider)[9]에서 생성되는 입자가 아니다. 외계의 입자를 만들어 iPhone 주변에서 부딪치게 하는 등의 일은 일어나지 않을 것이다.

"Particle system"이라는 용어는 특정 물질의 움직임을 구현하기 위한 기술로 불, 연기, 흐르는 물, 비, 눈 등을 표현하는데 사용한다. Particle system의 기본 설정값으로 입자 개수와 움직임을 들 수 있는데, 움직임에 대한 파라미터는 다음과 같다.

---

8 Tiled는 자바 기반의 툴로 mapeditor.org 에서 구할 수 있다.

9 **역주** 강입자충돌기 또는 거대 하드론 충돌기로 불리는 LHC는 유럽입자물리학연구소(CERN)에서 만든 입자 가속 및 충돌기로, 두 개의 입자 빔을 광속에 가까운 속도로 충돌시켜 빅뱅 직후의 상황을 재현하기 위하여 만들었다.

- 속도
- 수명

이와 같은 간단한 설정만으로도 particle system은 훌륭한 결과물을 보여준다.

Particle이란?

Particle이 무엇을 의미하는지 궁금해 하는 사람도 있을 것이다. 여기서 언급하는 particle은 물리학에서 말하는 원자, 쿼크 등을 말하는 것이 아니다. 게임 개발에 있어서의 particle은 '이미지'를 뜻한다. 즉, 각각의 particle은 해당 위치에 주어진 크기와 색깔로 화면에 표현되는 이미지이다. Particle 이미지는 보통 동그라미 또는 별 모양이지만 딱히 정해진 것은 없다. 그저 원하는 효과를 나타낼 수 있다면 그만이다.

Particle system에는 일반적으로 particle emitter가 있는데, emitter는 입자가 새로 생성되면서부터 소멸될 때까지의 모든 행동에 대하여 추적하는 역할을 맡는다. 따라서 입자가 생성되면 particle emitter는 다음과 같은 입자에 대한 몇 가지 파라미터를 세팅한다.

- **속도(Speed):** 입자가 움직이는 속도
- **수명(Life span):** 입자가 존재하는 기간. 입자는 게임 루프(game loop)가 반복될 때마다 수명이 감소하며 0이 되는 순간 업데이트 목록에서 사라지게 된다.
- **방향(Direction):** 입자가 움직이는 방향. 방향은 시간이 지나는 동안 중력 등의 영향에 의하여 변할 수 있다.
- **시작 색깔(Start color):** 입자 생성 시점의 입자 색깔
- **종료 색깔(End color):** 입자 수명이 0이 되는 시점의 입자 색깔
- **크기(Size):** 입자 크기

Particle emitter는 입자의 현재 상태를 업데이트하지만 위치, 색, 수명 등을 직접 계산하는 것은 입자 스스로 하기 때문에 모든 입자는 각기 자신만의 움직임을 구현할 수 있다. 여기에 무질서도를 단계별로 적용시키면 안개와 연기 같이 현실과 비슷한 효과를 낼 수도 있다.

10장 "Particle Emitter"에서 particle system을 만드는 방법에 대하여 설명한다.

여기서는 타일 맵을 사용하기 때문에 particle emitter를 일일이 설정할 수도 있지만 역시나 시간을 많이 잡아먹기 때문에 Particle Designer[10]같은 비주얼 에디터를 사용하는 것이 도움이 될 것이다.

충돌 감지(Collision Detection)

충돌 감지(Collision Detection)는 오브젝트 간 충돌을 확인할 수 있는 기능으로, 말은 쉽지만 그리 호락호락한 내용은 아니다.

Lamorak은 성 안을 돌아다니는 동안 벽이나 문을 통과하면 안 된다(죽은 다음 유령이 되어 자유로이 다닐 수도 있겠지만 이 게임에서는 이러한 내용을 구현하지 않았다). 또한 유령과 부딪히거나 에너지 아이템 위를 지나갈 때, 아니면 Lamorak의 도끼에 유령들이 맞았다는 것도 알아야 한다.

충돌을 감지하는 기법에는 여러 가지가 있다. 간단한 방법으로는 플레이어의 스프라이트 박스와 벽이나 유령의 스프라이트 박스와 겹치는지를 체크하는 것이 있다. 복잡한 방법으로는 단순히 부딪혔냐 아니냐를 판별하는 것을 넘어 물리 엔진을 이용하여 두 물체가 부딪친 순간의 여러 정보까지 사용하기도 하는데, 이와 같은 내용은 이 책의 범주를 벗어난다.

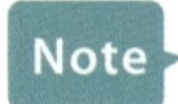

Sir Lamorak's Quest에서는 복잡하고 심오한 충돌 감지 시스템을 사용하지 않는다. 마찬가지로 여러분이 만드는 게임에서도 딱 필요한 만큼만 복잡한 충돌 감지 시스템을 사용하면 된다.

충돌 감지는 두 가지 필수 요소로 만들어진다.

- 충돌에 대한 감지
- 충돌에 대한 오브젝트의 반응 방법

---

10 Particle Designer는 Sir Lamorak's Quest를 개발하면서 particle emitter를 적용하기 위해 사용한 툴로, http://particledesigner.71squared.com 에서 확인할 수 있다.

예를 들어, 플레이어가 걸어가다 벽과 부딪치면 더 이상 벽 쪽으로는 나아가지 못하게 하거나 유령과 부딪치면 유령은 사라지고 플레이어의 체력이 일정량 감소하도록 하는 것이다.

인공지능(AI; Artificial Intelligence)

여러분의 게임을 스마트하게 만드는 것이 바로 인공지능(Artificial Intelligence; AI)이다. 이것은 스카이넷(Skynet)[11]을 만들어 iPhone으로 지구를 정복하게 만드는 것이 아니다. 단순히 게임상의 적들에게 인공지능을 부여하는 것이다. 이렇게 해야 적들의 움직임을 쉽게 간파해서 금세 게임이 지루해지는 것을 막을 수 있다. Sir Lamorak's Quest에서도 적들에게 인공지능을 적용하여 때로는 Lamorak을 쫓아다니기도 하고 때로는 아무렇게나 돌아다니도록 하였다.

> **Note** AI는 여러분의 게임을 살릴 수도, 죽일 수도 있다. 여기서는 A* 길 찾기 알고리즘 같이 복잡한 AI를 다루지는 않겠지만, 게임의 몰입도를 높이는 데 도움을 주는 AI를 만드는 방법을 알게 될 것이다.

아주 훌륭한 알고리즘이나 의사결정 그래프(decision graph)를 사용하지 않더라도 무언가를 어떻게 움직이고 어떻게 반응하도록 할 것인지에 대한 규칙을 정하는 것 자체가 이미 AI를 사용하고 있는 것이다. 이렇게 간단한 제어를 고민하는 것부터가 복잡한 AI를 만들기 위한 첫걸음이 된다. 여러분이 어떤 길을 가느냐에 따라 인류를 멸망시킬 수도 있고 단순한 레이싱 게임이 될 수도 있을 것이다.

게임 루프(Game Loop)

마지막으로 설명할 용어는 게임 루프(game loop)이다. 게임 루프는 모든 게임에 있어 정확한 기능을 정확한 시간에 정확한 순서로 할 수 있도록 만드는 아주 중요한 부분이다. 게임 루프에는 필수적으로 해야 하는 것들이 있는데, 주된 내용은 아래와 같다.

---

11 스카이넷(Skynet): en.wikipedia.org/wiki/Skynet_%28Terminator%29

- 사용자 입력 처리
- 사용자 입력에 따른 플레이어 상태 업데이트
- 다른 엔티티 상태 업데이트
- 각 엔티티 간 충돌 감지
- 현재 상태를 화면에 표현

위의 내용은 게임 루프에서 필요한 모든 내용을 다 기술한 것은 아니다. 다만 무엇이 필요한가에 대한 이해를 돕기 위해 하나의 예를 든 것이다. 게임 루프는 플레이어가 아무런 행동을 하지 않더라도 계속해서 현재 상태를 업데이트해야 한다. 예를 들어 적들은 계속 움직이고 배경음악도 계속 연주되어야 한다.

> **Tip** 아마도 게임 사이클(game cycle), 틱 카운트(tick count) 등에 대해서 들어본 적이 있을 것이다. 이와 같은 것들은 모두 게임 루프를 참조하여 동작한다.

게임 루프의 가장 기본적인 형태는 단순한 루프(loop) 그 자체이다. 이 안에서 게임 틱(tick)을 발생시키기 위한 여러 함수를 부른다. Sir Lamorak's Quest에서 사용한 게임 루프에 대해서는 4장 "게임 루프"에서 다루겠지만, 먼저 기본적인 형태의 게임 루프를 살펴보고 넘어가도록 하겠다. 리스트 2.1에서 아주 기본적인 형태의 게임 루프를 보여주고 있다. 리스트 2.1에 나온 내용을 모두 이해할 필요는 없으며, 단순한 형태의 게임 루프는 이렇다는 것만 이해하면 그것으로 족하다.

리스트 2.1 **게임 루프**

```
#define MAXIMUM_FRAME_RATE 120
#define MINIMUM_FRAME_RATE 30
#define UPDATE_INTERVAL (1.0 / MAXIMUM_FRAME_RATE)
#define MAX_CYCLES_PER_FRAME (MAXIMUM_FRAME_RATE / MINIMUM_FRAME_RATE)

- (void)gameLoop {

    static double lastFrameTime = 0.0f;
    static double cyclesLeftOver = 0.0f;
    double currentTime;
    double updateIterations;
```

```
// CFAbsoluteTimeGetCurrent()는 모바일 네트워크 시각과 동기화하기 때문에
// 조금 불안정하다는 Apple 권고에 따라 CACurrentMediaTime( ) 사용
currentTime = CACurrentMediaTime();
updateIterations = ((currentTime - lastFrameTime) + cyclesLeftOver);

if(updateIterations > (MAX_CYCLES_PER_FRAME * UPDATE_INTERVAL))
    updateIterations = (MAX_CYCLES_PER_FRAME * UPDATE_INTERVAL);

while (updateIterations >= UPDATE_INTERVAL) {
    updateIterations -= UPDATE_INTERVAL;

    // 고정된 UPDATE_INTERVAL값을 델타값으로 넘겨주며 게임 로직을 업데이트
    [sharedGameController updateCurrentSceneWithDelta:UPDATE_INTERVAL];
}

cyclesLeftOver = updateIterations;
lastFrameTime = currentTime;

// 게임 내용을 디스플레이
[self drawView:nil];
}
```

리스트 2.1에서 보여주는 루프는 오픈 루프(open loop)로 타이머를 이용하여 일정한 간격을 두고 루프를 반복한다. 다른 형태로 타이트 루프(tight loop)가 있는데, 타이트 루프가 시작되면 최대한 빨리 루프 내 코드를 실행하며 반복한다. 이러한 두 가지 루프는 각각 장단점을 가지고 있으며 어떠한 게임을 만드느냐에 따라 그 형태가 결정된다(자세한 내용은 4장에서 다룬다).

게임 루프의 두 번째 기능은 게임이 일정한 속도로 진행되게 하는 것이다. 만약 타이트 루프를 사용하여 가능한 빠른 속도로 게임이 진행되게 한다면, 게임의 속도는 하드웨어에 따라 빨라지거나 느려질 것이다. 이와 같은 현상을 없애고 다양한 하드웨어에서도 동일한 속도로 느껴지도록 하는 것이 목적이라면 하드웨어마다 일정한 속도를 유지하도록 설정해야 한다.

iPhone의 경우에는 출시된 종류가 많지 않기 때문에 그나마 나은 편이다.

- iPhone 1세대
- iPhone 3G

- iPhone 3GS
- iPhone 4
- iPhone 4S
- iPod Touch 1세대
- iPod Touch 2세대
- iPad
- iPad 2
- New iPad

다 비슷해 보이지만 각각의 기기들은 성능면에 있어 많은 차이를 보인다. 예를 들면, iPhone 4는 iPhone 3GS 보다 빠르며 iPhone 3GS는 iPhone 3G보다 빠르다. 또한 iPod Touch 2세대도 iPhone 3G보다 빠르다. 이와 같은 하드웨어의 성능 차이를 게임 루프가 극복해야 한다.

이를 위한 가장 단순한 형태는 게임 루프가 각 루프마다 일정량의 시간(보통 밀리초)동안 아무것도 안 하는 것이다. 여기서 아무것도 안 하는 일정량의 시간을 델타(delta)라고 한다.

델타값은 각 엔티티의 로직을 관리하는 함수로 전달되어 움직임 같은 여러 요소를 계산하는데 사용된다. 예를 들어, 유령이 밀리 초당 얼마나 움직이는지를 정의해 놓으면 속도가 빠른 디바이스에서는 유령의 움직임이 훨씬 부드럽겠지만 디바이스의 처리 속도와 관계 없이 유령은 일정한 속도로 움직일 것이다.

✂ Technology

지금까지 살펴본 여러 용어들은 이 책을 통해서 자주 접하게 될 것이고 게임 개발자로 있는 동안에도 계속 사용할 것이다. 이번 섹션에서는 Sir Lamorak's Quest 같은 게임을 만들 때 시용되는 여러 기술(technology)에 대하여 살펴볼 것이다.

Objective-C

이름에서 알 수 있듯이 Objective-C는 C언어의 객체 지향 언어이다. Objective-C 는 C를 포함하기 때문에 배우는데 그리 오래 걸리지 않는다. C나 C++에 익숙하다면 바로 iPhone 게임 개발을 시작할 수 있으며, 다만 Cocoa Touch API 사용을 위하여 Objective-C의 맛만 보면 된다. C와 Objective-C의 가장 큰 차이점은 객체 지향을 지원하느냐 그렇지 않느냐이다. 즉, 클래스를 사용하느냐 그렇지 않느냐이다.

이 책에서는 C보다는 주로 Objective-C를 사용할 것이다.

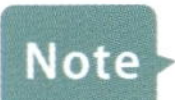 역사적으로 C와 C++는 게임제작에 있어 가장 인기 있는 프로그래밍 언어이다. 물론 게임 개발 언어로 Java와 Python 같은 언어도 사용할 수 있지만 iPhone 게임 개발은 지원하지 않는다. 그렇기 때문에 Objective-C, C, C++를 단독으로, 혹은 묶어서 사용해야 한다.

Objective-C를 공부하기 위한 자료는 굉장히 많다. Apple에서도 "The Objective-C Language"[12]와 같은 수많은 Objective-C 관련 문서를 제공하고 있다. 물론 아래와 같은 훌륭한 서적도 있다.

- 〈코코아 프로그래밍〉(아론 힐리가스, 인사이트, 2009)
- 〈Learning Objective-C 2.0〉(Robert Clair, Addison-Wesley, 2011)
- 〈프로그래밍 오브젝티브 C 2.0〉(스티븐 코찬, 인사이트, 2009)
- 〈코코아 디자인 패턴〉(에릭 벅, 케이앤피북스, 2011)

Cocoa Touch

Cocoa Touch는 객체지향 프레임워크(framework) 세트 중 하나로 iOS에서 응용 프로그램이 동작할 때 런타임(runtime) 환경을 제공한다. Cocoa Touch는 iPhone 전용 프레임워크로 iPhone, iPod Touch, iPad에서 지원하는 가속도센서, 자이로스코프, 카메라, 자기센서 등을 위한 터치기반의 UI 환경을 제공한다.

---

12 The Objective-C Language는 developer.apple.com/documentation/Cocoa/Conceptual/ObjectiveC/ObjC.pdf 에서 PDF 파일로 다운받을 수 있다.

Cocoa Touch API를 사용하기 위해서는 Objective-C를 사용해야 하는데, 이것이 C나 C++만으로는 iPhone 게임을 개발하기 어려운 이유이다. Cocoa Touch API를 사용해야 터치 같은 액션을 지원할 수 있다.

iOS 3.0부터 몇 가지 훌륭한 기능을 제공하는데, 그 중 하나가 Cocoa Touch API가 iPod 기능을 지원한다는 것이다. 만약 오디오 서비스와 관련하여 더 깊이 파고들게 되면 iOS SDK에서 제공하는 C 함수를 사용할 수 있을 것이다. 이러한 부분에 대한 자세한 내용은 11장 "사운드"에서 다룰 것이다.

OpenGL ES

OpenGL ES는 임베디드 시스템을 위한 OpenGL 최적화 버전이며, iOS 디바이스에서 그래픽 장치에 접근할 수 있는 API를 제공한다. OpenGL ES의 버전관리는 Khronos 그룹에서 하며, 각 그래픽 장치 제조사에서 GPU에 OpenGL을 구현한다.

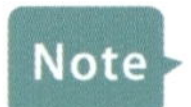
현재까지 OpenGL ES 버전은 1.1과 2.0 두 가지가 있으며 iPad, iPhone 3GS, iPhone 4, iPod 3 세대만이 OpenGL ES 2.0을 지원하고 나머지는 OpenGL ES 1.1만 지원한다. 그래서 OpenGL ES 1.1 버전으로 게임을 제작하면 모든 iPhone, iPod 터치, iPad에서 구동이 가능하다.

OpenGL은 그래픽 H/W에 대한 S/W 인터페이스를 발표한 이후 오랜 기간 발전하며 실질적인 표준이 되었다. 또한 OpenGL은 엄청난 규모의 API로 700여 개의 다양한 명령으로 구성되어 있다. 그러나 OpenGL ES는 오직 성능에만 초점을 맞춘 API만 존재한다. 따라서 표준 OpenGL에서는 같은 동작을 할 수 있는 여러 방법이 존재하지만 OpenGL ES에서는 아주 최적화된 방법만을 제공하여 메모리, 대역폭, CPU 성능 등이 제한된 모바일 디바이스에서 잘 동작할 수 있도록 하고 있다.

OpenGL ES로 할 수 있는 것과 없는 것

iPhone에서 돌아가는 OpenGL ES는 GPU의 성능을 최대한 끌어올릴 수 있는 인터페이스를 제공한다. 이러한 인터페이스는 2D/3D 환경에서 오브젝트를 만들고, 색과 텍스쳐를 입히고, 변형시킬 수 있도록 한다. OpenGL ES는 부동소수점

(floating-point) 연산 속도가 CPU에 비해 100배 이상 빠른 GPU를 사용하기 때문에 굉장히 뛰어난 성능을 낼 수 있다. GPU는 진정한 수치 연산 괴물이다.

오브젝트는 기본적으로 삼각형으로 구성되어 있다. 여러 다른 크기와 모양의 삼각형을 붙여 다채로운 모양의 오브젝트를 만들 수 있는데, OpenGL ES 역시 이와 같은 방식을 사용한다. 모양을 만들기 위해서는 단순히 모양을 구성하는 삼각형의 꼭지점(vertices)을 OpenGL ES에 제공한 다음 화면에 그리도록 하면 된다. 예를 들어, 사각형을 그리기 위해서는 그림 2.5와 같이 두 개의 삼각형을 이용하면 된다. 물론 더 복잡한 과정이 숨겨져 있지만 여기서는 단순하면서도 가능한 OpenGL을 활용하도록 할 것이다.

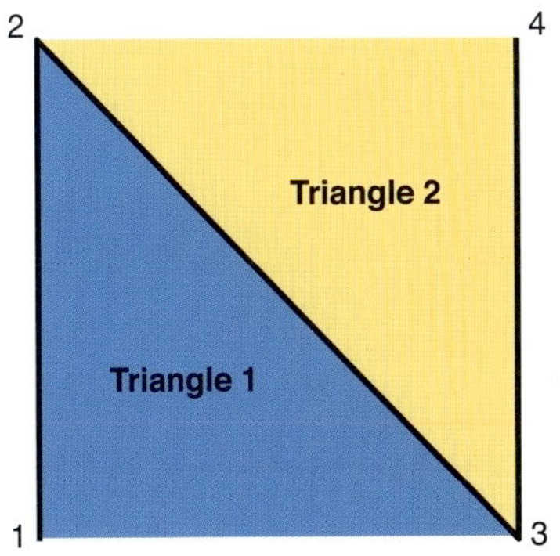

| 그림 2.5 | 사각형을 만들기 위해 사용한 두 개의 삼각형

꼭지점들을 이용하여 모양을 정의하고 나면 색깔을 지정하거나 텍스처(이미지)를 지정할 수 있다. 텍스처(이미지)를 정의한 물체에 입히는 기법을 텍스처 매핑(texture mapping)이라고 한다. 텍스처 매핑은 마치 이미지가 출력된 종이를 물체 표면에 도배한 듯한 효과를 내는데, OpenGL ES를 이용하면 이러한 과정을 쉽게 할 수 있다. 예를 들어, 3D 작업시 폴리곤(polygon)을 투시도로 바라보면 텍스처가 입혀진 물체가 투시도로 바라보는 것과 같이 잘 묘사된다(그림 2.6). 이러한 과정은 OpenGL ES가 알아서 하기 때문에 깊이 고민할 필요가 없다.

텍스처 매핑은 그 자체로 방대하고 복잡한 분야로, 세부 분야가 다양하게 있다. 그렇기 때문에 좀 더 복잡한 게임을 만들고자 한다면 〈OpenGL Programming Guide: The Official Guide to Learning OpenGL Version 3.0 and 3.1, Seventh Edition〉(Addison-Wesley, 2009)과 같은 서적을 통해 텍스처 매핑에 대한 심도 있는 학습을 하면 많은 도움이 될 것이다.

여기서는 3D 그래픽 작업을 하지 않기 때문에 쉬운 방향으로 OpenGL ES를 이용할 것이다. 2D 작업을 하더라도 결국 평평한 오브젝트라는 것만 다를 뿐 결국 똑같은 폴리곤으로 구성하는 것이다. 즉, 평평한 물체에다 텍스처를 입혀 플레이어나 유령을 표현할 수 있다.

5장에서 Image 클래스를 구현하면서 폴리곤(polygon)을 어떻게 만들고 거기에 어떻게 텍스처를 입히는지 자세히 살펴볼 것이다.

| **그림 2.6** | 텍스처를 입힌 폴리곤을 투시도로 바라본 화면

OpenGL ES 1.1 vs 2.0

이번에는 OpenGL ES의 두 가지 다른 버전의 차이점에 대하여 좀 더 살펴보고 넘어갈 것이다. OpenGL ES 1.1은 고정 파이프라인(fixed pipeline) 아키텍처를 사용하고 있다. 즉, 사용할 수 있는 명령이 고정되었다는 의미이다. 다시 말해 OpenGL ES로 꼭지점, 색깔, 물질(material), 빛, 텍스처에 대한 데이터와 함께 이를 처리할 함수를 보낼 경우 데이터 값은 변경이 가능하나 이를 처리하는 함수는 변경이 불가능하다는 것이다.

하지만 OpenGL ES 2.0에서는 고정 파이프라인 대신 셰이더 파이프라인(shader pipeline)을 사용한다. 이 말은 데이터를 사용하는 고정된 함수 대신 함수 내에 실행 코드를 작성할 수 있다는 것을 의미한다. 즉, 셰이더 언어(shader language)라고 불리는 GPU의 OpenGL 영역에서 동작하는 코드를 실행시킬 수 있다는 것이다. 이렇게 셰이더 언어로 작성된 코드는 GPU 내에서 컴파일된 상태로 있다가 함수처럼 언제든지 필요할 때마다 불러 사용할 수 있다. 이를 통해 OpenGL ES에서 제공하던 제한적인 라이브러리만 사용하던 것을 개발자가 원하는 대로 자유로이 구현할 수 있을 뿐만 아니라 성능도 최적화시킬 수 있게 되었다.

긍정적인 측면에서 본다면 GPU를 직접 제어할 수 있기 때문에 GPU의 성능을 극대화시킬 수 있지만, 부정적인 측면에서 본다면 GPU 제어 함수를 직접 작성하기 때문에 만들어야 할 코드 수가 늘어나게 된다. 현재의 추세로 미루어 보면 점점 OpenGL ES 2.0의 장점을 활용하는 게임이 늘고 있기 때문에 OpenGL ES 2.0을 지원하는 iPhone 3GS, iPhone 4, iPad 등에 게임을 개발할 때는 OpenGL ES 2.0이 대세가 될 전망이다. 하지만 이 책에서는 OpenGL ES 1.1을 사용하기 때문에 대부분의 하드웨어에서 호환이 가능하다.

> **Note**
> OpenGL ES 2.0 버전으로 제작한 게임은 iPad, iPhone 3GS, iPhone 4에서만 동작하지만 OpenGL ES 1.1 버전으로 제작한 게임은 그 이전 버전과 iPad, iPhone 3GS, iPhone 4에서 모두 잘 동작한다. 하지만 하나의 게임이 동시에 OpenGL ES 1.1과 2.0을 지원하는 것은 불가능하다. 하나의 게임에서 하드웨어에 따라 각기 다른 함수를 동작하게 하는 것은 매우 복잡하고 힘들기 때문에 대부분의 개인 개발자는 모든 하드웨어에서 게임이 동작하도록 하기 위하여 OpenGL ES 1.1 버전을 사용하고 있다.

iPhone GPU

iPhone은 현재 다음과 같은 두 종류의 GPU를 사용하고 있다.

- PowerVR MBX
- PowerVR SGX

iPhone 3G 이전의 모든 iPhone에는 PowerVR MBX 칩을 사용하며, iPhone 3GS를 포함한 이후의 모델은 PowerVR SGX 칩을 사용한다. 이것이 OpenGL ES의 버전이 갈리게 된 직접적인 이유이기도 하다. MBX 칩은 OpenGL ES 1.1만 지원하는 반면 SGX 칩은 OpenGL ES 1.1, 2.0 모두 지원한다.

PowerVR 칩을 제조하는 Imagination 사(社)의 웹 사이트에서는 개발자를 위하여 칩과 관련된 여러 가지 정보와 자료를 제공하고 있다. PowerVR 칩과 관련된 Imagination의 웹 사이트 주소는 www.imgtec.com/powervr/powervr-technology.asp 이다.

OpenAL

OpenAL은 Open Audio Library의 약자이다. OpenAL은 게임 개발을 위한 크로스 플랫폼 3D 오디오 API로 잘 알려져 있다.

OpenAL의 기본 개념은 OpenGL ES와 매우 유사하다. OpenAL은 3D 효과음을 만들어내는 하드웨어를 동작시키도록 소프트웨어 인터페이스를 제공한다. 사운드를 듣기 위해서는 청취자(listener)가 필요한데, 청취자가 OpenAL의 3D 공간에서 어느 위치와 방향에서 듣는가에 대한 정보를 설정해야 한다. 청취자는 보통 게임 주인공과 동일한 위치로 설정한다.

이와 같은 내용을 바탕으로 OpenAL은 청취자에게 사운드를 연주할 때 청취자의 설정값에 맞도록 적당히 볼륨과 피치(pitch)를 조절한다. 이렇게 하여 OpenAL은 듣는 사람으로 하여금 3D 사운드를 느낄 수 있도록 하는 것이다. 음원이나 청취자가 움직인다면 OpenAL은 도플러(Doppler) 효과를 적용하여 마치 구급차가 지나갈 때의 사이렌 소리와 같이 사운드가 들리도록 한다. Sir Lamorak's Quest에서는 2D로 작업을 하기 때문에 사운드도 2D 기반으로 들려줄 것이다. 멀리서 문 닫히는 소리와 함께 으스스한 소리가 플레이어 주변을 맴돌고 있으면 게임에 대한 몰입도는 더욱 높아질 것이다.

OpenAL에서도 논의할 주제가 다양하다. 이를테면, 음원과 청취자의 거리에 따라 얼마나 사운드가 감소하는가에 대한 것을 정의하는 거리 모델(distance model)도 흥미로운 분야 중 하나이다.

OpenAL은 또한 동시에 여러 사운드를 들려줄 수 있다. 개념적인 수준에서 봤을 때 사운드를 들려주는 것은 오디오 데이터를 사운드 버퍼에 로드한 다음 적당한 음원에서 들려주도록 하는 것이다. iPhone은 최대 32개의 사운드 버퍼를 지원하기 때문에 결국 32개의 사운드를 동시에 표현할 수 있는 것이다.

OpenAL은 11장에서 더 자세히 다룰 것이다.

✂ Tools

지금까지 Terminology와 Technology에 대해서 알아보았는데, 이제는 Sir Lamorak's Quest를 제작하는데 사용한 여러 가지 툴(tool)에 대하여 살펴볼 차례이다.

개발자 입장에서 봤을 때 iPhone SDK를 이용하여 개발하면서 필요한 모든 것은 iPhone Dev Center (developer.apple.com/iphone)에서 다운로드 받을 수 있다 (그림 2.7). 물론 이번 섹션에서는 게임을 개발할 때 아주 유용한 여러 툴을 소개하겠지만, 모두 Apple의 개발자 웹 사이트에서 직접 구할 수 없는 것들이다. 그래서 여기서는 해당 툴에 대한 정보가 담겨 있는 웹 사이트도 같이 알려줄 것이다.

iPhone 개발자 센터에서는 iPhone 플랫폼으로 개발하는 데 필요한 입문서, 라이브러리, 각종 유용한 정보와 같은 자료들을 어마어마하게 제공하고 있다. 또한 이 곳에서 iPhone 개발자로 등록할 수도 있는데, iPhone에서 개발하는 데 필요한 여러 가지 자료를 다운로드하기 위해서는 iPhone 개발자로 등록해야 한다. 기분 좋게도 iPhone 개발자로 등록하는 비용은 무료이며, 개발자로 등록만 해도 iPhone SDK를 다운로드하거나 다양한 문서를 자유로이 열람할 수 있다.

iPhone 게임이나 애플리케이션을 App Store에 등록하기 위해서는 iPhone 개발자 프로그램(Developer Program)에 가입해야 하는데, 이때 비용이 들어간다. 표준 프로그램(Standard Program)은 연간 99달러를 지불하면 된다.

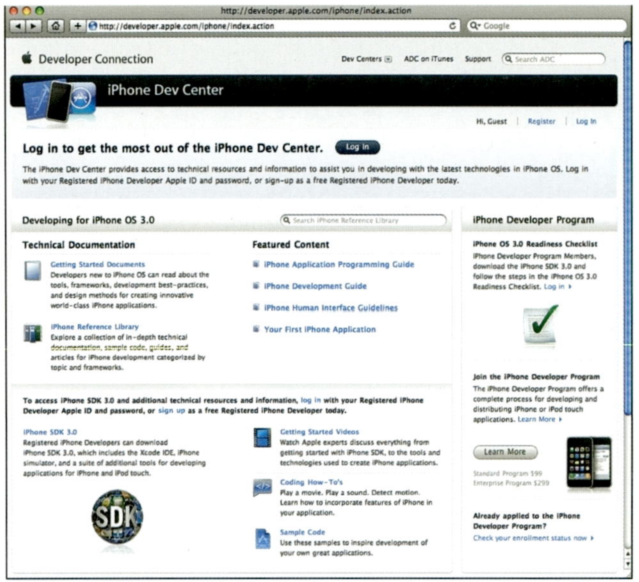

| 그림 2.7 | Apple의 iPhone Dev Center

이렇게 iPhone 개발자로 등록하고 iPhone 개발자 프로그램에도 가입하면 iPhone 개발에 많은 도움을 주는 여러 가지 툴과 예제들을 다운로드받을 수 있는 권한도 부여받게 된다.

iPhone SDK

iPhone SDK는 iPhone 개발을 시작하는데 필요한 모든 것을 제공한다. iPhone SDK에는 다음과 같은 것들이 포함된다.

- Xcode와 Interface Builder
- iPhone Simulator
- 디버깅 및 성능 측정 툴(Shark, Instruments 등)

iPhone SDK를 다운받고 설치하면 iPhone을 개발하는 데 필요한 기본 환경은 구축되었다고 볼 수 있다.

Xcode

Xcode는 Apple의 통합 개발 환경(IDE: Integrated Development Environment)
으로 Mac 또는 iPhone 애플리케이션을 개발하는 데 사용된다(그림 2.8). Xcode는
IDE의 모든 기능을 지원하며 iPhone을 개발하는 데 필요한 모든 기능을 내장하고 있
다. 이러한 기능에는 구문 강조(syntax highlighting), 문맥 기반으로 접근 가능한 문
서, 일종의 자동완성 기능인 코드 센스(code sense) 등이 있다. 특히 코드 센스의 경
우에는 입력하는 코드량을 줄이는데 많은 도움을 준다.

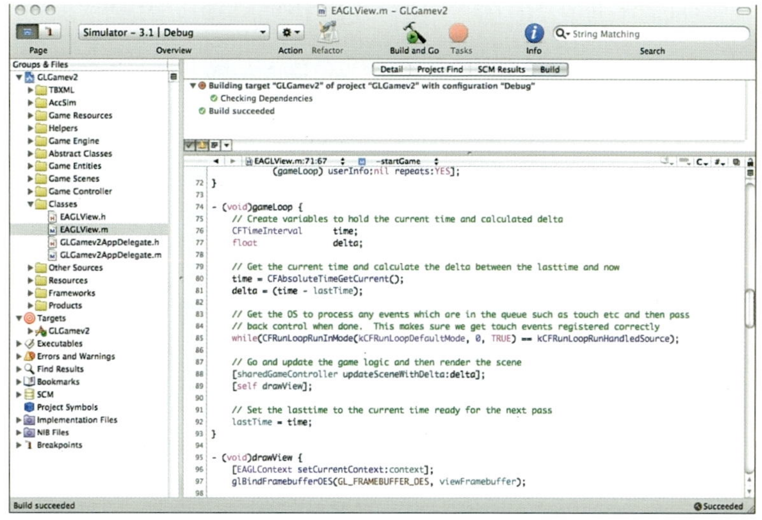

| 그림 2.8 | Xcode IDE

Xcode를 이용하여 할 수 있는 일에는 프로젝트 생성 및 관리, 디버깅, Apple에서
제공하는 개발자 문서 열람 등이 있다. 이러한 모든 것들이 Xcode 한 곳에서 이루어
지도록 만든 것은 Xcode가 훌륭한 개발 환경으로 자리매김하는 데 일등 공신으로
작용했다.

인터페이스 빌더(Interface Builder)

인터페이스 빌더(Interface Builder)는 iPhone의 UI 디자인을 위한 툴로, 기본 뷰
(view) 기반 iPhone 애플리케이션을 제작할 때 많이 사용한다. 화면에서 나타나는
UI와 코드를 연결해주기 때문에 개발 시간을 많이 줄일 수 있다. 그림 2.9는 Xcode
내에서 동작하는 인터페이스 빌더를 보여주고 있다.

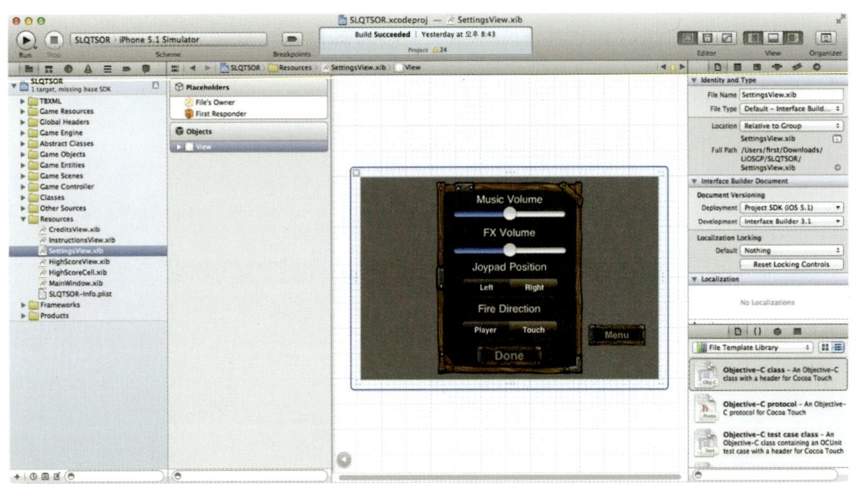

| 그림 2.9 | 인터페이스 빌더를 이용하여 Sir Lamorak's Quest 게임 설정 화면을 만드는 화면

Sir Lamorak's Quest를 제작할 때는 인터페이스 빌더를 거의 사용하지 않지만
게임 설정 화면은 인터페이스 빌더로 제작하여 존재감을 부여하였다.

iPhone Simulator

iPhone Simulator는 Xcode에서 동작하는 간단한 프로그램으로 데스크톱에서
iPhone 없이도 iPhone app을 테스트할 수 있도록 도와준다(그림 2.10). iPhone
Simulator는 여러분이 만든 게임을 테스트하기에 아주 훌륭한 툴이지만 당연히 실
제 기기에서 테스트하는 것보다 더 좋은 테스트는 없다.

| 그림 2.10 | iPhone Simulator에서 Sir Lamorak's Quest를 시험하는 화면

실제 기기에서 테스트하는 것이 왜 그렇게 중요하냐면, iPhone Simulator는 iPhone에 장착되어 있는 H/W와는 비교도 안 되게 강력한 CPU, 메모리, 그래픽 카드가 장착된 Mac에서 동작하기 때문이다. 다시 말해서 iPhone Simulator와 실제 기기와의 차이 때문에 게임 테스트는 무조건 실제 기기에서 해야 한다. 자세한 이유는 다음과 같다.

- **CPU:** iPhone Simulator는 Mac의 CPU를 사용하기 때문에 디바이스에서와의 체감이 많이 다르다.
- **RAM:** 개발용으로 사용하는 Mac에는 보통 2GB 이상의 RAM을 사용하고 있을 것이다. 이 정도 공간이면 텍스처를 처리하는데 충분하다. 하지만 iPhone의 경우 텍스처뿐만 아니라 사운드, 프로그램 코드까지도 24MB 메모리 내에서 활용해야 하기 때문에 텍스처 데이터로 사용한 메모리 영역은 사용이 끝나고 꼭 release해야 한다.
- **그래픽 성능:** Mac에서 사용하는 그래픽 카드는 iPhone과는 너무나 다를 뿐만 아니라 iPhone Simulator는 소프트웨어 방식으로 렌더링한다.
- **OpenGL과 OpenGL ES:** iPhone Simulator는 Mac에서 동작하기 때문에 OpenGL ES가 아닌 OpenGL의 모든 기능을 사용할 수 있다. 그래서 iPhone Simulator에서는 아주 잘 돌아가던 것도 iPhone에서는 느리게 동작하거나 심

지어는 프로그램이 죽어버리는 경우도 발생한다.

- **디바이스의 성능 차이:** iPhone과 iPod Touch는 core location(위치정보), 블루투스, 무선랜, 가속도 센서가 장착되어 있으며, iPhone 3GS, iPhone 4, iPad에는 자기 센서가 장착되어 있다. 물론 Mac에도 블루투스와 무선랜이 있지만 가속도 센서나 자기 센서는 Mac에서 테스트하는 것이 불가능하다. 만약 여러분의 게임이 디바이스에만 있는 기능을 사용한다면 꼭 iPhone에서 테스트해야 한다.

마지막으로 다시 한 번 강조하지만, 테스트는 꼭 실제 기기에서 해야만 한다. 다만 게임 설정이나 프로토타입 테스트와 같은 것은 iPhone Simulator에서 테스트하는 것도 무방하다. 정말로 진짜만한 것이 없다.

Instruments

Instruments는 메모리 부족이나 병목현상(bottleneck)을 찾아주는 아주 훌륭한 툴이다(그림 2.11). Instruments는 iPhone Simulator나 실제 iPhone에서 테스트할 때 모두 사용 가능하다.

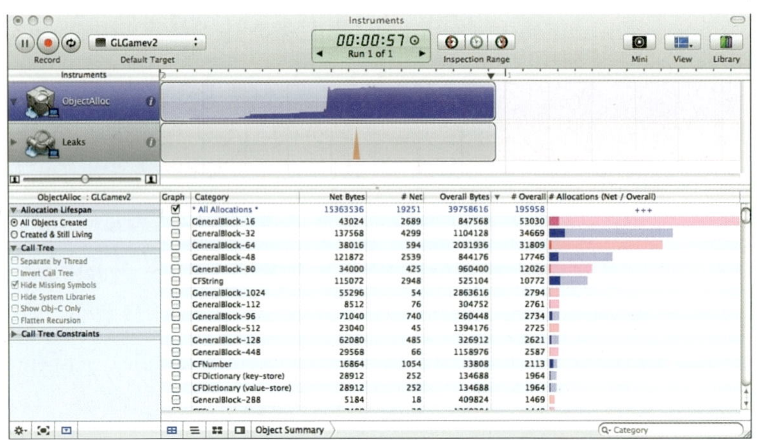

| 그림 2.11 | Instruments는 애플리케이션의 코드를 분석하여 메모리 부족을 찾고 더 나은 성능을 낼 수 있는 방법을 알려준다.

Instruments는 그래픽 인터페이스를 제공하여 GDB 같은 다른 디버깅 툴이나 성능분석 툴에 비해 직관적으로 이해할 수 있도록 도와준다. Instruments가 제공하는 정보에 익숙해지기 위한 노력이 조금 필요하지만, 한 번 Instruments에 익숙해지면 그 동안 왜 Instruments 없이 살았는가 반성하게 될 것이다.

Shark

Shark는 영화 〈죠스〉에 나오는, 사람을 공격하는 상어가 아니라 여러분의 코드를 공격하여 더 좋게 만드는 툴이다. Shark는 여러분이 작성한 코드를 탐색하며 성능상의 문제를 찾아준다. 물론 코딩하면서 항상 최적화에 많은 노력을 기울이겠지만 모바일 디바이스에서 동작하는 게임은 더욱 주의를 기울여야 한다. 처음에는 잘 동작하던 게임도 시간이 지나면서 메모리를 마구 잡아먹거나 갑자기 죽는 경우가 생긴다면 Shark에 어디가 문제인지를 문의하는 것이 좋을 것이다.

Shark가 제공하는 정보를 해석하고 문제를 찾는 것이 쉬운 일은 아니지만(그림 2.12), 문제를 해결하는 데 드는 시간은 많이 줄여줄 것이다. Shark가 문제를 찾게 되면 여러분이 어디에서부터 해결해야 하는지를 알려줄 것이다.

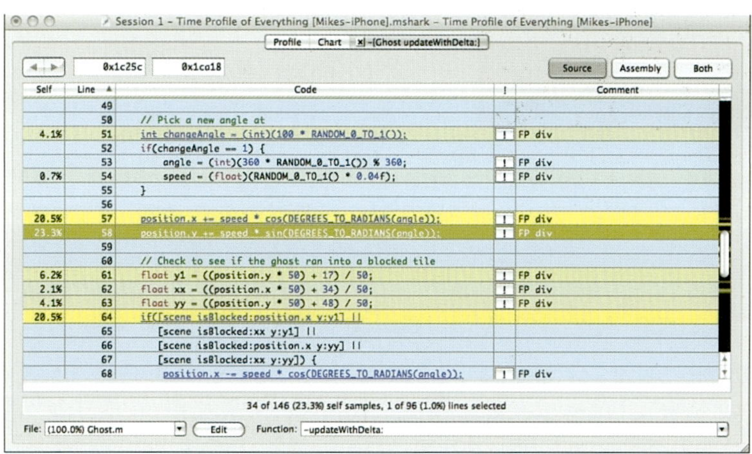

| 그림 2.12 | Shark역시 Instruments와 비슷한 형태로 애플리케이션 코드를 분석하여 성능을 극대화시킬 수 있는 부분을 알려준다.

Hiero

일반적으로 폰트의 각 글자는 크기가 서로 다르기 때문에 스프라이트 시트와 같이 간단한 방법으로는 해결하기가 쉽지 않다. 하지만 Hiero를 사용하면 폰트 글자에 대한 스프라이트 시트뿐만 아니라 컨트롤 파일까지 만들어준다(그림 2.13). 8장에서 비트맵 폰트를 만들 때 스프라이트 시트에 있는 각각의 글자에 접근하기 위하여 Hiero로 만든 컨트롤 파일을 사용할 것이다.

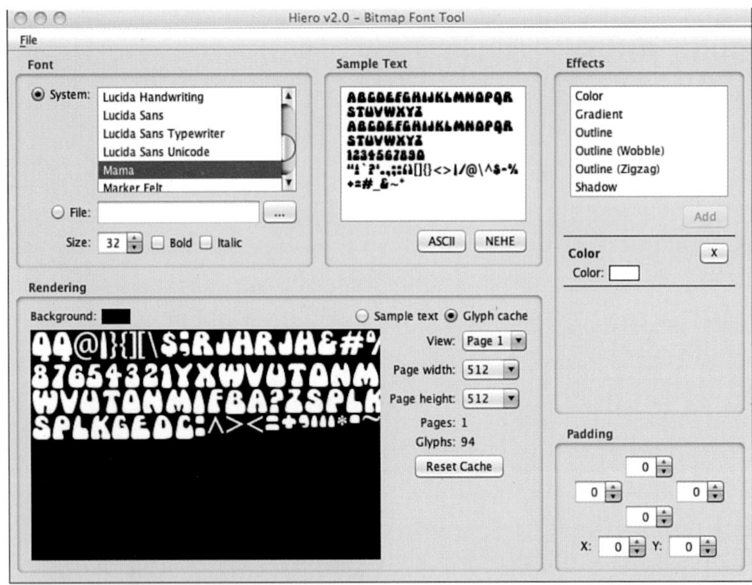

| 그림 2.13 | Hiero는 게임에서 사용할 비트맵 폰트용 스프라이트 시트를 만들 수 있다.

Tiled

Tiled는 무료 오픈 소스 타일 맵 에디터이다. Tiled는 타일 이미지를 읽은 다음 지도로 표현한다(그림 2.14). Tiled는 다수의 레이어 및 여러 개의 타일 세트를 지원할 뿐만 아니라 전체 맵, 단계, 타일 이미지를 연결시키는 파라미터도 정의할 수 있다.

9장에서 타일 맵 클래스를 만들 때 Tiled에 대한 자세한 내용을 다룰 것이다.

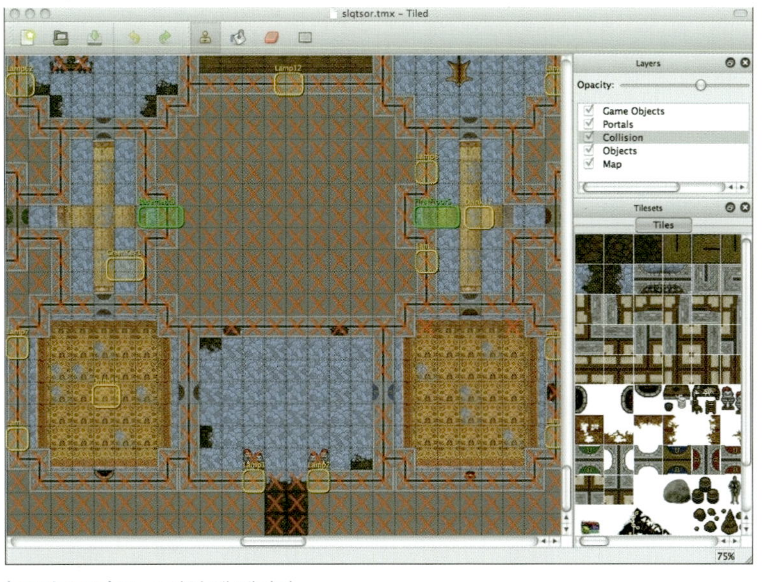

| 그림 2.14 | Tiled 타일 맵 에디터

🔧 정리

이번 장에서는 Sir Lamorak's Quest를 제작하기 위하여 사용되는 terminology, technology, tool과 같은 많은 내용을 다루었다.

먼저 아래의 내용을 참고하여 개발에 필요한 도구를 설치하고 진행하길 바란다.

- **Xcode 툴**(/Developer 디렉토리에서 찾을 수 있다) – 여기에는 Instruments와 Shark도 포함된다.
- **Hiero** – 비트맵 폰트 제작도구 (www.n4te.com/hiero/hiero.jnlp)
- **Tiled** – 타일 맵 에디터 (mapeditor.org)

> **Tip**
>
> **Instruments와 Shark는 어디에?**
> Xcode를 설치하면 Instruments는 /Developer/Applications 디렉토리에서, Shark는 /Developer/Applications/Performance Tools 디렉토리에서 찾을 수 있다.

설치한 모든 프로그램을 독(dock)에 놓으면 프로그램을 개발하는데 편리하게 사용할 수 있을 것이다.

이번 장에서 다룬 내용은 이 책을 진행하는 동안 계속 접할 것이다. 다음 장에서는 Xcode를 이용하여 OpenGL ES 프로젝트를 만들어 보고, 그 동작 원리에 대해 알아볼 것이다.

Chapter 03
여정의
시작

2장에서 다룬 다양한 내용들 덕분에 Sir Lamorak's Quest를 만들기 위해 필요한 terminology, technology, tool에 대한 내용이 조금씩 익숙해지기 시작했을 것이다. 이러한 내용은 꼭 알아야 하는 중요한 내용이며 코딩할 때도 필수적이지만 정작 실제 코딩은 매우 재미있는 작업이기 때문에 바로 코딩에 대한 내용부터 다룰 것이다.

이번 장에서는 Sir Lamorak's Quest를 위한 Xcode 프로젝트를 생성하는 방법에 대하여 설명할 것이다. 이렇게 만든 프로젝트는 이 책이 끝날 때까지 사용한다. 그 전에 Xcode에서 프로젝트를 생성하는 빙법을 간단히 언급한 다음 OpenGL ES 템플릿을 프로젝트에 포함시키는 방법을 알아보자.

이번 장이 끝날 때쯤이면 여러분은 프로젝트 하나와 무언가가 그려진 화면을 갖게 될 것이다. 아마도 Xcode에 있는 OpenGL ES 템플릿으로 순식간에 무언가를 그릴 수 있다는 것에 상당히 놀랄 것이다.

✂ Xcode 프로젝트 생성

지금까지 이 책을 그대로 따라왔다면 아마도 iPhone Dev Center에서 금방 iPhone SDK를 다운로드 받은 상태일 것이다. 이 책의 모든 예제는 Xcode 3.2.3 버전과 iPhone SDK 3.1.3을 사용하였다. 또한 모든 예제 코드는 iPhone SDK 4에서도 돌아가는 것을 확인하였다.[1] Xcode 프로그램은 /Developer/Applications 디렉토리에 있는데 빈번히 실행할 것이기 때문에 독(dock)에 올려놓는 것을 권장한다.

Xcode를 설치하고 처음 실행하면 그림 3.1과 같은 welcome 화면을 볼 수 있다.

Xcode welcome 화면(그림 3.1)을 보면 레퍼런스 라이브러리(reference library)나 최근 작업한 프로젝트 리스트와 같은 여러 정보를 보여주고 있다. 만약 이 화면을 보고 싶지 않다면 창 아래 부분의 'Show this window when Xcode launches' 옆에 있는 체크 박스의 체크표시를 해제하면 된다.

---

1 **역주** Xcode 3에서 Xcode 4로 업그레이드하면서 가장 크게 변화한 것이 바로 Xcode와 인터페이스 빌더의 통합이다. Xcode 4의 인터페이스는 Xcode 3와 약간의 차이가 있지만, 이 책의 전체적인 흐름과는 무관할 뿐만 아니라 Xcode 4와의 차이가 큰 경우에는 별도로 설명을 첨부하였기 때문에 읽는 데 큰 어려움은 없을 것이다. 아울러 이 책에서 제공하는 모든 예제는 Xcode 4에서도 잘 동작한다.

| 그림 3.1 | Xcode Welcome 화면

다음으로 새 프로젝트를 생성해야 한다. Welcome 화면을 닫은 다음 메뉴에서 [File]−[New Project] 를 선택하면 새로운 창이 뜨면서 새 프로젝트를 위한 템플릿을 선택할 수 있게 된다(그림 3.2).

여정의 시작

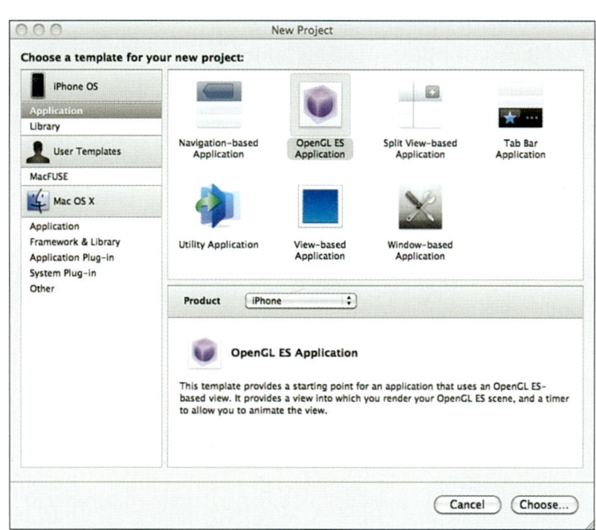

| 그림 3.2 | Xcode 새 프로젝트 창

새 프로젝트 창 왼쪽 메뉴에 있는 [iPhone OS] 항목 아래의 [Application]을 선택해야
[OpenGL ES Application] 템플릿을 사용할 수 있다.

[OpenGL ES Application] 템플릿을 선택한 다음에는 왼쪽 메뉴에서 만들고자 하는 소프트웨어 종류가 제대로 선택되어 있는지 확인한다(당연히 iPhone이다). 그런 다음 [Choose] 버튼을 클릭하고 프로젝트를 저장할 디렉토리와 프로젝트 이름을 지정한다. 프로젝트 이름은 'Chap03'으로 한다. 프로젝트 이름은 일반적으로 대문자로 시작하며, 여러 단어로 구성할 때에는 스페이스로 구분하는 대신 다음 단어의 첫 글자를 대문자로 하여 단어를 구별하는 것이 좋다.

이렇게 프로젝트 이름과 저장할 디렉터리를 결정한 다음 [Save] 버튼을 누르면 드디어 파일 목록을 보여주며 나타나는 Xcode의 메인 화면을 볼 수 있다(그림 3.3).

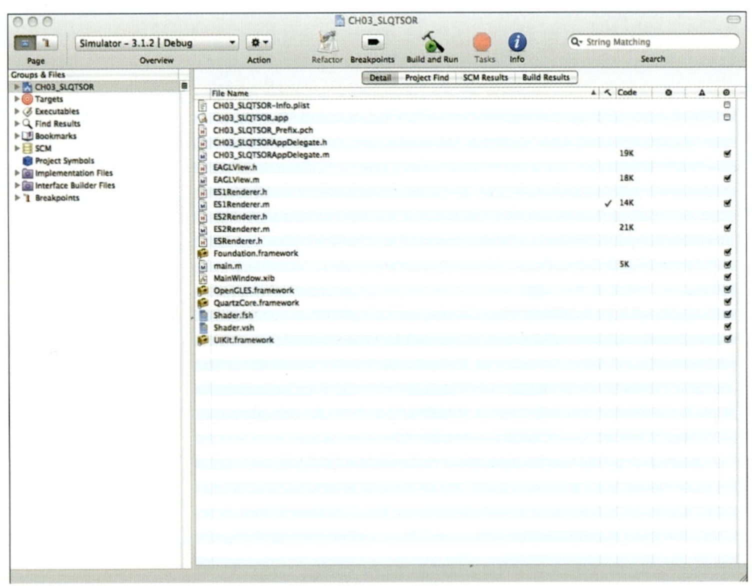

| 그림 3.3 | 프로젝트를 구성하는 파일 목록을 보여주는 Xcode 메인 화면

Xcode의 GUI를 보면 왼쪽 패널에 트리 형태로 무엇인가 구성된 것을 볼 수 있다. 이것은 프로젝트의 아웃라인으로, 프로젝트에서 생성한 파일과 함께 컴파일 에러나

warning, 혹은 breakpoint 같은 정보가 같이 포함되어 있다.

왼쪽 패널의 트리 뷰에서 [Chap03]을 클릭하면(다른 이름으로 프로젝트 이름을 만든 경우에는 프로젝트 이름을 클릭), 중앙 화면에서 프로젝트에서 사용하는 파일 목록을 볼 수 있다. 즉 왼쪽 패널은 개요를, 중앙 패널은 세부 정보를 보여주는 것이다.

사실 저자는 이러한 기본 구성보다는 왼쪽 패널에는 파일 트리를 띄우고 중앙 패널에는 해당 코드를 편집할 수 있는 에디터를 띄우는 것을 선호한다. 여러분도 틀에 얽매일 필요 없이 편리한 화면으로 구성하여 사용하면 된다.

프로젝트 실행

여기서 만들어볼 것은 iPhone에서 동작하는 OpenGL ES 프로그램이다. 아직 코드 한 줄 작성하지 않았지만 템플릿을 통하여 이미 기본적인 실행을 위한 코드는 갖춰져 있다. 이 기본 코드가 어떻게 동작하는지 살펴보기 위해 실행할 것이다. 먼저 Xcode GUI의 왼쪽 상단의 드롭다운 메뉴에 'Simulator-4.0'과 같거나 비슷한 이름으로 'iPhone SDK Simulator'가 선택되었는지 확인한 다음(그림 3.3 참조), GUI 화면의 상단에 있는 [Build and Run] 버튼을 누른다.

잠시 후 iPhone Simulator가 나타나면서 방금 컴파일한 프로그램이 실행되는 것을 볼 수 있다. 이 프로그램은 화면에 여러 색으로 구성된 정사각형을 그린 후 위아래로 움직인다(그림 3.4). 이로써 iPhone에서 동작하는 첫 번째 OpenGL ES 프로그램을 갖게 된 것이다.

| 그림 3.4 | OpenGL ES 템플릿으로 만든 애플리케이션이 iPhone Simulator에서 동작하는 화면

단순히 프로젝트를 만들면서 이름만 지정했을 뿐인데 이미 게임 개발에 필요한 부분이 모두 작성되었으며, 그것도 OpenGL로 구현되었다.

🛠 코드 분석

지금까지 간단히 프로젝트를 만들고 실행해 보았는데, 이번에는 Xcode가 조금 전에 생성한 프로젝트의 코드를 살펴보도록 하자. 자동으로 생성된 코드를 가지고 무작정 코딩을 시작하기보다는 만들어진 코드를 먼저 이해하는 것이 좋은 습관이라고 할 수 있다. 코드를 보면서 Objective-C의 기본적인 내용에 대해서 설명을 하겠지만 이해하는데 어려움을 느낀다면 Apple의 "The Objective-C Programming Language"[2]를 읽어보는 것도 도움될 것이다. 뿐만 아니라 개발과 관련된 모든 문서를 Xcode에서 제공하기 때문에 관련 API 등을 열람하는 데도 많은 도움이 된다. Xcode의 문서를 보려면 메뉴에서 [Help]-[Developer Documentation]을 선택하면 된다.

🛠 Application Delegate

프로그램을 보기 위한 좋은 출발점을 추천한다면 application delegate가 될 것이다. Application delegate는 UIApplication 클래스의 오브젝트로 UIApplication의 역할을 대신해준다. 즉 delegate를 이용하면 하위 클래스(subclass)를 만들 필요 없이 해당 클래스의 역할을 확장하거나 변경할 수 있다. UIApplication과 같은 클래스는 부모 클래스(여기서는 UIApplication)가 보내는 notification을 수신할 수 있는 클래스를 지정하는 것이 가능하다. 이렇게 notification을 수신하도록 지정된 클래스를 delegate라고 한다.

---

2 The Objective-C Programming Language는 Apple 개발자 사이트에서 다운받을 수 있다(developer.apple.com/documentation/Cocoa/Conceptual/ObjectiveC/ObjC.pdf).

`CH03_SLQTSORAppDelegate`에는 아래와 같은 `UIApplication`의 delegate 메소드를 사용한다.

- **applicationDidFinishLaunching**: 기본 notification 센터에서 애플리케이션이 실행되고 초기화 과정이 끝나면 보내는 메소드다. 애플리케이션은 초기화가 끝나고 첫 번째 이벤트를 받기 전에 이 메소드를 받는다.
- **applicationWillResignActive**: 기본 notification 센터에서 보내는 메소드로 애플리케이션이 비활성화되기 직전에 받는다. 여기서 비활성화라 함은, 예를 들어 iPhone의 홈 버튼을 누르는 등의 행동 또는 이벤트가 일어나 애플리케이션이 잠시 멈추어야 하는 상황을 말한다.
- **applicationDidBecomeActive**: 비활성화되었던 애플리케이션이 다시 활성화될 때 기본 notification 센터에서 받는 메소드다.
- **applicationWillTerminate**: 애플리케이션이 종료되기 직전 기본 notification 센터에서 수신하는 메소드다.

Xcode왼쪽 패널의 트리 뷰(tree view)에서 [CH03_SLQTSOR]을 확장한 다음 [Classes] 그룹을 보면 우리가 관심 있게 볼 주요 파일들이 있는 것을 확인할 수 있다. 여기서 CH03_SLQTSORAppDelegate.h 파일을 선택하자.

파일을 선택하면 오른쪽 편집 창에 파일의 내용이 나타나는 것을 볼 수 있다(그림 3.1). 파일 이름이 .h 로 끝나기 때문에 클래스 interface의 정의 부분이 들어 있다는 것을 예상할 수 있다. 실제로 이 파일 안에는 다음과 같은 내용이 들어있다.

- 인스턴스(instance) 변수 선언문
- 클래스가 사용할 메소드
- 프로퍼티(property)

Objective-C에서는 interface의 정의 부분과 클래스 implementation 부분을 각각의 코드 블럭으로 구별해야 한다. 물론 하나의 파일에서도 interface 부분과

여정의 시작

implementation 부분을 나누는 것이 어렵지 않지만 보통 .h(헤더) 파일에 interface
정의 부분을 넣고 .m(메소드) 파일에 implementation 정의 부분을 넣는다.

리스트 3.1 **CH03_SLQTSORAppDelegate.h**

```
#import <UIKit/UIKit.h>

@class EAGLView;

@interface CH03_SLQTSORAppDelegate : NSObject <UIApplicationDelegate> {
    UIWindow *window;
    EAGLView *glView;
}

@property (nonatomic, retain) IBOutlet UIWindow *window;
@property (nonatomic, retain) IBOutlet EAGLView *glView;

@end
```

헤더파일 분석

그러면 CH03_SLQTSORAppDelegate.h 파일을 자세히 살펴보도록 하자.

```
#import <UIKit/UIKit.h>
```

먼저 헤더파일이 UIKit 프레임워크(framework)의 모든 클래스에 대한 헤더를
import한다. UIKit 프레임워크는 iPhone 애플리케이션의 UI를 만들고 다룰 수 있
는 여러 클래스를 제공한다. 또한 UIKit 프레임워크에는 터치 인터페이스를 위한 모
든 오브젝트, 이벤트 핸들링(event handling), 윈도우(window), 뷰(view), 컨트롤
(control) 등이 들어있다. 그리고 나중에 살펴볼 UIView 클래스도 포함한다.

```
@class EAGLView;
```

@class는 컴파일러에게 사용할 클래스를 미리 알려주는 구문으로, 위의 문장은
EAGLView 클래스가 아직 정의되지 않았더라도 앞으로 EAGLView 클래스를 사용할

것이라는 것을 컴파일러에 알려준다. 이와 같은 기법은 많은 수의 파일을 사용할 때
순환참조가 일어나는 것을 막아준다.

EAGL은 "Embedded Apple OpenGL"을 뜻한다.

```
@interface CH03_SLQTSORAppDelegate : NSObject <UIApplicationDelegate> {
    UIWindow *window;
    EAGLView *glView;
}
```

위의 interface 선언문은 정의된 클래스에 대한 실제 인터페이스 역할을 한다. 첫
번째 줄에는 CH03_SLQTSORAppDelegate 클래스와 그 상위 클래스인 NSObject 가
나타났다(즉 CH03_SLQTSORAppDelegate 클래스는 NSObject 클래스를 상속받는
다). 또한 CH03_SLQTSORAppDelegate 클래스는 UIApplicationDelegate 프로토콜
(protocol)을 준수한다는 것도 나타내고 있다.

프로토콜(protocol)은 메소드를 정의하는 클래스에만 묶여있지 않도록 정의하는
데 사용한다. 즉 앞에서와 같이 Interface 선언부에 <UIApplicationDelegate>를
넣는 것만으로 유저가 만든 클래스에 소속된 메소드가 프로토콜을 준수하게 되며 이
렇게 함으로써 해당 delegate 메시지에 대해 제대로 동작할 수 있게 되는 것이다.

클래스 이름을 만든 다음 부모 클래스와 함께 프로토콜을 지정하고는 인스턴스 변
수(instance variable, ivar)를 중괄호({ }) 안에 넣는다.

위의 경우 아래와 같이 두 개의 인스턴스 변수(ivar)를 갖는다.

```
    UIWindow * window;
    EAGLView * glView;
```

여기서 인스턴스 변수 window는 UIWindow의 인스턴스에 대한 포인터 값을 갖게
되고 glView는 EAGLView의 인스턴스에 대한 포인터 값을 갖게 될 것이다. 인스턴스
변수 앞에 있는 *는 포인터 변수임을 나타내는 키워드이다.

중괄호 바깥 부분을 보면 다음과 같다.

```
@property (nonatomic, retain) IBOutlet UIWindow *window;
@property (nonatomic, retain) IBOutlet EAGLView *glView;

@end
```

@property는 encapsulation(getter와 setter의 실제 코드를 몰라도 사용자로 하여금 사용하는데 아무런 어려움을 주지 않도록 하는 것을 의미) 제공을 위해 getter와 setter 메소드를 선언하는데 편리하게 사용된다. 물론 getter와 setter 메소드가 굉장히 유용하지만 그것을 작성하는 것은 아주 고달프기도 하다.

그래서 Objective-C는 @property 키워드를 제공하여 getter, setter 작성을 도와준다. 이와 같은 방법으로 프로퍼티(property)를 선언한 다음 implementation 부분에서 @synthesize 선언을 하게 되면 더 이상 코딩을 할 필요 없이 컴파일러가 알아서 작성해준다. 만약 implementation 부분에 @synthesize를 사용하지 않는다면 getter와 setter 메소드를 직접 작성해야 한다. 그렇지 않으면 컴파일 에러가 발생할 것이다.

Implementation 파일 분석

헤더 파일을 살펴보았기 때문에 이번에는 실제 메소드를 정의하는 부분이 들어 있는 implementation 파일을 살펴보기로 하자. Xcode로 돌아가 CH03_SLQTSORAppDelegate.m 파일을 선택하면 아래와 같은 코드가 나타날 것이다.

리스트 3.2 **CH03_SLQTSORAppDelegate.m**

```
#import "CH03_SLQTSORAppDelegate.h"
#import "EAGLView.h"

@implementation CH03_SLQTSORAppDelegate

@synthesize window;
@synthesize glView;

- (void) applicationDidFinishLaunching:(UIApplication *)application
{
    [glView startAnimation];
```

```objc
}

- (void) applicationWillResignActive:(UIApplication *)application
{
    [glView stopAnimation];
}

- (void) applicationDidBecomeActive:(UIApplication *)application
{
    [glView startAnimation];
}

- (void)applicationWillTerminate:(UIApplication *)application
{
    [glView stopAnimation];
}

- (void) dealloc
{
    [window release];
    [glView release];
    [super dealloc];
}

@end
```

맨 처음에는 헤더 파일을 불러온다.

```objc
#import "CH03_SLQTSORAppDelegate.h"
#import "EAGLView.h"
```

위의 두 문장은 컴파일러가 해당 헤더 파일 안에 있는 EAGLView 클래스를 포함한
여러 클래스에 대한 정의 부분을 불러오도록 한다. 앞에서 헤더 파일에 EAGLView 클
래스를 사용할 것이라고 미리 명시하는 부분을 보았을 것이다. 아직 클래스에 대한
정의는 알 수 없지만 어쨌든 EAGLView 클래스를 사용할 것임을 컴파일러에 알려주는
것이었다. 이와 같은 상태에서 EAGLView 클래스의 정의 부분이 나타나면 그제서야
컴파일러에게 EAGLView 클래스에 대한 실체를 알려주게 된다.

```
@synthesize window;
@synthesize glView;
```

다음으로 헤더 파일에서 정의한 프로퍼티를 synthesize한다. 이렇게 하면 컴파일러가 getter와 setter 메소드를 자동으로 작성한다. 앞에서 본 것처럼 헤더 파일에서 프로퍼티를 정의한 다음 synthesize하지 않았다면, 직접 getter와 setter 메소드를 작성해야 한다. 그렇지 않으면 컴파일 에러가 나타날 것이다.

```
- (void) applicationDidFinishLaunching:(UIApplication *)application
{
    [glView startAnimation];
}
```

이제 사용자 클래스의 메소드를 정의할 차례이다. 메소드 선언 문법이 C나 Java와는 조금 다르지만 이해하는 데 어려움은 없을 것이다. 첫 번째 줄에서는 리턴 타입이 void이기 때문에 아무 것도 반환하지 않고 메소드 이름 뒤에 메소드 인자(argument)가 필요하다는 것도 확인할 수 있다.

메소드 이름의 첫 번째 단어는 소문자로 시작하고, 이후로 나오는 단어끼리는 첫 글자를 대문자로 하여 구별할 수 있도록 하는 것이 보통이다.[3] 이러한 방법을 CamelCase라고 한다. 메소드 이름 뒤에는 필요한 인자가 뒤따르는데 개인적으로는 Objective-C와 같은 인자 나열 방식이 마음에 든다. 예를 들어 세 개의 파라미터가 각각 int, float, double 타입이라고 단순히 전달하는 것이 아니라 각각의 파라미터에 대한 이름까지 부여하여 코드의 가독성을 높이도록 하였다.

앞의 메소드 내용을 이루고 있는 한 줄을 "메시지를 인스턴스 변수 glView에 보낸다(인스턴스 변수 glView의 메소드를 호출한다)"고 말한다. 헤더 파일에서 glView가 EAGLView 타입으로 선언되었기 때문에 glView는 EAGLView의 인스턴스를 가리키는 포인터이다. 이 시점에서 왜 EAGLView의 인스턴스를 직접 사용하지 않고 glView

----

3 Apple의 Introduction to Coding Guidelines는 developer.apple.com/mac/library/documentation/Cocoa/Conceptual/CodingGuildelines/CodingGuidelines.html에서 확인할 수 있다.

에 포인팅시켰는지 궁금할 것이다. 아주 좋은 질문이다! 잠시 후에 설명할 것이다.

glView에 메시지를 보낸다는 것은 startAnimation 메소드를 실행하라는 뜻이다. 메시지 표현은 대괄호 안에 구성되며, 오브젝트가 먼저 나타나고 그 뒤로 실행하고자 하는 메소드 이름이 나타난다.

```
[glView startAnimation];
```

그렇다면 왜 포인터 변수인 glView에 메모리를 할당하고 초기화하는 과정이 CH03_SLQTSORAppDelegate 안에는 없었을까? EAGLView 타입의 오브젝트를 선언하는 것만으로는 glView가 포인팅할 실제 오브젝트를 만들 수 없기 때문에, 먼저 EAGLView의 인스턴스가 저장될 메모리 공간을 alloc 메시지를 통해서 할당하게 된다. 이렇게 해야만 클래스의 인스턴스가 저장될 메모리 공간을 확보하게 된다. 메모리 할당을 위한 alloc 메소드는 보통 아래와 같은 방법으로 사용한다.

```
glView = [EAGLView alloc];
```

대부분의 클래스에서는 초기화를 필요로 하는데 가능하면 오브젝트를 생성할 때 초기화도 같이 진행하는 것이 좋다. 초기화는 init을 호출하면 된다. init은 오브젝트를 초기화하기 위하여 사용하는 메소드로 대부분의 클래스에 동일한 이름을 사용한다. 하지만 초기화 메소드의 이름에 대한 제한은 없기 때문에 initWithMyName과 같은 이름으로 초기화 메소드를 사용하는 것도 가능하다. 그래서 흔히 초기화를 위한 메소드 앞에 init을 붙여 이 메소드가 초기화를 위한 메소드임을 알린다. 앞의 예에서 glView를 초기화하려면 아래와 같이 사용하면 된다.

```
[glView init];
```

메모리 할당과 초기화를 동시에 할 수도 있는데, 다음과 같이 하면 된다.

```
glView = [[EAGLView alloc] init];
```

위의 예에서 본 것처럼 Objective-C에서도 다중 메시지 사용이 가능하다. 즉, alloc 메소드가 인스턴스를 리턴하면 리턴한 인스턴스에 대해 초기화가 진행되는 것이다. 여기서 한가지 주의할 점은 alloc이 인스턴스 메소드가 아니라 클래스 메소드라는 것이다.

여기까지 오면 왜 이와 같은 메모리 할당이나 초기화 같은 부분이 앞에서 살펴본 코드에는 없는지 의문이 들 것이다. 오브젝트 window와 glView는 인터페이스 빌더 파일에 있는 오브젝트와 연결되어 있기 때문에 나타나지 않은 것이다. 인터페이스 빌더 파일 확장자는 .xib이고 인터페이스 빌더가 생성한다.

인터페이스 빌더는 iPhone 또는 Mac의 GUI를 만들 수 있도록 한다. 기본적으로 OpenGL ES 템플릿은 window와 glView에 연결된 오브젝트에 대한 설정 정보가 들어있는 파일을 갖고 있으며, 따라서 현재로서는 이 파일을 건드릴 필요는 없다. 다만 [Resource] 그룹에서 이 파일을 볼 수는 있다. 여러분이 제작한 프로그램의 인터페이스 정보는 MainWindow.xib 파일에 들어 있으며, 이 파일을 더블 클릭하면 인터페이스 빌더가 동작하면서 파일을 열 것이다.

MainWindow.xib 파일을 열어보면, UIWindow 오브젝트가 이미 애플리케이션 delegate의 window 인스턴스 변수에 연결된 것을 볼 수 있다. 그리고 UIView 오브젝트는 EAGLView의 클래스 아이디를 갖고 있으며 애플리케이션 delegate의 인스턴스 변수 glView와 연결되어 있다. 즉, 애플리케이션이 MainWindow.xib 파일을 사용할 때 glView가 가리키는 EAGLView의 새로운 인스턴스를 생성한다는 것이다. MainWindow.xib를 사용하는 시점에 EAGLView는 initWithCoder 메시지를 수신하는데, initWithCoder 메소드는 EAGLView 안에서 필요한 메모리 할당과 초기화 과정을 알아서 진행하기 때문에 애플리케이션 delegate에서는 별도의 메모리 할당 및 초기화 과정이 필요 없다.

EAGLView

앞에서 애플리케이션 delegate를 살펴보면서 EAGLView를 언급하였는데, 이번에는 3장에서 다루는 애플리케이션의 중심이라고 할 수 있는 EAGLView에 대해서 자세히 살펴보도록 하겠다. EAGLView는 애플리케이션에서 화면을 그리는 데 사용할 OpenGL 코드를 생성한다. Xcode에서 EAGLView.h를 선택하여 코드를 살펴보자.

EAGLView.h

EAGLView.h 헤더 파일은 UIKit과 QuartzCore[4] 헤더 파일을 부르고, 프로토콜을 정의하는 ESRenderer.h 헤더 파일을 부른다.

```
#import <UIKit/UIKit.h>
#import <QuartzCore/QuartzCore.h>
#import "ESRenderer.h"
```

다음은 interface로 EAGLView 클래스를 명시하고 EAGLView 클래스가 UIView 클래스를 상속받도록 한다. 즉 EAGLView는 UIView의 모든 기능을 사용할 수 있으며 추가로 EAGLView 만의 기능을 구현할 수 있다는 것이다.

```
@interface EAGLView : UIView
```

그런 다음 interface 정의 부분에서 인스턴스 변수를 다음과 같이 정의한다.

```
id <ESRenderer> renderer;
BOOL animating;
BOOL displayLinkSupported;
NSInteger animationFrameInterval;
id displayLink;
NSTimer *animationTimer;
```

앞에서 인스턴스 변수를 interface 부분에서 만드는 것에 대해 언급하였지만 인스턴스 변수 renderer와 같이 id 타입을 사용하는 것이 좋을 때도 있다.

Objective-C에서 id 타입은 Objective-C의 모든 오브젝트를 지칭할 수 있다. 정확히 어떠한 타입인지는 아직 알려줄 수 없지만 어쨌거나 오브젝트를 가리키는 것이

---

[4] QuartzCore 프레임워크는 Core Animation 같은 하드웨어 성능에 최적화된 효과를 표현할 수 있는 기능을 제공한다. Core Animation은 OpenGL 명령이 사용되는 환경을 제공한다.

다. 이러한 기법을 dynamic typing이라고 하며 Objective-C는 dynamic typing을 지원한다. Dynamic typing은 컴파일 시간이 아닌 실행 시간에 오브젝트 타입이 결정되는 기법이다. 위에서 `renderer`는 아직 어떠한 오브젝트 타입인지는 알 수 없지만 적어도 `ESRenderer` 프로토콜을 준수한다는 것을 알 수 있다.

Interface 정의 부분 다음에는 프로퍼티 두 개를 정의하는 것을 볼 수 있다. 첫 번째 프로퍼티는 `BOOL` 타입의 인스턴스 오브젝트 `animating`으로 EAGLView의 현재 애니메이션 상태값을 갖게 된다. 또한 읽기 전용으로 getter 메소드는 `isAnimating`이다. 아래의 코드를 보면 getter를 설정하기 위하여 `getter=`를 사용한 것을 볼 수 있다.

```
@property (readonly, nonatomic, getter=isAnimating) BOOL animating;
```

`nonatomic` 프로퍼티는 getter나 setter 코드가 리턴값을 단순히 리턴하도록 하며, 멀티스레드 환경에 대한 고려는 하지 않는다. 따라서 멀티스레드 환경을 사용하지 않는다면 `nonatomic` 프로퍼티를 사용하는 것이 최선이자 최적의 옵션이 될 것이다.

`EAGLView` 클래스의 `animating`은 클래스가 화면에 출력 중인지 여부를 알려주는 역할을 한다. 따라서 `animating = YES`인 경우에는 `EAGLView` 클래스가 화면에 무언가를 그리고 있는 중이며 그렇지 않은 경우에는 `animating = NO`가 된다.

다음으로 나타나는 프로퍼티는 인스턴스 변수 `animationFrameInterval`이다. 이 변수는 초당(per second) 화면에 보여주는 프레임 수를 계산하는데 사용된다.

```
@property (nonatomic) NSInteger animationFrameInterval;
```

마지막으로 아래의 세 개의 메소드를 선언하는 것으로 헤더 파일은 끝난다.

```
- (void) startAnimation;
- (void) stopAnimation;
- (void) drawView:(id)sender;
```

메소드 선언부의 맨 앞에 – 가 나왔는데, 이것은 메소드가 인스턴스 메소드라는 것을 의미한다. 따라서 − 으로 선언된 메소드는 클래스의 인스턴스로 사용된다. 만약 메소드 선언을 + 로 시작한다면 그 메소드는 클래스 메소드가 되며 클래스 오브젝트로만 사용된다.

EAGLView.m

이번에는 EAGLView.m 파일이 어떻게 동작하는지 살펴볼 차례이다.

먼저 EAGLView과 ES1Renderer, ES2Renderer 헤더 파일을 import하는 것으로 implementation 부분이 시작된다.

```
#import "EAGLView.h"
#import "ES1Renderer.h"
#import "ES2Renderer.h"
```

ES1Renderer, ES2Renderer 클래스는 OpenGL ES 템플릿에 정의되어 있으며 디바이스가 지원하는 OpenGL ES 버전을 제공한다. 더 자세한 내용은 이후에 다룰 것이다.

다음으로 클래스 메소드 layerClass를 정의한다. 이 메소드는 EAGLView 클래스가 상속받은 UIView 클래스 layerClass 메소드의 오버라이드(override) 메소드다. 이 메소드의 주 임무는 사용자 뷰의 back layer에서 사용하고자 하는 클래스를 리턴하는 것이다. 여기서는 OpenGL을 이용하기 때문에 OpenGL ES의 기능을 만족하는 Core Animation 계층을 담당하는 클래스인 CAEAGLLayer 클래스를 리턴하도록 하였다.

```
+ (Class) layerClass
{
    return [CAEAGLLayer class];
}
```

layerClass 메소드의 내용을 따라가다 보면 결국 EAGLView 클래스를 만나게 된다. 즉, EAGLView 클래스가 초기화하는 것이다. 앞에서 언급한 것처럼 인스턴스 변수 window는 UIWindow 인스턴스와 연결되었으며 인스턴스 변수 glView는 EAGLView 클래스의 View 인스턴스와 연결된 것으로 인터페이스 빌더에 세팅되어 있다. 인스턴스 변수 glView가 xib 파일에 연결되었으며 EAGLView 클래스를 사용하기 때문에 애플리케이션이 실행되고 MainWindow.xib를 로드하면 EAGLView 클래스의 initWithCoder 메소드가 동작하게 된다.

```
- (id) initWithCoder: (NSCoder *) coder
```

위 초기화 메소드는 먼저 부모 클래스의 initWithCoder 메소드를 부른다. 부모 클래스의 initWithCoder를 따라가다 마지막에 도달하면 결국 오브젝트를 리턴하게 되는데, 이 오브젝트는 self 프로퍼티에 지정되고 CAEAGLLayer 타입의 오브젝트로 변환된다. 이곳에서 앞에서 정의한 클래스 메소드 layerClass를 부르게 된다.

```
if ((self = [super initWithCoder:coder]))⁵ {
    // 레이어 획득
    CAEAGLLayer *eaglLayer = (CAEAGLLayer *)self.layer;
```

포인터 변수 eaglLayer는 CAEAGLLayer의 프로퍼티를 설정하기 위하여 사용된다.

```
eaglLayer.opaque = TRUE;
```

이렇게 하면 CAEAGLLayer를 이용해서 렌더링할 때 투명하게 할 것인가 아닌가를 결정할 수 있다. 애플리케이션에 따라 CAEAGLLayer를 투명하게 사용하면 좋겠지만 이렇게 하면 성능에 엄청난 악영향을 미치기 때문에 게임 프로그램을 만들 때 권장할 만한 사항은 못 된다.

----

5 이와 같은 프로그래밍 기법은 Objective-C에서 접하는 매우 혼란스러운 기법 중 하나지만 cocoawithlove. com/2009/04/what-does-it-mean-when-you-assign-super.html 에서 아주 훌륭하게 설명해준다.

```
eaglLayer.drawableProperties = [NSDictionary
                        dictionaryWithObjectsAndKeys:
                            [NSNumber numberWithBool:FALSE],
                            kEAGLDrawablePropertyRetainedBacking,
                            kEAGLColorFormatRGBA8,
                            kEAGLDrawablePropertyColorFormat,
                            nil];
```

opaque 값을 설정한 다음에는 drawableProperties 값을 설정한다. drawable
Properties는 그리는 영역을 보여준 다음에도 내용을 유지하는지 여부와 그리는 영
역에 사용할 컬러 버퍼 형식 등을 명시하는 오브젝트와 키값으로 구성된 dictionary
를 설정할 수 있다.

기본적으로 backing을 유지하지 않는데 이는 게임에 매우 유리한 설정이라고 할
수 있다. Backing을 유지한다는 것은 화면에 컨텐츠를 표시하고 나서 후면으로 전
환된 다음에도 다음 번에 그릴 내용을 위하여 후면의 렌더링 버퍼 안에 존재하는 컨
텐츠를 유지하겠다는 것을 의미한다. 이것은 성능에 엄청나게 영향을 미치기 때문에
게임의 가장 좋은 성능을 위해서는 FALSE로 하는 것이 좋으며 기본적으로 FALSE로
설정되어 있다.

색상 포맷(Color format) RGBA8은 OpenGL ES의 GL_RGBA8888 포맷에 상응하는
32비트 색상 포맷이다. 물론 32비트 색상을 사용하면 풍부한 색깔을 표현할 수 있겠
지만 그에 따라 iPhone의 더 많은 메모리를 잡아먹을 것이다. 그래서 성능대 자원비
가 적절한 16비트 색상 포맷인 RGB565를 사용하기를 권장한다. 16비트 색상 정도라
면 색깔 표현에 있어 그리 부족함을 느끼지는 않을 것이다.

Layer 프로퍼티에 대한 설정이 끝나면 ES2Renderer 클래스의 인스턴스를 만든다.

```
renderer = [[ES2Renderer alloc] init];
```

ES2Renderer 클래스는 OpenGL에서 렌더링하는 데 사용하는 EAGLContext를 만든

다. 또한 ES2Renderer 클래스는 프레임버퍼(framebuffer), 렌더버퍼(renderbuffer)를 만들어 연결할 뿐만 아니라 실제 OpenGL ES 렌더링 명령도 포함하고 있다. renderer가 메모리를 할당받고 초기화된 다음에는 ES2Renderer 클래스의 인스턴스로 제대로 초기화되었는지 검사한다.

```
if (!renderer)
{
    renderer = [[ES1Renderer alloc] init];

    if (!renderer)
    {
        [self release];
        return nil;
    }
}
```

만약 renderer가 제대로 생성되지 않았다면 ES1Renderer 인스턴스를 다시 만든 다음 한 번 더 체크한다. 그럼에도 불구하고 renderer 값이 nil이라면 메소드를 종료하며 nil을 반환한다. E1Renderer 또는 E2Renderer 인스턴스가 제대로 생성되었다면 초기화 과정이 계속 진행된다.

2장에서 언급한 바와 같이 OpenGL ES는 1.1과 2.0 두 가지 버전이 있다. OpenGL ES 1.1은 모든 iPhone이 지원하지만 OpenGL ES 2.0은 iPhone 3GS, 4, iPod Touch 3세대, iPad1, 2만 지원한다. OpenGL ES 템플릿의 EAGLView 클래스는 기본적으로 ES2Renderer 클래스를 이용하여 OpenGL ES 2.0 API를 사용하는 인스턴스 생성을 시도한다(OpenGL ES 2.0 이기 때문에 ES2Renderer 클래스 이름에 "2"가 붙어있다). 만약 OpenGL ES 2.0 인스턴스를 만들지 못한다면 바로 ES1Renderer 클래스를 이용하여 OpenGL ES 1.1 API를 사용하는 인스턴스 생성을 시도한다(그래서 클래스 이름에 "1"이 붙는다). 이 정도면 제법 논리적이라고 생각하지 않는가?

만약 여러분의 게임이 OpenGL ES 1.1과 2.0을 모두 지원하도록 하고 싶다면 이와 같은 방법을 사용하면 된다. OpenGL ES 1.1과 2.0을 각각 지원하는 별도의 클래스를 사용하는 것은 코드를 간결하게 만들며, 효율적으로 관리할 수 있도록 도와준다.

따라서 renderer가 ES1Renderer나 ES2Renderer 중 어떤 클래스의 인스턴스가
되는지 관계 없이 아래와 같은 기본값을 갖게 된다.

```
animating = FALSE;
displayLinkSupported = FALSE;
animationFrameInterval = 1;
displayLink = nil;
animationTimer = nil;
```

애니메이션 작업을 시작하지 않았기 때문에 animating 값은 FALSE로 지정하였
다. 마찬가지 이유로 displayLinkSupported 값 역시 FALSE로 하였다. 그리고 위의
값을 확정하기 위하여 한 번 더 체크한다.

iPhone OS 버전 3.1에서는 CADisplayLink라는 새로운 API를 선보였다. 이 API
는 게임을 개발할 때 화면의 vsync[6] 상태를 확인하는 데 많이 사용한다. 즉
CADisplayLink는 화면에 그림을 다 그리자마자 메소드를 부를 수 있도록 한다.
iPhone은 화면에 1초당 60번씩 그림을 표현할 수 있는데, 다시 말하면 게임에서 지
원하는 최대 프레임 수가 60이라는 것이다. 화면의 최대 프레임 수를 알고 있다는
것은 게임을 개발할 때 그래픽 표현의 sync를 잘 맞출 수 있다는 뜻으로 더욱 부드럽
게 그래픽을 표현할 수 있다.

iPhone OS 버전 3.1부터 CADisplayLink가 추가되었기 때문에 이전 버전의 iOS를 사용하
는 경우에는 동작하지 않는다. 모든 사람들이 제때 iOS 업그레이드를 해서 가장 최신 버전의
iOS에 대해서만 고민하면 정말 좋겠지만 실상은 그렇지 않다. 누군가는 바로 전 버전을 사용
할 수도 있고 심지어는 전의 전의 전 버전을 사용하는 사람도 있을 것이다. 따라서 새 버전의
iOS에 있는 기능을 사용하지 않았을 때 엄청난 문제가 생기는 경우가 아니라면 가능한 많은
사람들이 사용할 수 있도록 이전 버전의 iOS도 지원하는 것이 좋다.

게임상의 그래픽을 부드럽게 구현하기 위한 다른 요소에 대해서는 4장 "게임 루
프"에서 자세히 다룰 것이다.

6　Vsync는 Vertical synchronization으로 수직동기화라고 하며 모니터 또는 스크린에서 재생하는 프레임(빈도)
　과 게임 프레임의 일치 여부에 대한 값을 갖는다.

다음으로 확인할 내용은 아래와 같다.

```objc
NSString *reqSysVer = @"3.1";
NSString *currSysVer = [[UIDevice currentDevice] systemVersion];
if ([currSysVer compare:reqSysVer options:NSNumericSearch] !=
NSOrderedAscending)
    displayLinkSupported = TRUE;
```

위의 코드는 현재 디바이스에 설치된 iOS 버전을 꺼내서 reqSysVer 값과 비교한다. 만약 설치된 버전이 "3.1"보다 낮다면 displayLinkSupported 값은 FALSE가 된다. 여기서 결정된 displayLinkSupported 값은 나중에 애니메이션이 시작할 때 사용할 것이다.

메소드 마지막으로 return self가 나타난다. 여기까지 오면 glView를 가리키는 EAGLView 클래스의 인스턴스의 초기화가 모두 끝난다.

다음으로 알아볼 메소드는 뷰에 그려질 내용을 실제 화면에 그리는 데 사용된다.

```objc
- (void) drawView:(id)sender
{
    [renderer render];
}
```

EAGLView 클래스가 초기화되면 renderer는 ES1Renderer나 ES2Renderer의 인스턴스 중 하나를 가리키고 있을 것이다. 여기서 기억해야 할 점은 EAGLView 클래스가 프로토콜의 정의부분을 포함하는 ESRenderer.h 헤더파일을 import했다는 것이다. ESRenderer.h 안에 있는 프로토콜은 render 메소드를 정의하는데, render 메소드는 이 프로토콜을 지원하는 모든 클래스에서 사용할 수 있다. 앞에서도 보았듯이 ES1Renderer와 ES2Renderer 클래스는 이 프로토콜을 사용하기 때문에 renderer는 render 메소드를 사용할 수 있다. 나중에 ES1Renderer 클래스를 다시 볼 때 render 메소드가 어떠한 일을 하는지 알게될 것이다.

다음은 layoutSubviews 메소드다.

```objc
- (void) layoutSubviews
{
    [renderer resizeFromLayer:(CAEAGLLayer*)self.layer];
    [self drawView:nil];
}
```

이 메소드는 UIView의 layoutSubviews 메소드를 오버라이드한다. 기본적으로
UIView의 layoutSubviews 메소드는 하는 일이 없다. 하지만 EAGLView의
layoutSubviews 메소드는 view에 사용되는 CAEAGLLayer 오브젝트를 넘겨 주며
resizeFromLayer 메소드를 부른다. 그러면 renderer 오브젝트의 resizeFromLayer
메소드는 rendererBuffer와 EAGLContext를 연결한 다음, 버퍼에 저장된 가로·세
로 길이를 구한다. 무슨 말인지 잘 모른다고 너무 걱정할 필요는 없다. ES1Renderer
클래스를 살펴볼 때 이 부분에 대해 자세히 설명할 것이다.

다음의 두 메소드는 인스턴스 변수 animationTimeInterval을 위한 getter와
setter를 정의한다.

```objc
- (NSInteger) animationFrameInterval
{
    return animationFrameInterval;
}

- (void) setAnimationFrameInterval:(NSInteger)frameInterval
{
    if (frameInterval >= 1)
    {
        animationFrameInterval = frameInterval;

        if (animating)
        {
            [self stopAnimation];
            [self startAnimation];
        }
    }
}
```

첫 번째 메소드 animationFrameInterval은 getter로 현재의 animationFrame
Interval 인스턴스 변수 값을 NSInteger 타입으로 반환한다. 두 번째 메소드 set

AnimationFrameInterval은 setter로 NSInteger 값을 받는다. 만일 frame
Interval 값이 1보다 크거나 같으면 animationFrameInterval 값을 frame
Interval 값으로 변경한다. 그렇지 않으면 animationFrameInterval 값은 바뀌지
않는다.

animationFrameInterval 값을 바꾸는 경우 인스턴스 변수 animating 값을 확인
하는데, 값이 YES인 경우(클래스는 정해진 초당 프레임으로 화면에 그리고 있는 중
이다) 애니메이션을 멈춘 다음 다시 그리기 시작한다. 이 과정은 반드시 이루어져야
하는데 애니메이션을 표현하는 동안 animationFrameInterval 값을 이용하여 초당
프레임 수, 즉 FPS를 계산하기 때문이다.

이제 세 개의 메소드만 살펴보면 EAGLView 클래스는 다 보게 된다. 세 개의 메소드
중 stopAnimation과 startAnimation 메소드를 앞에서 인스턴스 변수 animation
FrameInterval 값을 설정할 때 사용하였다.

```
- (void) startAnimation
{
    if (!animating)
    {
        if (displayLinkSupported)
        {
            displayLink = [NSClassFromString(@"CADisplayLink")
                            displayLinkWithTarget:self
                            selector:@selector(drawView:)];
            [displayLink setFrameInterval:animationFrameInterval];
            [displayLink addToRunLoop:[NSRunLoop currentRunLoop]
                            forMode:NSDefaultRunLoopMode];
        }
```

메소드 startAnimation은 화면에 애니메이션을 그리기 시작할 때 사용한다.
startAnimation 메소드가 실행되면 먼저 인스턴스 변수 animating을 체크하여 이
미 화면에 애니메이션을 그리는 중인지 판단한다. 애니메이션을 그리지 않는다면 다
음으로 인스턴스 변수 displayLinkSupported를 확인하여 현재 iOS 버전이 3.1 이
상인지를 점검한다. iOS 버전이 3.1 이상이면 displayLinkSupported 변수에 TRUE
가 세팅되어 있을 것이다.

iOS 버전이 3.1 이상이라면 이제 `CADisplayLink` 클래스를 설정할 차례이다. `CADisplayLink` 클래스를 설정하기 위해서는 인스턴스 변수 `displayLink`를 `CADisplayLink` 클래스의 인스턴스를 가리키게 하는데, 클래스의 target은 `self`로 지정하고 selector[7] 메소드는 `drawView`로 지정한다.

Target을 `self`로 지정한다는 것은 `CADisplayLink`를 해제할 때 동작하는 selector `drawView`를 `EAGLView` 클래스에서 사용할 것임을 의미한다. 이와 유사하게 다른 클래스에서 메소드를 동작시킬 수 있으며 `self` 대신 클래스 인스턴스를 사용할 수도 있다.

`CADisplayLink`의 인스턴스를 생성한 다음에는 `animationFrameInterval` 값으로 인스턴스의 `frameInterval` 값을 설정하고 인스턴스를 현재의 run loop에 스레드(thread)로 추가시킨다. 앞에서 iPhone은 1초에 60프레임을 그린다고 했는데 이때 `frameInterval` 값이 1이라면 1초에 60프레임을 그리는, 즉 `drawView` 메소드를 1초에 60번 호출한다는 뜻이며 `frameInterval` 값이 2인 경우 `drawView` 메소드는 1초에 30번 불릴 것이다.

만약 현재의 iOS가 `CADisplayLink`를 지원하지 않는다면 `drawView` 메소드를 부르는 횟수를 계산하기 위하여 `NSTimer`를 사용한다.

```
        else
            animationTimer =
                [NSTimer
                    scheduledTimerWithTimeInterval:
                        (NSTimeInterval)((1.0 / 60.0) * animationFrameInterval)
                    target:self
                    selector:@selector(drawView:)
                    userInfo:nil
                    repeats:TRUE];

        animating = TRUE;
    }
}
```


---

7 Objective-C에서는 메소드가 selector로 참조된다.

위의 코드에서는 `NSTimer`의 인스턴스인 `animationTimer`를 어떻게 설정하는지 보여준다. 타이머는 iPhone에서 지원 가능한 최대 60분의 1초 단위로 실행되며 여기에 `animationFrameInterval` 값이 곱해지는 형태로 초당 프레임 수가 결정된다. 그래서 `animationFrameInterval` 값이 1일 때는 `animationTimer`가 초당 60번 동작하게 되며 `animationFrameInterval` 값이 2인 경우에는 초당 30번 타이머가 동작한다. 이는 기본적으로 `CADisplayLink`가 동작하는 것과 동일하다.

그러나 `animationTimer`는 현재 스크린 상태가 어떤지 알 수가 없기 때문에 화면의 반만 그린 상태에서 다시 그리기도 한다. 보통 2D 게임에서는 이러한 문제가 거의 일어나지 않지만 게임의 복잡도가 증가하여 그림을 그리는 데 시간이 오래 걸리게 되면 이와 같은 현상 때문에 게임이 버벅거리게 될 것이다.

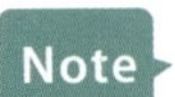 게임 렌더링과 업데이트의 타이밍에 대해서는 고려해야 것들이 몇 가지 더 있다. 4장에서 게임 루프에 대한 이야기를 하면서 이에 대한 더 자세한 내용을 다룰 것이다.

마지막으로 `startAnimation` 메소드가 하는 일은 인스턴스 변수 `animating` 값을 `TRUE`로 하는 것이다.

`stopAnimation` 메소드는 `startAnimation` 메소드가 했던 작업을 반대로 하기만 하면 된다.

```objc
- (void)stopAnimation
{
    if (animating)
    {
        if (displayLinkSupported)
        {
            [displayLink invalidate];
            displayLink = nil;
        }
        else
        {
            [animationTimer invalidate];
            animationTimer = nil;
        }

        animating = FALSE;
```

```
        }
    }
```

우선 animating 값이 TRUE인지 확인한 후, displayLinkSupported가 세팅되었는지 체크한다. 만약 세팅되었다면 displayLink를 invalidate시켜 화면에 그리던 것을 멈추게 한 다음 run loop에서 빼낸다. 그리고는 displayLink 값을 nil로 세팅한다. Objective-C에서는 nil에 메시지를 보내는 것이 가능하지만 runtime에는 아무런 영향을 미치지 않는다.

만약 displayLinkSupported 값이 FALSE인 경우라면 animationTimer를 invalidate시켜 마찬가지로 화면에 그리는 것을 멈추게 한 다음 run loop에서 제거한다. 그리고는 animationTimer 값을 nil로 세팅한다. 이 과정이 끝나면 인스턴스 변수 animating 값을 FALSE로 설정하여 뷰에서의 애니메이션이 끝났음을 알려준다.

드디어 마지막 메소드인 dealloc이 남았다. 표준 메소드 dealloc은 클래스 사용이 끝나거나 retain 값이 0이 되면 동작한다. 내용도 간단하다. 클래스가 생성한 모든 오브젝트를 release 시킨 다음 할당한 메모리를 해제하면 끝이다.

```
- (void) dealloc
{
    [renderer release];

    [super dealloc];
}
```

위의 dealloc 메소드는 UIView의 dealloc 메소드를 오버라이딩하였으며, UIView의 dealloc 메소드는 NSObject의 dealloc 메소드를 오버라이딩한다. NSObject는 대부분의 Objective-C 클래스의 최상위 클래스이며, NSObject를 상속받는 이들 대다수의 클래스는 runtime 동안 기본적인 인터페이스를 상속받으며 메모리 할당, 초기화 등과 같은 기능도 제공받는다.

여기서 기억해야 할 점은 dealloc을 오버라이딩할 때 상위 클래스 혹은 부모 클래스의 dealloc 메소드를 불러야 한다는 것이다. 그렇게 해야 단계적으로 최상위 클래스까지 메모리에서 해제할 수 있기 때문이다.

ES1Renderer

앞에서 `EAGLView` 클래스에 대한 전반적인 내용을 훑어보았다. 그러면서 `ES1Renderer`와 `ES2Renderer` 클래스가 사용되는 모습도 볼 수 있었다.

`ES1Renderer`는 OpenGL ES 1.1 API를, `ES2Renderer`는 OpenGL ES 2.0 API를 지원한다고 하였다. 이 책에서는 오직 Open GL ES 1.1만을 사용하고 있고 OpenGL ES 2.0은 1.1과 많은 차이가 있기 때문에 여기서는 `ES1Renderer`만 살펴보기로 한다.

ES1Renderer.h 분석

Xcode에서 ES1Renderer.h 파일을 선택한 다음 자세히 살펴보자.

먼저 익숙한 import 구문이 나오면서 OpenGL를 사용하기 위한 헤더파일을 import하는 모습을 볼 수 있다.

```
#import "ESRenderer.h"
#import <OpenGLES/ES1/gl.h>
#import <OpenGLES/ES1/glext.h>
```

이러한 헤더파일을 import하면 OpenGL ES 1.1의 명령을 사용할 수 있게 된다.

헤더파일을 import한 다음에는 `NSObject`에서 상속받은 interface를 선언하고 `ESRenderer` 프로토콜을 구현한다. 이 부분은 `ES1Renderer` 클래스에 프로토콜에서 정의한 render 같은 메소드를 싣는 과정으로 대단히 중요하다. `EAGLView` 클래스에서 render 메소드를 호출한다는 것을 기억하도록 하자. 그리고는 인스턴스 변수를 선언한다.

```
@interface ES1Renderer : NSObject <ESRenderer>

    EAGLContext *context;
    GLint backingWidth;
    GLint backingHeight;
    GLuint defaultFramebuffer, colorRenderbuffer;
```

위에서 선언한 인스턴스 변수 중에서 가장 중요한 것은 context이다. 왜냐하면 EAGLContext 클래스의 인스턴스 변수로 context 안에 들어 있는 내용이 화면에 표현되기 때문이다. OpenGL ES는 인스턴스 변수 context를 이용하여 화면에 내용을 표현하는데 context는 상태정보, 명령, 자원 등을 관리한다. 인스턴스 변수 context에 무언가를 그리기 전에 반드시 해야만 하는 것이 있는데 바로 context와 프레임버퍼를 묶는 일이다. 나중에 프레임버퍼에 대해서 자세히 설명하겠지만 기본적으로 context와 묶여 있는 일련의 메모리라고 이해하면 된다.

인스턴스 변수 backingWidth와 backingHeight는 EAGLView에서 사용하는 CAEAGLLayer의 픽셀 영역을 갖게 될 것이다. 여기서 주의할 점은 Objective-C나 C에서 자주 사용하는 int 또는 uint를 사용하지 않고 OpenGL의 데이터 타입을 사용했다는 것이다. 이렇게 하면 OpenGL 프로그래밍을 표준화할 수 있게 되어 서로 다른 플랫폼에서도 동일한 소스코드를 사용할 수 있다.

어쨌거나 다음은 두 개의 public 메소드 선언이다.

```
- (void) render;
- (BOOL) resizeFromLayer:(CAEAGLLayer *)layer;
```

이름에서 알 수 있듯이 render 메소드는 화면에 렌더링하기 위해 사용한다. 그리고 resizeFromLayer 메소드는 앞에서 설명하였지만 render 버퍼와 context를 묶은 다음 제공되는 layer의 가로와 세로를 구한다.

ES1Renderer.m 분석

이제 ES1Renderer의 implementation 부분을 볼 차례이다. Xcode에서 ES1REnderer.m 파일을 연다.

ES1Renderer 클래스에는 파라미터가 없는 표준 초기화 메소드가 있다.

```
- (id) init
{
    if (self = [super init])
    {
```

init 메소드가 가장 먼저 하는 일은 self에 [super init] 값을 넣는 것이다. 이는 클래스를 초기화할 때 거의 표준화된 방법이라고 할 수 있다.

이제 self가 클래스의 인스턴스로 잘 만들어졌으니 EAGLContext 클래스의 context 인스턴스를 생성할 차례이다.

```
context = [[EAGLContext alloc] initWithAPI:kEAGLRenderingAPIOpenGLES1];
```

앞에서도 잠깐 언급했지만 EAGLContext의 역할은 OpenGL ES를 이용하여 무엇인가를 그릴 때 상태정보, 명령, 자원을 관리하는 것이다. context를 초기화하기 위하여 initWithAPI 메소드를 사용하는데, 파라미터로 kEAGLRenderingAPIOpenGLES1을 넘겨주면서 OpenGL ES 1.1 API를 사용할 것임을 알려준다. 만약 2.0을 사용하고자 한다면, 파라미터로 kEAGLRenderingAPIOpenGLES2를 넘겨주면 된다.

다음으로 context가 제대로 생성되었는지 검사한다.

```
if (!context || ![EAGLContext setCurrentContext:context])
    {
        [self release];
        return nil;
    }
```

context 값이 nil이거나 context 세팅 결과가 NO로 나타나면 self는 바로 release 되는데 이는 매우 중요하다. 왜냐하면 앞에서 self에 대한 메모리를 할당하였기 때문에 아무런 조치를 취하지 않으면 할당 받은 메모리를 낭비하게 되기 때문이다. self를 release한 다음에는 nil을 반환한다. 이것은 클래스의 인스턴스 생성이 실패했음을 알려주는 역할을 한다. 여기서는 EAGLView 클래스가 OpenGL ES의 context를 생성하는 데 문제가 생겼고 적절한 조치가 필요하다는 것을 알게 된다.

프레임버퍼(Framebuffer)와 렌더버퍼(Renderbuffer) 생성

OpenGL ES 1.1을 지원하는 EAGLContext를 만들었으니, 이제 방금 만든 context

에 프레임버퍼와 렌더버퍼를 연결할 차례이다. 앞에서도 언급하였지만 프레임버퍼 없이는 context를 사용할 수 없다.

우선 프레임버퍼(Framebuffer)와 렌더버퍼(Renderbuffer)에 대해 알아보자.

OpenGL ES를 사용할 때는 개발환경에 따른 각 플랫폼을 위한 라이브러리를 이용하여 렌더링 context를 만들고 다룬다. 특히 렌더링 context는 모든 OpenGL ES의 상태 변수의 복사본을 관리하고 OpenGL ES 명령을 실행한다. iPhone에서는 `EAGLContext` 클래스가 OpenGL ES의 명령어 실행과 `CAEAGLLayer`를 통해 사용자에게 최종 이미지를 전해주는 Core Animation과의 상호작용을 제공한다.

Context가 OpenGL 명령을 수행하지만 이것이 끝이 아니다. iPhone에서는 모든 이미지가 프레임버퍼 오브젝트에 저장된다. 프레임버퍼 오브젝트는 target의 색깔, 농도, 외형을 굉장히 정교하게 제어하는데 여기서 target이 최종적으로 픽셀이 만들어지는 곳이 렌더버퍼이다. 렌더버퍼는 보통 가로, 세로, 색깔 포맷이 들어 있는 2D 이미지이다.

OpenGL ES의 초기화 과정 중 하나로 프레임버퍼와 렌더버퍼를 생성하고 렌더버퍼를 context에 지정하면 화면에서 렌더링될 최종 이미지를 위한 저장공간을 갖게 된다.

이제 프레임버퍼와 렌더버퍼가 무엇인지 알았으니 이것들이 어떻게 만들어지는지 살펴보도록 하자.

모든 OpenGL 명령은 gl로 시작한다(예: `glRotate`). 이는 코드를 간단하게 해줄 것이다. 또한 OpenGL ES 명령 중 OES로 끝나는 것도 종종 보게 될 것이다. OES로 끝나는 명령은 OpenGL ES에서만 사용하며, OpenGL API에서는 사용하지 않는다.[8]

```
glGenFramebuffersOES(1, &defaultFramebuffer);
glGenRenderbuffersOES(1, &colorRenderbuffer);
```

위 명령들은 쉽게 이해할 수 있을 것이다. 위 구문은 프레임버퍼(`glGenFramebuffersOES()` 사용)와 렌더버퍼(`glGenRenderbuffersOES()` 사용)를 만드는 것이

---

[8] OpenGL ES API 정보는 www.khronos.org/opengles/1_X/ 에서 확인할 수 있다.

다. OpenGL에서는 생성하는 모든 것에 이름이 붙는다. 이 이름은 GLuint 값으로 되어 있으며, 해당 오브젝트를 찾는데 사용한다.

glGenFramebuffersOES 함수는 인스턴스 변수 defaultFramebuffer에 생성된 프레임버퍼를 위한 GLuint 데이터 타입의 이름을 만들어 놓는다. colorRenderbuffer를 위해서도 마찬가지 동작을 한다.

버퍼는 한번에 한 개 이상을 만들 수 있다. 위에서 숫자 1보다 더 큰 숫자를 넣으면 그 수만큼 OpenGL ES가 버퍼를 만든다. 1보다 큰 수가 들어가면 두 번째 파라미터로는 단일 변수가 아닌 배열이 와야 한다. 여기서는 한 개의 버퍼만을 사용하기 때문에 1로 지정하였다.

```
glBindFramebufferOES(GL_FRAMEBUFFER_OES, defaultFramebuffer);
glBindRenderbufferOES(GL_RENDERBUFFER_OES, colorRenderbuffer);
```

버퍼를 생성한 다음에는 GL_FRAMEBUFFER_OES와 GL_RENDERBUFFER_OES를 각각 연결한다. 여러 개의 프레임버퍼와 렌더버퍼를 생성하는 것이 가능하기 때문에 사용하고자 하는 것끼리 잘 묶어야 한다.

```
glFramebufferRenderbufferOES(GL_FRAMEBUFFER_OES, GL_COLOR_ATTACHMENT0_OES,
                             GL_RENDERBUFFER_OES, colorRenderbuffer);
```

마지막으로 렌더버퍼를 프레임버퍼에 붙이는데 GL_COLOR_ATTACHMENT0_OES 값을 파라미터로 사용한다. 앞에서와 유사하게 여러 개의 렌더버퍼를 하나의 프레임에 붙이는 것이 가능하다. 여기서는 렌더버퍼를 프레임버퍼에 특별한 의미를 부여하면서 붙이기 위해 glFramebufferRenderbufferOES 함수를 사용하였다.

한참동안 많은 설명을 했지만 아직 init 메소드 내부라는 것을 잊지 말아야 한다. 물론 여기까지가 초기화를 위한 모든 과정이며, 이제 마지막으로 초기화가 끝난 오브젝트를 넘겨주면 끝난다.

```
return self;
```

지금까지 살펴본 것은 OpenGL ES의 초기화 과정의 연습에 불과하다. iPhone의 OpenGL ES에 대해 더 많은 내용을 알고 싶다면 Apple에서 제공하는 OpenGL ES Programming Guide for iPhone OS[9] 문서를 읽어보기 바란다. 다음에 나타나는 메소드는 render이지만 먼저 resizeFromLayer 메소드를 먼저 살펴보고 분석할 것이다. 왜냐하면 resizeFromLayer 메소드가 OpenGL ES의 셋업을 마무리하기 때문이다. ES1Renderer의 인스턴스를 만들면 바로 resizeFromLayer 메소드가 불리고, 중요한 몇 가지 일을 수행한다.

```
- (BOOL) resizeFromLayer:(CAEAGLLayer *)layer {
```

실제 메소드 선언부를 보면 return 타입으로 BOOL이 사용되는 것을 볼 수 있다. 즉, 이 메소드의 성공 여부만을 반환한다는 의미를 내포하고 있다. 파라미터도 CAEAGLLayer 오브젝트 하나만 보낸다. 여기서는 EAGLView에서 layer 파라미터를 보내는데, 따라서 CAEAGLLayer 클래스 오브젝트가 되는 것이다.

렌더버퍼를 제대로 묶기 위해서 resizeFromLayer 메소드는 앞에서 만든 인스턴스 변수 colorRenderbuffer를 사용한다.

```
glBindRenderbufferOES(GL_RENDERBUFFER_OES, colorRenderbuffer);
```

렌더버퍼를 연결하고 나면 앞에서 만든 EAGLContext를 위하여 메모리를 할당할 차례이다. Context는 OpenGL ES의 명령을 수신하지만 context가 명령의 최종 목적지는 아니다. EAGLView 내부에 있는 Core Animation 계층이 실제 화면에 픽셀을 그리는데 그렇게 하기 위하여는 픽셀을 저장할 약간의 메모리가 필요하다. 그 저장 공간을 제공하는 것이 클래스를 초기화하면서 만든 렌더버퍼이다. 아래의 명령은 실제로 그림을 표현하는 layer와 방금 연결한 OpenGL ES 렌더버퍼를 묶는다.

---

[9] OpenGL ES Programming Guide for iPhone OS 문서는 developer.apple.com/iphone/library/documentation/3DDrawing/Conceptual/OpenGLES_ProgrammingGuide/ 에서 확인할 수 있다.

```
[context renderbufferStorage:GL_RENDERBUFFER_OES fromDrawable:layer];
```

이제 우리의 CAEAGLLayer를 위한 메모리 공간 할당이 끝났다. 다음으로 렌더버퍼의 가로·세로 길이를 얻는다. 이렇게 얻은 정보는 glViewport를 세팅할 때 사용한다.

```
glGetRenderbufferParameterivOES(GL_RENDERBUFFER_OES,
                                GL_RENDERBUFFER_WIDTH_OES, &backingWidth);
glGetRenderbufferParameterivOES(GL_RENDERBUFFER_OES,
                                GL_RENDERBUFFER_HEIGHT_OES, &backingHeight);
```

렌더버퍼의 가로·세로 길이는 각각 인스턴스 변수 backingWidth, backingHeight에 저장된다. 그런 다음 프레임버퍼를 확인하여 모든 준비가 제대로 되었는지 확인한다:

```
if (glCheckFramebufferStatusOES(GL_FRAMEBUFFER_OES) !=
GL_FRAMEBUFFER_COMPLETE_OES) {
    NSLog(@"Failed to make complete framebuffer object %x",
    glCheckFramebufferStatusOES(GL_FRAMEBUFFER_OES));
    return NO;
}

return YES;
```

만약 실패하면 로그를 남기고 NO를 반환한다. 그렇지 않으면 YES를 반환하고 끝난다.

render 메소드

드디어 이 클래스에서 가장 중요한 메소드인 render를 분석할 차례이다. 기본적으로 render 메소드가 EAGLView 클래스에서 불리면 iPhone 화면에 다양한 색깔로 구성된 사각형 하나가 위아래로 움직인다(그림 3.4). 즉 모든 셋업을 마치고 픽셀을 그리는 장소가 되는 것이다.

무언가를 화면에 그리기 위해서는 여러 가지 OpenGL 개념이 필요하지만 여기서는 간단히 살펴보기로 하고, 자세한 내용은 이후에 스프라이트를 화면에 그리면서 설명할 것이다.

우선 render 메소드의 시작을 살펴보면 파라미터 하나 없이 매우 간단하다는 것을 알 수 있다.

```
- (void) render {
```

다음에는 개발자가 작성하는 코드 부분임을 알려주는 주석문이 나온다. 앞에서도 언급했지만 이부분에는 그림 3.4에서 보여주는 사각형이 아닌, 자신이 그리고자 하는 내용에 대한 코드를 넣을 수 있다. 하지만 지금은 건드리지 않을 것이다.

주석문 다음에는 배열 몇 개가 나온다:

```
static const GLfloat squareVertices[] = {
        -0.5f, -0.33f,
         0.5f, -0.33f,
        -0.5f,  0.33f,
         0.5f,  0.33f,
};
```

첫 번째 배열인 squareVertices는 사각형을 그리기 위한 꼭지점을 저장하는 데 사용된다. 각 꼭지점은 3차원 좌표로 구성되어 있으며 OpenGL에서는 보통 x,y,z로 표시한다. 하지만 위의 예와 같이 무조건 3차원 좌표로만 지정할 필요는 없다. 2차원 좌표 형태인 x,y 방식으로 표시해도 무방하다. 위의 예에서는 한 줄에 하나의 꼭지점 좌표를 지정하였다.

그림 3.5에서는 OpenGL에서 x,y,z축이 어떻게 표시되는지를 보여주고 있다.

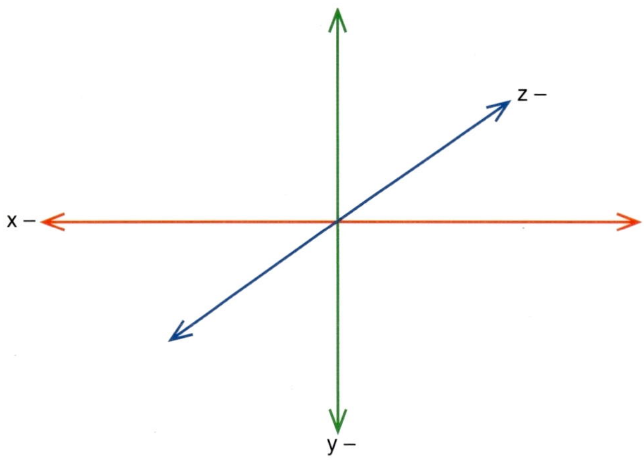

| 그림 3.5 | OpenGL 좌표축

기본값으로 iPhone에서의 OpenGL ES의 원점은 화면의 정중앙이다. 또한 OpenGL ES에서는 좌표를 표시하는 자체 단위가 있다(기본적으로 OpenGL의 각 단위는 화면의 픽셀이 아니다). 그리고 OpenGL에서 사용하는 단위는 픽셀, 미터, 마일 등 원하는 대로 자유로이 설정할 수 있다.

그림 3.6에서는 OpenGL의 기본 좌표 단위가 어떻게 되는지를 보여주고 있다. 뿐만 아니라 앞에서 왜 좌표를 이상한 형태로 사용하였는가에 대한 해답도 같이 알려주고 있다. 만약 픽셀로 구성된 좌표계를 상상하고 있다면 위의 좌표로 이루어진 사각형은 사용할 수 없을 것이다. 하지만 앞에서 보았듯이 사각형의 크기는 위의 코드에서 예상한 것보다 훨씬 컸다. 왜냐하면 기본적으로 OpenGL에서는 iPhone 화면의 너비와 높이의 반에 해당하는 길이를 하나의 단위로(즉, 1의 길이로) 사용하기 때문이다.

더 쉽게 이해하기 위하여 위의 코드를 조금 바꾸어 실행해보기로 하자.

iPhone 시뮬레이터, 3GS, 4, iPad 등을 사용한다면 ES2Renderer.m 파일을 수정하고, 그 이전 버전의 iPhone을 사용한다면 ES1Renderer.m 파일을 수정하면 된다. 어차피 수정하는 내용은 동일하기 때문에 해당 버전에 알맞은 파일을 고치면 된다.

파일을 열고 render 메소드로 이동한 다음 squareVerices 정의 부분을 아래와 같이 바꾼다:

```
static const GLfloat squareVertices[] = {
      -1.0f, -1.0f,
       1.0f, -1.0f,
      -1.0f,  1.0f,
       1.0f,  1.0f,
};
```

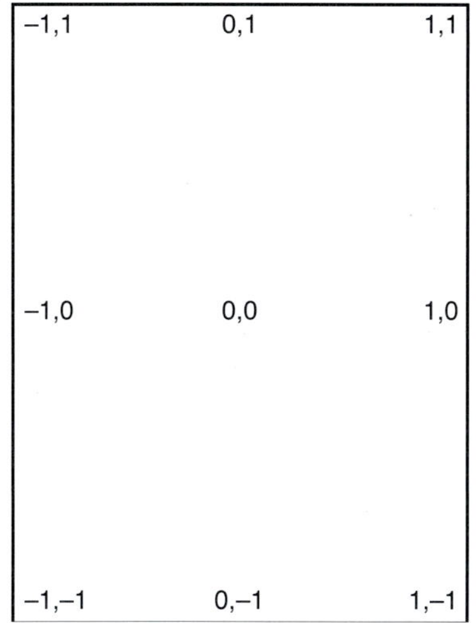

| 그림 3.6 | OpenGL의 기본 좌표를 iPhone에 대입한 모습

이제 [Build and Run] 버튼을 눌러 실행한다. 여전히 사각형이 위아래로 움직이지만 그 크기는 iPhone 화면 크기와 동일한 것을 알 수 있다(그림 3.7).

그림 3.7에서 화면 아래에 나타나는 회색 부분은 사각형이 위로 움직일 때 화면을 캡처하여 생긴 것이다. 맨 처음에는 사각형이 화면을 가득 채우지만 OpenGL ES가 앞의 예와 같이 사각형을 위 아래로 움직이기 때문에 남은 부분이 회색으로 표시되는 것이다.

앞의 예는 가로·세로의 전체 길이가 서로 다름에도 불구하고 OpenGL의 x축, y축 값이 −1.0부터 1.0까지의 값만을 사용한다는 것을 보여주었다. 만약 이 값을 바꾼다면 사각형 말고도 다른 모양을 좀 더 쉽게 그릴 수 있을 것이다. 또한 도형 내부의 색깔도 얼마든지 바꿀 수 있다.

| **그림 3.7** | 꼭지점 좌표를 변경한 후 Chap03 프로그램을 실행한 결과

색깔 값 정의

이제 다음 배열을 살펴보자. 이번 배열은 색깔을 표현한다:

```
static const GLubyte squareColors[] = {
      255, 255,   0, 255,
      0,   255, 255, 255,
      0,    0,   0,   0,
      255,   0, 255, 255,
};
```

각 꼭지점마다 색을 지정하면 OpenGL은 알아서 색을 만들어낸다. 만약 모든 꼭지점에 동일한 색을 사용한다면 그 도형은 단색으로 표시된다. 또한 하나 이상의 꼭지점에 다른 색을 지정하면 색깔이 서로 섞인다.

위의 `squareColors` 배열의 각 꼭지점 색을 4개의 값으로 표시하였다. 배열을 보면 4개의 숫자가 하나의 그룹을 이루는 것을 볼 수 있는데 여기서 4개의 숫자는 각각 빨강, 초록, 파랑, 알파 값을 의미한다. OpenGL에서 대부분의 색은 이와 같이 4개의 숫자로 표현한다.

위치

그 다음 변수는 사각형의 위치를 계산하는 용도로 사용된다.

```
static float transY = 0.0f;
```

아래의 메소드는 현재의 `EAGLContext`로 앞에서 만든 context를 사용하도록 한다.

```
[EAGLContext setCurrentContext:context];
```

물론 `init` 메소드에서 위와 같은 과정을 한 번 거친 적이 있다. 여기서는 하나의 context만을 사용하기 때문에 중복 사용이 되어 버렸지만, 여러 개의 context를 사용한다면 위와 같은 구문이 꼭 필요할 것이다. 다음의 코드도 마찬가지이다:

```
glBindFramebufferOES(GL_FRAMEBUFFER_OES, defaultFramebuffer);
```

앞에서 context에 `defaultFramebuffer`를 묶었는데, 만일 하나 이상의 프레임버퍼를 갖고 있다면 사용하고자 하는 프레임버퍼를 위와 같이 묶으면 된다.

이제 필요한 셋업을 모두 마치고 드디어 `glViewport`를 정의할 차례이다. 컴퓨터 그래픽을 이용하면 3차원 도형을 2차원 스크린에 투영한 것처럼 보여줄 수 있으며, 그 모양도 3차원처럼 보인다. OpenGL에서는 2차원 또는 3차원의 물체를 변형하고 화면에 픽셀로 보여주기 위해 다음과 같이 세 가지 단계를 거친다.

- Transformation
- Clipping
- Viewport

Transformation은 회전, 확대 · 축소, 모델/시점/프로젝션 변환 등에 대한 일련의 프로세스를 일컫는다. 이와 같은 변환은 각각의 점(또는 꼭지점)에 변환 행렬을 곱해줌으로써 구현하게 된다. 물론 행렬에 대한 깊은 이해까지는 필요 없겠지만 수학 교과서나 참고서 등을 통해 기본 지식 정도만이라도 복습한다면 관련 기술을 이해하는데 많은 도움이 될 것이다.

Clipping은 미리 정의된 영역을 벗어나는 부분(예: 직사각형 영역)을 잘라내는 기법을 말한다.

Viewport는 변화된 3D 모델이 2D 스크린에 투영되는 마지막 단계로 viewport transformation으로도 잘 알려져 있다.

종합해 보면 이렇게 저렇게 변화되어 렌더링된 무엇인가가 최종적으로 그려지는 viewport의 크기를 결정해야 할 일이 생긴다는 것인데, 사실 Sir Lamorak's Quest 의 경우에는 생각보다 굉장히 간단하다. 그저 viewport의 크기를 iPhone 화면 크기로 지정하면 그만이기 때문이다. 실제로 OpenGL ES 템플릿을 이용하여 설정하는 코드는 다음과 같다:

```
glViewport(0, 0, backingWidth, backingHeight);
```

앞에서 backingWidth와 backingHeight은 context와 연결된 렌더버퍼의 폭과 높이라고 설명했다. 위의 코드 역시 viewport의 크기를 iPhone 스크린과 동일하게 맞추는 것이다.

이제 viewport를 갖게 되었으니 다음으로 GL_PROJECTION과 GL_MODELVIEW와 짝을 이루는 행렬을 리셋할 차례이다. OpenGL에서는 GL_PROJECTION과 GL_MODELVIEW, 두 가지 형태의 행렬 모드가 있다. 각각의 모드에는 변환이 가능한 4×4 행렬이 있다.

GL_PROJECTION 모드는 viewport에서 투영된 2D를 렌더링할 때 사용한다. 특히 2D 게임에서는 GL_PROJECTION 모드를 사용하는 경우 행렬이 바뀌는 일이 거의 없다. 좀 더 활용도가 높은 행렬을 사용하고자 한다면 GL_MODELVIEW 모드를 택한다. GL_MODELVIEW 모드는 꼭지점을 변환(이동, 회전, 확대 · 축소)시킬 때 사용한다:

```
glMatrixMode(GL_PROJECTION);
glLoadIdentity();
glMatrixMode(GL_MODELVIEW);
glLoadIdentity();
```

위의 명령들은 각각의 행렬 모드를 리셋하는 데 사용한다. 그림 3.8을 보면 단위행렬(identity matrix)을 볼 수 있다. 왼쪽 위에서부터 오른쪽 아래로 1이 있고 나머지는 0으로 채워진 행렬이 단위행렬인데, 단위행렬과 곱하는 모든 행렬은 자기 자신과 똑같은 행렬을 결과로 얻게 된다. 즉 변환이 일어나지 않는다는 뜻이다.

$$\begin{bmatrix} 1 & 0 & 0 \\ 0 & 1 & 0 \\ 0 & 0 & 1 \end{bmatrix}$$

| **그림 3.8** | 단위행렬(Identity matrix)

glLoadIdentity() 명령은 현재 활성화된 행렬 모드를 위와 같은 기본 행렬로 바꾸어 그동안 진행된 모든 변환을 리셋시킨다.

✂ OpenGL 동작 원리

이제 OpenGL이 어떻게 동작하는지 알아보자. OpenGL은 말 그대로 오토마타 같은 상태 머신(state machine)이다. 그래서 OpenGL을 다양한 상태에 놓을 수 있는데, 한번 결정된 상태는 다시 바꿀 때까지 같은 상태를 유지한다. 앞에서 본 명령들을 다시 보면 glMatrixMode 같은 것이 바로 상태 명령(state command)이다. 즉

GL_MODELVIEW를 파라미터로 glMatrixMode를 실행하면 현재의 행렬 모드가 GL_MODELVIEW로 바뀐다.

이제부터 시작할 OpenGL 변환은 모델을 구성하는 점들이 2D 공간에서 어떻게 보이는가를 결정할 것이다. OpenGL에는 여러 가지 상태 명령이 있으며 그 중 몇 가지만 살펴볼 것이다.

모델 변환

앞에서 행렬 모드를 GL_MODELVIEW로 지정하고 단위 행렬로 초기화하였다. 이렇게 하면 모델을 변화시키기 위한 준비가 끝난다. 이 예제를 실행하면 다채로운 색깔로 구성된 사각형이 위아래로 움직이는데 이와 같은 움직임이 어떻게 일어나는지 살펴 보자. 아래의 OpenGL 명령이 이러한 동작을 가능케 한다:

```
glTranslatef(0.0f, (GLfloat)(sinf(transY)/2.0f), 0.0f);
```

glTranslatef는 현재 행렬에 어떠한 행렬을 곱하여 x, y, z 축으로 평행이동(변환)시킨다. 위의 예에서는 x와 z 값이 0.0f 로 되어 있기 때문에 x, z 축으로는 평행 이동을 하지 않는다. 대신 y 축으로는 평행이동을 하게 되는데 앞서 정의한 transY 값을 이용하여 이동할 값을 계산하였다. 이 메소드가 불릴 때마다 원래의 모델을 y 축으로 평행이동시킨 다음 모델을 그린다. 이것이 모델의 형태 변환 없이 모델이 움 직이는 원리이다.

지금까지 배경과 함께 변화하는 모델을 구현하는 아주 간단한 방법을 살펴보았다. 이제 각 장을 진행하면서 OpenGL에서 기본적으로 제공하는 변환 대신 직접 행렬을 계산하여 변환하는 일도 생길 것이다.

어쨌거나 위의 y축 평행이동은 transY 값이 계속 변해야 모델의 y 좌표값도 변동 하기 때문에 아래와 같이 transY 값을 변화시킨다:

```
transY += 0.075f;
```

움직임을 구성하는 요소로서 잊지 말아야 할 것이 또 있는데 바로 프레임마다 화면을 지우는 것이다. 이를 위한 두 개의 명령은 다음과 같다.

```
glClearColor(0.5f, 0.5f, 0.5f, 1.0f);
glClear(GL_COLOR_BUFFER_BIT);
```

먼저 glClearColor는 화면을 지울 때 어떤 색을 사용할 것인가를 설정하며 glClear는 실제로 화면을 지운다.

화면을 지우는 색은 네 가지 색 구성요소(빨강, 초록, 파랑, 알파)로 이루어져 있다. 앞에서 squareColors 배열을 정의할 때도 동일하게 네 가지 색 구성요소를 사용하였는데, 다른 점이 있다면 glClearColor에서는 정수(integer)가 아닌 실수(float)를 사용한다는 것이다. OpenGL에서는 0.0부터 1.0까지의 실수를 사용하는 것이 일반적이다. 비단 색깔뿐만 아니라 나중에 보게 될 텍스처(texture)에도 이와 같은 실수체계를 사용한다. 그래서 0.0일 때는 0%로, 1.0일 때는 100%로 간주한다.

glClear 명령은 지우고자 하는 버퍼를 파라미터로 받는데 버퍼들은 다른 비트 값을 가지고 있어서 여러 개의 버퍼를 OR 연산으로 파라미터로서 제공하면 해당하는 모든 버퍼를 지울 수 있다. 버퍼에는 다음과 같은 것이 있다.

- GL_COLOR_BUFFER_BIT
- GL_DEPTH_BUFFER_BIT

예를 들어 위의 두 버퍼를 모두 지우고 싶은 경우에는 다음과 같이 하면 된다.

```
glClear(GL_COLOR_BUFFER_BIT | GL_DEPTH_BUFFER_BIT);
```

화면에 그리기

화면을 지웠으면 이제 무언가를 그릴 차례이다.

앞에서 사각형의 꼭지점에 대한 위치 및 색깔 정보를 배열로 구성한 것을 기억할 것이다. 이제 그 데이터를 OpenGL에 보내서 화면에 나타내보자. 이를 위해OpenGL 명령 `glVertexPointer`와 `ColorPointer`를 사용할 것이다.

```
glVertexPointer(2, GL_FLOAT, 0, squareVertices);
```

`glVertexPointer`로는 모양을 렌더링할 때 사용할 배열의 크기와 위치를 지정해 주면 된다. `glVertexPointer`는 다음 네 개의 파라미터를 받는다.

- **Size**: 점이 사용하는 좌표축 개수. 여기서는 x축, y축을 사용하기 때문에 2로 지정하였다.
- **Type**: 배열을 구성하는 데이터 타입. 여기서는 GL_FLOAT을 사용하였다.
- **Stride**: 각 점 간 넘어가야(생략해야) 할 바이트 수
- **Data**: 첫 번째 점의 배열 내 위치(포인터)

더 자세한 내용은 5장 "이미지 렌더링"에서 다루겠지만, 여기서는 OpenGL에 `squareVertices` 배열을 제공한다. 각 점은 2차원으로 GL_FLOAT 타입이고 스트라이드(stride) 값이 0이라는 정도만 이해하면 된다.

이와 같이 그리고자 하는 모양을 구성하는 점에 대한 정보를 보내준 다음에는 이를 이용하여 실제로 모양을 그리도록 해야 한다. 이를 위하여 OpenGL ES에는 다음 명령을 제공한다.

```
glEnableClientState(GL_VERTEX_ARRAY);
```

`glEnableClientState`는 파라미터로 주어지는 기능을 활성화시키는데, GL_VERTEX_ARRAY의 경우 `glVertexPointer`에서 설정된 점 배열을 사용한다는 것을 알려주는 역할을 한다.

색깔 정보를 담은 배열 역시 마찬가지로 아래와 같이 활성화시킬 수 있다.

```
glColorPointer(4, GL_UNSIGNED_BYTE, 0, squareColors);
glEnableClientState(GL_COLOR_ARRAY);
```

이와 같이 모든 준비를 마치면 드디어 OpenGL에 화면에 그리도록 명령할 수 있다.

```
glDrawArrays(GL_TRIANGLE_STRIP, 0, 4);
```

이제 끝났다. 다각형을 구성하는 점과 색깔 정보를 배열로 구성한 다음, OpenGL에 알려주고 나면 glDrawArrays 명령으로 그릴 수 있는 것이다.

glDrawArrays에는 세 개의 파라미터를 제공한다. 첫 번째 파라미터로는 점을 이용하여 무엇을 그릴 것인가를 지정하는데 그 종류는 다음과 같다.

- GL_POINTS
- GL_LINE_STRIP
- GL_LINE_LOOP
- GL_LINES
- GL_TRIANGLE_STRIP
- GL_TRIANGLE_FAN
- GL_TRIANGLES

각각의 값은 나름대로의 의미가 있어서 OpenGL이 알맞게 점을 사용하겠지만, 어쨌거나 여기에서는 GL_TRIANGLE_STRIP을 사용하여 네 개의 점으로 두 개의 삼각형을 그리도록 하였다. OpenGL은 사각형도 지원하지만 OpenGL ES는 삼각형만 지

원한다(2장의 "OpenGL ES로 할 수 있는 것과 없는 것" 참고). 앞으로 사용할 도형은 대부분 이미지를 입힌 사각형이기 때문에 사각형을 만들기 위해 두 개의 삼각형을 사용할 것이다.

두 번째 파라미터로는 제공된 배열의 몇 번째 점부터 사용할 것인지를 알려주며 세 번째 파라미터로는 사용하는 점의 개수를 알려준다.

glDrawArrays에는 한 가지 제약이 있는데 다각형을 구성하는 점이 순서대로 있어야 한다는 것이다. 만일 점이 순시대로 있지 않거나 중간중간 건너 뛰어야 한다면 glDrawElements를 사용할 수도 있다.

어쨌거나 glDrawArrays 명령을 사용하고 나면 렌더버퍼에는 이미지 하나가 생겨나고 이것이 화면에 그려지게 된다. 화면에 렌더버퍼를 그리기 위하여 다음의 두 명령을 마지막으로 사용한다.

```
glBindRenderbufferOES(GL_RENDERBUFFER_OES, colorRenderbuffer);
[context presentRenderbuffer:GL_RENDERBUFFER_OES];
```

첫 번째 glBindRenderbufferOES는 사실 이 시점에서는 앞에서 이미 엮었기 때문에 필요 없지만 완벽한 템플릿으로 만들기 위해 한번 더 실행하는 것이다.

두 번째 메소드는 context로 하여금 렌더버퍼에 있는 내용을 화면에 보여주도록 한다. 앞에서 화면에 그리는 부분은 Core Animation 이라고 설명하였는데 context가 이것을 이용하기 위하여 presentRenderbuffer 메소드를 사용하였다.

> **Note** 이후에 성능(Performance)에 대하여 토론하게 될 것이다. 코드 속에서 draw 명령을 가능한 한 많이 줄이는 것이 매우 중요하다. OpenGL draw를 사용할 때마다 데이터를 GPU로 보내서 CPU의 부하를 높이기 때문이다. 만약 프레임마다 수백 개의 draw를 사용한다면 순식간에 성능 문제에 직면하게 될 것이다. 5장에서 Image 클래스를 만들어 이러한 성능 이슈를 극복하는 방법에 대하여 논의할 것이다.

✂ 정리

OpenGL ES 템플릿 코드를 보는 것은 제법 긴 여정이었다. iPhone의 OpenGL을 이용하여 게임을 제작하는 데 있어 필요한 여러 기술에 대한 자세한 설명을 하는 것 보다는 OpenGL ES 템플릿이 어떻게 동작하는지 이해하는 것이 더 중요하다고 생각해 OpenGL ES 템플릿을 중심으로 이야기했다.

이번 장에서는 OpenGL ES를 이용해서 렌더링하기 위하여 프레임버퍼, 렌더버퍼를 어떻게 셋업하고 사용하고자 하는 OpenGL ES 버전을 결정하는지 알아보았다. 그리고 렌더링을 위한 OpenGL ES 설정 절차 및 모델에 대한 변환에 대해서도 살펴보았다.

마지막으로 자신의 모델의 모양과 색을 어떻게 정의하는지, 이러한 정보를 어떻게 OpenGL ES에 넘겨주어 화면에 그리도록 하는지도 알아보았다.

만약 이해하기 힘든 부분이 있었다면 이번 장을 다시 읽어보는 것이 좋겠다. 또한 정보의 보고인 인터넷을 이용하여 행렬이나 OpenGL 등에 대한 자료를 읽어보는 것도 도움이 될 것이다.

다음 장에서는 게임 루프에 대해서 다룰 것이다. 먼저 이번 장에서 만든 OpenGL ES 템플릿을 이용하여 좀 더 게임제작에 알맞도록 다듬고, 그런 다음 게임 루프에 대한 본격적인 설명을 진행할 것이다.

Chapter 04
게임
루프

게임에 있어서 매우 중요한 요소 중 하나는 게임 루프(Game Loop)이다. 게임 루프는 단위 시간마다 반복되는 일종의 상태관리 프로세스로, 모든 게임에는 다음과 같이 기본적으로 게임 루프에서 해야 할 일이 있다.

- 게임 상태 업데이트
- 게임 내 각 엔티티의 위치 업데이트
- 게임 인공지능 업데이트
- 사용자 입력(터치센서, 가속도센서 등) 처리
- 배경음악 및 효과음 연주

실제로 수많은 내용이 들어 있는 게임은 각 단계를 처리하는 데 제법 시간이 걸리기도 한다. 그렇기 때문에 게임 루프는 단순히 그 단계를 처리하는 것뿐만 아니라 게임 속도를 일정하게 유지하도록 해야 한다.

이번 장에서는 Sir Lamorak's Quest의 게임 루프를 어떻게 만드는지 설명할 것이다. 이를 위해 3장에서 만든 OpenGL ES 템플릿 프로그램에 게임 루프와 이후에 게임을 확장할 때 필요한 여러 구조를 구현할 것이다.

✖ 결론은 타이밍

우선 pseudo 코드로 작성된 간단한 형태의 게임 루프를 살펴보자(코드 4.1).

리스트 4.1 **간단한 형태의 게임 루프**

```
BOOL gameRunning = true;
while(gameRunning) {
    updateGame;
    renderGame;
}
```

이 예제를 보면 게임 루프는 gameRunning 값이 false가 될 때까지 게임 상태를 업데이트하고 화면에 그리는 것을 반복한다.

물론 위의 예제 코드도 잘 동작하지만 이 코드에는 치명적인 결함이 있다. 바로 시간 계산, 즉 타이밍이다. 위와 같은 방식으로 게임 루프를 작성한다면 느린 하드웨어에서는 느리게, 빠른 하드웨어에서는 빠르게 게임이 동작한다. 하드웨어 성능에 따라 너무 빠르거나 느려져 게임 속도가 들쭉날쭉하면 사용자는 혼란스러워질 것이다.

그렇기 때문에 게임 루프에서 타이밍이 매우 중요하다. 1980년대만 하더라도 이러한 타이밍은 큰 문제가 아니었다. 게임을 하는 하드웨어에 대한 사양도 알고 있었을 뿐만 아니라 종류도 한정되어 있어 해당 하드웨어에 맞게 프로그램을 작성하면 그만이었다. 그러나 오늘날에는 동일한 게임을 iPhone과 같은 다양한 하드웨어에서 동작시킬 수 있게 되었다. iOS만 하더라도 아래와 같이 다양한 하드웨어에서 동작한다. (저사양에서 고사양 순)

- iPhone (1세대)
- iPod Touch 1세대
- iPhone 3G
- iPod Touch 2세대
- iPhone 3GS/iPod Touch 3세대
- iPad/iPhone 4
- iPad 2/iPhone 4S
- New iPad

게임 개발자에게는 자신이 제작하는 게임이 하드웨어 환경에 관계 없이 동일한 속도로 동작하도록 구현해야 하는 의무가 있다. 일반적으로 게임 루프의 속도를 측정하는 파라미터로는 다음의 두 가지가 있다.

- **초당 프레임(FPS: Frames Per Second):** FPS는 1초 동안 화면을 새로 그리는 횟수를 일컫는다. iPhone의 최대 FPS는 60FPS이며 이는 곧 스크린의 최대 재생 빈도이다. 코드 4.1에서는 1초 동안 renderGame 메소드를 FPS 수만큼 호출하는 것이다.

- **업데이트 속도(Update speed):** 업데이트 속도는 게임 구성요소들이 업데이트 되는 빈도를 의미한다. 코드 4.1로 설명하자면, `updateGame` 메소드를 호출하는 횟수가 된다.

✂ 충돌 감지(Collision Detection)

타이밍은 게임을 일정한 속도로 유지하기 위해 사용될 뿐만 아니라 충돌 감지 (collision detection)에 있어서도 중요하게 작용한다. 물체가 서로 충돌하는 것을 결정하는 것은 게임에 있어 굉장히 중요하면서도 아주 기본적인 메커니즘이다. 만일 Sir Lamorak's Quest를 플레이하는데 주인공이 벽을 통과해버리거나 무기가 적을 통과했음에도 불구하고 아무런 반응이 없다면 사용자는 실망하고 더이상 게임을 하지 않을 것이다.

충돌 감지는 보통 게임의 업데이트 부분에서 진행된다. 게임이 진행되면서 게임상의 모든 물체들은 각자의 인공지능과 위치가 업데이트 되는데, 이때 다른 것과의 충돌 여부를 점검한다. 예를 들어 Lamorak이 벽에 부딪혔는지나 유령이 무기에 맞았는지 등을 검사하는 것이다. 짐작했겠지만 당연히 물체들이 서로 멀리 떨어져 있다면 굳이 충돌 여부를 점검할 필요는 없다. 게임이 업데이트 되는 동안 물체가 서로 멀리 떨어져 있다면 충돌 검사 없이 바로 다음 물체를 점검할 것이다.

게임상의 물체들이 일정한 속도로 움직인다면 충돌을 감지하지 못할 가능성이 많이 줄어들 것이다. 하지만 언제나 그렇듯 작고 빠른 물체도 존재하기 마련이다. 그래서 이와 같은 빠른 속도로 움직이는 물체에 대해서는 충돌 검사뿐만 아니라 그 물체가 지나간 길까지 점검해야 한다. 충돌 감지에 대해서는 15장 "충돌 감지"에서 더 자세히 다룰 것이다.

✂ 게임 루프

게임 루프는 게임에 있어 아주 중요한 요소이다. 저자도 Sir Lamorak's Quest를 개발하면서 게임 루프에 상당한 시간을 쏟아 부었다. 그래서 아이디어를 반영하거나 버그를 수정하기 위해 게임 루프를 수없이 재고했다.

게임 루프를 디자인하는 방법에는 여러 가지가 있다. 이러한 종류에는 리스트 4.1과 같이 아주 단순한 형태부터 복잡한 경로탐색이나 인공지능을 각각 처리하는 멀티 스레드(Multithread)를 이용하는 것까지 형태가 아주 다양하다. 하지만 게임 루프는 단순한 형태부터 출발하여 복잡하게 구성해가는 것이 그동안의 경험에 비추어 봤을 때 가장 무난하게 접근할 수 있는 방법이다.

여기서는 Sir Lamorak's Quest에서 사용하고 있는 게임 루프에 대해서만 살펴볼 것이다.

프레임 기반(Frame-Based) 게임 루프

게임 루프 중 가장 쉬운 형태인 프레임 기반(frame-based) 게임 루프는 게임 사이클마다 게임을 업데이트하고 화면을 그리는 방식으로 리스트 4.1과 같이 동작한다. 이 방식은 쉽고 빠르게 개발할 수 있다는 장점이 있기 때문에 게임을 처음 개발할 때 사용하기 편리하다. 하지만 프레임 기반 게임 루프에는 몇 가지 문제가 있다.

첫 번째는 게임의 속도가 하드웨어의 성능에 비례한다는 문제이다. 즉 성능이 좋은 하드웨어에서는 게임 속도가 빨라지고, 성능이 좋지 않은 하드웨어에서는 게임 속도가 느려진다. 아무리 제한된 종류의 하드웨어에서만 개발한다고 하더라도 이렇게 하드웨어마다 달라지는 게임 속도는 문제가 될 수 밖에 없을 것이다.

그림 4.1은 하드웨어의 사양에 따라 어떻게 프레임이 표현되는지를 보여주고 있다. 이것은 매우 중요하지만 개발자가 간과하기 쉬운 부분이다. 다시 한번 강조하지만, 화면과 게임 상태를 업데이트하는 것은 각각의 프레임마다 이루어진다.

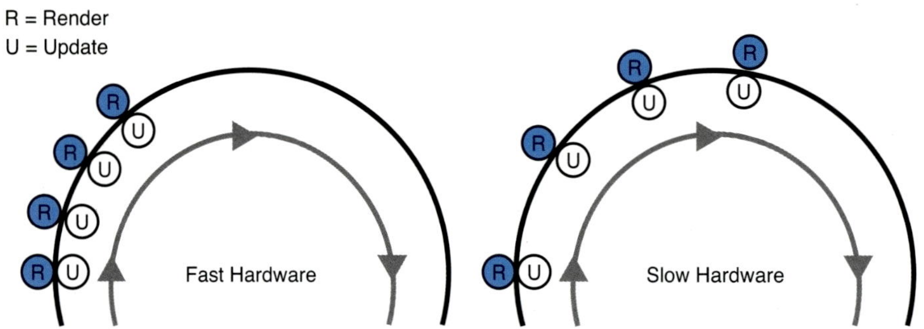

| 그림 4.1 | 저사양과 고사양 하드웨어에서 물체가 곡선을 따라 이동할 때의 모습

프레임 기반 게임 루프를 보완한 기법으로 시간 기반 가변 간격(time-based variable interval) 게임 루프가 있는데, 프레임 기반과 접근 방식은 유사하지만 소요 시간만 별도로 계산한다. 즉, 약간의 밀리초를 delta로 두어 게임 사이클(프레임) 간격을 일정하게 유지하는 것이다. 여기서 delta 값은 하드웨어의 성능에 관계 없이 게임상의 물체가 동일한 속도로 움직일 수 있도록 하는 역할을 담당한다.

만약 어떤 물체를 1초에 1 unit 만큼 움직이게 하고 싶다면 다음과 같은 식을 사용할 것이다.

```
position.x += 1.0f * delta;
```

이렇게 하면 분명히 하드웨어의 속도(초당 프레임)에 따라 게임 속도가 달라지는 현상은 없어지지만 또 다른 문제가 생긴다. 예를 들어 평상시에는 delta 값이 작은 값으로 일정하게 유지되다가도 어떤 변수에 의해 이 값이 굉장히 커지는 경우가 발생할 수 있다. 가령 게임을 진행하는 동안 문자 메시지가 도착한다면 iPhone은 문자 메시지를 처리하게 되고, 게임의 프레임 비율은 감소할 것이다. 따라서 delta 값은 자연히 증가하는데, delta 값이 터무니 없이 커져 버리면 충돌 감지를 못하는 등의 문제가 발생할 수 있다.

그림 4.2를 보면 물체가 곡선을 따라 이동하는데, delta 값이 작아 충돌 시 바로 감지할 수 있다.

그러나 그림 4.3에서와 같이 delta 값이 갑자기 증가하는 경우 물체가 일정한 속도로 움직이는 것에는 변함이 없지만 프레임 비율이 감소하여(delta 값이 증가하여) 충돌을 감지하지 못하는 경우가 생긴다.

이러한 문제점을 극복하기 위하여 고안된 방법이 시간 기반 고정 간격(time-based, fixed interval) 게임 루프이다.

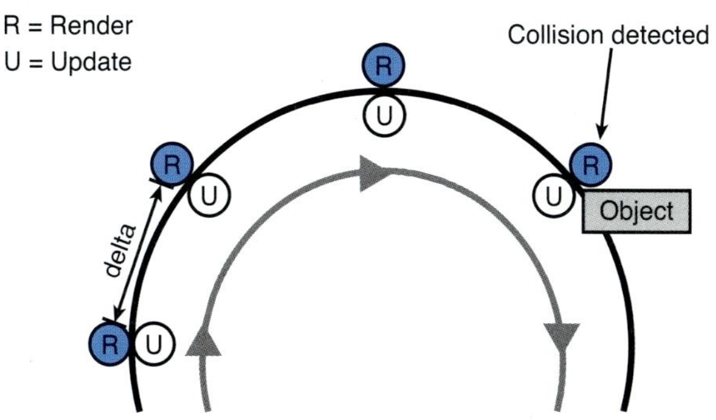

| 그림 4.2 | delta 값이 작을 때의 프레임

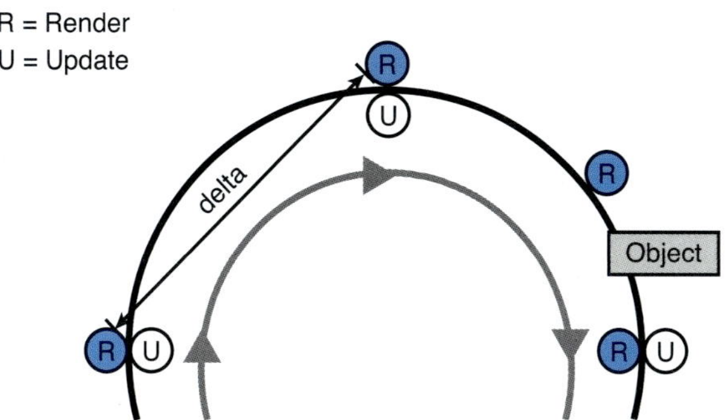

| 그림 4.3 | delta 값이 클 때의 프레임

시간 기반 고정 간격(Time-Based, Fixed Interval) 게임 루프

시간 기반 고정 간격 기법의 핵심은 고정된 게임 사이클 간격 동안에 게임 상태를 여러 번 업데이트한다는 것이다. 그리하여 시간 기반 가변 간격(time-based variable interval) 게임 루프와 같이 일정하게 게임 속도를 유지하면서도 앞에서 언급한 것과 같은 충돌 감지를 못하는 단점을 보완할 수 있게 되었다.

다시 말해 고정 간격과 가변 간격의 결정적인 차이점은 가변 간격의 경우 게임을 업데이트하는 것이 프레임 단위이고 고정 간격은 프레임 단위가 아니라는 것이다. 즉, 한 프레임 안에서 여러 번 게임이 업데이트 될 수도 있다는 것이다. 시간 기반 고정 간격 게임 루프를 그림으로 표현하면 그림 4.4와 같다. 시간 기반 고정 간격 게임 루프에서도 delta를 사용 하지만 가변 간격에서와는 달리 delta 값이 고정된 값이다(그래서 고정 간격이라고 한다).

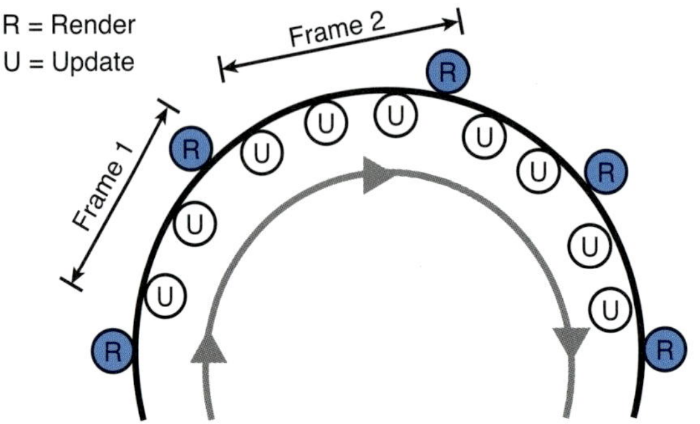

| 그림 4.4 | 프레임과 프레임 사이에 여러 번의 업데이트가 이루어진다.

당연한 이야기지만 시간 기반 고정 간격에서는 프레임 비율이 높을 때는 프레임당 게임 업데이트 횟수가 줄어들고, 프레임 비율이 낮을 때는 프레임당 게임 업데이트 횟수가 늘어난다. 즉, 프레임 비율이 떨어져 프레임당 게임 업데이트 수가 증가하게 된다는 것은 결국 동일한 속도로 움직임을 체크할 수 있다는 것이다. 따라서 이와 같은 환경에서는 한 프레임이 길게 넘어갈 때 문제됐던 충돌 감지 불가 문제는 더이상 발생하지 않게 된다.

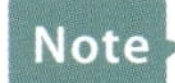

코드 분석

이번 장에서 다루는 프로젝트 코드에는 게임 루프와 앞 장의 예제 프로젝트에서 변화된 내용이 들어 있다. 이제 CH04_SLQTSOR 프로젝트를 열어 3장의 프로젝트와 달라진 점을 비교할 것이다.

> **Note**
>
> 프로젝트 코드는 iPhone SDK 3.1 이상에서 동작한다. 이번 예제에서 사용하는 `CADisplayLink` 기능이 iPhone SDK 3.1 이상을 지원하기 때문이다. 물론 iPhone SDK 3.0 이하 버전에서도 컴파일은 할 수 있다. 하지만 `CADisplayLink` 대신 `NSTimer`를 사용하게 되며, 그림 4.5와 같은 경고 메시지를 보게 될 것이다.

```
displayLink = [NSClassFromString(@"CADisplayLink") displayLinkWithTarget:self selector:@selector(gameLoop)];    ⚠ No '+displayLinkWithTarget:sel...
[displayLink setFrameInterval:animationFrameInterval];                                                          ⚠ No '-setFrameInterval.' method found
[displayLink addToRunLoop:[NSRunLoop currentRunLoop] forMode:NSDefaultRunLoopMode];                             ⚠ No '-addToRunLoop:forMode.' method found
```

| **그림 4.5** | iPhone SDK 3.0 이하에서 EAGLView.m을 컴파일했을 때 나타나는 경고 문구

Xcode에서 CH04_SLQTSOR 프로젝트를 열면 왼쪽 패널의 [Groups & Files] 영역에 새로 나타나는 그룹과 클래스를 볼 수 있을 것이다.

- **Group Headers:** 이 그룹에는 프로젝트 전체에 영향을 미치는 전역(global) 헤더 파일이 들어 있다.
- **Abstract Classes:** 이 그룹에는 추상 클래스(abstract class)가 들어 있다. CH04_SLQTSOR에는 AbstractScene 클래스가 들어 있다.
- **Game Controller:** 게임 컨트롤러는 싱글톤(singleton) 클래스로 게임 상태를 제어한다. 이번 장 후반에서 이 클래스에 대하여 살펴볼 것이다.
- **Game Scene:** 게임 장면(메인 메뉴, 주 게임 등)은 각각의 클래스를 가지고 있다. 이러한 게임 장면 클래스들을 모은 그룹이 Game Scene이다.

이제 EAGLView 클래스가 어떻게 바뀌었는지 살펴보자.

EAGLView 클래스

Classes 그룹의 EAGLView.h 파일에서 바뀐 부분은 `GameController` 클래스 선언부의 추가이다. `GameController` 클래스는 아직 존재하지 않지만 곧 생성할 것이다.

```
@class GameController;
```

인터페이스 선언부를 보면, 아래에 인스턴스 변수가 추가된 것을 볼 수 있다.

```
CFTimeInterval lastTime;
GameController *sharedGameController;
```

위의 두 인스턴스 변수는 각각 게임 루프가 동작한 마지막 시각과 게임 컨트롤러 클래스 오브젝트의 위치를 저장한다. 이제 EAGLView.h 헤더파일은 끝났다. 바뀐 부분을 저장하고 implementation 파일을 살펴보자.

EAGLView.m 파일

Xcode에서 EAGLView.m 파일을 열고 `initWithCoder:` 메소드로 이동한다. 여기서 바뀐 부분은 `renderer` 인스턴스를 생성하는 부분이다. 이전에는 `ES2Renderer` 클래스의 인스턴스 생성을 시도하고 실패 시 `ES1Renderer` 클래스의 인스턴스를 생성하였다. 그러나 Sir Lamorak's Quest에서는 OpenGL ES 1.1 버전만 사용하기 때문에 굳이 `ES2Renderer`까지 만들 필요는 없다.

따라서 ES2Renderer.h 와 .m 파일 역시 프로젝트에서 제거하였다. 마찬가지로 Shaders 그룹과 내용 역시 삭제하였다.

계속해서 바뀐 부분을 살펴보면, `initWithCoder:` 메소드의 마지막에 아래의 내용이 추가되었다.

```
sharedGameController = [GameController sharedGameController];
```

다음으로 게임 루프 부분이다. 이제 `EAGLView`에 게임 루프를 넣어 화면을 그리고 게임 상태를 업데이트하도록 할 것이다. 리스트 4.2에서 게임 루프 코드[1]를 보여주고 있다. 게임 루프 코드는 `initWithCoder:` 메소드 바로 다음에 있다.

리스트 4.2 **EAGLView 클래스의 gameLoop: 메소드**

```
#define MAXIMUM_FRAME_RATE 45
#define MINIMUM_FRAME_RATE 15
#define UPDATE_INTERVAL (1.0 / MAXIMUM_FRAME_RATE)
#define MAX_CYCLES_PER_FRAME (MAXIMUM_FRAME_RATE / MINIMUM_FRAME_RATE)

- (void)gameLoop {

    static double lastFrameTime = 0.0f;
    static double cyclesLeftOver = 0.0f;
    double currentTime;
    double updateIterations;

    currentTime = CACurrentMediaTime();
    updateIterations = ((currentTime - lastFrameTime) + cyclesLeftOver);

    if(updateIterations > (MAX_CYCLES_PER_FRAME * UPDATE_INTERVAL))
        updateIterations = (MAX_CYCLES_PER_FRAME * UPDATE_INTERVAL);

    while (updateIterations >= UPDATE_INTERVAL) {
        updateIterations -= UPDATE_INTERVAL;

        [sharedGameController updateCurrentSceneWithDelta:UPDATE_INTERVAL];
    }

    cyclesLeftOver = updateIterations;
    lastFrameTime = currentTime;

    [self drawView:nil];
}
```

`CADisplayLink` 또는 `NSTimer`에 의해 게임 루프가 호출되면 가장 먼저 `CACurrentMediaTime()`을 이용하여 현재 시각을 구한다. 현재 시각을 구하는 함수에는

---

[1] 게임 루프 코드는 Alex Diener의 강좌(http://sacredsoftware.net/tutorials/Animation/TimeBasedAnimation. xhtml)를 바탕으로 작성하였다.

CFAbsoluteTimeGetCurrent()도 있지만 Apple에서는 CACurrentMediaTime()을 사용할 것을 권장한다. 왜냐하면 CFAbsoluteTimeGetCurrent()는 이동통신망과 동기화하여 간혹 시각이 미세하게 조정되는 경우가 있기 때문이다. 이렇게 되면 시각이 동기화되는 시점에 게임이 버벅거리는 경우가 발생할 수도 있다. 따라서 가능하면 CACurrentMediaTime()을 사용하는 것이 좋다.

다음으로 프레임 단위에서 일어나는 게임 업데이트 횟수를 계산한다. 이때 업데이트 사이클 횟수를 한정짓기 위하여 최소 프레임 비율을 사용한다.

MAXIMUM_FRAME_RATE는 업데이트 사이클의 빈도를 결정하며, MINIMUM_FRAME_RATE는 한 프레임당 업데이트 사이클 횟수를 제한하는 데 사용된다.

프레임당 업데이트 사이클 회수를 제한함으로써 백그라운드(background) 작업이 진행되어 하드웨어의 성능이 저하되는 동안 게임 속도를 떨어뜨릴 수 있게 할 수 있다. 백그라운드 작업이 끝나면 게임 속도는 정상으로 회귀한다.

시간 기반 가변 간격(time-based variable interval) 방법을 이용하면 위와 같은 상황에 delta 값이 굉장히 커지면서 업데이트를 생략하게 된다. 그래서 플레이어가 적을 돌아가거나 공격하지 못하고 그냥 지나치는 상황이 벌어지기도 한다.

저자는 이러한 상황을 해결하기 위하여 최대/최소 프레임 비율값을 이용하여 수학적으로 복잡하게 접근했지만, 결과적으로 본다면 단순한 시행착오를 반복하는 것이었다. Sir Lamorak's Quest를 개발하면서 장면 장면이 복잡해짐에 따라, 더이상 복잡한 계산으로 CPU의 부하율을 높일 수 없었던 것이다.

다음의 while 루프는 앞에서 계산한 updateIterations 값에 따라 반복 횟수가 결정된다. 변수 updateIterations는 업데이트 횟수를 저장하지 않고 남은 간격을 저장한다.

```
while (updateIterations >= UPDATE_INTERVAL) {
    updateIterations -= UPDATE_INTERVAL;

    [sharedGameController updateCurrentSceneWithDelta:UPDATE_INTERVAL];
}
```

위의 루프는 UPDATE_INTERVAL 값만큼 updateIterations 값에서 감소시키면서 게

임 상태를 업데이트한다. 그러다가 updateIterations 값이 UPDATE_INTERVAL보다 작아지면 루프는 끝나게 된다. 그리고는 남은 updateIterations 값을 cyclesLeftOver에 저장하여 다음 번 업데이트 간격을 일관되게 만든다.

게임 업데이트가 끝나면 화면을 그린다.

```
[self drawView:nil];
```

이제 CADisplayLink 또는 NSTimer는 게임을 끝내거나 배터리가 다 닳을 때까지 (진정 이 게임을 즐겨주시는 감사한 분들!!) 게임 루프를 계속해서 호출하게 된다.

코드 중간에 약간의 수식이 나와 조금 머리 아플 수도 있겠지만 이것은 절대 복잡한 게임 루프가 아니다. Sir Lamorak's Quest를 개발하면서 게임 루프를 단순화하는 동안 이 게임 루프가 CPU 사용량을 많이 줄이고 게임이 굉장히 부드럽게 진행되도록 만든다는 것을 확인했다.

EAGLView에서 마지막으로 변경된 곳은 startAnimation 메소드다. 맨 처음 gameLoop를 동작시키기 위해서는 인스턴스 변수 lastTime 값을 설정해야 한다. 애니메이션이 시작하기 전까지 gameLoop은 호출되지 않기 때문에 startAnimation 메소드 내 animating = TRUE 구문 바로 아래에 다음과 같은 내용을 추가하였다.

```
lastTime = CFAbsoluteTimeGetCurrent();
```

CADisplayLink 또는 NSTimer가 세팅될 때 사용하는 셀렉터 역시 바뀐다. 앞에서는 drawView를 사용하였지만, 이제는 gameLoop를 새로운 셀렉터로 사용해야 한다.

EAGLView 수정을 마쳤으면 이제 ES1Renderer를 확인할 차례이다. ES1Renderer 클래스는 3장에서 살펴본 바와 같이 OpenGL ES의 컨텍스트와 버퍼를 생성하는 데 사용한다. 여기서는 ES1Renderer 클래스의 기능을 조금 확장시켜 게임에서 필요한 OpenGL ES의 상태를 셋업하고 현재 장면을 그리도록 할 것이다.

ES1Renderer 클래스

ES1Renderer.h 파일을 보면 GameController 클래스 선언문과 GameController 인스턴스 포인터 변수를 볼 수 있을 것이다. 이에 대한 내용은 다음 섹션에서 다룰 것이다. 그 외에는 바뀐 부분이 없다.

Xcode에서 ES1Renderer.m 파일을 열어보면 GameController.h 파일이 import된 것을 볼 수 있다. 그 다음에는 아래와 같은 interface 선언문이 나타난다.

```
@interface ES1Renderer (Private)
    // OpenGL 초기화
    - (void)initOpenGL;
@end
```

위의 interface 선언에서는 Private 카테고리를 사용하여 ES1Renderer의 implementation에서만 사용 가능하도록 하였다(저자의 경우 보통 implementation 안에 interface 선언부를 넣어 해당 클래스에 대하여 private으로 동작하도록 한다). 위에서는 initOpenGL 메소드 하나만 선언되었다. initOpenGL 메소드는 ES1Renderer 클래스의 인스턴스를 만들 때 OpenGL ES를 세팅하는 역할을 맡는다.

Objective-C는 공식적으로 private 타입의 메소드나 인스턴스 변수를 지원하지 않지만 위와 같은 방법은 메소드와 인스턴스 변수가 private으로 동작하도록 하는 일반적인 기법이라고 할 수 있다.

다음으로 변경된 부분은 init 메소드의 마지막에 나타난다.

```
sharedGameController = [GameController sharedGameController];
```

위의 구문은 인스턴스 포인터 변수 sharedGameController가 GameController 클래스의 인스턴스를 가리키도록 한다. GameController 클래스는 싱글톤(singleton)으로 구현되었다. 싱글톤은 디자인 패턴(design pattern)의 일종으로 클래스에 단 하나의 인스턴스(객체)만 갖도록 하는 (디자인 패턴) 프로그래밍 기법이다. 어쨌거나 클래스 메소드 sharedGameController는 GameController 인스턴스의 레퍼런스를 반환한다.

인스턴스가 이미 만들어졌는지 아닌지에 관해서는 걱정할 필요가 없다. 왜냐하면 그에 대한 모든 과정은 `GameController` 내부에서 이루어지기 때문이다.

이번에는 `render` 메소드다(리스트 4.3). 여기는 원래 움직이는 색깔 사각형을 구현한 코드가 템플릿에 의해 자동으로 생성된 곳이었으나 이제 사각형을 그리는 코드는 `render` 메소드가 아닌 다른 곳에서 보게 될 것이다. 기억하는 것처럼 `render` 메소드는 게임 루프가 호출한다. 또한 호출된 `render` 메소드는 다시 현재의 화면을 그리기 위한 메소드를 호출한다.

 EAGLView 클래스의 render 메소드

```
- (void) render {

    glClear(GL_COLOR_BUFFER_BIT);

    [sharedGameController renderCurrentScene];

    [context presentRenderbuffer:GL_RENDERBUFFER_OES];
}
```

먼저 `glClear(GL_COLOR_BUFFER_BIT)`는 color 버퍼를 지운 다음 다시 실제 화면을 지워 다음 장면을 그릴 수 있도록 준비한다. 그리고 다음 장면, 즉 현재 활성화된 장면을 그리기 위하여 게임 컨트롤러를 사용한다. 이 코드는 `render` 메시지가 어떻게 게임 루프에서 ES1Renderer를 통해 게임 컨트롤러로 넘겨지고 궁극적으로는 현재의 게임 장면을 그리도록 하는지 보여주고 있다. 그림 4.6에서 이에 대한 클래스 계층도를 볼 수 있다.

메소드의 마지막 줄에서는 화면에 렌더버퍼를 보내는 것을 볼 수 있다. 이전에 살펴 본 바와 같이, OpenGL ES의 그리기 명령을 이용하여 렌더버퍼에 저장된 이미지가 화면에 나타나게 되는 것이다.

`render` 메소드의 수정부분을 살펴보았으면 다음에는 `resizeFromLayer:` 메소드를 볼 차례이다. `resizeFromLayer:` 메소드는 OpenGL ES 설정을 마무리하는 역할을 하는데, 여기서 렌더링할 이미지를 저장하는 공간인 context에 만들어진 렌더버퍼를 OpenGL ES 설정에서 지정하게 된다. 또한 렌더버퍼의 영역을 지정하기 위하

여 인스턴스 변수 `backingWidth`와 `backingHeight`을 사용한다.

다음에 추가된 코드는 `initOpenGL` 메소드를 호출한다.

```
[self initOpenGL];
```

앞에서 private 카테고리로 선언하는 것을 봤기 때문에 낯설지 않을 것이다. `resizeFromLayer:` 메소드가 렌더버퍼를 context에 지정하고 OpenGL ES의 주요 세팅을 끝내면 기본적인 단계는 마무리된다. 이제부터는 게임상에서 필요한 OpenGL ES의 다양한 상태를 설정할 수 있다.

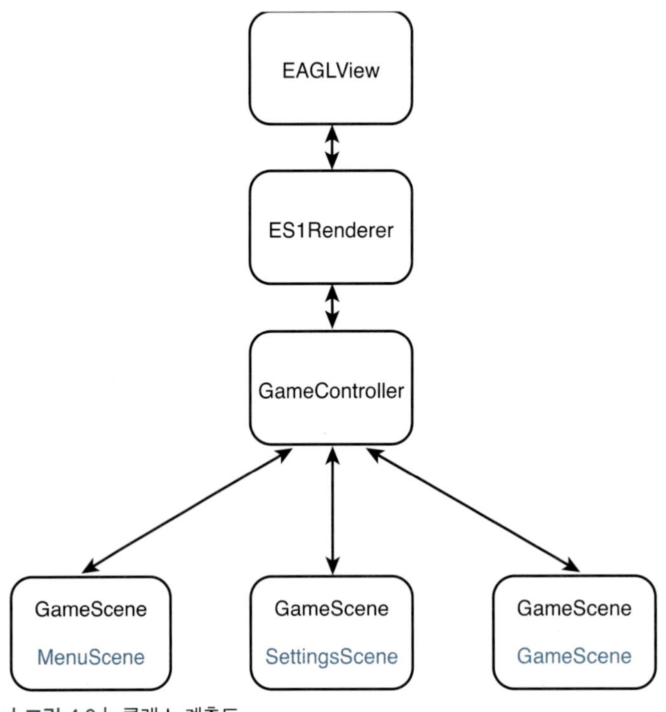

| 그림 4.6 | 클래스 계층도

이제 implementation 부분의 마지막으로 이동하여 `initOpenGL` 메소드를 살펴보자. 이 메소드는 OpenGL ES의 여러 중요한 상태를 셋업한다. 여기서 설정된 것들

은 게임 내에서 사용될 것이다.

아래로 내려가다 보면 다음과 같은 implementation 선언부를 볼 수 있을 것이다.

```
@implementation ES1Renderer (Private)
```

이제 위의 구문이 파일 시작 부분에 있는 interface 선언부에 연결되었다는 것을 알 수 있을 것이다. 왜냐하면 같은 이름의 카테고리를 사용하기 때문이다. 이곳에는 initOpenGL 메소드 한 개만 선언되어 있다.

메소드 시작 부분을 보면 SLQLOG 매크로를 이용하여 로깅하는 것을 볼 수 있다. SLQLOG 매크로는 Global.h 헤더 파일에 정의되어 있다. 그 아래의 두 줄은 3장에서 다루었기 때문에 친숙할 것이다. 여기에서는 GL_PROJECTION 행렬로 전환한 다음 단위 행렬을 로드하여 이전에 일어난 모든 변환을 초기화했다.

다음 줄에 나오는 코드는 조금 생소할 것이다.

```
glOrthof(0, backingWidth, 0, backingHeight, -1, 1);
```

위의 명령은 정사영(orthographic) 또는 직교투영(parallel projection), 즉 평면에 수직으로 내리쬐어 나타난 형상의 변환을 설명한다. 행렬 모드를 GL_PROJECTION 으로 지정하였기 때문에 위의 명령은 투영된 행렬에 대한 변환을 실시하게 된다. 정리하면 원근투영(또는 투시도법, perspective projection)을 사용하지 않고 직교투영을 사용한다는 것이다. 말이 어려워서 그렇지 결국 평면 이미지를 사용하겠다는 뜻이다.

> **Note** 직교투영(정사영)과 원근투영(투시도법)에 대하여 더욱 자세한 설명을 할 수도 있겠지만 여기서는 그저 glOrthof가 주어진 가로, 세로, 깊이에 맞추어 잘라낸다는 것만 이해하면 된다. 또한 위의 함수를 실행하게 되면 OpenGL ES의 단위가 픽셀로 지정되어 파라미터 값으로 가로, 세로에 대한 길이를 픽셀로 인식하게 된다.

앞에서 언급한 것처럼, OpenGL ES는 자체 단위(즉, 1단위는 1픽셀이 아님)를 사용한다. 이러한 정책은 개발자로 하여금 많은 유연성을 제공한다. 가령 화면에 맞게 크기를 확대하거나 축소하는 방법을 쉽게 지정할 수 있는 것이다. Sir Lamorak's Quest에서는 복잡한 부분이 필요하지 않기 때문에 앞에서 사용한 함수를 이용하여 OpenGL ES의 단위를 픽셀로 맞추는 정도면 충분하다.

View Port 설정

프로젝션(projection)을 초기화할 때 바로 GL_PROJECTION 행렬에 변화를 주는 것보다 뷰포트(viewport)를 먼저 설정하는 것이 좋다.

```
glViewport(0, 0, backingWidth , backingHeight);
```

Viewport 함수는 그리고자 하는 2D 화면의 크기와 위치를 결정한다. 맨 앞의 두 파라미터는 화면의 왼쪽 아래 좌표를, 나머지 두 파라미터는 화면의 가로와 세로 길이(픽셀)를 나타낸다. 가로와 세로의 길이는 렌더버퍼의 크기에 맞춘다.

프로젝션 부분이 끝나면 이제 GL_MODELVIEW 행렬을 조정할 차례이다. GL_MODELVIEW 행렬은 게임의 모델이나 스프라이트 등에 적용하는 대부분의 변환을 담당하는 행렬로, 변환에는 이동, 회전, 확대/축소 등을 들 수 있다. 3장에서 다루었던 것처럼 행렬 모드가 GL_MODELVIEW로 전환되면 단위 행렬을 로드하여 변환을 위해 초기화한다.

```
glMatrixMode(GL_MODELVIEW);
glLoadIdentity();
```

다음으로 화면을 지울 때 사용할 색깔을 지정하고 깊이 검사는 비활성화시킨다. 어차피 2D로 작업할 것이기 때문에 깊이(z축)에 대한 개념은 필요하지 않다. 픽셀 앞 또는 뒤에 어떤 픽셀이 있는지 고민하지 않아도 되는 것이다. 또한 깊이 개념을 제거함으로써 iPhone에서의 2D 게임에 대한 성능도 극대화시킬 수 있다.

하지만 깊이 버퍼를 사용하지 않기 때문에 개발자가 직접 깊이에 대한 관리를 해야 한다. 예를 들어 장면을 그릴 때 맨 뒤의 배경부터 그리는 식으로 깊이에 대한 관리를 하는 것이다.

```
glClearColor(0.0f, 0.0f, 0.0f, 1.0f);
glDisable(GL_DEPTH_TEST);
```

이제 몇 가지 OpenGL ES 기능을 켜는 것으로 OpenGL ES 설정을 끝낸다. 계속 해서 언급하는 내용이지만 OpenGL ES는 상태머신(state machine)이다. 따라서 어떠한 상태를 켜거나 끄면(혹은 활성화/비활성화) 다시 그 상태를 바꿀 때까지 변경한 상태를 유지한다. 위에서는 깊이 점검을 비활성화시켰기 때문에, 다시 활성화 시키기 전까지는 깊이 점검에 대한 비활성화 상태를 유지하게 된다.

```
glEnableClientState(GL_VERTEX_ARRAY);
glEnableClientState(GL_COLOR_ARRAY);
```

위의 구문에서 사용한 두 가지 상태값은 OpenGL ES에 화면에 표시할 모양의 꼭 지점과 색깔 배열을 보낼 것임을 알려준다. 기타 Client 상태값은 5장 "이미지 렌더 링"에서 살펴볼 것이다.

여기까지가 OpenGL ES의 설정부분이며, 이제 많은 부분의 코드가 익숙할 것이 다. 템플릿은 매번 그릴 때마다 상태를 세팅하도록 구현하였지만, 구현하는 과정에 서 필요하지 않다면 상태 세팅을 생략해도 무방하다.

> **Tip**
>
> 가능한 한 게임 루프 안에서 OpenGL ES의 상태를 변경하는 횟수를 최소화하도록 노력하는 것이 좋다. 특히 텍스처를 바꾸는 등의 아주 비싼 연산을 하는 경우에는 더더욱 그러하다. 가능하면 자신만의 상태 머신을 만들어 그 상태 머신이 OpenGL ES의 상태값을 기억하고 변경하도록 하는 것이 가장 이상적이다. 그렇게 함으로써 OpenGL ES 상태 변화를 최소화시킬 수 있기 때문이다.

이로써 `ES1Renderer` 클래스의 바뀐 부분에 대한 분석을 마쳤다. 다음으로 게임 컨트롤러에 대해서 알아볼 것이다. 게임 컨트롤러는 렌더링의 역할을 수행하며, OpenGL ES의 주요 설정 일부를 포함한다.

✖ 게임 장면과 게임 컨트롤러

EAGLView와 ES1Renderer에 대해서 분석하는 동안 잠시 살펴 보았던 게임 컨트롤러와 게임 장면에 대해 본격적으로 알아보기로 하자. 게임 루프를 사용하면서 다른 게임 요소들을 다룰 클래스가 필요하게 되었는데, 여기서 게임 요소라 함은 아래와 같이 Sir Lamorak's Quest에서 사용된 각기 다른 장면을 일컫는다.

- **메인 메뉴:** 처음 Sir Lamorak's Quest를 실행하면 보게 되는 화면으로 몇 가지 옵션을 제공한다: 게임 설정, 점수 조회, 게임 시작
- **본 게임:** 실제 게임을 진행하는 부분

그래서 각 게임 장면(즉, 클래스)은 화면을 그리고 게임 로직을 업데이트하는 역할을 담당하도록 하는 것이다. 이렇게 함으로써 복잡한 게임을 관리하기 용이한 여러 개의 덩어리 또는 조직으로 나눌 수 있게 된다. 간혹 하나의 클래스만 가지고 게임의 모든 내용을 담은 경우를 보기도 하는데 그렇게 하다보면 게임 또는 코드를 관리하기가 너무 힘들고 혼란스럽다. 그렇게 하는 것보다는 여러 개의 클래스로 나누는 것이 훨씬 효과적이다.

게임 장면에 대해 하나 더 언급할 것이 있는데, 바로 게임 컨트롤러(game controller)이다. 이미 앞에서 EAGLView와 ES1Renderer 클래스를 다루며 언급했지만 여기서 게임 컨트롤러가 어떻게 동작하는지 살펴보기로 하자.

게임 컨트롤러 생성

그림 4.6은 EAGLView, ES1Renderer, GameController, 각 장면 클래스 간의 관계를 보여준다.

GameController 클래스

우리가 만드는 게임에는 다양한 장면이 들어 있고 각 장면은 고유의 화면과 로직

을 담당한다고 가정하면, 가능한 한 가장 간단한 방법을 사용하여 이러한 장면들을 관리하고 어떤 장면이 현재 활성화되었는지 판단하고자 할 것이다. 기본적으로 게임 루프 안에서는 게임 업데이트와 렌더링 메소드를 호출할 것이고, 게임에는 여러 장면이 있기 때문에 어떠한 장면이 현재 활성화 상태에 있는지 판단해서 이에 맞는 업데이트 및 렌더링 메소드를 호출해야 할 것이다. `EAGLView` 클래스를 살펴볼 때 아래와 같은 코드를 언급한 것을 기억할 것이다.

```
[sharedGameController updateCurrentSceneWithDelta:UPDATE_INTERVAL];
```

위의 코드는 `GameController`의 인스턴스 메소드를 호출한다. 게임 컨트롤러에 어떤 장면이 그려져야 하는지 알려주지 않지만 `GameController`가 알아서 하기를 기대한다.

> **Note** 게임 컨트롤러에 있어서 한 가지 중요한 사실이 있는데, 그것은 바로 게임 컨트롤러가 싱글톤 클래스라는 것이다. 여기서는 하나의 게임에서 여러 개의 게임 컨트롤러를 사용하는 것을 원치 않는다.

Game Controller 그룹을 보면 GameController.h와 GameController.m 파일을 볼 수 있다. 먼저 GameController.h 파일을 연다.

싱글톤(singleton) 클래스를 만드는 것이 어렵고 생소하다면 Apple에서 제공하는 Objective-C 문서를 참조하면 도움이 될 것이다. Apple에서 제공하는 문서에는 싱글톤에 대하여 잘 정리되어 있다. 싱글톤을 좀 더 쉽게 만들기 위하여 여기서는 Matt Gallagher가 만든 SynthesizeSingleton 매크로를 사용할 것이다. Matt이 만든 매크로[2]는 헤더파일과 implementation 파일에 코드 몇 줄만 추가하면 해당 클래스를 싱글톤으로 만들어 준다.

GameController.h 파일의 맨 윗부분을 살펴보면 아래와 같은 import 구문을 볼 수 있을 것이다.

---

2 SynthesizeSingleton에 대한 자세한 내용은 cocoawithlove.com/2008/11/singletons-appdelegates-and-top-level.html 사이트를 참조하자.

```
#import "SynthesizeSingleton.h"
```

Matt의 웹사이트에 자세한 설명이 있기 때문에 여기서는 매크로가 어떻게 동작하는지 설명하지 않을 것이다. 이다. 지금은 그저 Matt의 웹사이트에 방문하여 매크로를 다운받고 프로젝트에 SynthesizeSington.h 파일만 import해주면 된다.

다음에는 `AbstractScene` 클래스를 사전 선언하는 구문이 나오는데, AbstractScene 클래스는 나중에 간단히 살펴볼 것이다. 그 다음으로 드디어 GameController 클래스가 나타난다. GameController 클래스는 `NSObject`를 상속받으며, `UIAccelerometerDelegate` 프로토콜을 따른다.

```
@interface GameController : NSObject <UIAccelerometerDelegate>
```

`UIAccelerometerDelegate`는 가속도 센서에 대한 이벤트를 처리하는 데 사용한다. GameController 선언문 안에는 두 개의 인스턴스 변수만 있다.

```
NSDictionary *gameScenes;
```

첫 번째는 gameScenes이다. Sir Lamorak's Quest의 모든 게임 장면을 gameScenes가 갖게 된다. 데이터 타입으로 NSDictionary를 선택하여 각 장면마다 키 값을 지정하여 쉽게 찾을 수 있도록 하였다.

```
AbstractScene *currentScene;
```

나중에 자세히 살펴보겠지만, `AbstractScene`은 추상클래스(abstract class)로 각기 다른 게임 장면을 다루는 인스턴스 변수와 메소드를 다룬다. 추상클래스(abstract class)는 자체 인스턴스를 갖지 않으며, 대신 자식 클래스의 인스턴스가 상속받아 오버라이드(override)하여 사용한다.

Objective-C는 Java나 C++처럼 추상클래스(abstract class)[3]를 지원하지 않는다. 추상클래스를 만들 것인가를 결정하는 것은 개발자에게 달려있다. 그렇기 때문에 추상클래스를 사용하는 경우 클래스가 추상클래스임을 알려주기 위하여 클래스 이름 앞에 `Abstract`를 붙였다.

위와 같이 만들면 각 장면마다 적절한 로직과 그림을 사용할 수 있게 되지만 각 장면을 구현하는 클래스마다 해당 인스턴스 변수 및 메소드를 구현해야 한다. 예를 들면 `updateSceneWithDelta`, `renderScene` 등과 같은 인스턴스가 모든 장면 클래스에 구현되어야 한다. `AbstractScene` 클래스는 잠시 후에 살펴볼 것이다.

Interface 선언 다음에는 `currentScene` 인스턴스 변수에 대한 프로퍼티를 설정한다. 이렇게 하면 다른 클래스가 `currentScene`을 사용할 수 있게 된다.

싱글톤(Singleton) 만들기

코드만 놓고 본다면 다른 클래스와 크게 다르지 않다. 이제 두 줄을 추가하여 싱글톤(singleton) 클래스로 만들어 보자.

```
+ (GameController *)sharedGameController;
```

위의 코드는 +로 시작하는 것에서 알 수 있듯이 클래스 메소드 선언 부분이다. 이 클래스를 싱글톤 클래스로 사용할 것이기 때문에 클래스 메소드로 만드는 것이 중요하다. 위의 클래스 메소드를 이용해야만 실제 클래스 구현 부분에 생성될 단 하나뿐인 인스턴스에 대한 포인터를 가져올 수 있기 때문이다. 그래서 리턴 타입은 `GameController`가 된다.

다음으로 두 개의 메소드 선언이 나온다.

```
- (void)updateCurrentSceneWithDelta:(float)aDelta;
- (void)renderCurrentScene;
```

---

3 **역주** C에 익숙한 독자라면 추상클래스는 C에서의 변수 및 함수 포인터 개념을 Object-Oriented 프로그래밍으로 가져온 것이라고 생각하면 이해하기 쉽다.

첫 번째 메소드는 게임 루프에 있는 현재의 장면이 delta 값을 이용하여 게임 로직을 업데이트한다. 두 번째 메소드는 현재의 장면을 렌더링한다.

이제 GameController.h 헤더 파일에 대한 내용은 끝났다. 다음으로 Game Controller.m 파일을 열어 implementation 부분을 살펴볼 것이다.

GameController.m

먼저 필요한 헤더 파일을 import한다.

```
#import "GameController.h"
#import "GameScene.h"
#import "Common.h"
```

GameScene 클래스는 새로 나오는 클래스이며 AbstractScene 클래스로부터 상속 받는 클래스이기도 하다. GameScene 클래스에서 게임에 나오는 장면을 초기화할 예정이기 때문에 각각의 장면을 담당하는 클래스는 모두 import되어야 한다. Common.h 파일에는 현재 DEBUG 상수만 들어 있지만 앞으로 내용이 더 추가될 것이다.

다음으로 interface 부분이 Private 카테고리로 선언되어 있다. 이 말은 이 interface 안에서 정의된 메소드는 private 카테고리 속성을 가지며 클래스 바깥에서 호출할 수 없다는 것을 의미한다. Objective-C는 물론 private을 지원하지 않지만 이와 같은 프로그래밍 기법을 제한하지도 않는다.

```
@interface GameController (Private)
    - (void) initGame;
@end
```

이 코드에서 볼 수 있는 바와 같이 게임 장면을 초기화하기 위하여 initGame 메소드를 사용한다.

다음은 GameController의 implementation 부분이다. 먼저 일반적인 형태의 implementation이기 때문에 currentScene에 대한 synthesize 구문 뒤로 필요한

getter와 setter가 있다. Synthesize 다음에 나오는 것이 바로 GameController 클래스를 싱글톤 클래스(singleton class)로 바꿔주는 구문이다.

```
SYNTHESIZE_SINGLETON_FOR_CLASS(GameController);
```

SynthesizeSingleton.h 헤더 파일에 정의된 이 매크로는 클래스를 싱글톤으로 바꿔주는 코드를 붙여준다. SynthesizeSingleton.h의 내용을 자세히 살펴보면 어떻게 코드가 들어가는지 알 수 있을 것이다.

또한, GameController 클래스에는 `init` 메소드가 있다. `init` 메소드는 GameController 클래스의 인스턴스가 만들어질 때 사용된다. GameController 클래스의 인스턴스를 정상적으로 사용하기 위해서는 헤더 파일에서 선언한 `shared GameController` 메소드를 호출하면 된다. 이 메소드는 반환값으로 Game Controller 클래스 인스턴스의 포인터를 제공한다. 만약 `sharedGameController` 메소드를 처음 호출하는 경우에는 GameController 클래스의 새로운 인스턴스를 만들면서 `init` 메소드도 호출한다.

> **Tip** 헤더 파일에서 선언한 클래스 메소드의 이름에는 꼭 지켜야 하는 규칙이 있다. 메소드 이름은 shared로 시작하여 클래스 이름으로 끝나야 한다. 예를 들어, 클래스 이름이 ClassName인 경우 메소드 이름은 `sharedClassName`이 된다. 왜냐하면 implementation 부분에 있는 `SYNTHESIZE_SINGLETON_FOR_CLASS` 매크로가 shared와 클래스 이름을 붙여서 메소드를 만들기 때문이다.

이미 인스턴스가 존재하는 경우에는 현재의 인스턴스 포인터가 리턴된다. 그렇기 때문에 언제든지 GameController 클래스에는 단 하나의 인스턴스만 존재할 수 밖에 없는 것이다. 아무리 새로운 인스턴스를 만들어도 이미 만들어진 인스턴스에 대한 레퍼런스만을 받을 뿐이다. 이것은 매크로가 `alloc`과 `init`에도 더이상 새로운 인스턴스를 만들지 못하도록 구현하였기 때문이다.

`initGame`은 init 메소드 안에서 호출되어 장면 dictionary를 `currentScene`처럼 셋업한다.

파일 마지막 부분을 보면 private 카테고리 안에 initGame 메소드가 구현된 것을 확인할 수 있다. initGame 메소드를 보면 먼저 로그를 남기는 것을 볼 수 있는데, 이 것은 아주 좋은 프로그래밍 습관이라고 할 수 있다. 이렇게 함으로써 배포판으로 만들때 로깅 부분을 자동으로 없앨 수 있기 때문이다. 다음 줄에서는 게임 장면 클래스 중 하나인 GameScene 클래스의 인스턴스를 새로 만든다.

```
AbstractScene *scene = [[GameScene alloc] init];
```

위 코드를 보면 알 수 있듯이 GameScene 클래스는 AbstractScene 클래스를 상속 받는다. 즉, *scene의 데이터 타입으로 AbstractScene을 사용할 수 있다는 얘기다. 이렇게 함으로써 모든 게임 장면을 AbstractScene만으로 전부 다룰 수 있게 되는 것이다. 각 장면의 실제 인스턴스에 대해서는 나중에 다룰 것이다.

이제 GameScene의 인스턴스를 갖게 되었다. 이것을 dictionary에 추가하면 된다.

```
[gameScenes setValue:scene forKey:@"game"];
```

위와 같이 하면 scene 인스턴스의 포인터 값을 game이라는 키값으로 dictionary 에 저장한다. 중요한 것은 바로 다음에 나오는 release 구문이다.

```
[scene release];
```

Dictionary에 scene을 추가하면 scene의 retain count 값이 하나 증가하기 때문에 바로 release해주어 retain count 값을 다시 줄여주어야 한다. 여기서는 release 이후 retain count 값이 2에서 1로 줄어든다. 이렇게 해야 나중에 dictionary를 release하거나 scene 오브젝트를 release하면 retain count 값이 0이 되어 dealloc 을 수행하여 메모리에서 제거할 수 있게 된다. 그렇지 하지 않고 retain count 값을 2로 유지시켜버리면 나중에 dictionary를 release했을 때 scene 오브젝트도 release 되지만 retain count 값이 2에서 1이 되어 dictionary는 dealloc 되고 오브젝트는 dealloc 되지 않는 이상한 상황이 벌어지게 된다. 결국 오브젝트의 포인터를 찾지 못한다면 그대로 메모리 누수를 만들게 된다. 따라서 retain count 값을 적절

히 유지시키기 위하여 dictionary에 추가한 다음에는 해당 오브젝트를 release하여
retain count 값을 줄여주는 것이 좋다. 이러한 프로그래밍 기법이 Objective-C의
전형적인 메모리 관리 방식이다.

initGame 메소드에서 마지막으로 하는 액션은 currentScene을 설정하는 것이
다. 이것은 단순히 gameScenes dictionary에서 game을 키값으로 scene을 찾는 것만
으로 끝난다. 나중에 다른 게임 장면을 추가하면 아래와 비슷한 방법으로 해당 장면
을 탐색할 것이다.

```
currentScene = [gameScenes objectForKey:@"game"];
```

이제 GameController 클래스에서 살펴볼 메소드가 몇 개 남지 않았다. 다음으로
볼 메소드는 updateCurrentSceneWithDelta:이다.

```
- (void)updateCurrentSceneWithDelta:(float)aDelta {
    [currentScene updateSceneWithDelta:aDelta];
}
```

메소드는 게임 루프에서 delta 값을 받아 currentScene의 updateSceneWithDelta
메소드에 넘겨준다. 조금 전에 살펴본 것처럼 currentScene은 gameScene dictionary
에 있는 scene 오브젝트를 가리키고 있다. 이러한 오브젝트들은 모두 AbstractScene
클래스로부터 상속받은 오브젝트이기 때문에 update 메소드를 사용할 수 있는 것
이다.

동일한 방식으로 render 메소드도 아래와 같이 사용한다.

```
-(void)renderCurrentScene {
    [currentScene renderScene];
}
```

마지막으로 함께 볼 메소드는 accelerometer:didAccelerate:이다.

```
- (void)accelerometer:(UIAccelerometer *)accelerometer
    didAccelerate:(UIAcceleration *)acceleration {

}
```

이 delegate 메소드는 앞으로 구현해야 하는데, 그 이유는 GameController 클래스가 UIAccelerometerDelegate 프로토콜을 사용하기 때문이다. 가속도 센서가 켜지면 이 메소드는 UIAcceleration 오브젝트를 넘겨준다. UIAcceleration 오브젝트는 iPhone이 얼마나 이동하고 있는가에 대한 데이터를 가지고 있다. 따라서 이를 이용하여 다양한 액션이나 조작방법을 사용토록 하여 게임에 더욱 몰입하도록 만들 수도 있다. 비록 Sir Lamorak's Quest에서는 가속도 센서를 사용할 일이 없지만 이와 같은 센서를 다루는 메소드가 어떻게 동작하는지를 이해하는 것도 매우 중요하다. 12장에서 이러한 사용자 입력에 대해 자세히 다룰 것이다.

AbstractScene 클래스

이미 앞에서도 언급했고 클래스 이름에서도 예상할 수 있듯이 AbstractScene 클래스는 추상클래스(abstract class)이다. Sir Lamorak's Quest에서 사용하는 모든 게임 장면은 AbstractScene 클래스로부터 상속받는다.

이제 Abstract Classes 그룹에서 AbstractScene.h 파일을 열고 하나씩 살펴보기로 하자.

AbstractScene.h 헤더 파일은 몇 가지 OpenGL ES 헤더 파일을 import하는 것으로 시작하는데, 이렇게 하여 AbstractScene 클래스를 상속받는 클래스에서도 OpenGL ES를 사용할 수 있게 된다. 다음으로 AbstractScene 클래스는 NSObject 클래스를 상속받아 alloc이나 init 같은 메소드를 사용할 수 있도록 하였다.

AbstractScene 클래스의 interface 부분에는 여러 개의 인스턴스 변수가 선언되어 있는데, 이 인스턴스 변수들은 모두 AbstractScene의 자식 클래스에서 사용할 수 있다. 즉, AbstractScene 클래스의 핵심은 자주 사용할 인스턴스 변수를 제공하여 상속받는 클래스가 이러한 인스턴스 변수를 사용하도록 하는 것이다. AbstractScene 클래스에서 사용하는 인스턴스 변수를 정리하면 다음과 같다.

- **screenBounds**: CGRect 타입으로 화면의 크기를 저장한다.
- **sceneState**: 장면의 상태를 저장한다. 나중에는 여러 개의 장면들이 가지고 있는 저마다의 상태(등장, 퇴장, 대기, 실행 등)를 만들 것이다.
- **sceneAlpha**: 화면을 렌더링할 때의 알파값을 갖는다. 게임의 물체들이 희미하게 사라지거나(fade out) 또렷해지며 나타나도록(fade in) 하기 위하여 sceneAlpha를 사용한다.
- **nextSceneKey**: 다음 장면에 대한 키값을 갖는다. 만약 `GameController`가 현재 scene을 퇴장시켜야 한다면 nextScnenKey를 이용하여 다음 장면이 현재 scene이 되도록 만든다.
- **sceneFadeSpeed**: 장면이 나타나고(fade in) 사라지는(fade out) 속도를 저장한다.

Interface 선언부 다음에는 프로퍼티 정의 부분이 있다. 아래의 인스턴스 변수들은 getter와 setter가 사용하게 될 것이다.

```
@property (nonatomic, assign) uint sceneState;
@property (nonatomic, assign) GLfloat sceneAlpha;
```

다음으로 게임 장면에 사용되는 몇 개의 메소드가 선언되어 있다. 이 부분에 update와 render 메소드도 있다.

```
- (void)updateSceneWithDelta:(float)aDelta;

- (void)renderScene;
```

계속해서 나오는 메소드들은 터치 이벤트와 관련있다. `EAGLView` 클래스는 `UIView`를 상속받아 터치 이벤트를 사용할 수 있기 때문에 이와 같이 현재 활성화된 게임 scene에 제공할 수 있다. 그래서 현재 동작 중인 게임 scene은 이 터치 정보를 활용하여 플레이어가 어떻게 조작하는지 파악하게 된다. 아래의 터치 메소드는 `EAGLView`로부터 터치 정보를 받아 게임 scene에 건네주는 역할을 한다.

```objc
- (void)touchesBegan:(NSSet*)touches withEvent:(UIEvent*)event
    view:(UIView*)aView;
- (void)touchesMoved:(NSSet*)touches withEvent:(UIEvent*)event
    view:(UIView*)aView;
- (void)touchesEnded:(NSSet*)touches withEvent:(UIEvent*)event
    view:(UIView*)aView;
- (void)touchesCancelled:(NSSet*)touches withEvent:(UIEvent*)event
    view:(UIView*)aView;
```

마지막으로 나오는 메소드는 기본적으로 터치 메소드와 유사하다. 터치 이벤트가 게임 scene에 넘어가는 것처럼 가속도 이벤트도 넘겨져야 한다. 이미 앞에서 가속도 이벤트에 대한 타겟이 `GameController`라는 것을 알기 때문에 `GameController`가 현재의 게임 scene으로 넘겨줄 것이라는 것도 알 수 있다.

```objc
- (void)updateWithAccelerometer:(UIAcceleration*)aAcceleration;
```

이것으로 AbstractScene의 헤더 파일이 끝났다. 다음으로 AbstractScene.m 파일을 열어 implementation 부분을 살펴보자.

아마 implementation 파일을 보고 많이 놀랐을 것이다. 분명히 앞에서 추상클래스는 내용이 없다고 언급했지만 말이다. 헤더 파일에서 선언한 두 프로퍼티에 대한 synthesize 구문 외에 나머지는 모두 비어 있는 메소드들 뿐이다. 즉, 이렇게만 만들어 놓고, AbstractScene 클래스를 상속받는 게임 장면 클래스에서 이 메소드들을 오버라이드하면서 실제로 내용을 구현하는 것이 핵심이다.

이제 마지막 클래스인 `GameScene`만 남았다.

GameScene 클래스

`GameScene` 클래스는 게임 로직과 화면 렌더링을 담당한다. 앞에서도 살펴보았지만 게임 장면은 메인 메뉴부터 시작하여 실제 게임까지 무엇이든지 될 수 있다. 그리고 각각의 장면은 유저 입력을 처리하고 화면에 적당한 내용을 보여주는 일을 한다.

지금까지 한 개의 게임 장면을 만들면서 Sir Lamorak's Quest의 구조를 테스트할 수 있도록 준비했다. 이제 Xcode에서 GameScene.h 파일을 열어보면 달랑 인스턴스 변수 transY 하나만 선언된 것을 볼 수 있을 것이다. 이미 AbstractScene 클래스에서 메소드를 정의하였기 때문에 지금으로서는 더 필요한 것이 없다. 그저 GameScene이 AbstractScene을 상속받기만 하면 된다.

이와 같은 방식으로 상속시킬 때는 상속받기 위한 부모 클래스가 선언된 헤더 파일을 꼭 interface 선언부가 있는 파일로(보통 .h 파일) import해야 한다.

헤더 파일은 다 봤으니 GameScene.m 파일을 열어 보도록 하자. 이 파일이 이번 장의 핵심이자 실체이다. GameScene.m 파일 안에 화면에 무언가를 그리기 위한 모든 로직이 담겨 있음을 금방 알 수 있을 것이다.

혼란을 방지하기 위하여 GameScene.m 파일에는 3장에서 구현한 움직이는 사각형 코드를 사용하였다(그림 3.4). 이미 움직이는 사각형의 원리와 구현 코드를 3장에서 살펴봤기 때문에 눈에 익을 것이다. 3장에서는 render 메소드에서 모든 것이 다 이루어졌는데 4장에서는 GameScene 안에서 분리되었다.

게임 루프가 진행되는 동안 updateSceneWithDelta 메소드는 수도 없이 불린다. 여기서는 인스턴스 변수 transY 값을 계속해서 증가시킨다.

```
- (void)updateSceneWithDelta:(float)aDelta {
    transY += 0.075f;
}
```

업데이트가 끝나면 게임 루프는 업데이트된 장면을 그릴 것이다. 렌더링에 대한 요청은 GameController에 전해지고 최종적으로 현재 활성화된 장면에 렌더링 요청이 전해지게 된다. 이렇게 넘어온 요청은 renderScene 메소드에서 끝나게 된다.

renderScene 메소드는 정말로 화면에 무언가를 실제로 그린다. 여기서는 움직이는 사각형을 구현하기 위해서 이미 익숙한 꼭지점에 대한 정의부터 시작한다.

```
static const GLfloat squareVertices[] = {
    50, 50,
    250, 50,
    50, 250,
    250, 250,
};
```

위의 꼭지점 정의 부분이 3장에서의 그것과 차이가 난다는 사실을 눈치챘는지? 3장에서는 꼭지점의 위치 값이 −1.0 에서 1.0 사이였지만, 위의 경우는 값이 많이 크다.

3장에서 꼭지점을 정의할 때 사용한 좌표 체계와 달라진 이유는 OpenGL ES 설정 때문이다. 4장에서는 `initOpenGL` 메소드(`ES1Renderer` 클래스)에서 직교 투영을 사용하도록 설정하였다. 그래서 OpenGL ES는 실수 좌표 체계가 아닌 픽셀 좌표 체계를 사용하게 되고 꼭지점의 위치 좌표도 이에 맞추어 변형되었다. 아마 픽셀 좌표 체계를 이용하는 것이 훨씬 이해가 쉽고 모양을 상상하기도 편할 것이다.

이번에는 꼭지점의 색깔을 지정하는데, 이것은 3장에서와 동일하다.

다음으로 사각형이 움직이도록 하기 위하여 변환을 준다. 3장에서와 같이 사각형의 각 꼭지점의 위치를 바꾸지 않고 사각형을 그리는 위치를 변경한다.

```
glTranslatef(0.0f,  (GLfloat)(sinf(transY)/0.15f), 0.0f);
```

변환이 끝나면 꼭지점의 위치와 색깔을 지정한다.

```
glVertexPointer(2, GL_FLOAT, 0, squareVertices);
glColorPointer(4, GL_UNSIGNED_BYTE, 0, squareColors);
```

눈썰미가 있는 사람이라면 윗부분도 3장에서와는 조금 달라졌다는 것을 알아챘을 것이다. 3장에서는 꼭지점의 위치와 색깔을 지정하기 전에 OpenGL ES의 상태를 활성화시켰는데 이번에는 그와 같은 코드가 없다. 하지만 걱정할 필요는 없다. 이미 `initOpenGL` 메소드에서 활성화시켰기 때문에 다시 하지 않아도 괜찮다. OpenGL ES는 상태 머신이기 때문에 한번 활성화시켜 놓으면 그 상태를 바꾸기 전에는 계속해서 활성화 상태를 유지한다.

점의 위치와 색깔도 지정했으니 이제 화면에 그리는 일만 남았다.

```
glDrawArrays(GL_TRIANGLE_STRIP, 0, 4);
```

이 시점에서 드디어 사랑스러운 화려한 사각형이 그려지지만 아직 화면에 나타나지 않는다. renderScene 메소드가 끝나면 컨트롤이 GameController로 넘어가고, 다시 EAGLView의 render 메소드에 건네진다. 그제서야 렌더버퍼가 화면에 보내져 스크린에서 사각형을 볼 수 있게 되는 것이다.

✂ 정리

이번 장에서는 앞으로 사용하게 될 새로운 클래스와 프로젝트의 전체적인 구조를 살펴보았다. 이제는 GameController 클래스의 제어를 받으면서도 자신만의 로직과 렌더링을 구현하는 여러 개의 다른 게임 장면을 만들 수 있는 능력도 생겼을 것이다.

이번 장에서 선보인 프로젝트 구조는 이 책이 끝날 때까지 계속해서 사용할 것이며, Sir Lamorak's Quest을 제작하는 데에도 적용할 것이다.

다음 장에서는 어떻게 화면에 이미지를 렌더링하는가에 대하여 자세히 다룰 것이다. 그렇게 하면서 자연스럽게 OpenGL ES에 대해서도 더 면밀히 보게 될 것이며, Sir Lamorak's Quest에서 이미지를 생성하고 설정하고 렌더링하는 여러 가지 클래스를 좀 더 쉽게 만들 수 있게 될 것이다.

✂ 연습문제

이번 장에서 제공하는 프로젝트를 실행하면 색깔이 칠해진 사각형이 위아래로 움직이는 것을 볼 수 있을 것이다. 프로젝트에 대해 더 깊은 이해를 원한다면 아래에서 지시하는 것처럼 수정하는 것도 도움이 될 것이다.

1. TriangleScene을 이름으로 하는 게임 장면 하나를 만들고 렌더링 코드를 수정하여 사각형이 아닌 삼각형을 그려보자.

> **Hint** GL_TRIANGLE_STRIP을 이용하여 두 개의 삼각형으로 사각형을 만드는 대신 GL_TRIANGLES를 이용하여 한 개의 삼각형만 그리면 된다.

2. 자신만의 클래스를 만들었다면 GameController의 initGame 메소드를 이용하여 초기화시키고, 키값 하나를 정하여 dictionary에 추가해보자.

새로 추가한 scene을 current scene으로 지정하는 것을 잊어버리지 않아야 한다.
진행하다 문제가 생기면 제공된 CH04_SLQTSOR_EXERCISE 프로젝트 파일의 도움을 받도록 한다.

Chapter 05
이미지
렌더링

Sir Lamorak's Quest의 핵심 요소 중 하나이면서 모든 게임(text 기반 게임을 제외한)의 핵심 요소이기도 한 것이 바로 이미지(스프라이트)를 화면에 그리는 능력, 즉 그래픽이다. 그래픽이 없다면 게임도 충분히 지루할 수 있다.

이번 장에서는 OpenGL ES를 이용하여 화면에 이미지를 그리는 주요 개념을 학습할 것이다. 이러한 개념에는 삼각형 그리기, 텍스처 매핑, 이미지 파일에서 텍스처 읽어오기, 성능 향상 등에 대한 기본 지식이 포함된다.

물론 위의 내용을 자세히 나루지는 못하겠지만 적어도 아래의 OpenGL ES 클래스를 사용하는 방법 정도는 이해할 수 있도록 할 것이다(만약 모든 내용을 설명한다면 이 책의 두께는 두 배 이상이 되어 한 손으로 들고 다니기도 힘들어질 것이다).

- Image
- Texture2D
- TextureManager
- ImageRenderManager

위의 클래스는 우리가 원하는 이미지를 화면에 신속하게 보여주도록 하면서도 코드 자체는 게임의 성능 향상을 요구한다.

렌더링(Rendering)이란?

이번 장을 시작하는 가장 좋은 방법은 OpenGL ES를 이용하여 무언가를 어떻게 화면에 그려내는지 살펴보는 것이다. 만약 4장 연습문제를 풀어보았다면 어떻게 사각형과 삼각형을 구성하고 화면에 그리는가를 볼 수 있었을 것이다.

OpenGL ES의 아주 중요한 특징은 사각형 개념을 지원하지 않는다는 것이다. 즉, 4개의 꼭지점으로 이루어진 하나의 도형을 만들어내지 못한다. OpenGL은 삼각형과 사각형 개념을 모두 지원하지만 OpenGL ES는 삼각형 개념만 지원한다.

이것은 큰 제약이라고 생각할 수도 있겠지만 사실 꼭 그렇게 볼 수만은 없다. 왜냐하면 모든 도형은 여러 개의 삼각형을 붙여서 만들 수 있기 때문이다. 이미 컴퓨터 애니메이션은 수년간 삼각형을 이용하였다. 예를 들면 두 개의 삼각형으로 사각형을 만들 수 있는데 그림 5.1에서 그 예를 보여주고 있다.

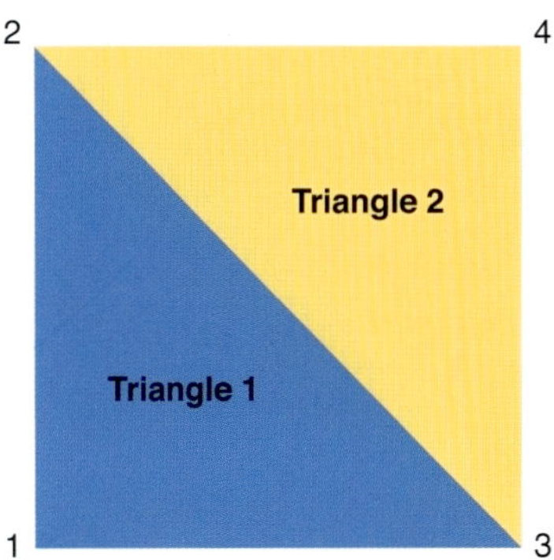

| 그림 5.1 | GL_TRIANGLE_STRIP 모드를 이용하여 사각형을 만든 모습

Sir Lamorak's Quest에서는 다음과 같은 다양한 이미지를 화면에 나타낸다.

- 플레이어/주인공인 Lamorak 자신
- 적(유령, 몬스터, 박쥐 등)
- 문(Door)
- 타일 맵(Tile map)
- 글자(폰트)

이와 같은 아이템은 해당 이미지(텍스처)를 채우기 위해 사각형이 필요하다. 나중에 사각형(또는 다른 모양)에 텍스처를 입히는 방법에 대하여 언급할 것이다. 지금은 먼저 사각형을 만드는 방법부터 살펴볼 것이다.

✂ 사각형 그리기

사각형을 그리기 위해서는 두 개의 삼각형을 만든 다음 붙이면 된다. 4장 마지막에 있는 연습문제를 풀어보았다면 힌트도 보았을 것이다. 그 힌트에서는 꼭지점 배열을 그리기 위하여 OpenGL ES에 전달할 때 다른 형태의 그리기 모드를 사용할 것을 제안하였다. 4장에서는 `glDrawArrays` 명령을 사용하면서 다음의 그리기 모드를 적용하였다.

- GL_TRIANGLES
- GL_TRIANGLE_STRIP

그리기 모드에는 이 두 가지 외에도 다양한 것들이 있다.

- GL_POINTS
- GL_LINE_STRIP
- GL_LINE_LOOP
- GL_LINES
- GL_TRIANGLE_FAN

여기서는 GL_TRIANGLES와 GL_TRIANGLE_STRIP을 사용할 것이다. 이 두 가지 그리기 모드의 차이점은 OpenGL ES가 꼭지점을 어떻게, 얼마나(몇 개를) 사용하는가에 달려있다. 4장 예제에서 사각형을 그리기 위해 다음과 같은 명령을 사용하였다.

```
glDrawArrays(GL_TRIANGLE_STRIP, 0, 4);
```

첫 번째 파라미터는 렌더링할 때 사용할 모드를 지정하는데, 예제에서는 GL_TRIANGLE_STRIP을 사용하였다. 두 번째 파라미터는 스트라이드(stride) 값을 지정하며 예제에서는 0을 사용하였다(스트라이드에 대해서는 나중에 다룬다). 그리고 세 번째 파라미터인 4는 OpenGL ES에서 렌더링할 때 사용할 꼭지점 개수를 의미한다.

그러면 GL_TRIANGLE_STRIP 모드는 어떻게 동작하는지 살펴보자. 동작 원리는 이름에서 찾을 수 있다. OpenGL ES는 먼저 그린 삼각형의 마지막 두 개의 점을 연결한 선분을 다음 삼각형의 선분으로 사용한다. 그림 5.1을 보면 먼저 1, 2, 3번 점을 이용하여 삼각형을 하나 그리고 3, 2, 4번 점을 이용하여 다음 삼각형을 그렸다.

만약 이렇게 만든 사각형에 지붕으로 삼각형을 붙여 집 모양을 만들고자 한다면 점 하나만 추가하여 그릴 수 있으며, GL_TRIANGLE_STRIP 모드를 사용하면 간단하게 끝낼 수 있다. 그림 5.2에 한 개의 점을 추가하여 GL_TRIANGLE_STRIP 모드로 그린 결과를 볼 수 있다.

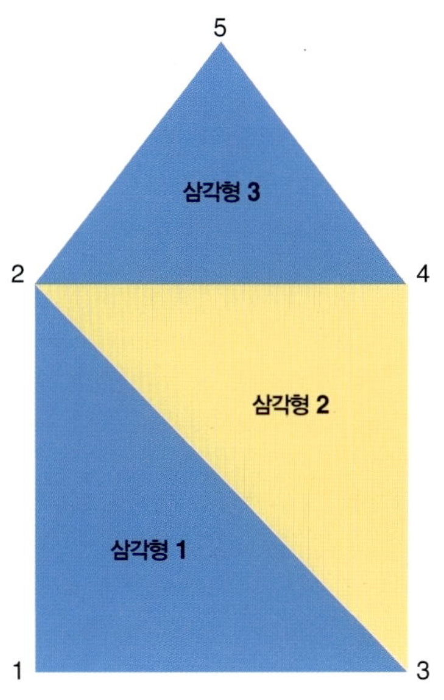

| 그림 5.2 | 다섯 번째 점을 추가하여 만든 집 모양 도형

이렇게 하여 다섯 개의 점만으로 세 개의 삼각형을 만들었다. 그림 5.2에 있는 세 개의 삼각형은 아래의 점으로 구성되어 있다.

```
삼각형 1 = 1, 2, 3
삼각형 2 = 3, 2, 4
삼각형 3 = 4, 2, 5
```


이미지 렌더링

GL_TRIANGLE_STRIP 모드를 사용할 때 OpenGL ES로 넘어가는 꼭지점의 순서는 삼각형의 모양을 결정하기 때문에 매우 중요하다. 예를 들어, 그림 5.1의 예에서 만약 점의 순서를 바꾸어 1, 2, 4, 3으로 보낸다면 그림 5.3과 같은 결과를 얻게 될 것이다.

꼭지점의 순서를 결정하는 것은 자주 겪게 되는 문제로, 아마도 순서를 정렬하는데 많은 시행착오를 거치게 될 것이다. 그림 5.3이 순서를 잘못 정렬하여 생긴 오류의 대표적인 예라고 할 수 있다. 복잡한 도형을 만들 때는 가능한 점의 순서를 바꾸지 않도록 노력하는 것이 오류를 줄일 수 있는 좋은 방법이다.

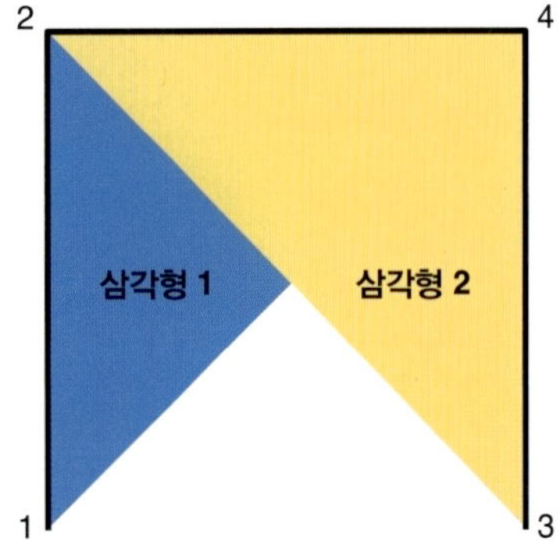

| 그림 5.3 | 점의 순서를 1, 2, 4, 3으로 했을 때의 결과

이번에는 삼각형을 그리는 또 다른 모드인 GL_TRIANGLE을 살펴 보자. GL_TRIANGLE 모드는 삼각형을 그리기 위한 모든 점(3개)을 요구한다. 따라서 그림 5.1과 같은 결과를 얻기 위해서는 1, 2, 3, 3, 2, 4와 같이 OpenGL ES에 꼭지점 정보를 넘겨주어야 한다. 겹치는 부분이 존재하더라도 모두 넘겨주지 않는다면 OpenGL ES는 원하는 도형을 그리지 않을 것이다.

GL_TRIANGLE_STRIP과 GL_TRIANGLE과의 차이를 이해하는 것은 매우 중요하다. 만약 삼각형들이 모두 붙어있는 모양을 그리고자 한다면 GL_TRIANGLE_STRIP 모드를 사용하는 것이 좋다. 하지만 삼각형 한 개 또는 몇 개가 붙어 만든 도형들이 서로 떨어져 있다면 GL_TRIANGLE 모드를 사용하는 것이 유리하다.

사각형 하나를 그리기 위해서 GL_TRIANGL_STRIP 모드를 사용하면 4개의 점만 사용하면 되지만, GL_TRIANGLE 모드를 사용하면 6개의 점이 필요하다. 항상 사각형만 그린다면 GL_TRIANGLE_STRIP 모드를 사용하여 점 개수를 줄이는 것이 좋다. 그러나 매번 glDrawArrays를 불러가며 사각형을 그릴 수는 없는 노릇이다. 이 부분에 대해서는 나중에 언급할 것이다.

⚒ 텍스처 매핑(Texture Mapping)

텍스처 매핑(Texture Mapping)이란 이미지(텍스처)를 원하는 모양(점, 선, 도형 등)에 붙이는 일련의 프로세스를 일컫는다. 텍스처 매핑 기법은 도형만으로 구성하는 것에 비해 훨씬 실감나게 표현할 수 있다는 것이 장점이다. 예를 들어 돌로 만든 벽을 그린다고 할 때 돌을 그리는 점을 일일이 표시하고 색깔도 하나하나 지정한다고 생각해 보자. 이것은 구상하는 것도 쉽지 않을 뿐만 아니라 그린다고 하더라도 엄청난 양의 폴리곤을 처리하느라 성능문제가 야기될 가능성이 높다. 그대신 벽 크기만큼 폴리곤을 만들어 거기에 실제 돌 이미지를 붙이면 쉽게 해결된다. 이렇게 하면 훨씬 실감나게 벽을 표현할 뿐만 아니라 폴리곤도 한 개면 충분해 성능문제도 걱정할 필요가 없다.

텍스처 매핑의 기본 개념은 폴리곤의 꼭지점을 정의하고 폴리곤에 붙일 텍스처를 잘라내기 위한 꼭지점을 지정하는 것이다. 이 정보를 OpenGL ES에 넘겨주면 텍스처를 폴리곤에 알맞게 붙이기 위한 복잡한 작업을 알아서 처리해준다.

텍스처 좌표체계

텍스처 좌표체계는 텍스처 안에서의 위치를 지정하는 데 사용한다. OpenGL ES
의 3차원 공간에서 폴리곤을 구성하는 꼭지점은 (이론적으로) 몇 개든지 만들 수 있
다. 기본적으로 텍스처의 좌표체계는 t축과 s축으로, 0부터 1까지 구성되어 있다(그
림 5.4).

텍스처의 크기에 관계없이 동일한 좌표체계를 사용하기 때문에 어떠한 텍스처이
든지 가로·세로의 최대 길이는 1.0이다. 만약 1.0을 넘는 경우에는 클램프(clamp)
와 틸트(tilt) 값에 따라 결정된다.

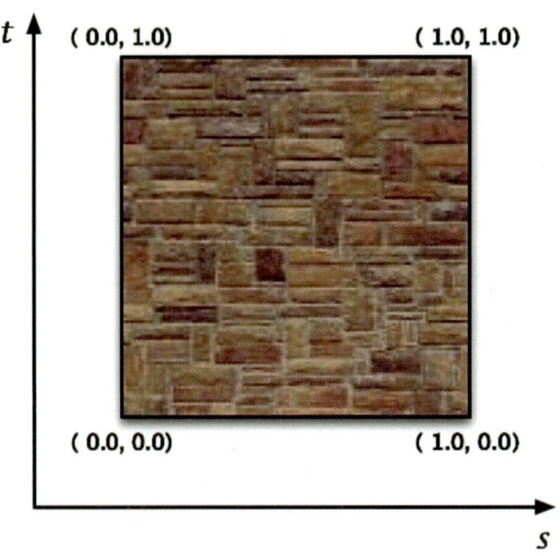

| 그림 5.4 | 텍스처 좌표체계

폴리곤을 정의할 때 사용하는 좌표값으로 (x, y) 형태를 사용하는 것이 보통이지
만 텍스처 좌표체계에서는 그림 5.4와 같이 (s, t) 형태를 사용한다. 뿐만 아니라 폴
리곤을 표시하는 좌표체계는 (u, v) 형태를 사용한다. 여기서 UV mapping이라는
말이 생겼다. 즉 (s, t) 좌표를 (u, v) 좌표에 매핑시키는 것으로, 3D 애플리케이션에
서 많이 사용한다.

그림 5.5는 텍스처 좌표체계를 어떻게 폴리곤 좌표체계에 매핑시키는지를 보여주

고 있다. 폴리곤의 각 꼭지점에 매핑되는 텍스처의 좌표는 다음과 같다.

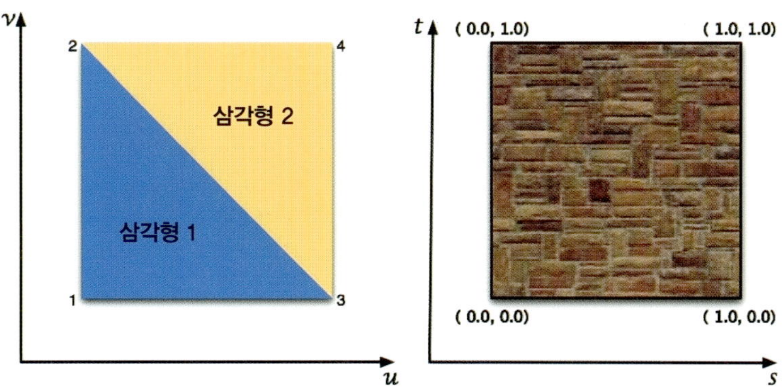

| 그림 5.5 | 폴리곤과 텍스처 좌표체계

```
Vertex 1 = (0.0, 0.0)
Vertex 2 = (1.0, 0.0)
Vertex 3 = (0.0, 1.0)
Vertex 4 = (1.0, 1.0)
```

또한 텍스처의 일부분을 매핑시킬 수도 있다. 그림 5.6에서는 텍스처의 1/4 크기
만을 폴리곤에 매핑시키는 것을 보여준다.

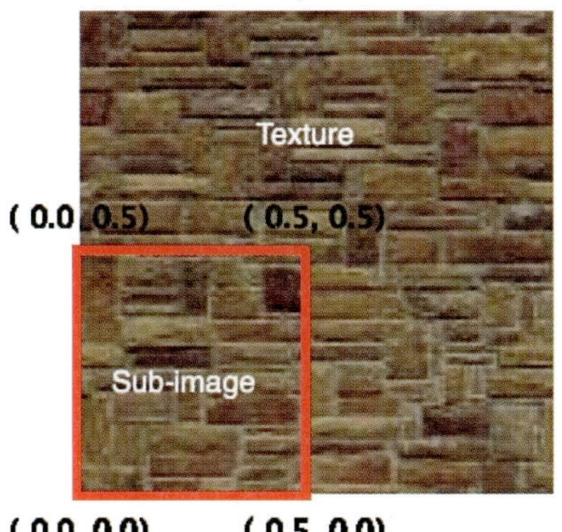

| 그림 5.6 | 텍스처의 1/4 크기를 매핑 텍스처로 지정한 모습

이렇게 되면 폴리곤에 매핑되는 텍스처의 좌표는 아래와 같이 바뀐다.

```
Vertex 1 = (0.0, 0.0)
Vertex 2 = (0.5, 0.0)
Vertex 3 = (0.5, 0.5)
Vertex 4 = (0.0, 0.5)
```

만약 폴리곤의 크기가 텍스처보다 크거나 작다면 OpenGL ES가 알아서 폴리곤의 크기에 맞게 텍스처를 확대/축소시킨다. 이는 이미지를 확대/축소시키는 매우 유용한 기법으로, 폴리곤과 텍스처가 크기는 달라도 모양이 닮은 상황이라면 텍스처 이미지는 폴리곤에 맞게 적당히 확대/축소된다. 이렇게 텍스처 크기를 확대/축소시키는 데 사용되는 파라미터로 OpenGL ES에서는 아래의 두 가지를 사용한다.

```
glTexParameteri(GL_TEXTURE_2D, GL_TEXTURE_MIN_FILTER, GL_NEAREST);
glTexParameteri(GL_TEXTURE_2D, GL_TEXTURE_MAG_FILTER, GL_NEAREST);
```

이번 장 후반에 위의 파라미터를 어떻게 사용하는지에 대하여 설명할 것이다.

지금까지 텍스처 좌표체계 및 텍스처가 폴리곤에 매핑되는 방법에 대하여 알아보았다. 이번에는 코드를 통해 텍스처 생성, 텍스처용 이미지 로드, 텍스처 렌더링 등에 대해 살펴보기로 하자.

Interleaved Vertex Arrays

`ImageRenderManager` 클래스를 분석하기 전에 먼저 `ImageRenderManager` 클래스에서 사용되는 Interleaved Vertex Array(IVA)에 대하여 짚고 넘어가도록 하자.

앞에서 꼭지점 배열에 대해 간략히 설명하였는데, 다음과 같은 형태임을 기억할 것이다.

```
static const GLfloat squareVertices[] = {
        50, 50,
        250, 50,
```

```
        50, 25,
        250, 250
   };
```

이 코드는 4장에서 사각형을 그릴 때 꼭지점 배열을 어떻게 정의하는가를 보여주고 있다. 이런 배열을 꼭지점 배열(vertex array)이라고 한다. 아직까지는 꼭지점의 좌표 정보만 담겨 있다. 꼭지점 배열과 함께 색깔 정보를 담는 배열도 만들었다. 색깔 배열에는 squareVertices 배열의 각 꼭지점의 색깔 정보가 들어있다.

이러한 배열들과는 달리 IVA를 사용하면 하나의 배열에 꼭지점의 좌표, 색깔 같은 모든 정보를 담을 수 있다. 이러한 IVA 구조는 그림 5.7과 같다. 그림 5.7에서 보여주는 정보뿐만 아니라 텍스처 좌표 같은 다른 정보도 같이 포함시켜 OpenGL ES에 넘겨줄 수 있다. 그림 5.7을 보면 각각의 꼭지점과 색깔 배열이 하나의 IVA로 합쳐진 것을 알 수 있다. OpenGL ES에 넘겨주는 배열의 갯수를 줄이는 것은 성능적인 면에 있어 굉장히 중요하며, 이것이 `ImageRenderManager` 클래스를 만든 이유이기도 하다.

렌더링 시점에서 꼭지점 배열을 OpenGL ES에 알려줄 때 다음과 같이 `glVertexPointer`와 `glColorPointer` 명령을 사용한 것을 기억할 것이다.

```
glVertexPointer(2, GL_FLOAT, 0, vertexArray);
glColorPointer(4, GL_FLOAT, 0, colorArray);
```

꼭지점 배열

색깔 배열

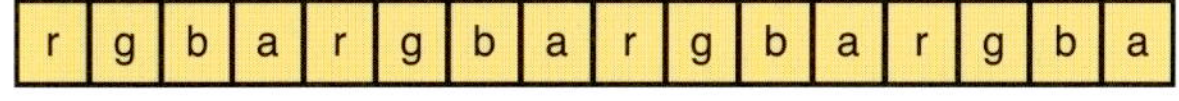

Interleaved Vertex Array

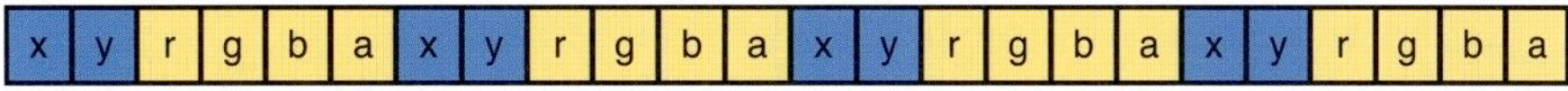

| 그림 5.7 | 좌표와 색깔 정보가 담겨 있는 Interleaved Vertex Array

이 두 명령은 다른 일을 수행하지만 입력받는 파라미터는 아주 유사한 것을 알 수 있다. 먼저 `glColorPointer`를 보면 첫 번째 파라미터는 색깔을 구성하는 요소의 개수를 뜻한다. 특히 OpenGL ES에서는 그 값이 무조건 4가 되어야 하는데 4는 구성 요소 네 가지, 즉 빨강, 초록, 파랑, 알파 값을 의미한다. 이와 비슷하게 `glVertexPointer`와 `glTexCoordPointer`의 첫 번째 파라미터는 각 점의 좌표축 개수를 의미한다.

세 번째 파라미터는 스트라이드(stride)이다. 스트라이드 값은 연속된 점 또는 색깔 사이의 간격(바이트)을 의미하는데, 지금까지는 0을 사용하였다. 즉, 꼭지점이나 색깔 정보 사이에 아무런 내용도 없이 딱 맞게 저장되어 있었다는 것이다. 그림 5.7을 보면 꼭지점 배열과 색깔 배열에서는 각 꼭지점의 좌표 또는 색깔 정보가 연달아 담겨 있는 것을 알 수 있다.

이와는 달리 IVA에서는 스트라이드 값을 지정하여 꼭지점마다 바이트 값을 일정한 간격으로 각 꼭지점에 대한 정보를 저장하게 된다. 그림 5.8을 예로 들면 `glVertexPointer`에서 사용하는 스트라이드 값은 24가 되며 `glColorPointer`가 사용하는 스트라이드 값 또한 24가 된다.

그렇다면 위의 예제에서 스트라이드 값을 어떻게 계산했는지 살펴보자. 스트라이드 값을 계산하는 결정적인 힌트는 `GLFloat`이다. `GLFloat` 데이터 타입은 크기가 4 바이트이기 때문에 위의 경우와 같이 꼭지점의 정보가 6개(x, y, r, g, b, a)인 IVA에서는 각 꼭지점의 간격이 24(6×4) 바이트가 되는 것이다. 이렇게 스트라이드 값을 제공하면 OpenGL ES는 24 바이트 간격으로 다음 점에 대한 정보를 찾을 것이다. 이러한 논리는 `glColorPointer`에서도 동일하게 적용된다.

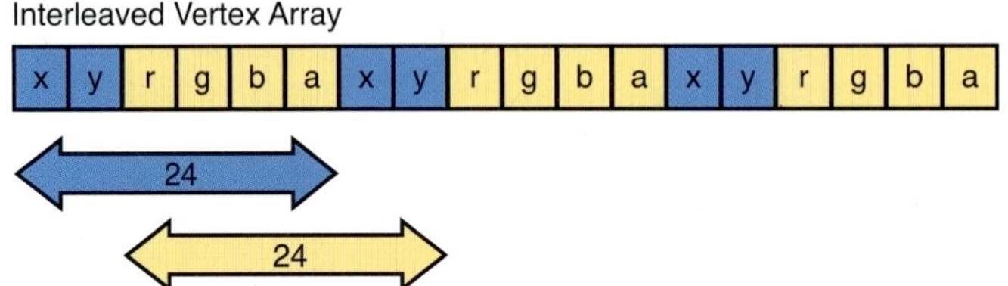

| 그림 5.8 | Interleaved Vertex Array에서 꼭지점의 좌표와 색깔 스트라이드

아마도 스트라이드에 대한 개념을 이해하기 위해 이 부분을 여러 번 읽게 될지도 모른다. 하지만 스트라이드에 대한 개념이 잡히기만 한다면 이후에 나오는 내용은 훨씬 쉽게 느껴질 것이다.[1]

위의 예제에서는 건너뛰는 바이트 값을 직접 계산하였지만, sizeof를 이용하면 데이터 타입에 대한 고민 없이 좀 더 간편하게 계산할 수 있다. sizeof는 데이터 타입의 바이트 크기를 구해주는 키워드이다. 그래서 sizeof 구문을 곁들여 이용하면 앞의 구문은 아래와 같이 고칠 수 있다.

```
glVertexPointer(2, GL_FLOAT, sizeof(GLFloat) * 6, &iva[0].geometryVertex);
glColorPointer(4, GL_FLOAT,sizeof(GLFloat) * 6, &iva[0].colorVertex);
```


위 예는 &iva 배열을 쓰면서 각각의 요소를 명확하게 표시하기 위하여 구조체를 함께 사용했다. 이렇게 하면 OpenGL ES에 넘겨주어야 할 배열 내 요소를 정확하게 알려줄 수 있다.

이렇게 하면 앞에서 직접 계산한 값(24)과 동일한 값을 OpenGL ES에 전달할 것이다. 아울러 GLFloat 크기가 몇 바이트인가에 대해서도 고민할 필요가 없다.

이와 같이 어느 정도 계산을 간소화했음에도 불구하고 스트라이드 값을 계산하기 위해 아직 몇 개의 요소를 사용하는가에 대해서는 일일이 지정해야 하는 불편함이 남아있다. 이를 해결하기 위해서 여기서는 구조체를 사용하였다. 즉 꼭지점의 좌표와 색깔 정보를 담을 공간을 구조체 멤버로 만든 다음 구조체의 크기만 구하면 되는 것이다.

🔧 구조체(Structure)

지금까지 IVA가 어떻게 구성되었는지 살펴보았는데, 이제 실제로 IVA를 만들기 위하여 구조체의 도움을 빌릴 것이다. 구조체(structure)는 하나의 이름으로 여러 변수를 묶은 일종의 변수 그룹 또는 덩어리이다. 구조체를 구성하는 변수의 데이터

---

1 **역주** 스트라이드(stride)와 스프라이트(sprite)를 혼돈하지 않도록 주의

타입은 서로 다를 수 있으며 구조체 안에서는 동일한 이름의 변수를 사용할 수 없다. 또한 구조체 안에 구조체를 담을 수 있으며 이는 우리가 궁극적으로 원하던 바이다.

이미지 데이터를 저장하기 위해서는 여러 개의 구조체를 사용하게 되는데 CH05_SLQTSOR 프로젝트 안에서 이와 같은 구조체를 많이 접하게 될 것이다. 프로젝트에서 Global Headers 그룹을 보면 Structures.h 헤더 파일을 볼 수 있는데 여기에 `ImageRenderManager`와 `Image` 클래스에서 사용하는 구조체가 들어있다.

Sir Lamorak's Quest에서 이미지를 렌더링할 때는 텍스처로 이미지를 입히거나 이미지에 투명도 또는 컬러 필터를 적용하기도 하는데, 이를 위하여 사각형을 디자인해야 한다. 사각형의 꼭지점은 세 가지 정보 – 꼭지점 좌표, 텍스처 좌표, 색깔 – 로 구성되어 있기 때문에 이를 구조체에 활용할 것이다. 다음에 나오는 구조체에서 사용된 `Color4f` 구조체는 이번 장 후반에 `Image` 클래스를 다루면서 살펴볼 것이다.

먼저 살펴볼 구조체는 `TexturedColoredVertex`로 리스트 5.1에 실려 있다. 이 구조체 안에는 두 가지의 구조체 `CGPoint`와 `Color4f`가 들어 있다. `CGPoint`는 그 자체로 Core Graphics API 안에 실려 있는 구조체이나. 만약 사신만의 게임 엔진을 만들고 싶다면, 자체 구조체를 만들어 iPhone에만 국한되지 않도록 하는 것이 좋다. `Color4f` 구조체는 이번 장 후반에서 살펴볼 것이다.

리스트 5.1 **TexturedColoredVertex 구조체**

```
typedef struct {
    CGPoint geometryVertex;
    Color4f vertexColor;
    CGPoint textureVertex;
} TexturedColoredVertex;
```

꼭지점만으로는 그림을 그릴 수 없으므로 사각형을 위한 구조체를 만들 것이다. 사각형을 위한 구조체 TexturedColoredQuad는 네 개의 `TexturedColoredVertex` 구조체로 구성되어 있다(리스트 5.2).

```
typedef struct {
    TexturedColoredVertex vertex1;
    TexturedColoredVertex vertex2;
    TexturedColoredVertex vertex3;
    TexturedColoredVertex vertex4;
} TexturedColoredQuad;
```

마지막으로, 렌더링 관리자와 Image 클래스가 사용하는 구조체 ImageDetails는
리스트 5.3에 실려 있다.

리스트 5.3 ImageDetails 구조체

```
typedef struct {
    TexturedColoredQuad *texturedColoredQuad;
    TexturedColoredQuad *texturedColoredQuadIVA;
    GLuint textureName;
} ImageDetails;
```

리스트 5.3의 구조체에는 사각형 형태의 이미지에 대한 꼭지점 좌표, 텍스처 좌
표, 색깔 정보가 저장될 것이다. 또한 구조체는 이미지가 texturedColoredQuadIVA
를 통해 ImageRenderManager IVA 내부에서 사용하는 OpenGL ES 텍스처 이름도
저장한다.

이미지 렌더링 클래스

5장의 예제 프로젝트(CH05_SLQTSOR)에서 새로운 그룹인 Game Engine을 볼
수 있을 것이다. Game Engine 그룹에는 게임을 위한 핵심 클래스가 들어 있으며
두 개의 내부 그룹 Image와 Managers도 포함되어 있다.

Image 그룹에는 Image 클래스를 비롯하여 Texture2D 클래스를 포함하는 같은 이
름의 Texture2D 그룹도 들어 있다. Texture2D 클래스는 실제 OpenGL ES 텍스처
를 만들고 파일에서 불러온 이미지와 연결하는 일을 한다. Image 클래스는
Texture2D 클래스의 인스턴스를 래핑(wrapping)하여 텍스처를 회전, 확대/축소,

이동, 렌더링할 수 있는 간단한 API를 제공한다.

Managers 그룹에는 Texture Manager와 Image Render Manager 그룹이 들어 있다.

Texture Manager 그룹에는 TextureManager 클래스가 있는데, 생성된 텍스처를 캐시하고 Image 클래스의 인스턴스 간 텍스처를 공유할 수 있도록 하는 역할을 담당한다.

Image Render Manager 그룹에는 ImageRenderManager 클래스가 있다. 이 클래스는 렌더링할 이미지를 몇 개 단위로 묶은 다음 OpenGL ES API로 보내어 사용하는 API 개수를 최소화시킨다. 이와 같은 기능은 성능에 있어 매우 중요하다.

이제 이미지를 만들어 화면에 그리는 방법에 대해 살펴보는 동시에 Sir Lamorak's Quest에서는 어떠한 클래스를 사용하는지도 알아볼 것이다.

실제로 이미지를 만들고 화면에 그리는 과정은 몇 줄 되지 않는다. 그러나 많은 양의 이미지를 처리하는 과정에서 자원을 효율적으로 관리하고 좋은 성능을 유지하기 위하여 이와 관련된 조금 복잡한 내용을 언급할 필요가 있다.

Note 이번 프로젝트부터 Common.h 파일이 Global 그룹의 Global.h로 변경되어 사용된다.

Texture2D 클래스

앞에서 설명한 것처럼 Texture2D 클래스가 이미지 데이터를 실제로 로드하고 OpenGL ES 텍스처로 만든다. 이제 클래스 헤더 파일이 어떻게 생성되고 사용되는지 충분히 이해하고 있을 테니 설명이 필요한 경우 외에는 별도의 언급을 생략할 것이다.

이제 Texture2D.m 파일을 열고 내용을 살펴보도록 하자.

초기화

Texture2D 클래스는 초기화 이외의 다른 기능을 제공하지 않는다. 그래서 이미지와 함께 Texture2D 오브젝트가 초기화되면 Texture2D 클래스는 OpenGL ES 텍스처가 해당 이미지로 생성되었다는 정보를 저장하고 전체 초기화 과정을 끝낸다. 이렇게 하면 `Image` 클래스 등에서 Texture2D에서 만든 정보를 활용하게 된다. 그래서 Texture2D 클래스에는 `initWithImage:filter:` 메소드만 있다.

이미지 로딩

OpenGL ES 텍스처를 만들기 위해서는 이미지가 필요하다. 그래서 `Texture2D`는 `UIImage` 클래스를 이용하여 이미지를 로드하고 OpenGL ES에서 필요로 하는 이미지 정보를 추출한다. UIImage는 PNG, BMP, GIF 등 다양한 파일 포맷의 이미지를 로드할 수 있기 때문에 아주 유용하다.

이제 `initWithImage` 메소드를 살펴보면 이미지 데이터를 레퍼런스하는 `UIImage`의 인스턴스가 파라미터로 전달되어 넘어온 것을 알 수 있다.

```
CGImageRef image;
image = [aImage CGImage];
```

`CGImage`는 `UIImage`에서 불려온 비트맵 이미지 데이터를 제공하는데 이것을 다시 CGImage 구조체에 담는다. 이렇게 하면 CGImage 구조체를 통해 이미지의 파일 포맷, 크기 등을 쉽게 얻을 수 있다. 그러고는 이미지 데이터를 제대로 얻었는지 확인하고 문제가 있다면 에러를 발생한다.

인스턴스 변수 image를 이용하여 이미지의 알파값과 색 공간(color space)에 대한 정보를 다음과 같이 얻을 수 있다.

```
CGImageGetAlphaInfo(image)
CGImageGetColorSpace(image)
```

이렇게 얻은 알파값과 색 공간은 이후에 사용할 것이다.

제한된 크기에 이미지 맞추기

이번에는 OpenGL ES 텍스처에서 중요한 두 가지에 대하여 살펴볼 것이다. 첫 번째는 텍스처의 크기로, OpenGL ES에서는 2의 거듭제곱 값에 해당하는 길이만 사용할 수 있다. 따라서 가로와 세로의 길이는 다음의 숫자만 사용할 수 있다.

```
2, 4, 8, 16, 32, 64, 128, 256, 512, 1024
```

가로와 세로의 길이는 128×128, 512×64 등과 같이 위의 제한 범위 내에서 자유로이 사용할 수 있다.

두 번째로 중요한 부분은 왜 1024까지 나열했는가이다. iPhone에서 로드 가능한 가장 큰 텍스처 크기는 1024×1024이다. 작은 이미지를 큰 이미지로 만드는 일반적인 게임 개발 기법에 대해서는 9장에서 다룰 것이다.

이제 이미지에 대한 정보도 있으니 이미지의 크기를 1024를 넘지 않는 2의 거듭제곱 값으로 조정하면 된다. 물론 모든 이미지에 대하여 미리 2의 거듭제곱 값으로 크기를 맞추어 놓으면 좋겠지만, 상당히 고된 작업이 될 뿐만 아니라 자신도 모르는 사이에 잘못된 크기의 이미지가 추가될 수도 있는 노릇이다.

이러한 복잡함(귀찮음)과 오류를 방지하기 위하여 `Texture2D` 클래스는 이미지 크기 조정 작업을 한다. 우리가 해야 할 일은 이미지의 크기가 2의 거듭제곱 형태인지, 1024×1024 크기 제한을 넘는지 체크만 하면 된다.

이미지(컨텐트)의 크기를 구하는 방법은 다음과 같다.

```
contentSize = CGSizeMake(CGImageGetWidth(image), CGImageGetHeight(image));
```

이미지 크기를 구한 다음에는 크기가 2의 거듭제곱 형태인지 확인해야 한다. 2의 거듭제곱 형태를 확인하는 방법에는 왕도가 없다. 그저 가로와 세로에 대해 일일이 루프를 돌리면 된다. 자세한 내용은 리스트 5.4에서 확인할 수 있다.

```
width = contentSize.width;
    if((width != 1) && (width & (width - 1))) {
        pot = 1;
        while( pot < width)
            pot *= 2;
        width = pot;
    }
height = contentSize.height;
    if((height != 1) && (height & (height - 1))) {
        pot = 1;
        while( pot < height)
            pot *= 2;
        height = pot;
    }
```

만약 이미지의 width 값이 1보다 크고 2의 거듭제곱 형태가 아니라면, width 값보다 큰 2의 거듭제곱 값이 나올 때까지 2를 계속 곱한 다음 그 값을 새로운 width 값으로 바꾼다. 이렇게 하면 이미지보다 크면서 2의 거듭제곱 값의 길이를 갖는 width 값을 얻을 수 있다. 마찬가지로 height에 대해서도 동일한 과정을 거친다. 이렇게 해서 이미지 크기에 상관없이 규격에 맞게 바꾼 width와 height를 이용하여 OpenGL ES 텍스처를 만들 것이다.

이렇게 2의 거듭제곱 형태의 크기로 맞춘 다음에는 이 길이가 사용 가능한 최대값을 넘기는지 확인해야 한다.

이를 위해 Core Graphic 함수를 이용하고 CGAffineTransform 형태의 단위 행렬을 로드할 것이다. Core Graphic에서도 단위 행렬을 로드하는 것은 3장에서 설명한 것과 동일하다.

```
CGAffineTransform transform = CGAffineTransformIdentity;
```

이렇게 단위 행렬을 로드한 다음에는 width와 height 값이 최대 허용치를 넘기는지 체크한다. 만약 최대값을 초과한다면 리스트 5.5와 같이 CGAffineTransform Scale 명령을 사용하여 이미지 크기를 1/4로(가로, 세로 길이를 각각 반으로) 줄인다.

　이미지 크기를 1024×1024로 맞추기

```
while((width > kMaxTextureSize) || (height > kMaxTextureSize)) {
    width /= 2;
    height /= 2;
    transform = CGAffineTransformScale(transform, 0.5, 0.5);
    contentSize.width *= 0.5;
    contentSize.height *= 0.5;
}
```

이렇게 해서 2의 거듭제곱을 만족하고 최대 텍스처 길이도 넘지 않는 이미지의 `width`, `height` 값을 구한다.

이미지 데이터 생성

텍스처로 사용할 수 있는 이미지의 가로와 세로 값을 계산한 다음에는 이렇게 만든 데이터를 OpenGL ES에 넘겨주면 되는데, 이것이 그저 몇 개의 파라미터를 넘겨주면 끝나는 것처럼 단순하지 않다. 이미지를 로드하고 방금 계산한 길이에 맞추어 변형시킨 다음 이것을 비트맵 이미지로 만들어야 한다.

이렇게 하기 위해 새로운 `CGContextRef` 변수 `context`를 만들고 이 안에 새로운 이미지를 담을 것이다.

그리고는 이미지를 로드할 때 지정한 `pixelFormat`을 기반으로 색 공간, 비트맵 데이터 저장 공간, 이미지를 그릴 때 사용할 컨텍스트를 셋업한다.

`Texture2D` 클래스는 switch 구문을 이용하여 `pixelFormat` 기반의 설정이 제대로 되었는지 확인하는데, 리스트 5.6을 보면 `kTexture2DPixelFormat_RGBA8888` 픽셀 포맷으로 설정하는 것을 볼 수 있다.

　텍스처를 렌더링하기 위한 비트맵 컨텍스트 설정

```
colorSpace = CGColorSpaceCreateDeviceRGB();
data = malloc(height * width * 4);
context = CGBitmapContextCreate(data, width, height, 8, 4 * width, colorSpace,
            kCGImageAlphaPremultipliedLast | kCGBitmapByteOrder32Big);
CGColorSpaceRelease(colorSpace);
```

이 코드는 색 공간을 설정하고 이미지의 비트맵 데이터를 저장할 메모리 공간을 확보하여 변수 data에 지정한다. 이것들은 context를 설정할 때 사용된다.

OpenGL ES에서 처리 가능한 크기로 바꾼 이미지를 저장하기 위한 context의 설정이 끝나면 드디어 리스트 5.7과 같이 이미지를 그릴 준비가 모두 끝난다.

리스트 5.7 텍스처 이미지 렌더링

```
CGContextClearRect(context, CGRectMake(0, 0, width, height));
CGContextTranslateCTM(context, 0, height - contentSize.height);
if(!CGAffineTransformIsIdentity(transform))
    CGContextConcatCTM(context, transform);
CGContextDrawImage(context, CGRectMake(0, 0, CGImageGetWidth(image),
CGImageGetHeight(image)), image);
```

리스트 5.7을 보면 먼저 context의 내용을 지운 다음 context의 원점을 이동시켜 이미지가 context 안에 제대로 위치할 수 있도록 한다. 만약 이미지가 너무 커서 축소시켰다면 context 역시 동일한 비율로 축소시킨다.

마지막으로 context에 로드한 비트맵 이미지를 실제로 그린다.

> **Tip** Core Animation과 Quartz에서 사용하는 좌표체계와 OpenGL ES에서 사용하는 좌표체계에는 차이가 있다. OpenGL ES에서는 화면 맨 아래의 y 값이 0이고 아래에서 위로 올라가면서 y 값이 증가한다. 반면에 Core Animation에서는 화면 맨 위의 y 값이 0이이고 위에서 아래로 내려가면서 y 값이 증가한다. 따라서 OpenGL ES로 로드한 텍스처 이미지는 위 아래가 거꾸로 나타날 것이다. 이번 장 후반에 나오는 Image 클래스에서 이 문제를 해결할 것이다.

OpenGL ES 텍스처를 만들기 전에 확인해야 할 것이 하나 더 있다. 만약 이미지의 픽셀 포맷이 kTexture2DPixelFormat_RGB565라면 이미지 데이터를 32비트에서 16비트로 변환시켜야 한다(리스트 5.8). 이 코드는 Apple의 Texture2D 클래스의 예제에서 가져온 것이다.

```c
if(pixelFormat == kTexture2DPixelFormat_RGB565) {
    void* tempData = malloc(height * width * 2);
    unsigned int *inPixel32 = (unsigned int*)data;
    unsigned short *outPixel16 = (unsigned short*)tempData;
    for(int i = 0; i < width * height; ++i, ++inPixel32)
        *outPixel16++ = (((((*inPixel32 >> 0) & 0xFF) >> 3) << 11) |
                        ((((*inPixel32 >> 8) & 0xFF) >> 2) << 5) |
                        ((((*inPixel32 >> 16) & 0xFF) >> 3) << 0);
    free(data);
    data = tempData;
}
```

드디어 우리가 원하는 형태의(가로·세로 길이가 2의 거듭제곱 형태이고 최대 길이를 넘지 않는) 비트맵 이미지를 담은 변수 data를 얻었다. 여기까지 오는 데 많은 코드가 필요했지만 덕분에 수작업으로 모든 이미지를 고치는 수고를 덜 수 있게 되었다.

텍스처 이름 생성

OpenGL ES 텍스처를 만들 때 중요한 부분 중 하나가 텍스처 이름을 만드는 것이다. 이 부분이 왜 중요하냐면 OpenGL ES는 텍스처 이름을 알아야 해당 텍스처를 가져올 수 있기 때문이다. 문제는 텍스처 이름인데, "Bob", "Shirley" 등과 같은 이름을 사용하면 좋겠지만 OpenGL ES에서는 GLuint 타입의 중복되지 않는 숫자만 텍스처 이름으로 사용할 수 있다.

그러면 실제로 OpenGL ES에서 텍스처 이름을 만드는 방법을 코드를 통해 살펴보자.

```c
glGenTextures(1, &name);
```

인스턴스 변수 name은 GLuint로 선언되었고 glGenTextures 명령은 OpenGL ES로부터 새로운 텍스처 이름을 부여받는다. 눈치 빠른 사람이라면 함수 이름이 단수로 끝나지 않고 복수로 끝나는 것을 보고 이미 짐작했을 것이다. 즉, glGenTextures 명령을 이용하여 한 번에 여러 개의 텍스처 이름을 부여받을 수 있다. `glGenTextures` 명령의 첫 번째 파라미터는 OpenGL ES로부터 부여 받을 텍스처 이름의 개수를 의미한다. 그래서 위의 예에서는 한 개만 부여받는 것이다. 만약 두 개 이상의 텍스처 이름을 얻고 싶다면 두 번째 파라미터로는 `GLuint` 대신 `GLuint` 배열을 넘겨 주어야 할 것이다.

이렇게 게임 플레이 코드보다 텍스처를 만드는 코드를 먼저 동작시키는 것은 프로그램의 성능 면에 있어 좋은 프로그래밍 습관이 될 것이다. 왜냐하면 텍스처 이름을 생성하고, 이미지를 로드해서 텍스처로 만드는 데는 많은 부하가 걸리기 때문에 이러한 과정이 게임 플레이 도중에 일어난다면 게임 성능에 악영향을 미칠 것이다. 따라서 본격적인 게임을 시작하기 전에 부하가 많이 걸리는 작업을 미리 하는 것이 좋다.

텍스처 바인딩과 스케일 파라미터 세팅

다시 강조하지만 OpenGL ES는 상태 엔진이다. 따라서 텍스처의 경우에도 텍스처를 사용하기 전에 OpenGL ES에 사용할 텍스처가 무엇인지를 알려주어야 한다. 텍스처 바인딩이 이러한 작업을 수행한다. 다음의 코드를 보자.

```
glBindTexture(GL_TEXTURE_2D, name);
```

첫 번째 파라미터는 target인데 OpenGL ES를 사용할 때는 target 값으로 무조건 `GL_TEXTURE_2D`를 사용해야 한다. 왜냐하면 OpenGL ES는 `GL_TEXTURE_2D` 타겟만을 지원하기도 하지만 우리가 사용하는 텍스처가 2차원 이미지이기도 하기 때문이다. 참고로 OpenGL은 몇 가지 다른 타겟도 추가적으로 지원한다. 두 번째 파라미터는 texture name으로 바인드하고자 하는 텍스처의 이름을 주는데 이때 텍스처 이름은 앞에서 OpenGL ES가 지정해준 이름을 사용해야 한다.

> **Tip** 텍스처를 바인딩하는 것 역시 비싼 연산이기 때문에 가능하면 바인딩 횟수를 줄이는 것이 중요하다. 바인딩 횟수를 줄이는 방법 중 하나로 스프라이트 시트를 사용하면 되는데, 6장 "스프라이트 시트"에서 자세히 다룰 것이다.

사용하고자 하는 텍스처를 OpenGL ES에 알려주었기 때문에 사용할 텍스처에 대한 파라미터를 지정할 수 있게 되었다. 새로운 OpenGL ES 텍스처를 만들 때에는 다음과 같이 두 개의 주요 파라미터를 설정해야 한다.

```
glTexParameteri(GL_TEXTURE_2D, GL_TEXTURE_MIN_FILTER, aFilter);
glTexParameteri(GL_TEXTURE_2D, GL_TEXTURE_MAG_FILTER, aFilter);
```

glTexParameteri의 첫 번째 인자는 target으로 앞에서 바인딩할 때와 같이 동일한 값(GL_TEXTURE_2D)을 사용하면 된다. 두 번째, 세 번째 인자는 각각 parameter name과 parameter value이다. 이렇게 설정하는 두 개의 파라미터는 이미지가 작아질 때(GL_TEXTURE_MIN_FILTER)와 이미지가 커질 때(GL_TEXTURE_MAG_FILTER) OpenGL ES가 어떻게 동작할 것인가를 정해준다.

다른 파라미터 값도 설정할 수 있지만 여기서는 우선 위의 두 가지 파라미터만 정리하였다. 기본적으로 위의 파라미터는 mipmap을 사용하기 위해 설정된다. Mipmap은 텍스처용 이미지를 크기별로 미리 계산하여 확대/축소시켜 놓은 여러 개의 이미지의 묶음이다. 이 이미지들은 크기만 다를 뿐 동일한 내용의 이미지이며, 텍스처를 사용할 때 텍스처를 입히고자 하는 물체의 크기에 맞는 이미지를 사용하게 된다. 따라서 OpenGL ES는 실시간으로 이미지를 확대/축소시키는 대신 mipmap의 적당한 이미지를 사용할 수도 있다.

Sir Lamorak's Quest에서는 mipmap을 사용하지 않을 것이다. 왜냐하면 iPhone의 그래픽 칩과 FPU는 충분히 실시간으로 이미지를 처리할 수 있기 때문이다.

Mipmap을 사용하는데 쓰이는 파라미터는 아래와 같다.

- **GL_NEAREST**: 일정 영역의 중앙의 픽셀과 가장 가까운 텍스처의 픽셀 값을 리턴한다.
- **GL_LINEAR**: 일정 영역의 중앙에 위치한 네 개의 픽셀의 평균 값을 리턴한다. 이 필터는 이미지로 sub-pixel 렌더링을 할 때 사용해야 한다. 이 옵션은 이미지를 천천히 부드럽게 움직이게 하면서 정확한 픽셀 위치에 그리지 않아도 될 때 사용하는 것이 좋다.

간단하게 정리하자면 GL_NEAREST는 이미지를 확대/축소할 때 거칠게 동작하며, GL_LINEAR는 안티 알리어스(anti-alias) 효과를 적용한 것처럼 부드럽게 보일 것이다.

Texture2D에서는 초기화 메소드에 전달된 파라미터 값에 따라 GL_NEAREST 또는 GL_LINEAR가 결정될 것이다. 이렇게 함으로써 이미지마다 각각의 필터를 사용할 수 있게 된다.

> **Tip** 확대/축소 파라미터 값은 해당 텍스처의 크기 레벨과 맞아야 한다. 특히 iPhone 3GS 이전 모델에서 사용하는 PowerVR MBX 칩에서는 반드시 맞춰주어야 한다. 다만 PowerVR SGX 칩을 사용하는 iPhone 3GS, 4, iPad, iPad2 뿐만 아니라 iPhone Simulator는 이와 같은 제약이 없다.

OpenGL 텍스처로 이미지 데이터 올리기

비트맵 이미지 데이터를 이용하여 OpenGL ES 텍스처를 제작하는 과정을 마무리 지을 단계이다.

Texture2D 클래스를 살펴보면 어떤 명령을 사용할 것인지 결정하기 위하여 switch 구문에 pixelFormat 값을 확인하는 것을 알 수 있다. 아래의 OpenGL ES 명령은 이미지 데이터를 텍스처로 올릴 때 kTexture2DPixelForm_RGBA8888 포맷을 사용하겠다고 알려준다.

```
glTexImage2D(GL_TEXTURE_2D, 0, GL_RGBA, width, height, 0, GL_RGBA,
GL_UNSIGNED_BYTE, data);
```

위 함수에서 사용하는 파라미터는 다음과 같다.

- **Target**: Target 텍스처. GL_TEXTURE_2D를 사용해야 한다.
- **Level**: detail 레벨(level-of-detail) 숫자. 레벨 0은 기본 이미지 레벨을, 레벨 n은 mipmap에서의 n번째 축소 이미지를 뜻하며 0 이상의 값을 사용해야 한다.
- **Internal format**: 텍스처의 색깔 컴포넌트. 아래의 format 파라미터 값과 동일해야 한다.

- **Width:** 텍스처 이미지의 가로 길이
- **Height:** 텍스처 이미지의 세로 길이
- **Border:** 테두리 두께. 보통 0을 사용한다.
- **Format:** 픽셀 데이터 포맷
- **Type:** 픽셀 값의 데이터 타입
- **Pixels:** 메모리 상의 이미지 데이터를 가리키는 포인터

glTexImage2D 명령을 사용하면 인스턴스 변수 `data`에 들어 있는 이미지 데이터는 OpenGL ES로 넘겨진 후, 현재의 텍스처와 연결된다.

`Texture2D` 클래스의 나머지 과정은 텍스처 매핑 관리를 수월하게 하기 위한 몇가지 파라미터를 설정하는 것이다.

앞에서 텍스처 매핑에 대하여 이야기하면서 텍스처의 좌표는 (s, t)로 표현한다고 했다. 이제 텍스처를 생성하는 마지막 단계로 텍스처의 최대 s값과 t값을 설정하는 것이 남아 있는데 이 과정 역시 중요하다. 왜냐하면 생성한 텍스처보다 실제 이미지가 작을 수도 있기 때문이다. 따라서 텍스처 안에 있는 이미지를 위해 `maxS`와 `maxT` 값을 계산할 것이다.

그림 5.9는 56×48 픽셀 크기의 이미지가 64×64 픽셀 크기의 텍스처 안에 들어 있는 것을 보여주고 있다. 텍스처 크기는 이미지를 포함하면서 2의 거듭제곱을 만족하는 가장 작은 값이다. 그래서 이미지의 오른쪽 가장자리 값은 텍스처 s축 기준 `0.875`, 이미지의 가장 윗부분의 값은 텍스처 t축 기준 `0.75`이다.

그래서 `Texture2D` 클래스의 마지막 몇 줄은 `maxS`, `maxT` 값을 설정하는 코드로 구성되어 있다. 또한 s, t 좌표축 별로 텍스처의 비율을 구해 놓았다. 이 값들은 이미지의 픽셀 위치를 알 때 텍스처 좌표체계로 변환하는 데 사용된다. 즉, 픽셀 값에 알맞은 좌표축 비율을 곱해주면 텍스처 크기를 구할 수 있다. 리스트 5.9에서 해당 코드를 볼 수 있다.

```
maxS = contentSize.width / (float)width;
maxT = contentSize.height / (float)height;
textureRatio.width = 1.0f / (float)width;
textureRatio.height = 1.0f / (float)height;
```

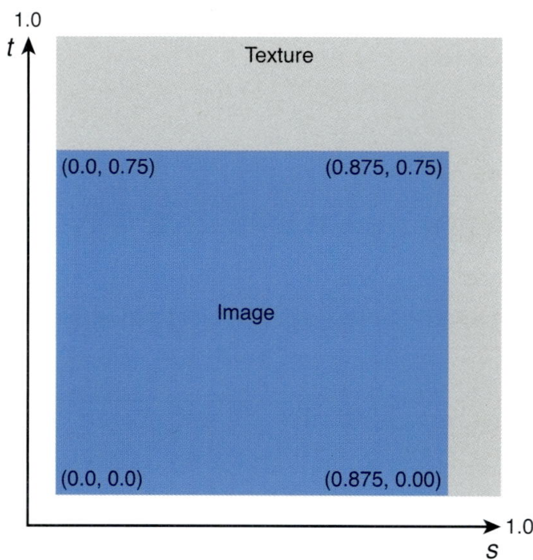

| 그림 5.9 | OpenGL ES 규격에 맞는 텍스처 안에 포함된 이미지

정말 마지막으로 context와 data를 메모리에서 해제시킨다.

```
CGContextRelease(context);
free(data);
```

이것으로 Texture2D 클래스는 끝났다. 다음으로 여러 개의 Image 인스턴스 간에 공유되는 Texture2D 인스턴스를 만들고 관리하는 TextureManager 클래스를 살펴 볼 것이다. TextureManager 클래스는 여러 개의 이미지에서 동일한 텍스처를 필요 로 할 때 메모리를 최적화시키는 역할을 한다. 일반적으로 스프라이트 시트를 사용 할 때 이와 같은 경우를 만날 수 있는데, 하나의 스프라이트 시트에는 여러 개의 작은 이미지들이 들어 있기 때문이다. 그래서 하나의 동일한 텍스처를 사용하지만 텍스처 내 각각 다른 위치에 있는 다수의 Image 클래스 인스턴스를 만들어야 하는 일이 발생하는 것이다.

이러한 상황에서 여러 개의 Texture2D 인스턴스를 만들 수도 있겠지만 TextureManager는 스프라이트 시트의 모든 이미지로 하여금 하나의 Texture2D 인스턴스를 사용할 수 있도록 한다.

TextureManager 클래스

렌더링을 위한 클래스 디자인의 기본 개념은 텍스처를 로드할 때마다 Texture2D 인스턴스를 만드는 것이다. Texture2D는 모든 이미지에 대해 알맞는 텍스처를 만드는 것이다. 이는 OpenGL ES를 만족시키는 텍스처, 텍스처 이름과 s, t의 최대값 정보 등을 포함한다.

이미지 렌더링의 메인 클래스는 Image 클래스이다. 그래서 Image 인스턴스를 만들면 Image 클래스는 Texture2D를 이용하여 OpenGL ES 텍스처를 생성한다. 이러한 Image와 Texture2D 클래스의 관계로 인하여 다수의 Image 인스턴스가 동일한 텍스처를 공유하는 경우가 발생하기도 한다.

이러한 상황을 해결하는 간단한 방법은 텍스처 매니저를 사용하는 것이다. 즉, 새로운 텍스처를 만들고자 할 때 텍스처 매니저를 통해 이미 같은 텍스처가 생성되었는지 확인하는 것이다. 텍스처 매니저 클래스를 싱글톤(singleton)으로 구현하여 단일 오브젝트로 텍스처를 관리토록 하였다. 또한 동일 텍스처를 구분하기 위하여 이미지 이름을 사용할 것이다.

그래서 이미지 이름이 같은 텍스처를 사용하고자 하는 경우에는 이미 생성한 텍스처를 리턴하고, 같은 이미지 이름이 없는 경우에는 텍스처를 생성하고 관리목록에 추가한 다음 새로 만든 텍스처를 리턴하게 된다.

이제 TextureManager 클래스를 살펴보도록 하자. CH05_SLQTSOR 프로젝트의 [Game Engine]-[Managers]-[Texture Manager] 그룹에서 찾을 수 있다.

초기화

우선 주의해야 할 점은 `TextureManager`가 싱글톤 클래스라는 것이다. 싱글톤 클래스는 4장에서 `GameController` 클래스를 다루면서 살펴보았다. `TextureManager`에서도 하나의 인스턴스만을 필요로 하기 때문에 싱글톤으로 구현하였다.

`TextureManager` 클래스를 싱글톤으로 만드는 부분과 `cachedTextures` dictionary 오브젝트를 초기화하는 부분을 분리해서 초기화하는 동안 특별한 일은 일어나지 않는다.

텍스처 조회 및 생성

`TextureManager`는 세 개의 인스턴스 메소드를 가지고 있다.

첫 번째 메소드는 `textureWithFileName:filter:`로 텍스처의 생성 여부를 텍스처 매니저에게 확인하는데 사용한다. `textureWithFileName:filter:` 메소드는 두 개의 파라미터를 사용하는데, 각각 텍스처로 만들기 위한 이미지 파일 이름과 텍스처 생성에 사용되는 필터이다. 앞에서 `Texture2D` 클래스를 이용하여 텍스처를 만들 때 확대/축소 필터를 설정했던 것을 기억할 것이다. 두 번째 파라미터로 사용되는 필터가 이 때 쓰이는 필터이다. 리스트 5.10에서 `textureWithFileName:filter:` 메소드를 보여주고 있다.

이미지 렌더링

리스트 5.10 **TextureManager 클래스의 textureWithFileName:filter: 메소드**

```objc
- (Texture2D*)textureWithFileName:(NSString*)aName filter:(GLenum)aFilter {

    Texture2D *cachedTexture;

    if(cachedTexture = [cachedTextures objectForKey:aName]) {
        return cachedTexture;
    }

    NSString *filename = [aName stringByDeletingPathExtension];
    NSString *filetype = [aName pathExtension];
    NSString *path = [[NSBundle mainBundle] pathForResource:filename
ofType:filetype];
    cachedTexture = [[Texture2D alloc] initWithImage:[UIImage
imageWithContentsOfFile:path] filter:aFilter];
```

```
    [cachedTextures setObject:cachedTexture forKey:aName];
    return [cachedTexture autorelease];
}
```

메소드를 살펴보면, 먼저 같은 이미지 파일 이름으로 사용하는 텍스처가 있는지 조사한다. 이 부분은 cachedTextures를 NSMutableDictionary 타입으로 만들었기 때문에 어렵지 않게 코딩할 수 있다. 그저 cachedTexuters에 key를 넘겨주며 검색을 요청하기만 하면 된다.

일치하는 이름이 없는 경우에는 Texture2D를 이용하여 사용하고자 하는 텍스처를 만들고 cachedTextures dictionary에 추가한다.

앞의 코드에서 UIImage의 인스턴스를 만들기 위하여 일반적으로 사용하는 imageNamed 대신 imageWithContentsOfFile 메소드를 사용하였다. 그 이유는 imageNamed 메소드를 사용하면 iOS는 이미지의 복사본을 메모리에 저장하여 다음에 사용할 때를 대비하는데, OpenGL ES로 넘겨주면 그만인 지금과 같은 상황에서 이러한 기능은 메모리만 낭비할 뿐이기 때문이다. 그래서 imageWithContentsOfFile을 사용하여 메모리 캐시(cache)를 하지 않았다.

텍스처 릴리즈

TextureManager 클래스 종료 시 사용할 목적으로 메소드 두 개를 만들었다. 첫 번째 메소드는 releaseTextureWithName: 메소드로, 캐시(cache)해 놓은 텍스처를 제거한다. 텍스처 사용이 끝나면 캐시에서 텍스처를 제거하고 메모리에서도 free 시키는 것이 좋은 습관이라고 할 수 있겠다. 텍스처를 굉장히 많이 사용하는 경우에는 장면이 전환될 때 꽤나 많은 텍스처를 바꾸어야 하는 경우도 생기는데, 이런 경우에는 releaseTextureWithName: 메소드를 사용하면 조금 편리하게 텍스처를 릴리즈할 수 있다. 마치 textureWithFileName: 메소드와 같이 이름으로 텍스처를 검색하여 release 시킨다.

TextureManager 클래스의 마지막 메소드인 releaseAllTextures는 cachedTextures dictionary에 저장된 모든 오브젝트를 없애는 매우 간단한 메소드다.

ImageRenderManager 클래스

그동안 이미지를 OpenGL ES 텍스처로 변환시키고, 이렇게 만든 텍스처를 관리하여 메모리를 절약하는 데 도움이 되는 클래스들을 살펴보았다. 이번에는 `Image RenderManager` 클래스로 화면에 그려지는 이미지를 관리하는 클래스이다.

이번 장 앞 부분에서 OpenGL ES를 사용하면서 어떻게 성능을 향상시킬 것인가에 대해 이야기할 것이라고 언급한 적이 있다. 그에 대한 답이 바로 `ImageRender Manager` 클래스로 Sir Lamorak's Quest의 게임 엔진 성능을 끌어올리는데 결정적인 역할을 한다.

앞에서 `glDrawArrays` 및 `glDrawElements` 같은 OpenGL ES 명령을 사용할 때는 API 오버헤드가 나타난다고 언급하였다. 물론 이미지 클래스를 사용하면서 이미지를 렌더링하는 것이 문제가 되는 것은 아니다. 하지만 많은 수의 이미지를 그리고자할 때는 그만큼 API를 많이 사용하기 때문에 성능 문제가 야기되는 것이다.

이 문제를 해결하기 위한 기본적인 접근 방법이 호출하는 API 개수를 줄이는 것이며 이것이 `ImageRenderManager` 클래스를 사용하는 이유이다.

`ImageRenderManager` 클래스는 큰 편은 아니지만 몇 가지 새로운 개념 – IVA, 데이터 저장을 위한 메모리 구조체, `calloc`을 이용한 메모리 할당 – 을 선보인다.

또한 `ImageRenderManager` 클래스는 다음에 살펴 보게 될 `Image` 클래스와 깊은 연관이 있다. `Image` 클래스는 확대/축소, 이동, 메모리 구조 등 `ImageRender Manager`가 사용하는 이미지 정보를 관리한다.

`ImageRenderManager` 역시 싱글톤(singleton) 클래스이다. 그래서 이제는 조금 익숙해졌을 법한 싱글톤 구문을 다시 보게 될 것이다. 이 프로젝트에는 `Manager`로 끝나는 클래스가 많은데, 이 클래스들은 모두 싱글톤이며 `ImageRenderManager` 클래스 역시 예외는 아니다. 그래서 `ImageRenderManager` 클래스에서는 단 하나의 인스턴스만이 이미지를 나열하고 렌더링하기 위하여 사용된다.

초기화

앞에서 IVA(Interleaved Vertex Array)의 간단한 이론과 구조에 대해 설명하였는데, 이제 `ImageRenderManager` 클래스를 통해 실제로 어떻게 코드로 구현되었는지 확인할 것이다.

ImageRenderManager.`m` 파일을 열고([Game Engine]–[Managers]–[Image Render Manager] 그룹) 내용을 먼저 살펴보자.

역시 앞부분에는 싱글톤 클래스를 구현하는 코드가 나오는데, 매우 중요한 부분이다. 왜냐하면 렌더링을 컨트롤하기 위해 단 한 개의 인스턴스만을 사용하기 때문이다. `ImageRenderManager` 클래스의 `init` 메소드를 리스트 5.11에서 보여주고 있다.

 ImageRenderManger의 init 메소드

```
- (id)init {
    if(self = [super init]) {

        iva = malloc(kMax_Images * sizeof(TexturedColoredQuad));

        ivaIndices = calloc(kMax_Images * 6, sizeof(GLushort));

        ivaIndex = 0;

        renderTextureCount = 0;
    }
    return self;
}
```

메소드를 보면 먼저 IVA 배열을 저장하기 위한 메모리 공간을 할당받는 것을 알 수 있다. IVA 배열에 저장할 수 있는 최대 이미지 개수는 헤더 파일에 `kMax_Images`라는 이름으로 담겨있다. 이미지를 더 많이 사용한다면 `kMax_Images` 값을 조정하면 되지만 가능한 작은 값을 사용하는 것이 메모리 관리에 도움이 될 것이다.

그리고 `sizeof` 키워드도 볼 수 있을 것이다. `iva` 배열을 메모리에 할당하기 위하여 `kMax_Images`와 `TexturedColoredQuad` 구조체의 크기를 곱한 값을 사용하였는데 이 때 구조체의 크기를 구하기 위하여 `sizeof`를 사용하였다. 이렇게 함으로써 구조체가 어떻게 이루어졌고 크기는 얼마나 되는지 고민하지 않아도 된다. 참고로 `TexturedColoredQuad` 구조체의 크기는 128바이트이다.

`iva` 배열은 `TexturedColoredVertex` 구조체의 배열이며 `ImageRenderManager`가

렌더링할 이미지의 위치, 색, 텍스처 좌표를 저장하는 데 사용된다. 이렇게 저장한 정보는 OpenGL ES에 제공되어 렌더링을 위한 데이터로 사용된다.

`ivaIndices` 배열은 인덱스 배열로 iva 배열에서 사용된다. 가령 `Image` 클래스가 이미지를 렌더링할 때 `ivaIndices` 배열에는 사용 가능한 iva의 다음 슬롯의 위치정보가 들어 있다.

`ivaIndex`에는 iva 배열 내 사용 가능한 다음 인덱스 값이 들어 있고 `render TextureCount`에는 이미지를 렌더링할 때 사용되며 중복되지 않은 텍스처의 개수가 들어있다. `renderTextureCount`는 `ImageRenderManager`가 iva 배열의 모든 이미지를 렌더링했거나 `renderImages` 메소드가 불리며 `ImageRenderManager`가 끝날 때 리셋된다.

렌더 큐(Render Queue)에 이미지 추가

이미지 렌더링을 요청한다고 바로 화면에 그리는 것이 아니다. 대신 `addImage DetailsToRenderQueue:` 메소드를 호출하며 `ImageDetails` 구조체를 넘겨준다(리스트 5.12).

리스트 5.12 ImageRenderManager의 addImageDetailsToRenderQueue: 메소드

```
- (void)addImageDetailsToRenderQueue:(ImageDetails*)aImageDetails {

    [self copyImageDetails:aImageDetails];

    [self addToTextureList:aImageDetails->textureName];

    ivaIndex++;
}
```

리스트 5.12의 `addImageDetailsToRenderQueue:` 메소드를 살펴보면 먼저 `copyImageDetails` 메소드를 호출하여 이미지의 `TextureColoredQuad` 구조체를 iva 배열에 복사한다. 또한 `copyImageDetails` 메소드는 새로 추가하는 이미지의 `TexturedColoredQuadIVA` 구조체의 포인터도 반환하는데 `Image` 클래스에서 본 것처럼 이미지의 구조체 복사가 끝나면 `Image` 클래스는 iva의 정보를 이미지의 설정

에 맞게 변환시킨다. 즉, 이미지의 `TexturedColoredQuad` 구조체에는 아무런 변형이 가해지지 않은 순수한 이미지 정보가 들어있게 되며, 변형된 내용은 모두 IVA에 담겨있는 이미지 복사본에 적용되는 것이다.

그림 5.10에는 이미지의 `TexturedColoredQuad` 구조체가 iva에 어떻게 담겨 있는지를 보여주고 있다.

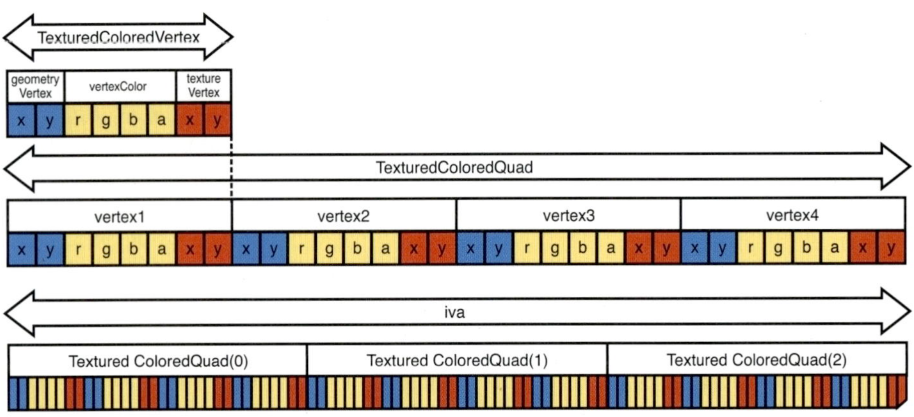

| 그림 5.10 | `TexturedColoredQuad` 구조체를 담고 있는 iva 배열의 예

IVA로 이미지를 복사한 다음에는 리스트 5.13의 `addToTextureList:` 메소드를 호출하고 `ivaIndex` 값을 하나 증가시킨다.

리스트 5.13 **ImageRenderManager의 addToTextureList: 메소드**

```objc
- (void)addToTextureList:(uint)aTextureName {

    BOOL textureFound = NO;
    for(int index=0; index<renderTextureCount; index++) {
        if(texturesToRender[index] == aTextureName) {
            textureFound = YES;
            break;
        }
    }

    if(!textureFound)
        texturesToRender[renderTextureCount++] = aTextureName;
```

```
    textureIndices[aTextureName][imageCountForTexture[aTextureName]] = ivaIndex;
    imageCountForTexture[aTextureName] += 1;
}
```

리스트 5.13은 렌더 큐(render queue)에 추가되는 이미지의 텍스처 이름이 이미
다른 이미지에 의해 추가된 텍스처 이름과 같은지 검사한다. 텍스처 이름은
ImageDetails 구조체에서 가져오며, texturesToRender 배열을 모두 조사할 때까
지 검사한다.

texturesToRender 배열에는 렌더 큐(render queue)에 저장된 이미지와 바인딩
된 모든 텍스처 이름이 저장되어 있다. 또한 texturesToRender 배열에는 동일한 텍
스처 이름은 하나만 저장되기 때문에 하나의 텍스처가 많은 이미지에 사용된다면 이
배열에는 해당 텍스처 하나만 저장된다. 같은 텍스처가 이미 저장되어 있다면
textureFound 플래그 값은 YES로 세팅된다.

ImageRenderManager에게 렌더링할 것을 요청하면 texturesToRender 배열에 있
는 텍스처를 하나하나 불러내면서 텍스처를 바인딩하고, 엮여 있는 모든 이미지를
렌더링한 후, 다음 텍스처로 넘어가는 과정을 계속하게 된다. 이렇게 해서 textures
ToRender 배열에 있는 모든 이미지를 렌더링하고 나면 texturesToRender 배열은
텅 비게 되어 다음 번 프레임을 위한 이미지를 저장할 준비를 마치게 된다.

동일 텍스처 존재 여부를 조사한 결과 텍스처가 없다고 판정되면 텍스처 이름을
texturesToRender 배열에 추가한다.

텍스처를 추가하건 그렇지 않건 간에 이미지의 ivaIndex 값을 textureIndices
배열에 추가한다.

인스턴스 변수 textureIndices는 이차원 배열로 텍스처 이름과 해당 텍스처 이름
을 사용하는 이미지의 개수를 인덱스 값으로 사용하여 ivaIndex 값을 저장한다. 예
를 들어 텍스처 이름이 1이고 이 텍스처를 이용하는 이미지가 다섯 번째로 추가되는
상태라면, 지금 추가되는 이미지의 ivaIndex 값이 textureIndices 배열의 [1][5]
공간에 저장된다.

textureIndices 배열을 사용하면서 또 다른 배열인 imageCountForTexture를

이
미
지
렌
더
링

사용하는 것을 볼 수 있는데, `imageCountForTexture` 배열에는 텍스처 이름을 인덱스 값으로 하여 렌더링할 이미지 중 이 텍스처 이름을 사용하는 이미지의 개수가 저장된다.

결국 `textureIndices` 배열에는 동일한 텍스처 이름을 사용하는 모든 이미지의 iva 값을 갖게 되는데, 이렇게 하면 렌더링 시점에는 `textureIndices` 배열에 들어 있는 텍스처에 딸린 모든 IVA 인덱스를 OpenGL ES에 넘겨줌으로써 하나의 텍스처에 엮인 모든 이미지를 한번에 렌더링할 수 있게 된다. 이렇게 하여 텍스처의 바인딩 회수를 줄일 수 있게 되어 그만큼의 성능향상을 기대할 수 있게 된다.

`addToTextureList:` 메소드는 그다지 크지는 않지만 제법 복잡하다. 때문에 지금까지 설명한 렌더 큐(render queue)에 이미지를 추가하는 방법이 잘 이해되지 않는다면 이해할 수 있을 때까지 반복해서 읽기를 권한다.

이미지 렌더링

ImageRenderManager 클래스에서의 마지막 메소드는 renderImages: 이다(코드 5.14). 이 메소드는 이미지를 실제로 화면에 그린다.

리스트 5.14 ImageRenderManager의 renderImages 메소드

```objc
- (void)renderImages {

    glVertexPointer(2, GL_FLOAT, sizeof(TexturedColoredVertex),
                    &iva[0].geometryVertex);
    glTexCoordPointer(2, GL_FLOAT, sizeof(TexturedColoredVertex),
                    &iva[0].textureVertex);
    glColorPointer(4,GL_FLOAT,sizeof(TexturedColoredVertex), &iva[0].vertexColor);

    for(NSInteger textureIndex=0; textureIndex<renderTextureCount; textureIndex++)
    {

        glBindTexture(GL_TEXTURE_2D, texturesToRender[textureIndex]);

        int vertexCounter=0;

        for(NSInteger imageIndex=0;
            imageIndex<imageCountForTexture[texturesToRender[textureIndex]];
            imageIndex++)
```

```
    {
        NSUInteger index =
            textureIndices[texturesToRender[textureIndex]][imageIndex] * 4;
        ivaIndices[vertexCounter++] = index;        // 하단 왼쪽
        ivaIndices[vertexCounter++] = index+2;      // 상단 왼쪽
        ivaIndices[vertexCounter++] = index+1;      // 하단 오른쪽
        ivaIndices[vertexCounter++] = index+1;      // 하단 오른쪽
        ivaIndices[vertexCounter++] = index+2;      // 상단 왼쪽
        ivaIndices[vertexCounter++] = index+3;      // 상단 오른쪽
    }

    glDrawElements(GL_TRIANGLES, vertexCounter, GL_UNSIGNED_SHORT, ivaIndices);

    imageCountForTexture[texturesToRender[textureIndex]] = 0;
    }

    renderTextureCount = 0;

    ivaIndex = 0;
}
```

메소드를 살펴보면, 먼저 렌더링 데이터용 iva 배열을 사용하기 위하여 OpenGL ES를 설정한다. OpenGL ES를 설정하면서 여러 개의 파라미터를 넘겨주는데 첫 번째, 두 번째 파라미터는 하나의 아이템을 설명하는 요소(element)의 개수와 크기를 의미한다. 예를 들어 위의 코드에서는 하나의 점을 표현하기 위하여 두 개의 GLFloat 값을 사용한다고 알려준다.

세 번째 파라미터는 스트라이드(stride) 값으로, 여기서는 TexturedColored Vertex 구조체의 크기를 사용한다. 네 번째 파라미터는 iva 배열의 최초 요소 (element)에 해당하는 TexturedColoredVertex 구조체 멤버의 포인터 값이 된다. 이것을 좀 더 이해하기 쉽게 표현하면 다음과 같다.

```
iva[0].geometryVertex
iva[0].textureVertex
iva[0].vertexColor
```

이렇게 함으로써 OpenGL ES는 바로 해당되는 구조체를 읽을 수 있게 되는 것이다. 또한 모든 포인터에 대하여 동일한 스트라이드(stride) 값도 사용할 수 있게 되

는데(즉, TexturedColoredVertex 구조체의 크기) 이에 대해서는 그림 5.11에 잘 나타나 있다.

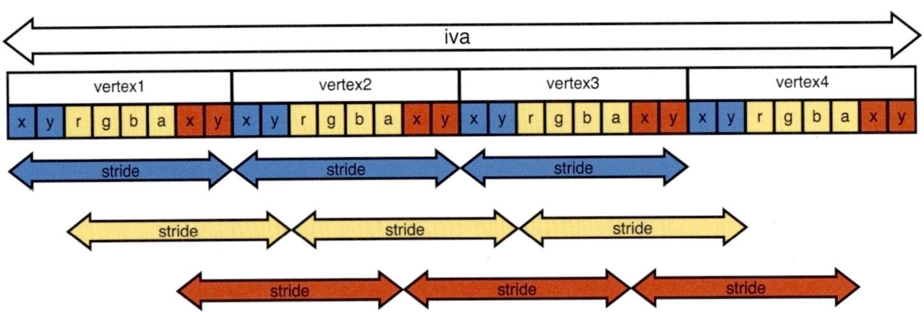

| 그림 5.11 | iva 배열에 들어있는 각 요소(element)의 스트라이드(stride) 관계

이렇게 포인터를 설정하면 OpenGL ES는 데이터의 어디서부터 읽기 시작해야 하는지를 명확히 알게 되어 texturesToRender 배열을 처리할 수 있게 되는 것이다.

다음으로 텍스처의 수만큼 루프를 도는데, renderTextureCount는 앞에서 설명하였다.

루프 내부를 살펴보면 현재 인덱싱하고 있는 텍스처를 바인딩하고는 vertexCount 값을 0으로 한다. 이런 식으로 각각의 텍스처에 대해 vertexCount에 OpenGL ES에 필요한 점의 개수가 저장되어 glDrawElements 명령에서 사용된다.

이어서 또 다른 루프가 나오는데 여기서는 현재 인덱싱된 텍스처에 물려 있는 렌더 큐(render queue)에 저장된 모든 이미지를 꺼낸다. 루프를 돌 때마다 현재 텍스처에 엮인 textureIndices 배열에서 IVA 인덱스를 구하는데, 이렇게 구한 IVA 인덱스를 이용하여 이미지의 TexturedColoredQuad 구조체에 저장된 첫 번째 TexturedColoredVertex 값을 얻을 수 있다는 것을 기억하고 있을 것이다.

렌더링하기 위한 각각의 이미지에 대하여 렌더링에 필요한 꼭지점 정보를 ivaIndices 배열이 가지고 있다. 우리는 앞에서 사각형을 그리기 위하여 두 개의 삼각형을 사용했는데, 이는 곧 사각형 하나를 그리기 위해 여섯 개의 점이 필요하다는 것을 의미한다는 것도 기억할 것이다.

이렇게 iva 배열에서 얻은 첫 번째 꼭지점 정보를 이용하여 인덱스 값을 가지고 해당 위치의 꼭지점 값을 구할 수 있게 된다.

    `ivaIndices` 배열에 꼭지점 정보를 모두 넣은 다음에는 OpenGL ES에게 입력한 정보에 맞게 그려달라고 요청하면 된다.

```
glDrawElements(GL_TRIANGLES, vertexCounter, GL_UNSIGNED_SHORT, ivaIndices);
```

    앞에서는 `glDrawArrays`를 사용하였는데, 여기서는 `glDrawElements`를 사용하였다. `glDrawElements`가 `glDrawArrays`와 다른 점은 점의 개수를 지정하여 그리는 삼각형의 개수를 결정할 수 있다는 것이다.

    지금은 OpenGL ES로 넘겨진(즉, 같은 텍스처를 공유하는 IVA 내 이미지를 렌더링하기 위한) 데이터로 바로 가고자 하는 것이다. 만약 한번에 많은 수의 이미지를 렌더링할 수 있다면 IVA 배열의 컨텐츠를 정리해 놓는 것이 훨씬 효율적일 것이다. 그래서 가능한 한 이미지를 뛰어 넘는 회수를 줄여 성능향상을 꾀할 것이다.

    이를 가능하게 도와주는 것이 바로 `glDrawElements` 명령이다. 위에서 본 것처럼 `GL_TRIANGLES`를 건네주어 세 개의 점으로 삼각형 하나를 만들고 여섯 개의 점으로 하나의 사각형을 그리도록 하였다. 다음으로 `vertexCounter`를 사용하였는데 `vertexCounter`에는 `ivaIndices` 배열에 있는 점의 개수가 들어 있다. 다음으로 `ivaIndices` 배열 요소(element)의 데이터 타입이 `GL_UNSIGNED_SHORT`라는 것을 알려주고, 마지막으로 `ivaIndices` 자체를 넘겨 주게 된다.

    이렇게 하면 OpenGL ES는 주어진 영역의 텍스처에 해당하는 모든 이미지를 그리게 된다. 그런 다음 해당 텍스처에 딸린 이미지 숫자를 0으로 만들고 다음 텍스처로 넘어간다.

    이렇게 렌더 큐(render queue)의 모든 텍스처에 대한 작업이 끝나면 `renderTextureCount` 값을 0으로 초기화하여 `ImageRenderManager`가 다음 이미지를 저장할 수 있도록 준비한다.

    이렇게 해서 `renderImages:` 메소드까지 살펴 보았다. 여러 종류의 배열을 이용하여 꼭지점 데이터를 저장하는 방법이나 복잡한 `addImageDetailsToRenderQueue:` 메소드 등을 이해하느라 조금 힘들었을 것이다.

Image 클래스

지금까지 굉장히 많은 내용을 다루었지만 아직 더 이야기할 꼭지가 남았다. OpenGL ES 텍스처의 생성, 관리, 렌더링을 거쳐 마지막으로 도착한 곳은 바로 렌더링의 핵심 클래스인 Image 클래스이다.

Image 클래스는 OpenGL ES 텍스처에 대하여 다음과 같은 기능을 제공한다.

- 위치
- 크기 조정(확대/축소)
- 회전
- 회전축
- 색깔
- 가로축 대칭이동
- 세로축 대칭이동
- 텍스처 좌표체계

따라서 위의 기능에 해당하는 API를 제공할 뿐만 아니라 이미지의 렌더링을 요청할 수도 있다.

자세한 내용을 보기 위하여 Image.m 파일을 열어보자.

초기화

Image 클래스는 초기화를 위해 두 개의 메소드를 제공한다. 먼저 initWith

`ImageNamed:filter:` 메소드는 이미지 하나가 텍스처 전체를 구성할 때 사용된다.

그리고 `initWithImageNamed:filter:subTexture:` 메소드는 이미지가 텍스처의 일부분에 해당될 때 사용된다. 그래서 스프라이트 시트(Sprite Sheet)를 사용할 때 이 메소드를 호출한다.

우선 `initWithImageNamed:filter:` 메소드를 살펴보자. 맨 먼저 private 메소드 `initializeImage:filter:`가 눈에 띌 것이다. `initializeImage:filter:` 메소드는 이미지 파일 이름을 이용하여 텍스처를 추출한다. 이미지 파일 이름은 텍스처 매니저 인스턴스로 전달되어 새로운 `Texture2D` 오브젝트를 생성할 것인지, 캐시(cache)된 `Texture2D` 오브젝트를 사용할 것인지 결정하는 데 쓰인다.

그런 다음 이미지의 기본 속성을 세팅하는데, 텍스처 오브젝트에서 회전, 확대/축소, 가로대칭, 세로대칭과 같은 기본 속성값을 가져와 지역 인스턴스 변수에 저장하게 된다. 이렇게 함으로써 클래스 인스턴스 간에 주고받는 메시지 수를 줄일 수 있었다. 빈번하게 가져와야 할 정보가 많은 경우, 클래스 간 주고받는 메시지 수를 줄일 수 있다면 성능 향상에 도움이 된다.

> **Note** Apple에서 이미 메소드를 호출하거나 속성값에 접근하는 회수를 최소화하기 위하여 엄청난 작업을 했지만 여전히 조금이라도 성능을 향상시킬 수 있는 방법은 남아 있다. 클래스 간 오가는 메시지 수를 줄이는 것만으로도 충분히 성능 향상을 느낄 수 있을 것이다.

다음으로 새로운 함수 `Color4Make`가 나온다. Global.h 파일을 보면 다수의 매크로와 함수를 볼 수 있다. 대부분 이름만으로 무슨 일을 하는지 쉽게 추측할 수 있도록 만들었다.

이와 같이 단순한 동작만 하는 함수들을 정의할 때 저자는 보통 성능 향상을 위해 `static inline` 키워드를 사용한다. 키워드 `inline`을 사용하여 함수를 정의하면 마치 매크로를 사용하는 것과 같은 효과를 얻을 수 있다. 즉 `inline` 함수를 호출하는 부분에서 컴파일러는 매크로를 치환하듯 `inline` 함수로 대체한다. 이렇게 함으로써 함수를 호출하고 리턴하는 과정에서 발생하는 오버헤드를 줄일 수 있다. 이 책을 읽는 동안 이와 같은 형태로 정의한 함수를 `ParticleEmitter` 클래스 등에서 보게 될 것이다.

이렇게 정의된 함수들은 주어진 값으로 세팅된 구조체를 쉽게 만들 수 있다. 구조체들은 Structures.h 파일에 정의되어 있으며 Structures.h 파일은 Global.h 파일과 같은 그룹에 있다.

이미지의 scale 값을 저장하기 위하여 Scale2f이라는 새로운 데이터 타입을 사용하였다. 여기서 2f는 두 개의 float 값이 딸려 있다는 것을 의미한다. 즉, Scale2f 안에는 x와 y, 두 멤버 변수가 들어 있으며 각각 x축, y축의 scale 값을 가지고 있다.

이미지의 색깔을 담기 위하여 Color4f 데이터 타입을 사용한다. Scale2f와 마찬가지로 4f는 데이터 타입이 float인 멤버 변수 4개를 가지고 있다. 각각의 float 타입 멤버 변수는 빨강, 초록, 파랑, 알파값을 갖고 있으며, 그 범위는 0.0부터 1.0까지이다. 하지만 Color4f의 멤버 변수는 정수 표현에 대응하기 위해 GLUint 값도 가질 수 있는데, 이때 사용 가능한 정수의 범위는 0부터 255까지이다.

다시 Image.m 파일로 돌아가서, initializeImage 메소드가 끝나면 Image의 인스턴스 변수에는 이미지와 텍스처에 대한 정보를 얻게 되는데, 이를 바탕으로 imageSize와 textureSize를 설정한다.

imageSize에는 텍스처에 들어 있는 이미지의 가로와 높이 길이가 들어가며 textureSize에는 이번 장의 Texture2D 클래스 부분에서 언급한 texture.maxS와 texture.maxT 값이 저장된다.

그리고는 textureOffset 값을 0으로 초기화하여 전체 텍스처를 사용하는 설정을 한다.

그렇게 한 다음 마지막으로 또 다른 private 메소드인 initializeImageDetails 를 호출한다. 조금 전에 언급한 initializeImage와 이름이 유사한데, initialize ImageDetails 메소드는 앞에서 설명한 ImageDetails 구조체를 설정하는 역할을 맡는다. 리스트 5.15에 initializeImageDetails 메소드가 실려 있다.

리스트 5.15 **Image의 initializeImageDetails 메소드**

```
- (void)initializeImageDetails {

    if (!imageDetails) {
        imageDetails = calloc(1, sizeof(ImageDetails));
        imageDetails->texturedColoredQuad = calloc(1, sizeof(TexturedColoredQuad));
```

```
}

imageDetails->texturedColoredQuad->vertex1.geometryVertex =
                                  CGPointMake(0.0f, 0.0f);
imageDetails->texturedColoredQuad->vertex2.geometryVertex =
                             CGPointMake(imageSize.width, 0.0f);
imageDetails->texturedColoredQuad->vertex3.geometryVertex =
                             CGPointMake(0.0f, imageSize.height);
imageDetails->texturedColoredQuad->vertex4.geometryVertex =
                        CGPointMake(imageSize.width, imageSize.height);

imageDetails->texturedColoredQuad->vertex1.textureVertex =
                       CGPointMake(textureOffset.x, textureSize.height);
imageDetails->texturedColoredQuad->vertex2.textureVertex =
                       CGPointMake(textureSize.width, textureSize.height);
imageDetails->texturedColoredQuad->vertex3.textureVertex =
                       CGPointMake(textureOffset.x, textureOffset.y);
imageDetails->texturedColoredQuad->vertex4.textureVertex =
                       CGPointMake(textureSize.width, textureOffset.y);

imageDetails->texturedColoredQuad->vertex1.vertexColor =
    imageDetails->texturedColoredQuad->vertex2.vertexColor =
    imageDetails->texturedColoredQuad->vertex3.vertexColor =
    imageDetails->texturedColoredQuad->vertex4.vertexColor = color;


imageDetails->textureName = textureName;

dirty = YES;
}
```


먼저 initializeImageDetails 메소드는 ImageDetails 구조체를 담기위한 메모리 공간을 할당받는다. 그런 다음 imageDetails->texturedColoredQuad에도 TexturedColoredQuad 값을 담기 위한 메모리 공간을 할당 받는다.

ImageDetails 구조체를 위한 메모리 공간 할당이 끝나면 imageDetails->texturedColoredQuad 구조체의 속성—좌표, 텍스처, 색깔—정보를 세팅한다.

코드를 보면 `imageDetails` 구조체의 데이터를 설정하기 위하여 이미지의 인스턴스를 사용하였다. 이렇게 하여 텍스처 전체를 덮는 이미지를 만들거나 텍스처의 일부만 사용하는 이미지를 만들거나 상관 없이 `initializeImageDetails` 메소드를 사용할 수 있도록 하였다.

`imageDetails->texturedColoredQuad`의 설정이 끝난 후에는 `imageDetails->textureName`에 텍스처 이름을 넣고 `dirty` 플래그 값을 `YES`로 지정한다. `dirty` 플래그를 `YES`로 지정한다는 것은 어떤 속성값이 바뀌었음을 의미한다. 이러한 속성에는 회전, scale, 위치 등을 포함한다. 이렇게 해놓으면 `ImageRenderManger IVA`에 있는 점들에 대하여 필요한 변환 연산을 다시 하여 변경된 속성을 반영할 수 있도록 만들게 된다.

지금까지 `Image` 클래스의 두 가지의 초기화 메소드 중 하나를 살펴보았다. 이번에는 나머지 메소드인 `initWithImageNamed:filter:subTexture:`를 살펴보자. 이 메소드도 기본적으로 `initWithImageNamed:filter:` 메소드와 동일하게 동작한다. 다만 `subTexture`라는 파라미터를 하나 더 추가함으로써 텍스처 내부에 사용된 이미지의 사각형 정보를 제공할 수 있는 것이다. 그렇게 하여 텍스처 전체를 렌더링하는 대신 제공된 구역만 렌더링하게 되는 것이다.

이러한 기능은 오리지널 텍스처의 일부분에 해당하는 이미지를 주로 사용하는 `SpriteSheet` 클래스 같은 새로운 형태의 클래스도 지원할 수 있는 기반이 된다.

`initWithImageNamed:filter:subTexture:` 메소드에서는 `textureOffset`을 0으로 초기화하고 `textureSize`를 최대값으로 세팅하는 대신 정확히 `CGRect`의 영역만을 지정한다. 이때 `textureRatio` 값을 이용하여 scale 비율에 따른 크기 변화를 맞춰준다.

서브이미지(Sub-Image) 탐색

`SpriteSheet` 클래스에 대해서는 이미 여러 번 언급했기 때문에 낯설지 않을 것이다. `SpriteSheet` 클래스는 커다란 텍스처에서 일부분만 발췌하는 경우가 많은데 `Image` 클래스가 이러한 작업을 지원할 수 있다.

리스트 5.16의 `subImageInRect:` 메소드에서 보는 바와 같이, 텍스처의 일부분을 사용하기 위하여 `CGRect` 파라미터를 사용하는 것을 알 수 있다. 이렇게 하면 파라미터로 전달된 영역에 해당하는 새로운 `Image` 클래스의 인스턴스가 만들어진다.

리스트 5.16 subImageInRect: 메소드

```
- (Image*)subImageInRect:(CGRect)aRect {
    Image *subImage = [[Image alloc] initWithImageNamed:imageFileName
                                     filter:minMagFilter
                                     subTexture:aRect];
    subImage.scale = scale;
    subImage.color = color;
    subImage.flipVertically = flipVertically;
    subImage.flipHorizontally = flipHorizontally;
    subImage.rotation = rotation;
    subImage.rotationPoint = rotationPoint;
    return [subImage autorelease];
}
```

메소드 자체는 매우 단순하다. 먼저 `initWithImageNamed:filter:subTexture:` 메소드를 이용하여 `Image` 클래스의 인스턴스 변수 `subImage`를 만든다. `CGRect` 타입의 `aRect`를 넘겨주어 텍스처 내 원하는 영역의 이미지를 얻게 된다.

그런 다음 이미지의 각종 속성값을 부모 이미지와 동일하게 지정하고 `subImage`를 리턴하면서 동시에 `autorelease`시킨다.

여기서 `subImage`를 autorelease 시키는 것이 중요한데, `subImage`는 `Image` 클래스에서 생성하지만 실제로 사용하는 것은 다른 클래스인 경우가 대부분이다. 따라서 `Image` 클래스에서 적당한(즉, `subImage`를 사용하지 않는) 시점에서 release 시켜야 하는데, 그것이 명확하지 않기 때문에 `autorelease`를 사용하였다.

이미지 복제

이미지를 복제하는 데 유용하게 사용할 수 있는 또 다른 메소드를 리스트 5.17에
실었다.

리스트 5.17 imageDuplicate 메소드

```objc
- (Image*)imageDuplicate {
    Image *imageCopy = [[self subImageInRect:subImageRectangle] retain];
    return [imageCopy autorelease];
}
```

imageDuplicate 메소드는 subImageInRect: 메소드와 동일하게 동작하지만 파
라미터를 취하지 않는다. 대신 Image 클래스의 subImageRectangle 속성값을
subImageInRect: 메소드로 넘겨준다. 이미지는 retain해야 하는 상태로 넘어오기
때문에 retain시킨다. 그리고는 subImageInRect: 메소드에서와 같이 autorelease
하면서 리턴시킨다.

이미지 렌더링하기

지금까지 Image 인스턴스를 만드는 방법에 대하여 설명하였다. 이제 이미지를 실
제로 렌더링하는 방법에 대하여 살펴보자. Image.h 파일을 보면 아래와 같이 이미
지를 렌더링하는 데 사용되는 여러 메소드를 볼 수 있을 것이다.

- render
- renderAtPoint:
- renderAtPoint:scale:rotation:
- renderCentered:
- renderCenteredAtPoint:
- renderCenteredAtPoint:scale:rotation:

위 메소드들은 이미지를 화면에 쉽게 그릴 수 있도록 해주고 사용하기도 편리하

다. 메소드 대부분이 렌더링하기 전에 이미지에 대한 간단한 속성값을 설정한다. 리스트 5.18에 renderCenteredAtPoint:scale:rotation: 메소드를 실었다.

 renderCenteredAtPoint:scale:rotation: 메소드

```
- (void)renderCenteredAtPoint:(CGPoint)aPoint scale:(Scale2f)aScale
        rotation:(float)aRotation {
  scale = aScale;
  rotation = aRotation;
  point.x = aPoint.x - ((imageSize.width * scale.x) / 2);
  point.y = aPoint.y - ((imageSize.height * scale.y) / 2);
  dirty = YES;
  [self render];

}
```

CGPoint 타입의 파라미터 aPoint는 이미지가 그려질 픽셀 위치를 가지고 있다. 그리고 Scale2f 타입의 aScale, float 타입의 aRotation은 각각 scale 값과 회전 각도값을 가지고 있다.

이미지의 scale과 rotation은 파라미터 값을 그대로 사용하며 point 값은 이미지의 정중앙 값으로 계산되어 저장된다. 이때 scale 값을 반영하여 확대/축소 변환에 대한 대비도 세운다.

나머지 메소드의 내용도 renderCenteredAtPoint:scale:rotation: 메소드와 큰 차이가 없으며 다만 render 메소드만이 실제 이미지의 꼭지점을 가지고 회전, 확대/축소, 이동 등에 대한 계산을 진행한다. 그렇게 변환된 최종 이미지를 Image RenderManager의 렌더 큐(render queue)에 추가한다. 리스트 5.19에서 render 메소드를 볼 수 있다.

 render 메소드

```
- (void)render {

    imageDetails->texturedColoredQuad->vertex1.vertexColor =
    imageDetails->texturedColoredQuad->vertex2.vertexColor =
    imageDetails->texturedColoredQuad->vertex3.vertexColor =
    imageDetails->texturedColoredQuad->vertex4.vertexColor = color;
```

```objc
    [sharedImageRenderManager addImageDetailsToRenderQueue:imageDetails];

    if (dirty) {
        loadIdentityMatrix(matrix);

        translateMatrix(matrix, point);

        if(flipVertically) {
            scaleMatrix(matrix, Scale2fMake(1, -1));
            translateMatrix(matrix, CGPointMake(0, (-imageSize.height * scale.y)));
        }

        if(flipHorizontally) {
            scaleMatrix(matrix, Scale2fMake(-1, 1));
            translateMatrix(matrix, CGPointMake((-imageSize.width * scale.x), 0));
        }

        if(rotation != 0)
            rotateMatrix(matrix, rotationPoint, rotation);

        if(scale.x != 1.0f || scale.y != 1.0f)
            scaleMatrix(matrix, scale);

        transformMatrix(matrix,
                        imageDetails->texturedColoredQuad,
                        imageDetails->texturedColoredQuadIVA);

        dirty = NO;
    }
}
```

render 메소드를 살펴보면 먼저 이미지의 현재 색깔을 TexturedColoredQuad에 세팅한다. 그런 다음 이미지를 ImageRenderManager 클래스의 렌더 큐(render queue)에 추가하고 dirty 값을 체크한다. 앞에서 이미지의 scale, 회전 등의 속성이 변경되면 dirty 값을 YES로 세팅한 것을 보았을 것이다. 그 dirty 플래그가 여기서 사용되는데 dirty 플래그가 YES인 경우, 즉 이미지 변환이 필요한 경우에만 이미지의 꼭지점을 변환시키도록 한다. 그렇지 않은 경우에는 가장 최근에 사용된 값을 그대로 쓴다.

이미지 속성값이 변경되어 dirty 플래그가 YES로 세팅되었다면 이미지에 대한 변환을 수행해야 하는데, 이러한 모든 변환은 OpenGL ES에서 제공하는 함수를 사용하지 않고 직접 구현하였다. 물론 OpenGL ES에서도 `glLoadIdentity`, `glScale`, `glRotate` 등과 같이 훌륭한 행렬 변환 함수를 제공하지만 이것들은 `glDraw Elements`를 호출하기 전에 한 번 밖에 사용할 수 없다. `ImageRenderManager`에서 이미 살펴 본 바와 같이 하나의 `glDrawElements` 명령을 이용하여 텍스처에 엮여있는 모든 이미지를 렌더링하기 때문에 각각의 이미지마다 OpenGL ES 변환 함수를 사용하기가 어렵다.

이를 타개하기 위하여 변환 함수를 직접 구현하였다. 그리고 이것이 이미지의 `ImageDetails` 구조체에 두 개의 `TexturedColoredQuad` 멤버 변수가 들어 있는 이유이기도 하다.

`ImageDetails` 구조체의 `texturedColoredQuad`에는 이미지의 변형되지 않은 정보(즉, 좌표는 0, 0이며 scale, 회전이 없는 상태)를 가지고 있으며, `textured ColoredQuadIVA`에는 `ImageRenderManager`의 IVA에 들어가는 정보를 가지고 있다. 이미지 정보를 저장하는 이 두 개의 멤버 변수 덕분에 `imageDetails->textured ColoredQuad`를 소스로 하여 각종 변환을 진행하고 그 결과를 `imageDetails->texturedColoredQuadIVA`에 담을 수 있는 것이다.

그래서 `ImageRenderManager`가 렌더링할 때는 OpenGL ES의 변환 함수의 지원 없이 확대/축소, 회전, 이동 등의 변환을 자유로이 할 수 있는 것이다.

이를 가능케 하기 위하여 각 이미지마다 전용 행렬을 만들어 변환 계산을 할 수 있도록 하였다. 이 변환 행렬은 Image.h 파일에 `matrix`라는 이름으로 9개의 `float` 값이 들어가는 배열로 정의되어 있다.

그리고 이미지 전용 행렬을 계산하는 부분을 구현해야 하는데, Global Headers 그룹에 있는 Transform2D.h 파일을 보면 각종 변환 함수가 정의된 것을 확인할 수 있다. 여기서는 이러한 변환에 대한 구체적인 구현 방법이나 수학적 행렬 계산에 대한 내용은 다루지 않을 것이다. 뿐만 아니라 변환 함수는 모두 `inline`을 사용하여 성능 향상을 꾀하였다.

이러한 내용을 배경으로 하여 다시 Image.m 파일로 돌아가 계속해서 render 메소드의 이미지 변환 계산 부분을 살펴보자.

먼저 단위 행렬을 로드하여 이미지 행렬을 초기화하고 이미지의 위치 좌표를 반영

이미지 렌더링

한다. 그런 다음 좌우 또는 상하 대칭 변환 여부를 확인하는데, 대칭 변환 필요 시에는 해당 변환 좌표 값을 −1로 지정하여 scale 변환을 적용한다. 동시에 변경된 좌표에 이미지 위치를 맞춘다.

그리고 회전, scale 변환에 대해서도 각각 확인한다. 이렇게 해서 모든 변환이 적용된 이미지 행렬에 `imageDetails->texturedColoredQuad`에 저장된 꼭지점 정보를 곱하여 그 결과를 `imageDetails->texturedColoredQuadIVA`에 저장한다. 마지막으로 `dirty` 플래그 값을 `NO`로 초기화시키는 것으로 `render` 메소드를 끝낸다.

Getter와 Setter

`Image` 클래스의 나머지 메소드는 getter와 setter이다. 물론 `@synthesize`를 사용하였기 때문에 바로 클래스 멤버에 접근할 수 있지만, 값만 변경하는 것이 아니라 `dirty` 플래그 값도 설정해야 하기 때문에 일일이 메소드를 만들었다. 이러한 getter와 setter는 리스트 5.20에서 볼 수 있다.

리스트 5.20 **getter와 setter**

```
- (void) setPoint: (CGPoint) aPoint {
    point = aPoint;
    dirty = YES;
}

- (void) setRotation: (float) aRotation {
    rotation = aRotation;
    dirty = YES;
}

- (void) setScale: (Scale2f) aScale {
    scale = aScale;
    dirty = YES;
}

- (void) setFlipVertically: (BOOL) aFlip {
    flipVertically = aFlip;
    dirty = YES;
}

- (void) setFlipHorizontally: (BOOL) aFlip {
```

```
    flipHorizontally = aFlip;
    dirty = YES;
}
```

위 메소드 모두 이미지의 해당 속성을 변경시키며 추가로 `dirty` 플래그를 세트시킨다.

✖ 정리

이번 장은 매우 방대할 뿐만 아니라 그 개념과 소스코드도 복잡하다. 비록 OpenGL을 이용하여 무언가를 화면에 그리기 위해서는 몇 개의 명령만을 이용하면 되지만, 그 몇 개 안되는 명령을 사용하기 위하여 구현한 엄청난 준비 과정은 앞으로 게임 로직을 쉽게 구현할 수 있도록 도와줄 것이다.

게임 엔진을 만드는 데는 상당히 많은 시간이 필요하겠지만, 자신만의 게임 로직을 구현하지 않는다면 그저 시간 낭비가 될 뿐이다. 자신만의 기능과 초기화를 제공하는 핵심 클래스를 만들어 사용한다면 전체적인 게임 개발에 있어 시간을 많이 절약하게 될 것이다.

이번 장은 Sir Lamorak's Quest 게임을 만드는 데 있어 하나의 이정표가 된다. 이미지를 로드하여 화면에 렌더링하고 회전, 확대/축소, 이동 등의 기능을 제공하는 것은 게임 엔진에 있어 기본이 되는 것이다. 이제 드디어 게임에 있어 척추에 해당하는 부분을 갖게 되었으며, 앞으로 다른 골격을 덧붙여 게임 엔진을 발전시켜 나가면 결국 Sir Lamorak's Quest가 완성될 것이다.

✖ 연습문제

이번 장에 대한 프로젝트를 실행하면 정지 이미지와 회전하며 scale하는 이미지를 보게 될 것이다. 이렇게 되는 모든 로직은 4장에서 설명한 GameScene 클래스에 있다.

물론 회전하고 scale하는 이미지도 재미있지만 다른 동작도 적용할 수 있을 것이다. 가령, 이미지가 회전하면서 동시에 화면에 부딪히며 돌아다니게도 할 수 있을 것이다. 이미 이미지를 렌더링하는 부분은 구현되었기 때문에 이미지를 이동시키고 튕겨내는 부분에 대한 로직만 추가하면 될 것이다.

또한 프로젝트 내에 있는 이미지 또는 별도의 이미지를 추가로 로드하여 이미지가 계속 바뀌도록 구현할 수도 있을 것이다.

> **Tip** 프로젝트에 파일을 추가하기 위해서는 Xcode의 [Groups & Files]를 마우스 오른쪽 버튼으로 클릭한 다음 팝업 메뉴에서 [Add Existing File]을 선택하면 된다. 이렇게 하지 않으면 프로젝트 디렉토리에 추가 파일을 만든다 하더라도 프로젝트에서 인식하지 못한다.

만약 이미지를 튕겨내는 데 어려움을 겪는다면 CH05_SLQTSOR_EXERCISE 프로젝트를 참고하도록 하자.

Chapter 06

스프라이트 시트
(Sprite Sheet)

앞서 5장은 매우 방대한데다 복잡한 개념도 많이 나왔다. 하지만 이미지를 나타내고 렌더링하는데 필요한 클래스를 만드는 등의 힘든 과정을 거친 덕분에 Sir Lamorak's Quest를 위한 게임 엔진에 다른 기능을 추가할 수 있게 되었다.

제목을 보면 알 수 있듯이 6장에서는 스프라이트 시트(sprite sheet)에 대해 다룰 것이다. 이미 2장에서 소개한 바와 같이 스프라이트 시트(sprite sheet)는 여러 개의 작은 이미지를 포함하는 큰 이미지를 말한다.

스프라이트 시트를 사용할 때의 주요한 장점 두 가지는 다음과 같다.

- 새로운 텍스처를 바인딩하기 위하여 OpenGL ES에 접근하는 회수를 줄여서 성능 향상을 꾀할 수 있다.
- 게임에서(심지어는 애니메이션에서) 사용하는 이미지를 쉽게 정의하고 재사용할 수 있다.

이번 장에서는 `SpriteSheet`와 `PackedSpriteSheet` 클래스에 대해 살펴보고, 큰 이미지 스프라이트 시트에서 특정 이미지를 추출하는 방법에 대해 설명한다.

✖ 스프라이트 시트(Sprite Sheet) 소개

2장에서 소개한 바와 같이 스프라이트 시트는 다음과 같이 크게 두 종류로 나눌 수 있다.

- **Basic**: 스프라이트 시트에 포함된 모든 이미지는 동일한 크기를 갖는다.
- **Complex**: 스프라이트 시트에 포함된 모든 이미지는 다른 크기를 갖는다.

Sir Lamorak's Quest에서는 위의 두 가지 종류의 스프라이트 시트를 모두 사용한다. 하나의 클래스에서 단순 스프라이트 시트와 복합 스프라이트 시트를 모두 처리할 수 있도록 구현하는 것이 불가능하지 않지만 쉽게 이해할 수 있도록 클래스도 둘로 나누었다. 단순 스프라이트 시트는 `SpriteSheet` 클래스에서, 복합 스프라이트 시트는 `PackedSpriteSheet` 클래스에서 다루어지도록 하였다.

클래스 이름에 Packed라고 표기한 이유는 스프라이트 시트에 포함되는 작은 스프라이트 시트를 만들 수 있도록 했기 때문이다. 이렇게 함으로써 사용하는 총 스프라이트 시트 수를 줄이는 효과를 얻을 수 있다.

스프라이트 시트 대신 texture atlas라고 표현하기도 하는데, 여기서는 좀 더 오래된 표현인 스프라이트 시트를 사용할 것이다.

단순 스프라이트 시트(Simple Sprite Sheet)

`SpriteSheet` 클래스는 하나의 이미지를 동일한 크기의 서브 이미지(스프라이트)로 잘라낸다. 스프라이트 시트를 나누는 크기 정보는 스프라이트 시트를 초기화할 때 제공된다. 스프라이트 시트를 초기화할 때 제공되는 또 다른 정보로 여백(spacing)이 있다. 여백(spacing)은 스프라이트 시트에서 굉장히 중요한 정보이다. 간혹 OpenGL ES 텍스처 좌표 체계를 구성할 때 정의한 텍스처의 가장자리를 넘어서 설정되고 이로 인해 텍스처 가장자리에 의도하지 않은 테두리가 생기기도 한다. 이러한 부작용을 가리켜 텍스처 블리딩(texture bleeding)이라고 한다.

이러한 위험을 줄이기 위하여 스프라이트 시트에 있는 이미지마다 투명한 테두리를 붙인다. 그래서 OpenGL ES가 텍스처의 가장자리를 넘더라도 투명한 픽셀만 포함되어 정의한 스프라이트에 간섭을 주지 않을 것이다. Zwoptex[1]에서도 스프라이트의 테두리 두께를 지정할 수 있다. 그림 6.1은 각 서브 이미지마다 1픽셀 크기의 테두리가 있는 단순 스프라이트 시트를 보여주고 있다. 만약 직각 삼각형을 사용하지 않는다면 텍스처 블리딩을 막기 위하여 1픽셀보다 더 많은 여백을 두어야 할 것이다.

---

[1] Zwoptex(www.zwoptexapp.com/flashversion/)는 플래시 기반의 스프라이트 시트 빌더이다. 현재는 Zwoptex의 Cocoa 버전도 제공하고 있으나, 이 책을 쓰는 동안에는 Cocoa 버전이 없었다.

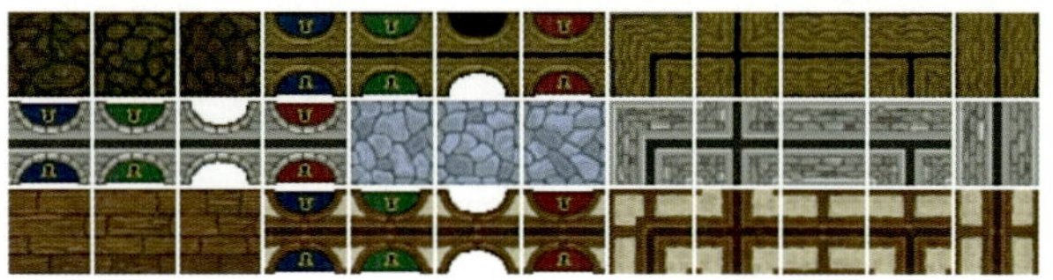

| 그림 6.1 | 여백이 있는 스프라이트로 구성된 스프라이트 시트

단순 스프라이트 시트에 있는 스프라이트를 사용하기 위하여 스프라이트의 격자 위치를 사용할 것이다. 단순 스프라이트 시트의 스프라이트는 크기가 모두 똑같기 때문에 훌륭한 격자를 만들 수 있다. 그래서 원하는 스프라이트를 찾기 위하여 행과 열 번호만을 사용할 수 있다. 그림 6.2는 3개의 행과 12개의 열로 구성된 스프라이트 시트에서 {5, 1}의 위치에 해당하는 스프라이트가 선택된 것을 보여주고 있다.

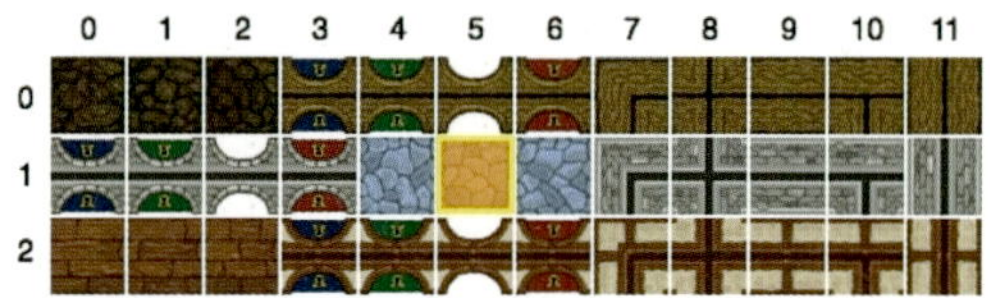

| 그림 6.2 | {5, 1} 위치의 스프라이트가 선택된 스프라이트 시트

복합 스프라이트 시트(Complex Sprite Sheet)

`PackedSpriteSheet` 클래스는 이미지와 컨트롤 파일 이름을 사용한다. 컨트롤 파일(control file) 안에는 각각의 스프라이트 파일의 위치와 크기가 파싱(parsing)되어 있다.

이 컨트롤 파일이 단순 스프라이트 시트와 복합 스프라이트 시트를 구별하는 결정적인 차이이다. 단순 스프라이트 시트에서는 격자 위치를 이용한 간단한 계산만으로 모든 스프라이트를 찾을 수 있다. 그러나 복합 스프라이트 시트에서는 전체 공간을 최대한 효율적으로 사용하기 위하여 크기가 제각각인 이미지가 무작위로 배치되어 있기 때문에 작업하기가 훨씬 까다롭다.

이러한 복합 스프라이트 시트에서 각 스프라이트를 찾는 데 도움을 주기 위해 컨트롤 파일은 스프라이트의 위치와 크기 정보를 제공한다. 그리고 컨트롤 파일은 각

각의 이미지에 key(보통 서브 이미지의 원래 파일 이름을 사용한다)를 부여하여
`PackedSpriteSheet` 클래스가 참조할 수 있도록 한다. Sir Lamorak's Quest에서
사용하는 복합 스프라이트 시트는 그림 6.3과 같다.

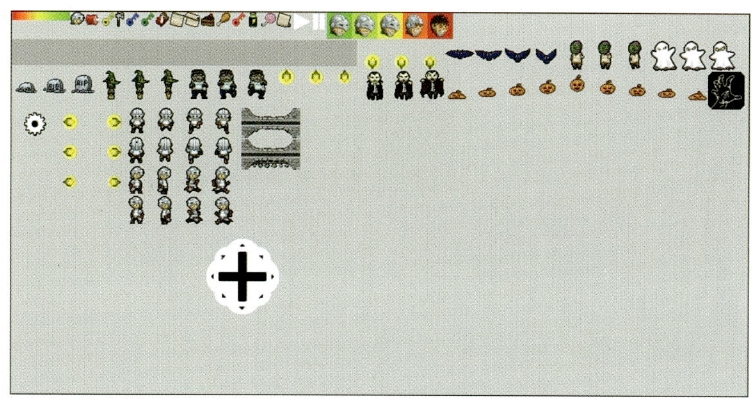

| **그림 6.3** | Sir Lamorak's Quest에서 사용하는 복합 스프라이트 시트

　그림 6.3과 같이 복합 스프라이트 시트에는 크기와 모양이 다른 여러 이미지가 들어 있다. 그래서 컨트롤 파일이 필요한 것이다.

　복합 스프라이트 시트에 대한 컨트롤 파일을 직접 제작하는 것도 가능하다. 하지만 스프라이트 시트에 있는 모든 이미지에 대한 픽셀 위치, 크기 정보를 기록하는 것은 매우 힘든 일이 아닐 수 없다. 다행히 이렇게 힘든 과정을 해결해주는 툴이 있다.

　이러한 툴 중에 Zwoptex라는 것이 있는데(2장에서 언급하였다) 스프라이트 시트를 PNG 이미지로 만들어 줄 뿐만 아니라 연관된 컨트롤 파일도 같이 만들어 준다.

　Zwoptex는 이미지를 묶는 데 도움이 되는 다양한 알고리즘을 가지고 있으며, 이미지를 이동시키거나 여러 이미지를 묶어 하나의 스프라이트 시트로 추출하는 기능도 있다. 각기 다른 크기의 이미지를 묶기 위한 좋은 최적화 알고리즘도 많지만 아마도 직접 하는 것이 가장 좋은 결과를 이끌어 낼 것이다.

　그림 6.4는 Zwoptex 플래시 버전으로 복합 스프라이트 시트를 편집하는 모습이다.

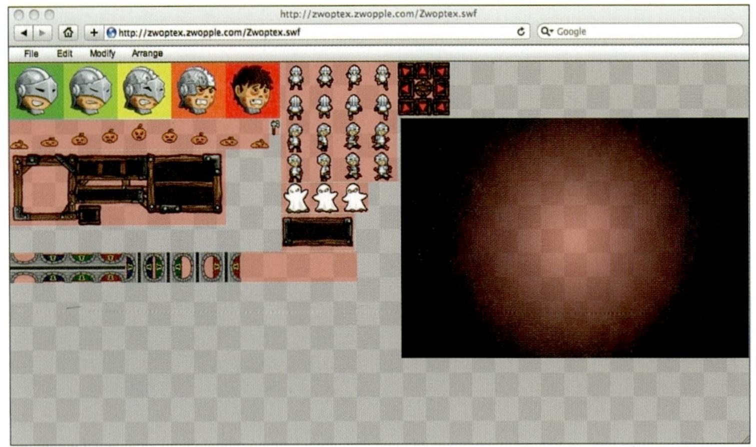

| **그림 6.4** | 플래시 버전의 Zwoptex로 복합 스프라이트 시트를 편집하는 모습

Zwoptex가 내보내는 세 가지 결과물은 다음과 같다.

- 스프라이트 시트를 위한 설정과 이미지가 저장된 프로젝트 파일
- 스프라이트 시트로 사용되는 PNG 이미지
- 게임에 추가할 수 있는 plist 컨트롤 파일

저자가 Zwoptex를 가장 좋아하는 이유는 바로 컨트롤 파일을 plist 파일로 제작한다는 것이다. 물론 XML(사실 어떤 포맷이라도 상관없다) 파일을 직접 편집할 수도 있겠지만, plist 파일은 작업을 쉽게 할 수 있도록 만들어준다. 이제 Zwoptex를 어떻게 사용하는지 알아보자..

Zwoptex 사용하기

Zwoptex를 사용하는 방법은 매우 간단하다. 그저 웹 브라우저를 이용하여 www.zwoptexapp.com/flashversion/ 에 접속하면 된다. 그러면 Zwoptex가 실행되며 스프라이트 시트를 편집할 수 있게 된다.

먼저 이미지를 가져와야 한다. 메뉴에서 [File]−[Import Images](그림 6.5)를 선택하면 [Open File] 패널이 뜨면서 가져올 이미지를 선택할 수 있게 된다.

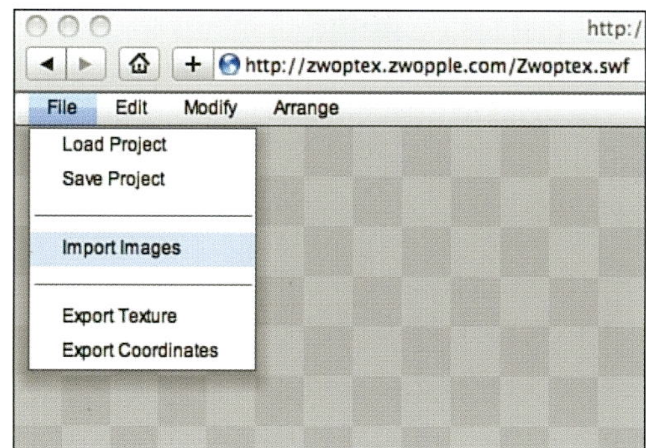

| **그림 6.5** | Import Images 메뉴 화면

이미지를 선택하고 [Select] 버튼을 누르면 이미지를 Zwoptex로 가져온다. 선택한 모든 이미지는 그림 6.6과 같이 화면 왼쪽 상단에 배치된다.

| **그림 6.6** | Zwoptex 화면 왼쪽 상단에 이미지를 불러온 모습

가져온 이미지들을 배열하는 방법에는 여러 가지가 있다. [Arrange] 메뉴에는 스프라이트를 배열할 수 있는 여러 가지 옵션을 제공한다. 그림 6.7은 이러한 옵션 중 [Complex By Width(no spacing)]를 적용한 결과를 보여주고 있다.

스프라이트 시트(Sprite Sheet)

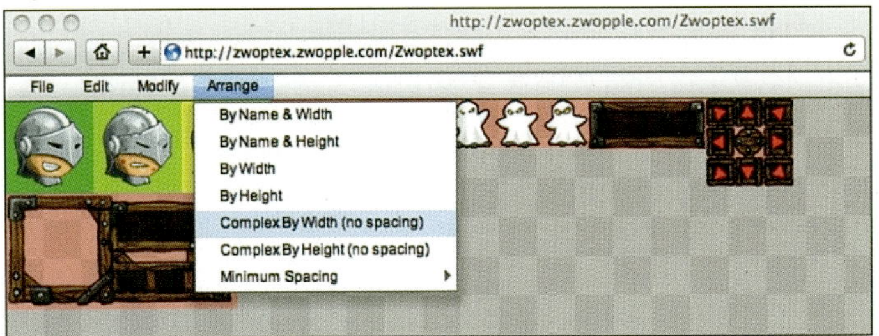

| 그림 6.7 | Arrange 옵션 메뉴와 정렬된 스프라이트

물론 메뉴를 사용하지 않고 스프라이트를 일일이 옮기면서 정리할 수도 있다. 또한 [Modify] 메뉴를 사용하여 전체 캔버스의 크기를 조절하는 것도 가능하다.

기본적으로 Zwoptex는 이미지의 투명 테두리를 잘라버린다. 그래서 이러한 설정은 단순 스프라이트 시트를 사용할 경우에 문제를 야기시킬 수 있다. 왜냐하면 잘라낸 이미지의 크기가 달라져 격자 위치를 계산하는 과정에서 오류가 발생할 수 있기 때문이다.

이러한 현상을 막기 위하여 [Modify] 메뉴에는 [Untrim Selected Images] 옵션을 제공한다. 이 옵션을 사용하면 이미지를 원래 크기대로 가져온다.

스프라이트를 정렬한 다음에는 이렇게 만든 이미지(texture)와 컨트롤 파일(coordinates)을 내보낼 수 있는데, [File] 메뉴의 [Export Texture]와 [Export Coordinates]를 사용하면 된다.

이렇게 해서 아주 간단히 스프라이트 시트 이미지 파일과 컨트롤 파일을 얻게 되었다.

SpriteSheet 클래스

이와 같이 스프라이트 시트에 대한 기본 개념을 이해한 상태에서 SpriteSheet 클래스를 어떻게 구현하였는지 살펴볼 것이다. Xcode에서 CH06_SLQTSOR 프로젝트를 열고 Game Engine 그룹으로 들어가면 Sprite Sheet라는 새로운 그룹을 볼 수 있는데, 이곳에 SpriteSheet 클래스의 헤더 파일과 implementation 파일이 들어 있다.

초기화

SpriteSheet.m 파일을 열어 보면, 다음과 같은 메소드를 볼 수 있을 것이다.

- `spriteSheetForImageNamed:spriteSize:spacing:margin:imageFilter:`

- `spriteSheetForImage:sheetKey:spriteSize:spacing:margin:`

위 메소드는 모두 이미지 파일 또는 `Image` 클래스의 인스턴스를 이용하여 스프라이트 시트를 만드는 데 사용된다. 무엇보다 중요한 점이 두 메소드 모두 클래스 메소드라는 것이다. 이 말은 위의 두 메소드를 사용하기 위하여 `SpriteSheet` 클래스의 인스턴스가 필요하지 않다는 것을 의미한다.

스프라이트 시트가 생성될 때 바로 캐시(cache)되도록 하여 이미 동일한 이미지 파일이나 key 값으로 생성된 스프라이트 시트가 있다면 기존에 생성된 스프라이트 시트를 사용한다. 이것 또한 동일 스프라이트 시트를 사용하는 엔티티(entity)가 많을 때에도 성능을 유지할 수 있도록 한다(Door 클래스가 좋은 예이며, 이후에 살펴볼 것이다).

위의 두 클래스 메소드는 전형적인 초기화 메소드로 사용되며, 단지 나중을 위해 스프라이트 시트를 캐시하는 것이다. 리스트 6.1에서 `spriteSheetForImageNamed:spriteSize:spacing:margin:imageFilter:` 메소드를 볼 수 있다.

리스트 6.1 `spriteSheetForImageNamed:spriteSize:spacing:margin:imageFilter:` 메소드

```
static NSMutableDictionary *cachedSpriteSheets = nil;

+ (SpriteSheet*) spriteSheetForImageNamed:(NSString*)aImageName
                spriteSize:(CGSize)aSpriteSize
                spacing:(NSUInteger)aSpacing
                margin:(NSUInteger)aMargin
                imageFilter:(GLenum)aFilter
{

    SpriteSheet *cachedSpriteSheet;

    if (!cachedSpriteSheets)
        cachedSpriteSheets = [[NSMutableDictionary alloc] init];
```

```
    if(cachedSpriteSheet = [cachedSpriteSheets objectForKey:aImageName])
        return cachedSpriteSheet;

    cachedSpriteSheet = [[SpriteSheet alloc] initWithImageNamed:aImageName
                                        spriteSize:aSpriteSize
                                        spacing:aSpacing
                                        margin:aMargin
                                        imageFilter:aFilter];
    [cachedSpriteSheets setObject:cachedSpriteSheet forKey:aImageName];
    [cachedSpriteSheet release];

    return cachedSpriteSheet;
}
```

먼저 리스트 6.1의 메소드 위에 선언된 static 변수[2] cachedSpriteSheets를 볼 수 있을 것이다. NSMutableDictionary 타입의 cachedSpriteSheets는 스프라이트 시트를 캐시(cache)하는 용도로 사용된다. 이 cachedSpriteSheets 변수는 클래스 레벨에서 static으로 만들어졌기 때문에 SpriteSheet 인스턴스 개수에 관계 없이 클래스에 하나만 존재하게 된다. 따라서 여러 개의 스프라이트 시트를 하나의 dictionary로 관리할 수 있게 된다.

나머지는 dictionary에 동일 이미지 이름의 스프라이트 시트가 존재하는지 확인하고 이미 들어 있으면 바로 해당 스프라이트 시트를 리턴한다.

없다면 스프라이트 시트를 만들고 dictionary에 추가한 다음, 생성한 스프라이트 시트를 리턴한다. 이미지 이름을 이용하여 SpriteSheet의 인스턴스를 초기화하는 메소드는 리스트 6.2에 있다.

리스트 6.2 SpriteSheet의 initWithImageNamed:spriteSize:spacing:margin:imageFilter 메소드

```
- (id)initWithImageNamed:(NSString*)aImageFileName
        spriteSize:(CGSize)aSpriteSize
        spacing:(NSUInteger)aSpacing
        margin:(NSUInteger)aMargin
        imageFilter:(GLenum)aFilter
{
```

----

2 **역주** static 변수 cachedSpriteSheets와 지역변수 cachedSpriteSheet를 혼동하지 않도록 주의

```objc
    if (self = [super init]) {

        NSString *fileName = [aImageFileName lastPathComponent];


        self.image = [[Image alloc] initWithImageNamed:fileName filter:aFilter];

        spriteSize = aSpriteSize;
        spacing = aSpacing;
        margin = 0;

        [self cacheSprites];
    }
    return self;
}
```

`initWithImageNamed:spriteSize:spacing:margin:imageFilter:` 메소드는
다른 초기화 메소드와 비슷하게 시작한다. 그러다가 스프라이트 시트용으로 사용될
이미지 인스턴스를 만드는 부분에 낯익은 클래스를 보게 되는데, 바로 5장에서 살펴
본 Image 클래스이다.

이미지 인스턴스를 만든 다음에는 스프라이트의 size, spacing, margin을 정의하
고 private 메소드인 cacheSprites를 호출하여 이 스프라이트 시트에 들어가는 각
각의 스프라이트에 대한 정보를 캐시(cache)한다. 스프라이트 시트 전체에 대한 계
산을 한번만 하는 것은 성능 향상에 있어 매우 중요하다. 스프라이트 시트의 정보는
스프라이트 시트를 사용하는 동안 변할 일이 없기 때문에 스프라이트 시트에 있는
개개의 스프라이트를 사용할 때마다 일일이 계산하는 것이 더 비효율적이다.

cacheSprites 메소드는 잠시 후에 확인하기로 하고, 먼저 또 다른 초기화 메소드
를 리스트 6.3을 통해 살펴보자.

리스트 6.3 SpriteSheet의 initWithImage:spriteSize:spacing:margin 메소드

```objc
- (id)initWithImage:(Image*)aImage
      spriteSize:(CGSize)aSpriteSize
      spacing:(NSUInteger)aSpacing
      margin:(NSUInteger)aMargin
{
    if (self = [super init]) {
```

```
            self.image = aImage;

            spriteSize = aSpriteSize;
            spacing = aSpacing;
            margin = aMargin;

            [self cacheSprites];
        }
        return self;
}
```

리스트 6.2의 초기화 메소드는 이미지 파일이름을 받아 이미지 인스턴스를 생성하는 부분이 있지만, `initWithImage:spriteSize:spacing:margin:` 메소드는 이미 만들어진 `Image` 인스턴스를 사용한다. 이 메소드는 이미 존재하는 이미지 인스턴스를 이용하여 스프라이트 시트를 만들 수도 있을 뿐만 아니라 복합 스프라이트 시트에 들어 있는 이미지 인스턴스를 그대로 사용하여 별도의 스프라이트 시트를 만드는 것도 가능하다.

이 메소드 역시 `cacheSprites` 메소드를 사용한다. `cacheSprites` 메소드(리스트 6.4)는 private 메소드이기 때문에 `SpriteSheet` 클래스 안에서만 사용할 수 있다.

리스트 6.4 *cacheSprites* 메소드

```
- (void)cacheSprites {

    horizSpriteCount = ((image.imageSize.width + spacing) + margin)
                        / ((spriteSize.width + spacing) + margin);
    vertSpriteCount = ((image.imageSize.height + spacing) + margin)
                        / ((spriteSize.height + spacing) + margin);

    cachedSprites = [[NSMutableArray alloc] init];
    CGPoint textureOffset;

    for(uint row=0; row < vertSpriteCount; row++) {
        for(uint column=0; column < horizSpriteCount; column++) {

            CGPoint texturePoint =
                CGPointMake((column * (spriteSize.width + spacing) + margin),
                            (row * (spriteSize.height + spacing) + margin));

            textureOffset.x = image.textureOffset.x *
```

```
        image.fullTextureSize.width + texturePoint.x;
    textureOffset.y = image.textureOffset.y *
        image.fullTextureSize.height + texturePoint.y;
    CGRect tileImageRect = CGRectMake(textureOffset.x, textureOffset.y,
                            spriteSize.width, spriteSize.height);

    Image *tileImage = [[image subImageInRect:tileImageRect] retain];

    [cachedSprites addObject:tileImage];

    [tileImage release];
        }
    }
}
```

먼저 스프라이트 시트 안에 스프라이트가 몇 개나 들어가는지 계산하고 스프라이트를 담을 `NSMutableArray cachedSprites`를 생성한다. 다시 한번 언급하지만 지금 시점에서 스프라이트를 모두 꺼내어 캐시(cache)하는 것은 성능 향상을 위해서다.

`NSMutableArray`를 만든 다음에는 스프라이트 시트의 격자 배열 루프를 돌면서 해당 위치의 이미지를 만든다. 이를 위해 스프라이트 시트에 저장된 size, spacing, margin 등을 사용하여 격자 배열의 위치를 계산한다. 이렇게 계산한 정보를 `subImageInRect` 메소드의 파라미터로 사용하여 스프라이트 이미지를 추출한다.

스프라이트 탐색

스프라이트 시트의 모든 스프라이트 세팅이 완료되면 필요한 스프라이트를 찾아내는 메소드를 만들어야 한다. 앞에서 언급한 바와 같이 `SpriteSheet` 클래스의 주요 업무 중 하나가 스프라이트 시트의 격자 배열 위치로 해당 스프라이트를 추출하는 것이다.

이를 위해 리스트 6.5의 `spriteImageAtCoords:` 메소드를 구현하였다.

스프라이트 시트(Sprite Sheet)

```
- (Image*)spriteImageAtCoords:(CGPoint)aPoint {

    if(aPoint.x > horizSpriteCount-1 ||
       aPoint.x < 0 ||
       aPoint.y > vertSpriteCount-1 ||
       aPoint.y < 0)
        return nil;

    int index = (horizSpriteCount * aPoint.y) + aPoint.x;

    return [cachedSprites objectAtIndex:index];

}
```

먼저 `CGPoint`로 넘어온 격자 배열 파라미터의 좌표 정보가 올바른지 확인하고 격자 배열 좌표를 이용하여 `cachedSprintes` 배열의 인덱스 값을 계산한 다음 해당 위치의 이미지를 리턴시킨다.

여기까지 `SpriteSheet` 클래스였다. 그렇게 복잡하지 않은 클래스이지만 우리의 게임 엔진에 있어 매우 중요한 부분을 제공할 것이다.

PackedSpriteSheet 클래스

`PackedSpriteSheet` 클래스는 복합 스프라이트 시트를 처리하기 위한 클래스이다. 복합 스프라이트 시트에는 다양한 크기의 이미지가 들어 있으며 가끔 스프라이트 시트가 들어 있는 경우도 있다.

`PackedSpriteSheet` 클래스는 SpriteSheet 클래스와 같이 CH06_SLQTSOR 프로젝트의 동일 그룹에 있다.

초기화

`PackedSpriteSheet` 클래스는 `SpriteSheet` 클래스와 동일한 캐시(cache) 기법을 사용한다. 하지만 초기화 메소드는 하나만 존재한다(리스트 6.6).

   PackedSpriteSheet의 initWithImageNamed:controlFile:filter 메소드

```objc
- (id)initWithImageNamed:(NSString*)aImageFileName
     controlFile:(NSString*)aControlFile
     filter:(GLenum)aFilter {

  if (self = [super init]) {

     NSString *fileName = [aImageFileName lastPathComponent];
     stringByDeletingPathExtension];
     image = [[[Image alloc] initWithImageNamed:fileName filter:aFilter] retain];

     sprites = [[NSMutableDictionary alloc] init];

     controlFile = [[NSDictionary alloc]
                      initWithContentsOfFile:
                        [[NSBundle mainBundle] pathForResource:aControlFile
                                                ofType:@"plist"]];
     [self parseControlFile:controlFile];
     [controlFile release];
  }
  return self;

}
```

위의 초기화 메소드를 살펴보면 먼저 Image 인스턴스를 만들고 NSMutable
Dictionary 인스턴스 sprites를 만들어 복합 스프라이트 시트의 스프라이트 정보
를 담을 수 있도록 하였다.

그리고는 컨트롤 파일의 내용을 읽어 NSDictionary 인스턴스 controlFile에 담
는다. 여기서 주의할 점은 컨트롤 파일의 형태를 plist로 가정하여 바로 파일 형태를
지정하였다는 것이다. 이렇게 컨트롤 파일 정보를 가져온 다음에는 이를 파싱
(parsing)하게 되는데, 컨트롤 파일을 파싱하는 메소드인 parseControlFile:은 리
스트 6.7에서 볼 수 있다.

   parseControlFile: 메소드

```objc
- (void)parseControlFile:(NSDictionary*)aControlFile {

  NSDictionary *framesDictionary = [controlFile objectForKey:@"frames"];
```

```objc
for (NSString *frameDictionaryKey in framesDictionary) {

    NSDictionary *frameDictionary = [framesDictionary
                                objectForKey:frameDictionaryKey];

    float x = [[frameDictionary objectForKey:@"x"] floatValue];
    float y = [[frameDictionary objectForKey:@"y"] floatValue];
    float w = [[frameDictionary objectForKey:@"width"] floatValue];
    float h = [[frameDictionary objectForKey:@"height"] floatValue];

    Image *subImage = [image subImageInRect:CGRectMake(x, y, w, h)];
    [sprites setObject:subImage forKey:frameDictionaryKey];
    }
}
```

컨트롤 파일 파싱

`parseControlFile` 메소드는 컨트롤 파일에서 `framesDictionary`를 추출한다. 이 dictionary 안에는 프레임별 dictionary가 들어 있다. plist 파일에는 아래와 같은 몇 가지 오브젝트가 들어 있다.

- Texture – 텍스처의 좌표, 크기 정보
- Frames – 스프라이트 시트에 들어 있는 이미지의 파일 이름을 키 값으로 하는 이미지 정보

그림 6.8은 Plist Editor를 통해서 보여주는 plist 파일의 예를 보여준다. 스프라이트의 세부 정보는 `frame` 오브젝트 안에 들어 있다.

그래서 frames를 키 값으로 구한 dictionary에서 필요한 정보를 꺼낼 것이다. 이렇게 구한 dictionary 안에는 앞에서 잠시 이야기한 것처럼 원래 이미지의 파일 이름을 키 값으로 하는 내부 dictionary가 들어있다. 이렇게 해 놓으면 이미지에 대한 정보를 추출하기 용이하다.

이렇게 해서 가져온 이미지 정보를 이용하여 `Image` 인스턴스를 추출하고, 그 이미지를 이미지의 원래 파일이름을 키 값으로 `sprites` dictionary에 추가한다.

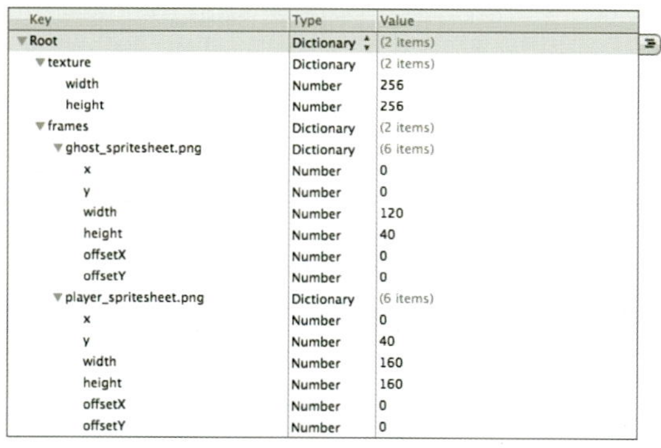

Key	Type	Value
▼ Root	Dictionary	(2 items)
▼ texture	Dictionary	(2 items)
width	Number	256
height	Number	256
▼ frames	Dictionary	(2 items)
▼ ghost_spritesheet.png	Dictionary	(6 items)
x	Number	0
y	Number	0
width	Number	120
height	Number	40
offsetX	Number	0
offsetY	Number	0
▼ player_spritesheet.png	Dictionary	(6 items)
x	Number	0
y	Number	40
width	Number	160
height	Number	160
offsetX	Number	0
offsetY	Number	0

| 그림 6.8 | 스프라이트 시트 plist 컨트롤 파일

이러한 과정을 반복하고 나면 스프라이트 시트에서 추출한 이미지들이 담긴 dictionary를 갖게 된다.

스프라이트 추출

이렇게 스프라이트를 dictionary에 담았다면 PackedSpritesSheet에서 스프라이트를 찾는 부분을 구현해야 하는데, 이는 생각보다 간단하다. 리스트 6.8의 imageForKey: 메소드에서 구현했다.

리스트 6.8 imageForKey 메소드

```
- (Image*)imageForKey:(NSString*)aKey {
    Image *spriteImage = [sprites objectForKey:aKey];
    if (spriteImage) {
        return spriteImage;
    }

    SLQLOG(@"ERROR - PackedSpriteSheet: Sprite could not be found for key '%@'", aKey);
    return nil;
}
```

원하는 스프라이트의 키 값(스프라이트 이미지의 원래 파일 이름)을 파라미터로 받은 다음 키 값에 해당하는 오브젝트(Image 인스턴스)를 찾아 리턴하면 된다. 찾는 오브젝트가 없는 경우에는 로그로 남겨 놓는다.

✄ 정리

이번 장에서는 Sir Lamorak's Quest의 게임 엔진의 한 축을 담당하는 `SpriteSheet`와 `PackedSpriteSheet` 클래스에 대해 살펴보았다. 이들 클래스는 특정 이미지에서 서브 이미지를 추출하는 여러 가지 방법에 대해 소개하였다.

- **`SpriteSheet` 클래스**: 스프라이트의 격자 위치를 이용하여 Image 인스턴스 추출
- **`PackedSpriteSheet` 클래스**: 스프라이트의 키 값(서브 이미지의 원본 파일 이름)을 이용하여 Image 인스턴스 추출

뿐만 아니라 6장의 두 클래스는 다수의 텍스처를 관리하고 애니메이션을 위해 이미지를 끄집어 내는 것을 가능하게 해주는 메커니즘을 제공한다.

`Image`, `SpriteSheet`, `PackedSpriteSheet` 클래스는 모두 우리의 게임 엔진에 있어 중추적인 역할을 한다. 따라서 이들 클래스가 어떻게 동작하고 무엇을 가능케 하는지를 충분히 이해한다면, 여러분 자신의 게임 엔진을 만드는 데에도 상당한 도움이 될 것이다. 물론 Sir Lamorak's Quest에서 사용하는 게임 엔진이 모든 형태의 게임 엔진에 맞아 떨어지지는 않겠지만 앞으로 여러분이 개발하게 될 게임의 기반으로 작용할 것이다. 이를 바탕으로 자신만의 경험을 쌓으면 되는 것이다.

다음 장에서는 애니메이션에 대한 이야기를 할 것이다. Pixar Animation[3]을 말하는 것이 아니라 애니메이션 그 자체에 대한 내용을 다룰 것이다.

---

3 Pixar Animation은 다수의 수상 경력을 가진 컴퓨터 애니메이션 스튜디오로, 대표작으로는 〈토이 스토리〉, 〈몬스터 주식회사〉, 〈니모를 찾아서〉 등이 있다.

✖ 연습 문제

이번 장의 예제 프로젝트는 CH06_SLQTSOR 안에서 제공하는데, 세 개의 다른 이미지가 하나의 스프라이트 시트에 들어 있다. 이 이미지들은 5장의 Image 클래스를 이용하여 scale, 회전, 색이 적용되어 있는데 이는 Image 인스턴스가 독립적으로 동작한다는 것을 보여주기 위함이다.

이번 프로젝트는 Sir Lamorak's Quest의 복합 스프라이트 시트에서 두 개의 스프라이트 시트를 사용한다.

이와 같은 내용을 바탕으로 자신만의 단순 스프라이트 시트를 만들거나 인터넷에서 다운로드받기 바란다. 어떤 방법으로든지 스프라이트 시트가 생기면 Zwoptex를 이용하여 복합 스프라이트 시트를 만들고 화면에 스프라이트를 보여주도록 하자.

이와 같이 하기 위해서는 아마도 다음과 같은 절차를 밟게 될 것이다.

1. 만들고 싶은 스프라이트를 결정한다.
2. 스프라이트의 크기를 결정하고(예를 들어 40×40 또는 50×80) 여백도 지정한다.
3. 자신에게 익숙한 프로그램을 이용하여 스프라이트를 그린다. 이때, 스프라이트의 크기와 여백에 주의한다.
4. 완성된 스프라이트 시트를 PNG 파일로 저장한다.
5. Zwoptex를 열고(www.zwoptexapp.com/flashversion/) 방금 만든 스프라이트 시트를 프로젝트에 추가한다.
6. Zwoptex를 이용하여 텍스처와 좌표/크기 정보를 추출하여 저장한다.
7. 이렇게 만든 두 개의 파일을 Xcode 프로젝트에 추가한다. [Game Resources] 그룹 안에 있는 [Images] 그룹에서 마우스 오른쪽 버튼을 클릭하고 팝업 메뉴에서 [Add]−[Add Existing File]을 선택한다. 그리고 방금 만든 파일을 선택한다. 이때 [Copy] 옵션을 설정하여 프로젝트 디렉토리에 파일도 복사되도록 한다.
8. 이번 장의 프로젝트의 코드를 참고하여 자신만의 스프라이트 코드를 사용한다.
9. 스프라이트를 렌더링하는 데 성공하였다면, 확대/축소, 회전, 색깔 지정 등의 다른 기능도 적용해보자.

Chapter 07
애니메이션
(Animation)

이번 장에서는 그동안 만든 게임 엔진의 핵심 클래스를 모두 사용할 것이다. 이제 우리는 Image 클래스를 이용하여 이미지를 로드하고 확대/축소, 회전, 색깔변경 등의 효과를 줄 수 있다. 그리고 6장에서의 SpriteSheet 클래스로 하나의 큰 이미지에 여러 개의 작은 이미지를 넣거나 추출할 수 있을 뿐만 아니라 PackedSpriteSheet 클래스를 이용하여 각기 다른 크기의 이미지도 한데 묶을 수 있게 되었다.

7장에서는 Image, SpriteSheet, PackedSpriteSheet 클래스 모두를 기반으로 하는 Animation 클래스를 만들 것이다. Animation 클래스는 이미지들을 연속으로 보여줄 수 있으며, 이미지 간 delay를 설정할 수 있어 애니메이션을 만드는데 유용하다.

애니메이션은 게임에 있어 아주 중요하면서도 재미있는 요소이다. 게임에 따라서는 애니메이션을 사용하지 않는 것도 있을지 모르지만, 대부분의 게임에서는 조금이라도 애니메이션을 사용한다.

우리는 이미 Apple이 Max OS X과 iOS에서 사용성을 높이기 위하여 애니메이션을 활용하는 것을 알고 있다. 이러한 기법은 게임에도 적용시킬 수 있다. 애니메이션을 사용한 깜박이는 아이콘이나 주인공 등은 유저의 관심을 끄는 데 매우 효과적이다. 하지만 분명히 애니메이션은 필요한 곳에 필요한 만큼만 사용하는 것이 가장 좋다. 애니메이션을 남발하면 애니메이션 처리문제 때문에 성능 저하를 가져와 오히려 게임에 불편함을 끼칠 수도 있기 때문이다.

애니메이션 프로젝트

Xcode로 CH07_SLQTSOR 프로젝트를 열고 빌드한 다음 실행해보자.

프로젝트가 실행하면 그림 7.1과 같이 여러 가지 이미지가 화면에 나타나는 것을 볼 수 있을 것이다. 그 중 일부는 6장 프로젝트에서 본 것도 있으며, 화면 왼쪽 상단과 오른쪽 하단에 보이는 것과 같이 7장에 처음 나타난 것도 있다. 이 프로젝트는 PakcedSpriteSheet, SpriteSheet 클래스를 모두 사용하며, 단순 스프라이트 시트와 복합 스프라이트 시트에서 이미지를 추출하여 애니메이션으로 사용한다.

| 그림 7.1 | iPhone 시뮬레이터에서 실행되는 CH07_SLQTSOR 프로젝트

7장에서는 Animation 클래스를 구성하기 위해 필요한 것을 알아보고 Sir Lamorak's Quest에서 실제로 구현된 클래스를 읽어보도록 한다.

✂ Animation 소개

Animation 클래스가 무엇에 사용되는지 잠시 생각해보자. 사실 애니메이션 클래스는 굉장히 복잡하게 만들어질 수 밖에 없다. 하지만 1장에서 게임 디자인에 대해 언급한 것과 같이 애니메이션 클래스에 모든 것을 담지 않을 것이다. 다만 필요한 것만 담을 것이다.

그러면 Animation 클래스가 갖고 있는 여러 가지 특징에 대해 살펴보자.

프레임

먼저 Animation 클래스의 인스턴스를 만들고 거기에 프레임을 추가할 수 있어야
한다. 프레임은 하나의 Image 인스턴스로 애니메이션의 한 개 장면이 된다.

이미지와 함께 delay를 지정하여 프레임 간 지연시간을 정할 수 있다. Delay는 하
나의 프레임이 화면에 나타나 유지되는 시간이다. 한 개의 delay를 사용하는 경우
모든 프레임 간격이 동일하기 때문에, 특정 프레임을 화면에 오래 나타나게 하는 등
의 효과를 사용하는 데에는 싱딩한 제약이 따른다. 이리한 문제를 해결하기 위히여
각 프레임마다 delay 값을 두었다.

State

게임 내 구성 요소의 대부분이 그렇듯 애니메이션도 상태관리를 해야 한다. 문제
를 복잡하지 않게 하기 위하여 애니메이션은 동작 또는 정지 상태만 사용할 수 있도
록 하였다.

Type

프레임과 애니메이션 상태를 정의한 것과 마찬가지로 애니메이션의 유형에 대해
서도 정의할 필요가 있다. 애니메이션 유형은 보통 세 가지로 분류된다.

- **Repeating**: 반복 애니메이션은 마지막 프레임까지 진행하면 다시 맨 처음 프레
  임으로 돌아가 다시 진행한다.
- **Ping-Pong**: 핑퐁은 애니메이션이 마지막 프레임까지 진행하면 마지막 프레임
  부터 거꾸로 보여준다.
- **Once**: 이름처럼 마지막 프레임까지 진행하면 애니메이션이 끝난다.

Direction

애니메이션의 진행 방향을 알려준다. Repeating 애니메이션보다 ping-pong 애
니메이션의 경우 애니메이션의 진행 방향을 알고 있는 것이 도움이 될 때가 많다.

Bounce Frame

일부 애니메이션의 복잡함을 덜어주기 위하여 사용하는 기법이다. Lamorak을 표현하기 위한 애니메이션 프레임은 매우 많다. 그림 7.2는 Lamorak이 오른쪽으로 달려가는 애니메이션 프레임이다.

| 그림 7.2 | Lamorak의 애니메이션 프레임

첫 번째 프레임을 보면 Lamorak이 멈춰 서 있다. 이것은 Lamorak이 움직이지 않을 때 사용할 것이다. 그리고 나머지 세 프레임은 Lamorak이 오른쪽으로 달려갈 때 사용한다.

나중에 우리의 영웅을 조작하는 클래스를 만들 때쯤에는 아마도 Lamorak이 오른쪽을 향해 달려가는 동작과 서 있는 동작을 모두 하나의 인스턴스에 담아 놓는 것이 제어하는데 매우 편리할 것이다. 이를 위해 bounce frame 개념이 소개되었다. Bounce frame은 간단한 속성값으로 애니메이션의 프레임을 다시 그리지 않고 반사되거나 반대 방향으로 움직이는 것처럼 묘사해준다.

14장에서 하나의 Animation 인스턴스를 이용하여 오른쪽으로 달리거나 오른쪽 방향을 보고 서 있는 두 가지 동작을 보여주는 애니메이션을 구현하는 것을 보게 될 것이다.

Animation 클래스

지금까지 Animation 클래스에 관한 핵심 특징에 대해 알아보았다. 이제부터는 실제로 Animation 클래스가 어떻게 구현되었는지 살펴볼 것이다.

CH07_SLQTSOR 프로젝트를 열면 [Game Engine] 그룹에 [Animation] 그룹이 새로 생긴 것을 볼 수 있을 것이다. [Animation] 그룹에는 Animation 클래스의 .h 와 .m 파일이 있다. Animation.m 파일을 열어보자.

초기화

이전 장과 마찬가지로 `Animation` 클래스 인스턴스의 초기화부터 시작한다. `Animation` 클래스에서는 단순히 init 메소드를 오버라이딩(overriding)한다. 즉, 파라미터를 사용하지 않는다. `Animation` 클래스의 init 메소드는 리스트 7.1에서 볼 수 있다.

리스트 7.1 Animation 클래스의 init 메소드

```
- (id)init {
    if(self = [super init]) {
        maxFrames = 5;
        frameCount = 0;
        currentFrame = 0;
        state = kAnimationState_Stopped;
        type = kAnimationType_Once;
        direction = 1;
        bounceFrame = -1;

        frames = calloc(maxFrames, sizeof(AnimationFrame));

    }
    return self;
}
```

init 메소드는 그렇게 복잡하지 않다. 클래스의 여러 속성값을 기본값으로 설정하고 프레임을 저장할 공간을 확보하는 것으로 끝난다. kAnimationType_Once 등의 상수값은 Animation.h에 정의되어 있다.

기본적으로 maxFrames 값은 5로 세팅되어 다섯 개의 프레임이 저장될 배열을 만들게 된다. 이는 기본값으로 나중에 프레임을 추가하는 방법에 대해 살펴볼 것이다. 이번 프로젝트에서는 평균적으로 메모리 공간을 낭비하지 않는 것이 5개의 프레임을 사용할 때이기 때문에 기본값을 5로 지정하였다.

배열 공간을 할당하기 위하여 calloc을 사용하였는데, calloc 안에 새로운 데이터 타입인 AnimationFrame을 볼 수 있다. AnimationFrame은 구조체 데이터 타입으로 Global Headers 그룹의 structures.h 파일에 정의되어 있으며 내용은 다음과 같다.

```c
typedef struct {
    Image * image;
    float delay;
} AnimationFrame;
```

구조체 자체는 매우 간단하다. `Image` 인스턴스와 `float` 타입의 `delay`를 갖는다.

프레임 정보를 담기 위해 C 구조체를 사용한 이유는 성능 문제 때문이다. 물론 `NSArray` 등을 사용할 수 있겠지만 애니메이션은 게임 루프 상에서 자주 업데이트되기 때문에 아무래도 `NSArray` 등을 사용한 것보다는 구조체에 바로 접근하는 것이 부하가 적다.

`Animation` 인스턴스를 만들고 나면 프레임을 추가할 수 있다.

프레임 추가

프레임 추가는 `addFrameWithImage:delay:` 메소드가 담당한다(리스트 7.2). 메소드 이름에서 알 수 있듯이 애니메이션 인스턴스에 프레임을 추가하는데, `frames` 배열을 초과하여 저장하려는지 확인하면서 시작한다. 이때 처음 할당받은 배열에 연속해서 메모리를 할당받는 것은 의도하지 않은 결과를 일으킬 수 있기 때문에 해서는 안된다. 앞에서 `maxFrames` 값을 5로 지정하였기 때문에 5개가 넘게 프레임을 저장하게 되면 메모리 공간을 추가로 할당해야 하는데, 여기서는 `realloc`을 이용하여 새로운 공간에 메모리를 할당받는다.

애니메이션(Animation)

리스트 7.2 addFrameWithImage:delay: 메소드

```objc
#define FRAMES_TO_EXTEND 5

- (void)addFrameWithImage:(Image*)aImage delay:(float)aDelay {

    if(frameCount+1 > maxFrames) {
        maxFrames += FRAMES_TO_EXTEND;
        frames = realloc(frames, sizeof(AnimationFrame) * maxFrames);
    }

    frames[frameCount].image = [aImage retain];
    frames[frameCount].delay = aDelay;
```

```
    frameCount++;

}
```

여유 메모리 공간이 있는 경우나 메모리 공간을 추가한 다음에는 추가하는 이미지에 대한 속성을 배열에 추가하고 프레임 카운트 수를 1 늘린다.

애니메이션 업데이트

Animation 인스턴스를 만들고 프레임을 넣고 나면 이 프레임을 움직이는 메커니즘을 만들어야 한다. 3장에서 루프를 돌며 각 요소에 대해 업데이트하고 다시 렌더링해야 한다고 설명하였는데, 이 때 업데이트해야 하는 요소는 게임을 구성하는 모든 요소가 된다.

이러한 개념을 바탕으로 모델을 구현하는 모든 클래스에는 업데이트와 렌더링 부분을 넣을 것이다. 이를 위해 두 가지 특별한 메소드를 사용한다.

- updateWithDelta
- render

updateWithDelta 메소드는 게임 루프의 업데이트 루틴에서 호출된다. 게임 루프는 델타값을 넘겨주는데 이 델타값은 시간 기반 연산에 사용된다. 우리의 애니메이션에서는 각 프레임마다 얼마나 오랫동안 화면에 유지되는지에 대한 delay 값이 지정되었기 때문에 델타값에 의한 타이밍이 매우 중요한 역할을 하게 될 것이다.

이미 예상하고 있겠지만 render 메소드는 각 개체들을 그리는 일을 맡는다. 그래서 render 메소드는 개체에 대한 속성이나 상태값을 건드리지 않는다. 속성이나 상태값은 업데이트 메소드가 담당한다. 렌더링을 위한 편리한 메소드로 renderCenteredAtPoint:가 있지만, 이 역시 결국 렌더링하는 메소드일 뿐이다.

Animation.m 파일을 보면 리스트 7.3과 같이 updateWithDelta: 메소드를 찾을 수 있을 것이다.

```
- (void)updateWithDelta:(float)aDelta {

    if(state != kAnimationState_Running)
        return;

    displayTime += aDelta;

    if(displayTime > frames[currentFrame].delay) {
        currentFrame += direction;

        displayTime -= frames[currentFrame].delay;

        if (type == kAnimationType_PingPong && (currentFrame == 0 ||
                                        currentFrame == frameCount-1 ||
                                        currentFrame == bounceFrame)) {
            direction = -direction;
        } else if (currentFrame > frameCount-1 || currentFrame == bounceFrame) {
            if (type != kAnimationType_Repeating) {
                currentFrame -= 1;
                state = kAnimationState_Stopped;
            } else {
                currentFrame = 0;
            }
        }
    }
}
```

먼저 애니메이션 상태를 파악한다. 애니메이션 상태가 동작 중이 아니라면 더이상 업데이트는 필요 없다.

> **Note**   kAnimationState_Running과 kAnimationState_Stopped는 Animation.h 파일에 enum 형태로 정의되어 있다. 이 외에도 애니메이션을 위한 enum 값이 몇 가지 더 설정되어 있다.

다음으로 displayTime 값을 증가시킨다. 이 값은 마지막 업데이트로부터 지나간 시간이 되며, 동시에 다음 프레임을 사용할 것인지를 결정하는 용도로 사용된다.

다음 프레임을 사용해야 한다면 currentFrame 값을 direction 값만큼 증가시키고 displayTime 값에서 프레임 delay 값을 뺀다. 이렇게 하면 정확한 프레임을 표시하는 것이 가능해진다. 즉, 게임이 잠시 느려져 displayTime 값이 커지면 일부 프

레임은 생략될 것이다. `direction` 변수는 진행 방향일 때는 1, 반대 방향일 때는 −1
을 갖는다.

다음 프레임으로 넘어가면서 애니메이션 타입도 업데이트해야 한다.

만약 애니메이션 타입이 `kAnimationType_PingPong`이고 `currentFrame`이 첫 프
레임 또는 마지막 프레임 또는 `bounceFrame`이라면 애니메이션의 방향(direction)이
바뀐다. 애니메이션 타입이 `kAnimationType_PingPong`이 아니고 `currentFrame`이
마지막 프레임이거나 `currentFrame`인 경우 `currentFrame`은 0으로 세팅되어 애니
메이션을 반복하게 된다.

그리고 애니메이션 타입이 `kAnimationType_Repeating`인지 확인하고 만일 그렇
지 않다면 애니메이션 타입은 `kAnimationType_Once`일 수밖에 없기 때문에 애니메
이션 상태는 `kAnimationState_Stopped`로 세팅된다.

여기까지가 업데이트 메소드 전체이다. 메소드는 단순하지만 이번 장 초반에서 설
명한 애니메이션 클래스의 모든 기능을 제공한다. 이제는 애니메이션을 렌더링할 차
례이다.

애니메이션 렌더링

여기서는 `currentFrame`을 어떻게 렌더링하는지 살펴볼 것이다. Image 클래스 덕
분에 실제로 렌더링하는 것은 매우 간단하다. 그저 Image 클래스의 적절한 `render`
메소드만 골라주면 된다. 리스트 7.4에는 각종 렌더링 메소드가 실려있다. 이 메소
드들은 화면에 애니메이션을 렌더링할 때 참 편리하다.

리스트 7.4 <u>**Animation.m에 수록된 각종 렌더링 메소드**</u>

```
- (void) renderAtPoint: (CGPoint) aPoint {
    [self renderAtPoint:aPoint
          scale:frames[currentFrame].image.scale
          rotation:frames[currentFrame].image.rotation];
}

- (void) renderAtPoint: (CGPoint) aPoint
        scale: (Scale2f) aScale
        rotation: (float) aRotation
```

```objc
{
    [frames[currentFrame].image renderAtPoint:aPoint
                                 scale:aScale
                                 rotation:aRotation];
}

- (void)renderCenteredAtPoint:(CGPoint)aPoint {
    [self renderCenteredAtPoint:aPoint
         scale:frames[currentFrame].image.scale
         rotation:frames[currentFrame].image.rotation];
}

- (void)renderCenteredAtPoint:(CGPoint)aPoint
         scale:(Scale2f)aScale
         rotation:(float)aRotation
{
    [frames[currentFrame].image renderCenteredAtPoint:aPoint
                                 scale:aScale
                                 rotation:aRotation];
}
```

현재의 프레임을 사용하기 위해 currentFrame을 인덱스로 하여 frames 배열에서 이미지 정보를 가져오는 것을 알 수 있다. 이와 함께 해당 이미지 인스턴스에 딸려 있는 각종 이미지 속성을 활용하여 render 메소드 파라미터로 전달한다.

지금까지 클래스를 만드는 것을 살펴 보면 기반이 되는 클래스를 만들고 새로운 클래스는 이전에 만든 클래스를 이용하면서 추가되는 기능만 넣는 것을 알 수 있다. 이와 같이 클래스를 디자인하고 구현하면 이해하기도 편할 뿐만 아니라 새로운 기능을 추가하는 프로세스도 단순화할 수 있다.

마무리

이제 클래스의 남은 getter와 setter, dealloc 메소드만 남았다.

몇몇 메소드는 단순히 설정값만을 변경하는데, 예를 들어 애니메이션 프레임의 rotationPoint를 변경하거나 회전시키는 것은 그저 설정값만 세팅해서 구현하는 것을 알 수 있다.

다만 애니메이션 인스턴스 안에는 여러 개의 이미지가 들어 있기 때문에 인스턴스

안에 포함된 모든 이미지에 대한 rotationPoint이나 rotation 값을 일일이 변경해
야 한다. 이러한 것이 바로 setter가 하는 일이며 다음의 코드로 구현했다.

```objectivec
- (void)rotationPoint:(CGPoint)aPoint {
    for(int i=0; i<frameCount; i++) {
        [frames[i].image setRotationPoint:aPoint];
    }
}

- (void)setRotation:(float)aRotation {
    for(int i=0; i<frameCount; i++) {
        [frames[i].image setRotation:aRotation];
    }
}
```

위의 코드를 보면 단순히 애니메이션 안에 있는 모든 프레임을 찾아가며 프레임에
연결된 이미지의 적절한 설정값으로 세팅하고 있다.

이번에는 편의를 위해 만든 getter로, 현재 프레임의 이미지를 가져오거나 특정
프레임의 이미지를 가져오는 일을 한다.

```objectivec
- (Image*)currentFrameImage {
    return frames[currentFrame].image;
}

- (Image*)imageForFrame:(NSUInteger)aIndex {
    if(aIndex > frameCount) {
        NSLog(@" WARNING - Animation: Invalid frame index" );
        return nil;
    }
    return frames[aIndex].image;
}
```

> **Tip** **경험자의 조언**
>
> 지금까지 살펴본 여러 클래스의 모든 메소드는 하루아침에 만들어진 것이 아니다. 저자 역시
> 게임을 개발하면서 게임 엔진을 위한 API를 단순하게 만들고 게임 코드를 깔끔하게 하기 위
> 하여 메소드를 가볍게 하는 데 많은 노력을 기울였다. 그리고 메소드를 추가할 때마다 게임
> 엔진에 포함해도 되는지를 고민하였다. 만약 클래스 간에 재사용되는 부분이 있다면 가장 적
> 절한 클래스에 위치하도록 노력하였다.
>
> 물론 클래스에 새로운 아이템을 추가하는 것이 간단한 작업은 아니다. 클래스에 메소드를 추

마지막 메소드는 dealloc이다. 이 메소드는 많이 보지 못했지만 아주 중요하다. 일반적으로 iPhone 프로그래밍을 하면서 많은 시간을 할애하는 것이 바로 메모리 관리이다. 자원이 한정적일 뿐만 아니라 가비지 컬렉션(garbage collection)[1]도 지원하지 않기 때문에 개발자가 일일이 메모리 상황을 파악해야 하기 때문이다.

> **Note** Apple에서 제공하는 Objective-C 2.0 문서에는 가비지 컬렉션(garbage collection)에 대한 내용이 나와 있으나, iOS에서는 지원하지 않는다.

다른 dealloc 메소드와는 달리 Animation 클래스에서는 구조체 배열도 free 시키는 부분을 추가해야 한다. 왜냐하면 애니메이션 인스턴스에 프레임을 추가하면서 AnimationFrame 구조체에 메모리를 할당받았기 때문이다. AnimationFrame 구조체 배열 frames를 free시키기 위해서는 먼저 frames에 딸려 있는 이미지 인스턴스를 release 시켜야 한다.

```
- (void)dealloc {

    if (frames) {
        for(int i=0; i<frameCount; i++) {
            AnimationFrame *frame = &frames[i];
            [frame->image release];
        }
        free(frames);
```

---

[1] 가비지 컬렉션(Garbage collection)은 자동 메모리 관리 체계이다. 기본적으로 가비지 컬렉션은 사용하지 않는 오브젝트의 메모리를 release한다.

```
        }
        [super dealloc];
    }
```

그런 다음 frames 배열을 free하면 끝난다.

✂ 정리

애니메이션 클래스는 비교적 구현하기 쉽다. 그러나 클래스는 단순해도 게임 엔진에 있어 중요한 요소 – 여러 개의 이미지로 2D 게임의 애니메이션을 구현 – 를 제공한다.

이렇게 만든 애니메이션은 여러 용도로 활용할 수 있을 것이다. 즉, 게임상의 캐릭터나 플레이어에 제한하는 것이 아니라 움직이는 버튼 등의 GUI 요소로 확장시킬 수 있는 것이다. 유저가 GUI 요소를 터치했을 때 애니메이션으로 반응한다면 유저에게는 큰 즐거움을 줄 것이다.

애니메이션을 잘 다루는 것만으로 게임을 만들 수 있다. 단순하지만 GUI와 게임 간 애니메이션의 적절한 조화만으로 큰 인상을 주는 게임도 있다.

이제 우리는 이미지를 화면에 그리고 스프라이트 시트를 이용하여 애니메이션까지 구현할 수 있게 되었다. 다음 장에서는 지금까지 만든 게임 엔진에 추가할 또 다른 주요 요소인 화면에 글씨(텍스트)를 렌더링하는 방법에 대하여 살펴볼 것이다.

화면에 글씨(텍스트)를 렌더링하는 것 역시 매우 중요할 뿐만 아니라 OpenGL ES가 우리에게 제공하지 못하는 부분이기도 하다. 8장 "비트맵 폰트"에서 다양한 글씨를 렌더링하기 위해 많이 사용되는 기법에 대해 알아보자.

✂ 연습문제

만약 이번 장의 프로젝트인 CH07_SLQTSOR을 열고 실행했다면 6장의 프로젝트를 어떻게 만들고 애니메이션 요소를 어떻게 추가했는지 보았을 것이다.

6장의 연습문제를 모두 해결했다면 자신만의 스프라이트 시트를 가지고 화면에 렌더링했을 것이다. 이번에는 새로운 Animation 클래스에서 스프라이트 시트를 사용해보자. 자신의 스프라이트 시트가 애니메이션용으로 제작된 것이 아니라도 상관 없다. 그저 스프라이트 시트에 들어있는 이미지를 애니메이션하는 것만으로도 Animation 클래스를 어떻게 사용하는지 잘 이해할 수 있을 것이다.

아니면 인터넷에서 잘 만들어진 애니메이션용 스프라이트 시트를 찾아 사용해보는 것도 좋겠다.

이제 자신만의 스프라이트를 갖게 되었다면 다음과 같은 다양한 애니메이션 타입을 적용해보자.

- kAnimationType_Repeating
- kAnimationType_Pingpong
- kAnimationType_Once

또한 애니메이션에 확대/축소, 회전 등의 효과를 추가할 수도 있다. 이와 같은 내용을 7장의 프로젝트에서 확인할 수 있을 것이다. 회전, 회전 축, 색깔 변경, 확대/축소 등의 효과를 스프라이트 시트 이미지에 적용하는 것만으로 스프라이트 시트 안의 모든 스프라이트에 동일하게 속성이 적용될 것이다.

Chapter 08
비트맵
폰트
(Bitmap
Fonts)

대부분의 게임은 유저에게 게임을 플레이하는 데 있어 중요한 정보를 글씨로 제공한다. 이러한 정보에는 점수, 체력, 시간, 각종 메시지 등이 있다.

iPhone SDK도 미려한 글꼴을 화면에 렌더링시키는 기능을 제공한다. 이러한 기능을 사용하기 위해서는 UIKit을 사용해야 하는데, UIKit, Quartz, Core Animation을 이용하여 게임을 개발한다면 글씨의 서체, 크기, 색깔 등을 원하는 대로 쉽게 골라서 화면에 보여줄 수 있다.

하지만 OpenGL ES를 이용하는 경우에는 화면에 글씨를 표현하기 위해 조금 도전적인 방법을 사용해야 한다. OpenGL ES API에는 글씨를 렌더링하는 기능이 제공되지 않는다. 다만 삼각형, 점, 선만을 다룰 뿐이다. 서체나 서체를 구성하는 글자에 대한 지원은 전혀 없다.

이러한 이유로 컴퓨터 게임에는 오랜 시간 동안 같이 따라다니는 개념이 있는데, 바로 비트맵 폰트(Bitmap Font)이다. 비트맵 폰트는 복합 스프라이트 시트로 구성되었으며, 스프라이트 시트에는 텍스트로 사용하기 위한 글자가 서브 이미지 형태로 그려져 있다. 그래서 텍스트를 화면에 보여주기 위해서는 텍스트를 구성하는 글자를 파악하여 해당 스프라이트를 조합하여 화면에 렌더링해야 한다.

이번 장에서는 비트맵 폰트를 만드는 방법과 BitmapFont 클래스에 대해 다룰 것이다.

✂ 비트맵 폰트 프로젝트

CH08_SLQTSOR 프로젝트를 열고 실행하면 앞 장의 프로젝트와 마찬가지로 이번 장에서 다룰 내용이 모두 들어 있는 것을 알 수 있다. 8장의 프로젝트에는 [Game Engine] 그룹에 [Bitmap Font] 그룹이 추가되었으며, 이 안에 `BitmapFont` 클래스가 구현되어 있다.

그림 8.1은 8장 프로젝트의 실행 결과이다. 7장 프로젝트의 실행 결과에 추가로 색깔이 입혀진 텍스트가 나타난 것을 볼 수 있다. 이와 같이 다양한 종류의 서체와 크기, 색깔을 구현하는 것이 `BitmapFont` 클래스의 목표이다. 이번 장이 끝날 즈음에는

여러분의 게임을 위한 비트맵 폰트를 만드는데 도움이 되는 툴과 지식을 갖게 될 것이다.

| 그림 8.1 | iPhone 시뮬레이터에서의 CH08_SLQTSOR 프로젝트 실행화면

🔧 비트맵 폰트 소개

앞에서도 설명한 것과 같이 비트맵 폰트를 사용하면 OpenGL ES를 사용하면서 화면에 텍스트를 표시할 수 있다. 물론 OpenGL ES를 사용하기 이전에도 비트맵 폰트 개념은 존재했고 게임 개발자들은 자신의 게임을 개발할 때 비트맵 폰트를 사용하였다.

1980년대의 8비트 가정용 컴퓨터에는 자체적으로 제공되는 기본 서체만 사용할 수 있었다. 하지만 그 당시에도 게임 개발자들은 크고 멋지고 화려한 글꼴을 사용하고 싶은 꿈이 있었으며, 이러한 갈망의 결과물이 바로 비트맵 폰트이다.

비트맵 폰트의 글자는 이미지로 구성되어 있다. 그래서 텍스트를 화면에 그리기 위해서는 텍스트를 구성하는 글자에 해당하는 이미지를 화면에 그리면 된다. 얼핏 굉장히 복잡한 과정이 필요할 것처럼 들리지만 구현하는 것은 어렵지 않다.

이 책의 목적에 따라 비트맵 폰트가 복합 스프라이트 시트로 구성되었다고 가정할 것이다(즉, 글자마다 크기가 다르다). 그림 8.2는 Hiero[1] 프로그램을 이용하여 만든 비트맵 폰트 스프라이트 시트다.

| 그림 8.2 | 비트맵 폰트 스프라이트 시트

안타깝게도 이번 장에서는 6장에서 만든 `PackedSpriteSheet` 클래스를 사용하지 못한다. 왜냐하면 `PackedSpriteSheet` 클래스는 Zwoptex 프로그램으로 만든 복합 스프라이트 시트만 지원하도록 구성되었기 때문이다. 물론 비트맵 폰트 역시 복합 스프라이트 시트인 것은 마찬가지이지만 문제는 컨트롤 파일이다. Zwoptex와 뒤에서 비트맵 폰트를 제작하기 위해 사용하는 툴이 만드는 컨트롤 파일 포맷이 서로 다른 것이다.

물론 `PackedSpriteSheet` 클래스를 이용하여 구현하는 것이 불가능하지 않지만 여기서는 비트맵 폰트를 위한 별도의 클래스를 만들 것이다.

한 가지 중요한 점은 "모든" 텍스트에 대해서 비트맵 폰트를 사용할 필요는 없다는 것이다. UILabel 인스턴스를 만들어 EAGLView에 추가한 다음 사용하면 화면에

---

1 Hiero는 Java 기반 프로그램으로 TrueType 서체로부터 비트맵 폰트 스프라이트 시트와 컨트롤 파일을 만들어 준다.

텍스트를 표현할 수 있다. 이는 너무 간단할 뿐만 아니라 시간도 많이 절약할 수 있다. 요점은 UIKit에서 제공하는 서체에는 제한이 있으며 이를 극복하기 위하여 비트맵 폰트를 사용한다는 것이다.

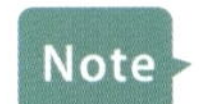 비트맵 폰트용 스프라이트 시트 제작

비트맵 폰트 스프라이트 시트를 제작하는 툴을 사용하기에 앞서 먼저 어떻게 동작하는지 살펴보자. 복합 스프라이트 시트를 사용하기 위해서는 어쩔 수 없이 스프라이트 시트 이미지와 컨트롤 파일을 만들어야 한다. 물론 지루하고 어려운 작업이다. 이 과정을 쉽게 하기 위하여 무료 Java 프로그램인 Hiero를 사용할 것이다(n4te.com/hiero/hiero.jnlp). 2장에서 이 프로그램을 언급한 것을 기억할 것이다.

TrueType 서체에서 비트맵 폰트를 만드는 Windows 기반의 BMFont라는 프로그램도 있다(www.angelcode.com/products/bmfont). 이 프로그램 역시 Hiero와 마찬가지로 스프라이트 시트 이미지와 컨트롤 파일을 생성한다. Windows 환경에서만 동작한다는 제한이 있지만 Hiero에 비해 더 많은 기능을 제공하니 관심 있는 독자는 사용해 보기 바란다.

Hiero는 TrueType 서체를 이용하여 스프라이트 시트와 컨트롤 파일을 만들어 낸다. 그림 8.3은 비트맵 폰트를 생성 중인 Hiero GUI를 보여준다.

Hiero 프로그램을 이용하여 비트맵 폰트를 만드는 첫 단계는 n4te.com/hiero/hiero.jnlp 에 접속하는 것이다. 그러면 그림 8.3과 같은 GUI 화면이 나타난다. 화면 이제 왼쪽 상단의 서체 목록에서 원하는 서체를 선택하거나 인터넷에서 다운로드받은 서체 파일을 선택하면 된다.

서체를 고른 다음에는 크기와 같은 속성을 설정한다.

다음으로 스프라이트 시트의 크기를 결정하기 위하여 [Rendering] 패널의 'Page width'와 'Page height' 값을 조절한다(그림 8.4).

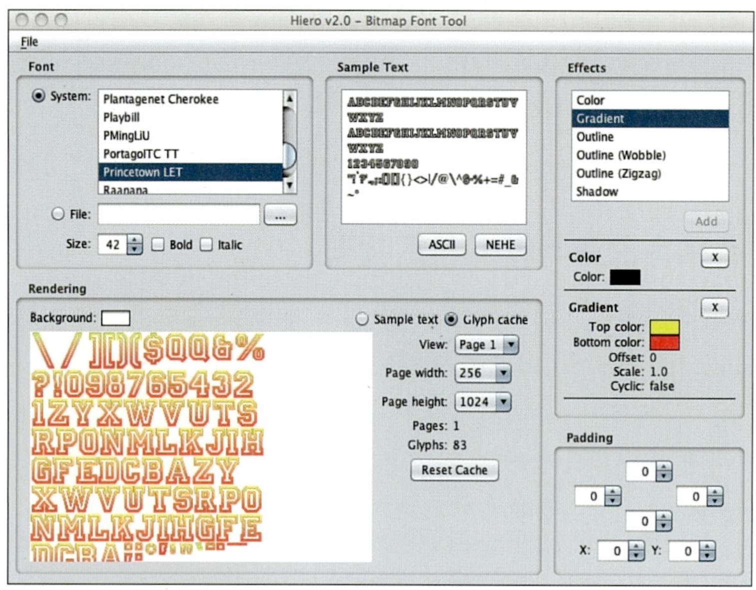

| 그림 8.3 | Hiero

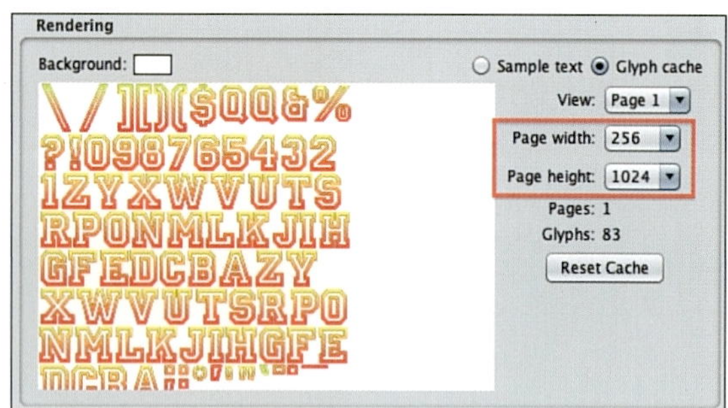

| 그림 8.4 | Hiero에서 텍스처의 가로와 세로 길이를 설정하는 화면

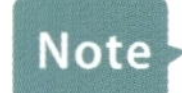

iPhone 3G를 포함한 이전 모델에서 지원하는 최대 텍스처 크기는 1024×1024이다. 그래서 최대 텍스처 크기를 넘지 않는 것이 중요하다. 만약 최대 텍스처 크기를 넘긴다면 Texture2D 클래스는 1024×1024 제한을 지키기 위해 텍스처 크기를 반으로 줄일 것이다. 이렇게 되면 컨트롤 파일 정보는 모두 틀어지게 되고 예상치 못한 결과를 얻게 될 것이다. iPhone 3GS부터는 최대 텍스처 크기가 2048×2048로 늘어났다.

서체에 대해 그림자, Gradient, 외곽선 등의 효과도 적용할 수 있다. 그림 8.5은 Hiero의 [Effects] 패널이다.

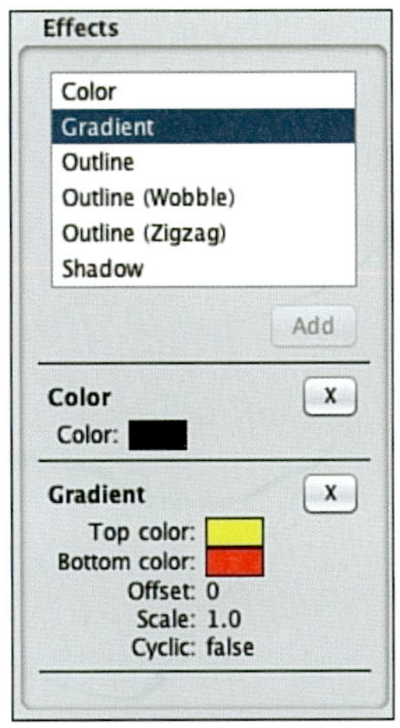

| 그림 8.5 | Hieo의 Effects 패널

물론 Hiero에서 제공 가능한 서체 효과는 많지 않지만 비트맵 폰트를 만드는 데는 충분히 사용할 만한 툴이다.

> **Tip** Hiero가 만든 PNG 파일을 이용하여 직접 색깔과 그림자 등을 변경할 수도 있다. 대신 글자의 크기나 위치가 바뀌면 안된다. 만약 글자의 크기나 위치를 변경하게 되면 그에 따라 컨트롤 파일도 업데이트해야 한다.

비트맵 폰트 이미지 편집이 끝나면 이제 저장할 차례이다. 메뉴에서 [File]-[Save BMFont filts (text)]를 선택하면 된다. 그러면 대화창이 뜨면서 파일 저장 위치를 지정하도록 요구한다.

저장 버튼을 누르면 두 개의 파일이 생성된다. 하나는 비트맵 폰트 이미지가 저장된 PNG 파일이고 다른 하나는 컨트롤 파일이다. 컨트롤 파일의 확장자는 .fnt 이다.

이제 비트맵 폰트를 사용할 준비는 끝났다. 나머지는 BitmapFont 클래스를 이용하여 비트맵 폰트를 화면에 렌더링하는 것이다.

✖ BitmapFont 클래스

BitmapFont 클래스는 스프라이트 시트에서 이미지를 추출하고 컨트롤 파일을 이용하여 처리하는 일을 맡는다. 컨트롤 파일에는 각 글자의 위치 정보가 들어 있다. 나중에 글자를 추출할 때 이 정보를 활용할 것이다.

헤더 파일

앞에서는 클래스를 살펴보기 위하여 먼저 초기화 메소드를 보았는데, 이번에는 헤더 파일을 먼저 보기로 하자. 보통 헤더 파일은 자체적으로 의미 또는 목적을 내포하고 있기 때문에 별도의 설명이 필요하지 않지만, BitmapFont 클래스의 경우 리스트 8.1의 구조체에 대해서 알아야 할 필요가 있다.

리스트 8.1 **BitmapFontChar 구조체**

```
typedef struct _BitmapFontChar {
    int charID;
    int x;
    int y;
    int width;
    int height;
    int xOffset;
    int yOffset;
    int xAdvance;
    Image *image;
    float scale;
} BitmapFontChar;
```

BitmapFontChar 구조체는 서체의 각 글자 정보를 저장하는데 사용된다. 각 글자의 정보에는 글자ID, 서체 이미지에서의 위치, 크기, 오프셋(offset) 등이 있다. 컨트롤 파일을 통해 이러한 정보를 가져와 BitmapFontChar 배열 형태로 저장한다.

✕ C로 하는 부분?

점점 내용이 깊어지면서 C 구조체를 사용하는 빈도도 늘고 있다. Objective-C 오브젝트를 사용하면 오브젝트 간 메시징 처리로 인한 오버헤드가 발생하기 때문이다. 클래스 인스턴스의 속성값을 얻기 위해서는 오브젝트 간 메시지를 주고 받아야 한다.

그래서 어떠한 속성값을 빈번하게 조회하거나 업데이트하는 경우에는 클래스를 만드는 것보다 C 구조체를 사용하는 것이 성능 향상에 훨씬 도움이 된다.

초기화

이제 초기화 메소드를 볼 차례이다. 리스트 8.2에 초기화 메소드가 있다.

리스트 8.2   **BitmapFont 클래스의 initWithFontImageNamed:controlFile: 메소드**

```objc
- (id)initWithFontImageNamed:(NSString*)aFileName
    controlFile:(NSString*)aControlFile
    scale:(Scale2f)aScale
    filter:(GLenum)aFilter
{
    self = [self init];
    if (self != nil) {

        sharedGameController = [GameController sharedGameController];

        image = [[Image alloc] initWithImageNamed:aFileName filter:aFilter];
        image.scale = aScale;

        fontColor = Color4fMake(1.0f, 1.0f, 1.0f, 1.0f);

        charsArray = calloc(kMaxCharsInFont, sizeof(BitmapFontChar));

        [self parseFont:aControlFile];
    }
    return self;
}
```

비트맵 폰트(Bitmap Fonts)

먼저 GameController의 레퍼런스를 얻은 다음 Image 인스턴스를 만든다.

이미지 인스턴스를 만든 다음에는 이미지의 scale과 색깔을 지정한다. 색깔은 기본값으로 모두 1.0으로 지정하였다. 이렇게 하면 폰트 이미지의 색을 그대로 사용한다. 물론 색깔값을 변경하는 것이 가능하지만 그렇게 하면 모든 글자에 변경된 색깔 필터가 적용될 것이다(필요시 색깔 필터를 적용할 수 있다).

Scale과 색깔을 설정한 다음에는 BitmapFontChar 정보를 저장하는 charsArray 배열의 메모리 공간을 할당받는다. charsArray 배열은 최대 글자 수만큼 배열크기를 잡는데, 최대 글자 수는 kMaxCharsInFont 상수에 들어 있다. 이렇게 메모리 공간을 할당받으면 BitmapFontChar 배열에 글자 정보를 넣을 수 있게 된다.

실제 서체의 글자 개수를 알게 되는 시점에서 동적으로 메모리를 할당받을 수도 있는데, 이렇게 미리 메모리를 할당받는 것에 대해 의문을 가질 수도 있겠다. 그 이유는 잠시 후 BitmapFont에서 글자를 어떻게 처리하는지 확인하면서 알게 될 것이다.

어쨌든 charsArray 배열 공간을 확보한 다음에는 컨트롤 파일을 파싱한다.

컨트롤 파일 파싱

앞서 설명한 것처럼 비트맵 폰트는 스프라이트 시트 이미지(PNG 파일)와 컨트롤 파일로 구성되어 있다. 컨트롤 파일에는 어떤 글자가 이미지의 어느 위치에 있는지에 대한 정보가 들어 있다. 이러한 컨트롤 파일을 파싱하기 위하여 BitmapFont의 private 메소드를 사용하였다.

BitmapFont.m 파일의 마지막 부분에 parseFont:라는 private 메소드를 볼 수 있다(리스트 8.3).

리스트 8.3 parseFont: 메소드

```
- (void)parseFont:(NSString*)controlFile {

    NSString *contents = [NSString stringWithContentsOfFile:
                                [[NSBundle mainBundle]
                                    pathForResource:controlFile
                                    ofType:@" fnt" ]
                          encoding:NSASCIIStringEncoding
```

```
                    error:nil];

    NSArray *lines = [[NSArray alloc] initWithArray:
                                [contents
                                    componentsSeparatedByString:@"\n"]];


    NSEnumerator *nse = [lines objectEnumerator];

    NSString *line;

    while(line = [nse nextObject]) {
        if([line hasPrefix:@"common"]) {
            [self parseCommon:line];
        } else if([line hasPrefix:@"char id"]) {
            [self parseCharacterDefinition:line];
        }
    }
    [lines release];
}
```

parseFont: 메소드가 가장 먼저 하는 것은 컨트롤 파일의 내용을 string으로 로드하는 것이다. 이는 파일 확장자가 .fnt 라고 가정하고 진행하는 것이다(.fnt 는 Hiero 프로그램이 사용하는 기본 확장자이다).

컨트롤 파일 내용을 NSString으로 로드한 다음에는 그것을 줄 단위로 구분시킨다. 컨트롤 파일에는 줄 단위로 각 글자에 대한 정의가 들어있기 때문이다. 이를 위해 NSArray를 만들어 \n을 구분자로 하여 줄 단위로 배열에 저장하였다. 이렇게 하면 lines 배열의 각 인덱스마다 컨트롤 파일 한 줄의 내용이 들어간다.

다음으로 이렇게 저장한 줄에 대한 enumerator를 만들어 원하는 줄에 접근하기 용이하게 만든다. 그리고 line 포인터 변수로 현재 처리하고 있는 줄을 가리키도록 하였다.

컨트롤 파일은 줄 단위로 각 글자에 대한 정의(즉, 글자에 해당하는 이미지 위치나 크기 등)가 들어 있다. 리스트 8.4에서 이에 대한 예를 보여준다.

 비트맵 폰트 컨트롤 파일의 일부분

```
info face="TransformersNormal" size=56 bold=0 italic=0 charset=""
   unicode=0 stretchH=100 smooth=1 aa=1 padding=0,0,0,0 spacing=1,1

common lineHeight=77 base=26 scaleW=1024 scaleH=1024 pages=1 packed=0
    page id=0 file="testFont.png"

chars count=94

char id=32 x=0 y=0 width=0 height=0 xoffset=0
    yoffset=57 xadvance=31 page=0 chnl=0
```

각 줄은 그 줄에 어떠한 정보가 있는지를 알려주는 prefix로 시작한다. 리스트 8.3
을 보면 if 구문으로 줄의 prefix를 확인하여 그에 알맞게 처리한다.

Hiero 프로그램이 만드는 컨트롤 파일에는 여러 가지 prefix가 있지만 여기서 사
용하는 prefix는 아래의 두 가지 종류뿐이다.

- **common**: scaleW, scaleH, lineHeight 등의 폰트 이미지의 일반적인 정보를 제
  공한다.
- **char id**: 글씨 이미지 파일에서의 글자위치, 크기, 다음 글자와의 간격 등 글자
  정의에 대한 정보를 제공한다.

Prefix가 common인 경우 parseCommon: 메소드를 호출하며, char id인 경우
parseCharacterDefinition: 메소드를 호출한다.

common prefix 파싱

리스트 8.5에 parseCommon: 메소드 코드가 있다.

 parseCommon: 메소드

```
- (void)parseCommon:(NSString*)line {

    int scaleW;
    int scaleH;
    int pages;
```

```objc
sscanf([line UTF8String],
        "common lineHeight=%i base=%*i scaleW=%i scaleH=%i pages=%i",
        &lineHeight, &scaleW, &scaleH, &pages);

NSAssert(scaleW <= 1024,
        @"ERROR - BitmapFont: Texture atlas cannot be larger than 1024x1024");
NSAssert(scaleH <= 1024,
        @"ERROR - BitmapFont: Texture atlas cannot be larger than 1024x1024");
NSAssert(pages == 1,
        @"ERROR - BitmapFont: Only supports fonts with a single texture atlas.");
}
```

파라미터로 넘어오는 문자열은 `common`으로 시작한다. 이 문자열에 C 함수인 `sscanf`를 사용하여 필요한 값을 취한다.

나머지 부분은 서체에 대한 이미지가 구형 iPhone에서 처리 가능한 최대 텍스처 크기 1024×1024를 넘는지와 이미지가 여러 장(또는 파일)으로 구성되지는 않았는지를 확인한다. 조건을 만족하지 않는 경우 정의된 문구로 에러를 일으킨다.

이러한 프로그래밍 습관은 심각한 오류를 미연에 방지할 수 있도록 한다. 우리가 원하는 형태의 서체가 아닌 변형된 모습이 적용되려고 할 때는 프로그램을 멈추게 하고 어디서 문제가 발생하였는지를 알려주는 것이 가장 좋은 해결책이다.

char id prefix 파싱

다음에는 `char id`가 prefix 일 때 처리하는 `parseCharacterDefinition:` 메소드를 볼 차례이다(리스트 8.6). `parseCommon:` 메소드와 마찬가지로 처리한다.

  parseCharacterDefinition: 메소드

```objc
- (void)parseCharacterDefinition:(NSString*)line {

    int charID;

    sscanf([line UTF8String], "char id=%i", &charID);

    charID -= 32;

    sscanf([line UTF8String], "char id=%*i x=%i y=%i width=%i height=%i
        xoffset=%i yoffset=%i xadvance=%i",
```

```
                &charsArray[charID].x,
                &charsArray[charID].y,
                &charsArray[charID].width,
                &charsArray[charID].height,
                &charsArray[charID].xOffset,
                &charsArray[charID].yOffset,
                &charsArray[charID].xAdvance);

    charsArray[charID].image =
        [[image subImageInRect:
                    CGRectMake(charsArray[charID].x,
                               charsArray[charID].y,
                               charsArray[charID].width,
                               charsArray[charID].height)]
            retain];

    charsArray[charID].image.scale = image.scale;
}
```

다시 컨트롤 파일에 `char id`가 있는 줄을 살펴보자.

```
char id=78    x=0      y=17    width=13    height=12    xoffset=1    yoffset=4
    xadvance=12    page=0    chnl=0
```

`char id` 라인이 `common` 라인과 다른 점은 `char id` 라인에는 이름과 값이 쌍으로 나열된다는 것이다.

그리고 `charID`를 계산하기 위하여 32를 뺀 다음 `charID`를 인덱스로 하여 `charsArray`에 해당 글자에 대한 정보를 담았다.

Hiero는 글자 id로 32에서부터 255까지만 지원하기 때문에 메모리 공간의 절약을 위해 32를 뺐다. 이와 유사하게 나중에 글자를 찾을 때도 32를 빼는 과정이 들어간다.

그런 다음 `Image` 인스턴스를 `BitmapFontChar`의 현재 글자의 ID에 담는다. `charsArray`는 `BitmapFontChar` 구조체 배열이며, 구조체 안에는 `Image` 레퍼런스도 있다는 점을 기억할 것이다.

여기서 `Image` 인스턴스가 retain되어야 한다는 것도 주의해야 한다. `subImage`

InRect: 메소드를 통해 넘어오는 Image 인스턴스는 autorelease되었기 때문이다.

메소드의 마지막 줄에서는 글자 이미지의 scale을 스프라이트 시트의 이미지 scale로 맞춘다.

✖ 텍스트 렌더링

지금까지 서체의 이미지 파일을 읽고 컨트롤 파일을 파싱하는 부분에 대해 살펴보았다. 모두 중요한 부분임에는 틀림없지만 이번에 언급할 부분은 더욱 흥미로운 부분으로, 글자를 화면에 실제로 렌더링하는 방법에 대해 다룰 것이다.

개인차는 있겠지만, 저자는 화면에 무언가를 실제로 보여주는 부분을 작업할 때가 그렇게 하기 위한 기반을 마련하는 것보다 훨씬 재미있다. 물론 기반이 되는 부분을 구현하는 것 역시 매우 중요하다는 것은 두말할 나위도 없다.

텍스트를 화면에 보여주는 것은 생각보다 어렵지 않다. 이미 이를 위한 기반을 충분히 다져놓았기 때문에 실제로 렌더링하는 것은 아주 쉽다.

리스트 8.7에는 텍스트를 렌더링하는 데 사용되는 renderStringAt:text: 메소드가 있다.

리스트 8.7 renderStringAt:text: 메소드

```objc
- (void)renderStringAt:(CGPoint)aPoint text:(NSString*)aText {

    float xScale = image.scale.x;
    float yScale = image.scale.y;

    for(int i=0; i<[aText length]; i++) {

        unichar charID = [aText characterAtIndex:i] - 32;

        int y = aPoint.y + (lineHeight * yScale)
          - (charsArray[charID].height + charsArray[charID].yOffset) * yScale;
        int x = aPoint.x + charsArray[charID].xOffset;
        CGPoint renderPoint = CGPointMake(x, y);

        charsArray[charID].image.color = fontColor;
```

```objc
    [charsArray[charID].image renderAtPoint:renderPoint];

    aPoint.x += charsArray[charID].xAdvance * xScale;
  }
}
```

이 메소드의 핵심은 루프로, 이 루프는 파라미터로 넘어온 모든 글자에 대해 처리한다. 루프에서는 먼저 넘어온 글자에서 `charID`를 얻는다. 각 글자값으로 ASCII 코드를 사용하기 때문에 앞에서 `charID`를 계산하기 위해 32를 뺐던 것과 동일하게 이번에도 `charID`를 구하기 위하여 글자값에서 32를 뺀다.

다음으로 글자의 y 좌표값을 구한다. 메소드는 파라미터로 aPoint도 받았는데, aPoint는 텍스트가 표시될 화면의 좌표를 일컫는다. 영문자의 경우 글자마다 그 높이가 다르기 때문에 렌더링할 y 좌표를 보정해야 한다.

알파벳 중에서는 g, j, p, q, y 같이 글자가 baseline 아래로 내려가는 descender나 d, f, h, k 같이 글자가 좀 더 위로 올라가는 ascender가 있기 때문에 글자마다 baseline을 맞추어야 하며, 이를 위해 여기서는 오프셋(offset)을 사용하였다.

그림 8.6을 보면 글자가 어떻게 화면에 나타나야 하는가를 알 수 있다. 그림에 표시된 y는 비트맵 글자가 화면에 그려질 때의 y 좌표를 나타낸다. 따라서 모든 글자가 y라고 표시된 줄에 맞추어 그려지게 되며, descender나 밑줄 표시(_) 등도 잘 나타나게 된다.

| 그림 8.6 | 렌더링 때의 글자 위치

컨트롤 파일에는 `lineHeight` 값이 있다. 이 값은 서체의 모든 글자에 대한 기본

길이(높이)를 가리킨다. 그래서 각 글자마다 정확한 y 좌표를 구하기 위해서는 `lineHeight`에서 각 글자의 높이와 `yOffset`을 더한 값을 빼야 한다. 그렇게 하면 모든 글자가 잘 배치된다.

다음으로 `renderPoint`를 계산하고 색깔 값도 지정한다. 이렇게 준비를 마치고 해당 비트맵 폰트의 글자를 렌더링한다.

그리고는 다음 글자의 x 좌표를 계산하는데, 간단히 글자에 딸려 있는 `xAdvance` 값을 scale해서 현재 x 값에 더하기만 하면 된다.

텍스트 정렬 방식 구현하기

이제 텍스트를 렌더링할 위치를 화면상의 점으로 지정할 수 있게 되었다. 하지만 텍스트를 일정한 사각형 안에서 정렬된 형태로 그려지게 하는 기능이 제공된다면 이것 또한 매우 유용할 것이다. 짐작했겠지만 이렇게 하는 것은 그리 어렵지 않다. 리스트 8.8의 `renderStringJustifiedInFrame:justification:text:` 메소드를 살펴보자.

리스트 8.8 renderStringJustifiedInFrame:justification:text: 메소드

```objc
- (void)renderStringJustifiedInFrame:(CGRect)aRect
        justification:(int)aJustification
        text:(NSString*)aText
{

    CGPoint point;

    int textWidth = [self getWidthForString:aText];
    int textHeight = [self getHeightForString:aText];

    switch (aJustification) {
        case BitmapFontJustification_TopLeft:
            point.x = aRect.origin.x;
            point.y = aRect.origin.y + (aRect.size.height - textHeight)
                    - (lineHeight - textHeight);
```

```
                break;
        case BitmapFontJustification_MiddleLeft:
            point.x = aRect.origin.x;
            point.y = aRect.origin.y + ((aRect.size.height - textHeight) / 2)
                        - (lineHeight - textHeight);
            break;
        case BitmapFontJustification_BottomLeft:
            point.x = aRect.origin.x;
            point.y = aRect.origin.y - (lineHeight - textHeight);
            break;
        case BitmapFontJustification_TopCentered:
            point.x = aRect.origin.x + ((aRect.size.width - textWidth) / 2);
            point.y = aRect.origin.y + (aRect.size.height - textHeight)
                        - (lineHeight - textHeight);
            break;
        case BitmapFontJustification_MiddleCentered:
            point.x = aRect.origin.x + ((aRect.size.width - textWidth) / 2);
            point.y = aRect.origin.y + ((aRect.size.height - textHeight) / 2)
                        - (lineHeight - textHeight);
            break;
        case BitmapFontJustification_BottomCentered:
            point.x = aRect.origin.x + ((aRect.size.width - textWidth) / 2);
            point.y = aRect.origin.y - (lineHeight - textHeight);
            break;
        case BitmapFontJustification_TopRight:
            point.x = aRect.origin.x + (aRect.size.width - textWidth);
            point.y = aRect.origin.y + (aRect.size.height - textHeight)
                        - (lineHeight - textHeight);
            break;
        case BitmapFontJustification_MiddleRight:
            point.x = aRect.origin.x + (aRect.size.width - textWidth);
            point.y = aRect.origin.y + ((aRect.size.height - textHeight) / 2)
                        - (lineHeight - textHeight);
            break;
        case BitmapFontJustification_BottomRight:
            point.x = aRect.origin.x + (aRect.size.width - textWidth);
            point.y = aRect.origin.y - (lineHeight - textHeight);
            break;

        default:
            break;
    }

    [self renderStringAt:text:aText];
}
```

CGRect 타입의 파라미터 aRect는 텍스트가 들어갈 사각형에 대한 정보를 가지고 있다. 이에 맞추어 텍스트가 잘리지 않고 잘 들어갈 수 있도록 정렬 방식에 맞추어 적절히 계산한다.

정렬 방식 값은 BitmapFont 클래스 헤더 파일에 정의되어 있다. 여기서 사용 가능한 정렬 방식에는 다음과 같은 것이 있다.

- BitmapFontJustification_TopCentered
- BitmapFontJustification_MiddleCentered
- BitmapFontJustification_BottomCentered
- BitmapFontJustification_TopRight
- BitmapFontJustification_MiddleRight
- BitmapFontJustification_BottomRight
- BitmapFontJustification_TopLeft
- BitmapFontJustification_MiddleLeft
- BitmapFontJustification_BottomLeft

이 값들은 switch 구문과 같이 쓰여 텍스트를 렌더링할 좌표를 계산하는 데 사용된다. 텍스트를 렌더링할 좌표 계산이 끝나면 renderStringAt:text 메소드를 호출하여 텍스트를 렌더링한다.

텍스트 폭과 높이

이번에는 텍스트와 관련된 편리한 메소드를 살펴보자. 텍스트를 렌더링할 때 텍스트 전체의 폭과 높이를 픽셀 길이로 알아야 할 때가 있다. 예를 들어, 텍스트를 가운데 정렬 방식으로 보여주기 위해서는 텍스트를 렌더링할 시작점을 아래와 같이 계산해야 할 것이다.

(화면 폭) - (텍스트 폭) / 2

리스트 8.9에 스트링의 폭을 알려주는 메소드가 있다.

리스트 8.9 getWidthForString: 메소드

```objc
- (int)getWidthForString:(NSString*)string {
    int stringWidth = 0;

    for(int index=0; index<[string length]; index++) {
        unichar charID = [string characterAtIndex:index] - 32;

        stringWidth += charsArray[charID].xAdvance * image.scale.x;
    }
    return stringWidth;
}
```

getWidthForString: 메소드는 매우 간단하다. 그냥 모든 글자에 딸린 xAdvance 값만 더하면 된다. 물론 scale 값을 반영하면서 더해야 한다. 리스트 8.10에는 비슷하게 스트링의 높이를 계산하는 메소드가 있다.

리스트 8.10 getHeightForString: 메소드

```objc
- (int)getHeightForString:(NSString*)string {
    int stringHeight = 0;

    for(int i=0; i<[string length]; i++) {
        unichar charID = [string characterAtIndex:i] - 32;

        if(charID == ' ')
            continue;

        stringHeight = MAX((charsArray[charID].height * image.scale.y)
                            + (charsArray[charID].yOffset * image.scale.y),
                        stringHeight);
    }
    return stringHeight;
}
```

리스트 8.10를 보면 getHeightForString: 메소드도 getWidthForString: 메소드와 비슷하게 동작한다는 것을 알 수 있다. 다만 다른 점이 있다면, 각 글자의 높이를 비교해 가장 큰 값을 취한다는 것이다.

Deallocation

마지막으로 살펴볼 메소드는 `dealloc`이다. 리스트 8.11에 `BitmapFont` 클래스의 `dealloc` 메소드가 있다.

 BitmapFont 클래스의 dealloc 메소드

```
- (void)dealloc {
    if (charsArray) {
        for(int i=0; i < kMaxCharsInFont; i++) {
            if (charsArray[i].image)
                [charsArray[i].image release];
        }
        free(charsArray);
    }
    if (image)
        [image release];
    [super dealloc];
}
```

`BitmapFont` 클래스의 `dealloc` 메소드는 `SpriteSheet` 클래스의 `dealloc` 메소드와 유사하게 동작한다. 각각의 글자 정보를 담기 위해 `charsArray` 배열에 메모리 공간을 할당하였는데, 여기서는 할당받은 메모리를 반환하기 위하여 루프를 돌며 일일이 반환시킨다. 그리고는 `charsArray`를 free시키고 image를 release하면 끝난다.

✖ 정리

이번 장에서는 원하는 서체를 이용하여 비트맵 폰트를 만드는 방법과 이렇게 만든 비트맵 폰트를 이용하여 게임 엔진에서 텍스트를 출력하는 방법에 대해 살펴보았다. 게임을 플레이하는 유저와 커뮤니케이션할 수 있다는 것은 매우 중요하다. 그렇기 때문에 만약 화면에 텍스트를 보여주지 못하는 게임 엔진이 있다면 그것은 심각한 단점을 지닌 엔진이라고 할 수 있겠다.

다음 장에서는 게임의 배경을 만드는데 필요한 `TiledMap` 클래스를, 10장에서는 Particle Emitter를 통해 폭발이나 연기 같은 자연현상 효과를 나타내는 방법을 알아볼 것이다.

　이번 장에서는 여러분 자신만의 서체를 사용할 수 있는 방법에 대해 모든 것을 알려주었다. 이러한 것을 연습하기 위해서 자신만의 서체를 만들고 CH08_SLQTSOR 프로젝트에 반영해 화면에 보여주도록 하자.

　적당한 서체를 찾지 못했다면 www.dafont.com을 참고하는 것도 좋겠다. 이곳에는 수천 가지 다양한 서체를 제공하고 있다. 무료·유료 서체가 모두 있기 때문에 입맛에 맞게 선택할 수 있을 것이다. 당연히 상용 라이센스가 있는 서체를 게임에 사용하였다면 서체 사용에 대한 비용을 지불해야 한다.

Chapter 09
타일 맵
(Tile Maps)

타일 맵(Tile map)은 컴퓨터 게임에서 한정된 메모리를 이용하여 플레이어가 돌아다니는 아주 넓은 공간을 저장하고 그리기 위해 만들어졌다. 15년에서 20년 전에 만들어진 이 기법이 현재로서는 크게 중요하지 않게 되었지만 게임 분야에서 여전히 타일 맵을 사용하는 이유는 메모리 활용 뿐만 아니라 충돌 탐지(collision detection) 등에도 활용되기 때문이다. 플레이어와 관련 있는 오브젝트가 어디 있는지 아는 것은 매우 중요하며, 타일 맵이 이러한 정보를 파악하기 쉽게 해준다.

이번 장에서는 타일 맵의 개념을 소개하고 Sir Lamorak's Quest에서 타일 맵을 구현하기 위하여 사용된 클래스에 대해 살펴볼 것이다.

Sir Lamorak's Quest의 게임 엔진에 있어 타일 맵은 굉장히 중요한 요소일 뿐만 아니라, Lamorak이 돌아다니고 적들과 다른 게임 요소가 공존하는 공간이 될 것이다.

✖ 타일 맵 프로젝트

타일 맵(Tile Map) 프로젝트를 시작하기 위해서는 CH09_SLQTSOR 프로젝트를 열어 실행하면 된다. 그러면 그림 9.1처럼 타일 맵이 화면의 오른쪽에서 왼쪽으로 천천히 이동하는 모습을 볼 수 있을 것이다.

이번 장이 끝날 즈음에는 타일 맵에 대한 전반적인 내용을 이해하면서 동시에 타일 맵 제작 툴인 Tiled(www.mapeditor.org)를 이용해 타일 맵을 만드는 방법도 익히게 될 것이다. 또한 Tiled 프로그램으로 만든 타일 맵을 사용하는 관련 클래스에 대해서도 이해하게 될 것이다.

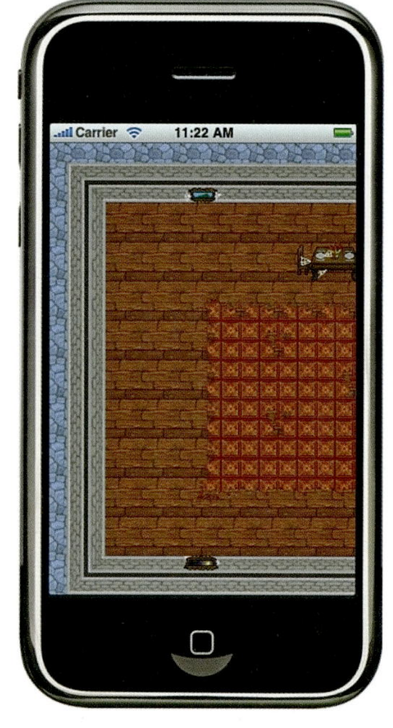

| 그림 9.1 | CH09_SLQTSOR 프로젝트의 실행화면

🛠 타일 맵 소개

다시 옛날로 돌아가보자. 그 시절 게임을 개발할 때는 메모리를 효율적으로 관리하는 것은 최적화 대상이 아니라 당연히 해야만 하는 것이었다. 과거 아케이드 게임은 제한된 메모리와 그래픽 성능으로 광활한 지역을 저장하면서 게임 화면상에서 그 배경이 부드럽게 움직일 수 있도록 요구받았다.

이로 인해 타일 맵(tile map)의 개념이 생겨났다. 아이디어는 단순하다. 일반적인 타일 맵은 타일 오브젝트를 가리키는 레퍼런스의 2차원 배열로 구성되어 있다. 타일 오브젝트는 아래와 같은 타일 정보를 가지고 있다.

- 렌더링할 이미지 ID
- 타일 블록 위로 다닐 수 있는지 여부
- 플레이어에게 데미지를 줄 수 있는지 여부

맵을 배열로 정의하기 때문에 똑같은 타일을 반복해서 사용할 가능성이 높아지고 자연히 메모리의 실제 사용 공간도 줄어들게 된다. 예를 들어 광활한 초원을 렌더링하는 경우, 두 개의 다른 초원 타일을 반복해서 사용할 수도 있는 것이다. 이것은 굉장히 큰 이미지를 저장하고는 각 프레임마다 해당 영역을 일일이 꺼내 쓰는 것보다 엄청나게 효율적이다.

그림 9.2는 여러 개의 작은 이미지를 이용하여 만든 타일 맵의 예이다.

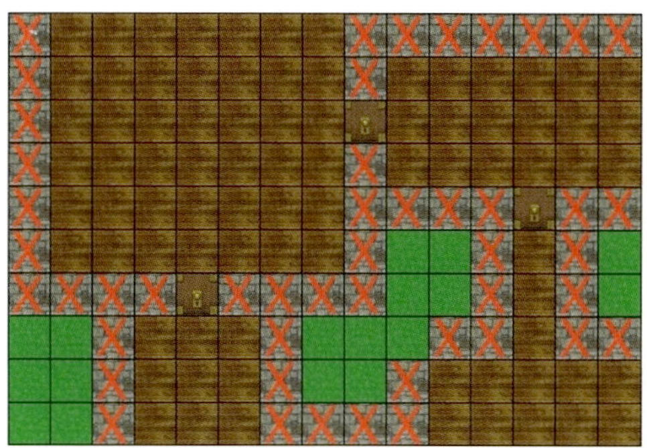

| 그림 9.2 | 타일 맵의 예

마루 바닥 부분은 단 하나의 이미지로 전체를 표현한 것이다. 메모리에 이미지 하나만 저장하고 필요한 곳에 동일한 이미지를 계속해서 그리면 되는 것이다.

이것은 아주 기초적인 맵이며, 바닥이나 벽 이미지를 여러 개 만들어 잘 조합하면 타일 맵의 단조로움을 피해 굉장히 넓으면서도 입체적인 지역을 다니는 것처럼 느끼게 할 수 있을 것이다.

Sir Lamorak's Quest에서도 많은 타일을 사용하는데, 그 수가 130개가 넘는다. 이를 조합하여 방과 그 위에 다른 오브제트 타일을 그렸다. 그림 9.3은 Sir Lamorak's Quest에서 작은 타일을 조합하여 구현한 타일 맵이다.

| 그림 9.3 | Sir Lamorak's Quest에서 사용하는 타일 맵

다양한 타일을 이용하여 멋진 맵을 만들 수 있다. 타일 맵이 훌륭한 점은 맵이 아무리 복잡하고 멋지게 구현해도 제한된 메모리를 충분히 유지할 수 있다는 점이다. 즉, 타일로 사용하는 모든 이미지를 메모리에 넣고 나면 더이상 타일 맵을 위한 추가 이미지가 필요 없다는 것이다. 다만 타일 맵이 넓어질수록 타일 맵 데이터 자체는 증가한다.

🛠 타일 맵 에디터

2장에서 Sir Lamorak's Quest를 만드는 동안 다양한 툴을 사용하게 될 것이라고 설명했다. 그 중 하나인 Tiled Qt에 대해 살펴볼 것이다. Tiled는 타일 맵 에디터 Qt 프레임워크로 만들어진 오픈 소스(Open Source) 프로그램이다. Sir Lamorak's Quest를 개발할 때도 이 툴을 사용했다.

타일 맵을 만드는 방법 역시 여러 가지가 있는데, 가장 기본적인 방법은 타일 맵에 대한 2차원 배열 정보를 직접 만들어 게임 엔진으로 하여금 배열 정보를 통해 알맞은 이미지를 불러오게 하는 것이다. 하지만 Sir Lamorak's Quest에서는 조금 복잡한 방법을 사용했다.

Sir Lamorak's Quest에 있어 타일 맵은 플레이어가 돌아다니는 공간이며 동시에 시각적인 효과를 느낄 수 있는 아주 중요한 요소이다. 그래서 타일 맵을 단순히 텍스트 파일에 숫자를 나열하여 그것들이 배열로 들어가도록 만드는 것은 직관적이지 못하다. 다행히도 Tiled 프로그램은 WYSIWYG 에디터 기능을 제공하고 있어서 각 스테이지를 디자인하는 툴로 낙점했다.

렌더링했을 때 타일 맵이 보이는 모습은 매우 중요하다. 따라서 복잡한 타일 맵 기반의 게임은 대부분 자체 스테이지를 만들 수 있는 타일 맵 에디터를 가지고 있다. 그림 9.4에서는 Tiled를 이용하여 Sir Lamorak's Quest의 타일 맵을 그리는 모습을 보여주고 있다.

Tiled에는 아래와 같은 4개의 주요 패널이 있다(그림 9.4에 번호로 표기).

1. 툴바(Toolbar)
2. 메인 편집 패널(Main editor panel)
3. 타일 팔레트(Tile palette)
4. 레이어 팔레트(Layer palette)

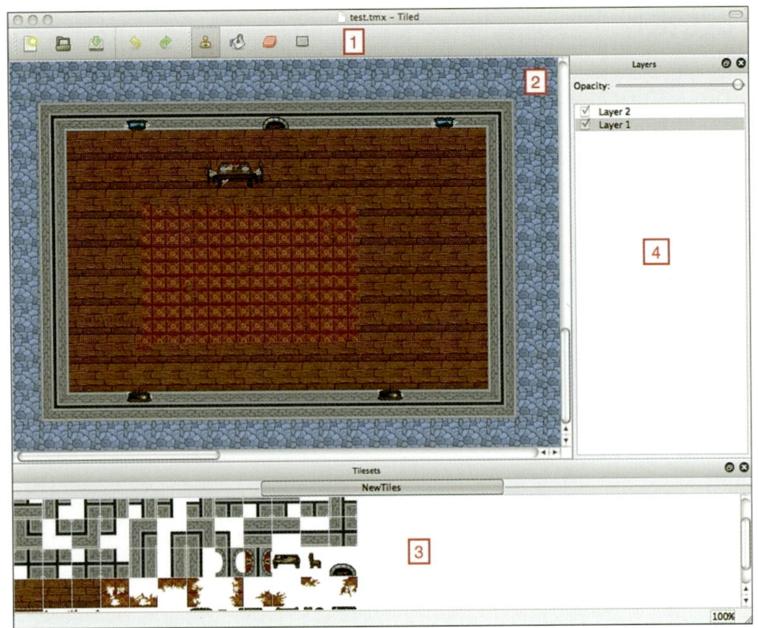

| **그림 9.4** | Tiled 프로그램의 GUI를 이용하여 맵을 편집하는 모습

이와 같은 패널은 타일 맵을 만드는 데 완벽한 환경을 제공하고 실제 게임에서 어떻게 보이는지 확인할 수 있다. 덕분에 게임을 개발하는 속도를 더욱 높일 수 있었다. 실제 게임에서 맵이 어떻게 보이는가를 확인하는 것은 시간이 엄청나게 걸리는 일로, 개발자에 따라서는 게임 엔진을 개발하는 것보다 더 힘든 과정이기도 하다.

Tiled와 같은 툴을 사용하면 훨씬 간단하게 맵을 제작할 수 있다. 타일 이미지가 만들어지면 에디터 툴과 함께 타일 맵 디자이너에게 건네주어 맵을 그려달라고 하면 된다. 이렇게 하면 게임 엔진을 개발하는 데 좀 더 집중할 수 있을 것이다.

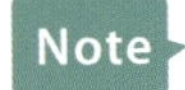
물론, 아마도 원하는 바대로 구현하기 위하여 타일 맵 디자이너와 많은 커뮤니케이션이 필요할 것이다. 왜냐하면 게임 개발자 입장에서는 지정된 타일 또는 오브젝트에 특별한 기능을 넣는 등의 작업이 필요할 수도 있기 때문이다.

Sir Lamorak's Quest에서는 맵 중간에 포탈(portal)이 있다. 이 포탈에 들어가면 (충돌하면) 플레이어(Lamorak)는 다른 지역으로 순간이동한다. 포탈의 위치는 타일 맵에 오브젝트 형태로 정의되어 있다. 또한 타일 맵에서 문을 발견하면 게임 엔진은 문 엔티티(entity)를 만들어 그 문이 열렸는지, 열쇠가 필요한지 여부를 관리한다.

이런 식으로 타일에 특정한 속성을 넣어야 하는 일이 발생할 수도 있기 때문에 맵 디자이너와 토론하는 것은 매우 중요하다.

타일 팔레트(Tile Palette)

Tiled 프로그램에서 타일 팔레트(tile palette)는 타일 세트(tile set)에서 타일 이미지를 골라 도장 찍듯 타일 이미지를 붙여가며 타일 맵을 만드는 공간이다.

Tiled 프로그램은 여러 개의 타일 세트(tile set)를 지원한다. 넓은 타일 맵을 만드는 경우에는 1024×1024 크기의 타일 시트(tile sheet)도 부족할 수 있는데, 이럴 때 여러 개의 타일 세트를 사용할 수 있다는 것은 매우 유용한 기능이 아닐 수 없다. 여기서는 한 장의 타일 시트를 사용하였으며 TiledMap 클래스에서 타일 시트를 관리한다.

타일 시트(tile sheet)는 단순 스프라이트 시트와 똑같다. 다만 시트 안에 포함된 작은 이미지는 모두 모양과 크기가 똑같다.

레이어(Layers)

타일 맵에 있어 매우 좋은 기능 중 하나가 레이어(layer)이다. 하나의 레이어 위에 다른 레이어를 그릴 수 있도록 하면 레이어 별로 다른 기능을 하도록 지정할 수 있다. 아래는 그 예이다.

- 바닥 맵 타일(바닥, 벽 등)
- 맵 오브젝트(의자, 책상 등)
- 충돌 정보
- 포탈(Portal) 정보

레이어를 분리시키면 게임 엔진이 수월하게 다룰 수 있을 뿐만 아니라 Tiled 에디터를 이용하여 타일을 관리하기도 쉬워진다.

Tiled를 이용하면 각 레이어는 맵 상에서의 위치 정보를 가지게 되며, 레이어 위에 원하는 이미지를 지정할 수 있다.

이번 장에서 Tiled 클래스를 다룰 예정인데, 타일 맵의 각 레이어에 대한 오브젝트를 생성하는 것을 보게 될 것이다. 이러한 레이어 오브젝트는 레이어와 관련된 데이터(레이어 이름, 타일 데이터 등)를 갖는다. 또한 타일의 위치를 이용하여 레이어의 데이터를 조회하는 메소드도 볼 것이다.

✖ 타일 맵 제작

이제 Tiled 프로그램을 이용하여 타일 맵을 작성해보자.

CH09_SLQTSOR 프로젝트를 보면 NewTiles.png 라는 타일 이미지 파일을 찾을 수 있을 것이다. 이 이미지를 데스크톱으로 복사한 다음 이 파일을 이용하여 타일 맵을 테스트할 것이다.

Tiled를 처음 실행하면(여기서는 Tiled Qt 0.4.0을 사용하였다) 빈 workspace(타일 세트, 레이어, 맵 이미지 등이 없는)가 나타난다.

새로운 타일 맵을 만들기 위하여 메뉴에서 [File]-[New]를 선택한다. 그림 9.5는 타일 맵을 생성할 때 세부사항을 물어보기 위해 나타나는 [New Map] 다이얼로그 박스이다.

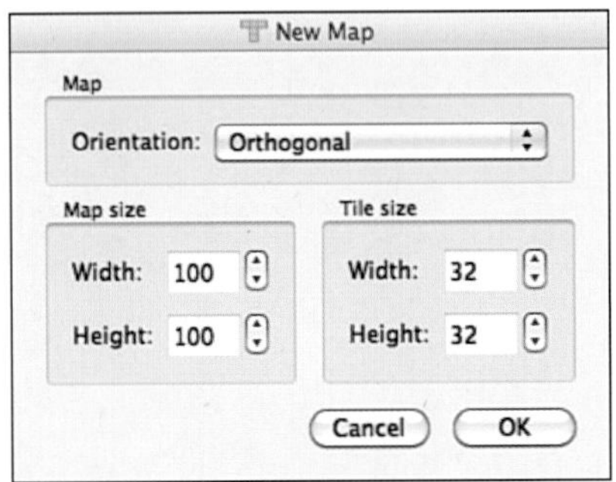

| 그림 9.5 | Tiled 프로그램의 New Map 다이얼로그

New Map 다이얼로그를 간단히 설명하면 다음과 같다.

- **Map orientation:** Orthogonal 과 Isometric 두 가지 맵 타입 중 하나를 선택할 수 있다. 기본값은 Orthogonal이고 여기서는 Orthogonal 만을 사용할 것이다. 맵 타입은 사용할 맵의 모양을 결정할 수 있다.
- **Map size:** map size는 가로, 세로 한 줄에 각각 놓이는 타일의 개수로 정한다. 연습용으로 50개씩 지정한다.
- **Tile size:** tile size는 타일 하나의 크기를 말한다. 타일 크기는 자유로이 지정할 수 있으며, 사용할 타일 이미지의 크기와 맞추지 않아도 된다. 여기서는 Orthogonal 맵을 위해 타일 크기와 타일 이미지의 크기를 맞출 것이다.

타일 크기는 40×40으로 지정한 다음 [OK] 버튼을 클릭한다. 그러면 타일 맵 패널이 회색으로 변하며 맵을 편집하는 중임을 알려준다.

새로운 타일 세트 생성

메뉴에서 [Map]-[New Tileset]를 선택한다. 그러면 그림 9.6과 같이 [New Tileset] 다이얼로그가 나타난다.

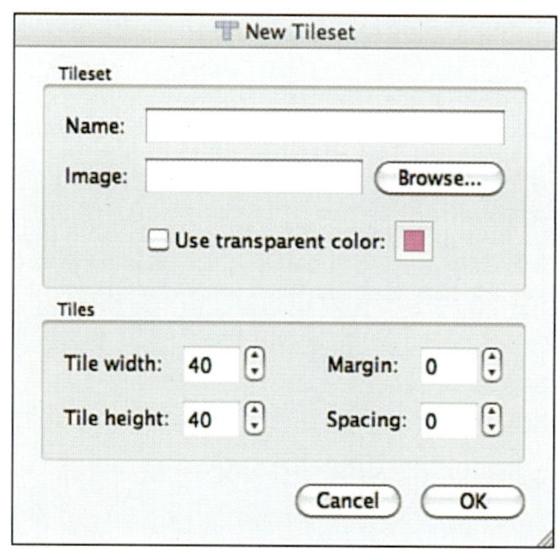

| 그림 9.6 | Tiled 프로그램의 New Tileset 다이얼로그

이름에서 알 수 있듯이 이 다이얼로그는 새로운 타일 세트(tileset)를 만드는 데 필요한 정보를 받는다. New Tileset 다이얼로그의 옵션은 아래와 같다.

- **Name:** 타일 세트의 이름을 지정한다. 여러 개의 타일 세트를 사용할 때 편리한 기능이다. Sir Lamorak's Quest에서는 하나의 타일 세트를 사용한다.
- **Image:** 타일 세트로 사용할 이미지를 지정한다. 타일 세트 이미지는 단순 스프라이트 시트와 같다고 보면 된다. [Browse] 버튼을 누르면 나타나는 다이얼로그에서 [Reference tileset image] 버튼을 누르면 된다. 또한 'Use transparent color' 옵션을 활성화시켜 타일 세트에서 투명색을 사용하도록 할 수도 있다. 이 옵션이 활성화되면 투명색으로 지정한 색깔에 대해 투명처리를 한다. 여기서는 이 옵션을 사용하지 않았다.
- **Tile Width와 Tile Height:** 가져올 타일의 가로, 세로 길이를 지정한다. 여기서 사용할 타일 세트는 타일 맵과 크기가 같기 때문에 값을 바꾸지 않고 그대로 놔둔다.

이 다이얼로그에서 [Browse] 버튼을 누르고 아까 데스크톱으로 복사한 NewTiles.png 파일을 선택한다.

만약 타일 세트의 이미지 안에 있는 타일 이미지 간에 공백이 존재한다면 [Tiles]의 'spacing'과 'margin' 값을 알맞게 지정하여야 한다.

모든 설정 과정이 끝나면 [OK] 버튼을 누른다. 그러면 Tiled의 맨 아래에 타일 이미지로 구성된 팔레트가 나타난다(그림 9.7).

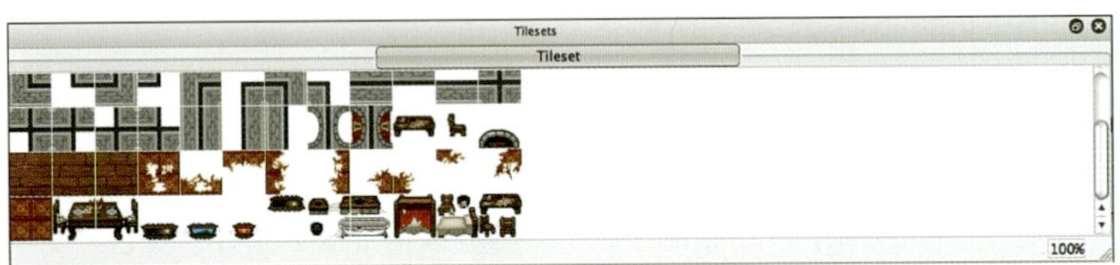

| 그림 9.7 | NewTiles.png 이미지로 구성된 타일 세트 팔레트

맵 레이어(Map Layer) 생성

기본적으로 맵을 만들면 하나의 레이어가 생긴다. Layers 패널(Tiled 프로그램의 오른쪽)을 보면 'Layer 1' 이라는 이름의 레이어를 볼 수 있다. 'Layer 1' 이름을 마우스 왼쪽 버튼으로 더블 클릭하고 레이어 이름을 'TileMap'으로 변경한다.

이번에는 여러 개의 레이어를 만들 차례이다. 메뉴에서 [Layer]-[Add Tile Layer]를 선택하면 새로운 다이얼로그가 나타나는데, 레이어 이름으로 'Collision'를 지정한다. 그리고 'Objects'라는 이름의 레이어를 하나 더 만들어 그림 9.8과 같이 한다.

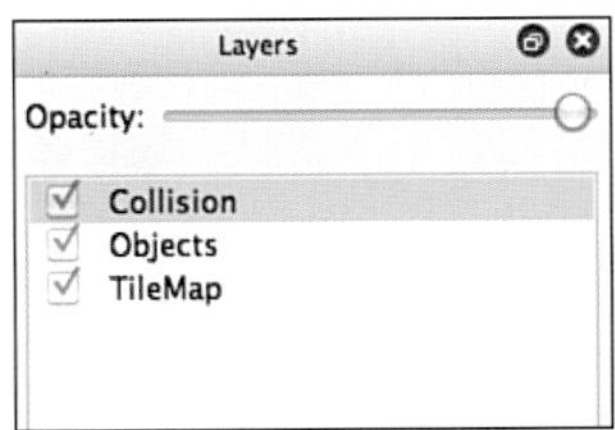

| 그림 9.8 | 맵 레이어

오브젝트 레이어(Object Layer) 생성

Tiled 프로그램에는 오브젝트 레이어(object layer)라는 특별한 레이어가 있다. 타일 맵에 놓이는 타일의 위치는 정해져 있지만, 이 레이어에 놓이는 타일은 위치 제한 없이 아무데나 놓을 수 있다. 그래서 특별한 자리에 타일을 놓거나 충돌 영역에 상관없이 타일을 놓고 싶을 때 오브젝트 레이어를 사용한다.

오브젝트 레이어를 사용하기 위해서는 메뉴에서 [Map]-[Add Object Layer]를 선택하고 이름을 지정하면 된다. 오브젝트 레이어를 선택하면 오브젝트를 만들 수 있게 되는데, 오브젝트 오른쪽 아래의 작은 네모를 이용하여 오브젝트의 크기를 조절할 수 있다(그림 9.9).

Tiled 설정 파일에는 오브젝트 레이어에 있는 오브젝트 각각의 크기 및 위치 정보가 들어있다. 그림 9.9는 타일 맵에 두 개의 오브젝트가 있는 모습이다.

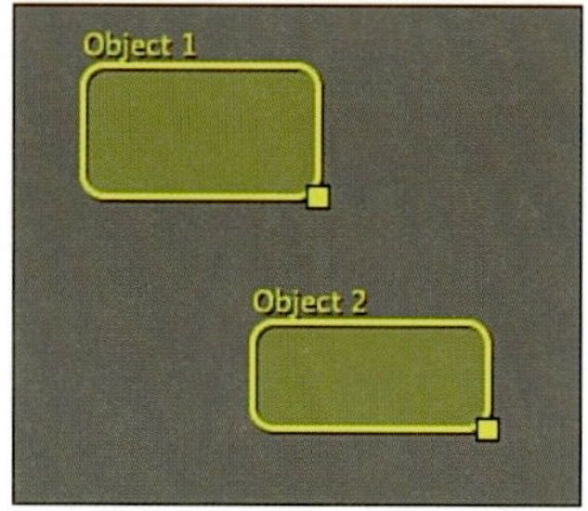

| **그림 9.9** | Tiled 오브젝트 레이어에 있는 오브젝트

오브젝트 레이어의 오브젝트 색깔은 레이어를 마우스 오른쪽 버튼으로 클릭하고 레이어 속성을 선택하여 바꿀 수 있다.

이제 필요한 레이어가 만들어졌다. 파일 이름을 tilemap.tmx로 지정하고 저장한다.

맵 그리기

이번에는 레이어 패널에서 TileMap 레이어를 선택하여 타일 맵을 그린다. 타일을 그리기 위해서는 타일 팔레트에 있는 타일 중에서 그리고 싶은 타일을 선택한 다음 툴바(Tiled 프로그램 상단)에서 브러시 툴을 선택하면 된다. 그리고는 타일 맵의 원하는 곳을 클릭하기만 하면 된다.

타일을 지우는 것도 간단하다. 툴바에서 지우개 툴을 선택한 다음 지우려는 타일을 클릭하면 된다.

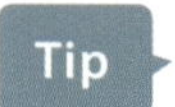
주의할 점은 타일을 그리기 전에 그리고자 하는 레이어 선택이 제대로 되었는지 꼭 확인해야 한다는 것이다. 저자도 의도하지 않은 레이어에 타일을 그리는 실수를 많이 했다. 레이어 확인을 하는 습관은 스트레스를 조금이라도 줄일 수 있는 길임을 명심하자.

오브젝트 배치

오브젝트(테이블, 의자 등)를 맵에 배치하기 위해서는 이러한 오브젝트를 오브젝트 레이어에 그려야 한다. 오브젝트 레이어에 그려진 모든 타일은 가장 앞에 그려진

다. 이는 게임에서 어떻게 타일 맵을 그려야 할 것인지도 알려주는데, 즉 TileMap
레이어 위에 Object 레이어가 그려져야 한다. 결국 Tiled 에디터에서 보이는 모습 그
대로 게임 화면에서 그려야 한다는 것이다.

Object 레이어를 선택한 다음 아무 타일이나 그려보면 그리는 위치에 있는 타일을
대체하지 않고 그 위에 그려지는 것을 보게 될 것이다.

⚒ Tiled 프로그램 설정 파일

Tiled 프로그램을 이용하여 타일 맵을 작성하면 만들어지는 Tiled 설정 파일은
XML 파일 형태를 띠고 있다.

여기에서는 Tiled 설정 파일을 살펴보면서 내용이 어떻게 구성되었는지 이해하게
될 것이다. 이것은 나중에 `Tiled` 클래스를 이용하여 파싱하는 부분을 살펴볼 때 도
움이 될 것이다.

일반적으로 Tiled 프로그램이 만드는 설정 파일은 표준 XML 파일로, 확장자가
.tmx이다. 표준 XML로 되어 있기 때문에 사람이 파일을 읽는 데 큰 어려움이 없다.

예를 들어 .tmx 파일의 시작 부분을 보면 아래와 같이 되어 있다.

```
<?xml version="1.0" encoding="UTF-8"?>
<!DOCTYPE map SYSTEM "http://mapeditor.org/dtd/1.0/map.dtd">
```

Map 요소

Map 요소(element)는 .tmx 파일의 root 요소이다.

```
<map version="1.0" orientation="orthogonal" width="200" height="200"
tilewidth="40" tileheight="40">
```

위의 문장은 맵에 대한 상위 개념, 예를 들어 맵의 가로·세로 정보를 담는 `width`,
`height`와 타일의 가로·세로 정보를 담는 `tileWidth`, `tileHeight`에 대한 정보를
알려준다.

타일 맵(Tile Maps)

Map 요소 안에는 다른 프로퍼티를 정의할 수 있는 properties 요소가 있다. 만일 map 단계에서 보유하고자 하는 정보가 있다면 properties 요소를 만들 수 있다. properties 요소 내에서는 기본적으로 정보를 name-value 쌍으로 저장한다. Properties 요소는 메뉴에서 [Map]-[Map Properties]를 선택하면 된다.

```
<properties>
    <property name="PlayerStartx" value="10"/>
    <property name="PlayerStarty" value="10"/>
</properties>
```

위의 예제에서는 플레이어의 시작 위치를 지정하기 위하여 properties 안에 두 개의 property 요소를 사용하였다. 이와 같이 작성하는 방법이 게임 코드에 하드 코딩하는 방법보다 더 자주 쓰이게 된다. Properties 요소 안에는 여러 개의 property 요소가 들어간다.

Tileset 요소

Map 요소에는 한 개 이상의 tileset 요소를 보유할 수 있다. 앞에서 Tiled 프로그램이 어떻게 맵에서 하나 이상의 타일 세트를 지원하는지를 언급했다. 각각의 타일 세트는 .tmx 파일의 tileset 요소에 의해 생성되는데, Tiled 프로그램은 가장 먼저 나타나는 tileset 요소만을 처리한다. SLQTDOR 프로젝트에서는 이와 같은 방법으로 TiledMap 클래스를 구현하여 Tiled 프로그램의 제한을 극복했다.

리스트 9.1에서는 .tmx 파일 내의 tileset 요소를 보여주고 있다.

리스트 9.1 .tmx 파일에서의 Tileset 요소

```
<tileset name="Tiles" firstgid="1" tilewidth="40" tileheight="40">
    <image source="NewTiles.png"/>
    <tile id="0">
        <properties>
            <property name="reducePlayersHealth" value="10"/>
        </properties>
    </tile>
</tileset>
```

Tileset 요소는 타일 세트에 대한 `name`, `firstgid`, `tile width`, `tile height` 속성을 지정하는데, 숫자 값 단위는 모두 픽셀이다. 한 단계 안으로 들어가면 `image` 요소를 볼 수 있는데, `tileset`에서 사용하는 이미지 파일의 이름을 제공한다. 이 이미지는 타일을 위한 스프라이트 시트로 사용된다.

Map 요소에서 사용한 것과 같이 `tileset` 내의 각각의 tile에도 `properties` 요소를 사용할 수 있다. 마찬가지로 name–value 쌍으로 값을 지정하는데, 여러분이 원하는 대로 값을 지정할 수 있다. 그래서 게임상에서 필요한 여러 가지 정보를 편리하게 지정할 수 있다. 위의 예를 보면 특정 타일에 주인공이 닿으면 플레이어의 체력을 10 감소시키도록 지정되었음을 알 수 있다.

Layer 요소

Layer 요소는 특별한 레이어에 대한 정보를 갖는다. 맵에는 여러 레이어를 둘 수 있으며 각각의 `layer` 요소는 .tmx 파일에 리스트 9.2와 같은 형태로 들어 있다.

리스트 9.2 .tmx 파일에 있는 layer 요소

```
<layer name="Map" width="200" height="200">
    <properties>
        <property name="LayerProp1" value="MyValue"/>
    </properties>
    <data encoding="base64" compression="gzip"> H4sIAAAAAAAAO3abWvbMBAAYH1KDe0
22Fg3RhnZW2HppyX//7/VYha9atJmt7SJ1+eBw7biCAdyOZ2dlADg4T6P8a0RHzrj26NcJRzHboxNI352
xm+Oc5lwFEvz42NaVm96sX2GzwaPFfNjSO2cmJM3efxsmqO1jZ
HH1CHWYGn96EXJg7JfH2/SXX5Yp7EWc/Jj6IzX58e8KH1Q1w35wZq8GePLFJuwfz3G1zHeT+OX0/F5GM/
nnU3b7+G9MYbO+Nvn+HDwSL36cVO9Xv/e1+8r/UepE3Xfsam26gdr0MuPcp/qYjp+le7ff3qX2vkR+/K4
LotjQ2rfB9s+7UeFxf7Wf+zH+NWIffqzD6nzI9aS2LOXyHMcwpx5X03h1PTyo3x3D9V+HGv1560aMjRee
51+9zGll8nz6Uk4NU9VPlo9SO/+7m6aV/3g1HxKd7/jMX6k+/ebDtXxdXX+eW00XBdyLl02XrsK17BL11
esS/1c/SHPv/Mc+xnnqh+sTb3uqnNkznc5P1vJdaG+91XHRdJ/sC45P1r3aZc8vyj1I/Yt9fYQtuoHalG
vr+p+e853udfb9OKqPQ2cnJwf8dlFfJbh/1O8dGV91fpvofzgpfvX2sh aCAAAAAAAAAAAAAAAAAAAAA
AAAAAAAAAAAAAAAAAAAAAAAAAAAAAAAAAAAAAAAAAAAAAAAAAAAAAAAAAAAAAAAAAAAAAAAAAAAAAAA
AAAAAAAAAAAAAAAAAAAAAAAAAAAAAAAAAAAAAAAAAAAAAAAAAAAAAAAAAAAAAAAAAAAAAAAAAAAAAAA
gP/JLRKhvX4AcQIA
    </data>
</layer>
```

Layer 요소에 들어 있는 속성값으로는 name, width, height가 있다. 이 중에서 width와 height 속성 값은 일반적으로 map 요소의 그것과 동일하게 지정한다. Map, tile set 요소와 함께 layer 요소 역시 내부에 다수의 properties 요소를 정의할 수 있으며 마찬가지로 name-value 쌍으로 값을 지정할 수 있다.

리스트 9.2 중간, data 요소 안에 나열된 문자들은 레이어 내부의 타일 정보를 나타낸다. Tiled 프로그램은 이러한 정보를 gzip으로 압축한 형태로 변환시키고, 그것을 다시 base64 방식으로 인코딩하여 리스트 9.2와 같이 .tmx 파일에 저장한다. 이렇게 하면 .tmx 파일 크기를 줄일 수 있으며 .tmx 파일을 파싱하는 속도도 향상시킬 수 있다.

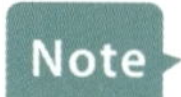

200×200 크기의 레이어의 경우 압축과 인코딩을 하지 않으면 수 만 줄에 해당하는 .tmx 파일이 만들어지며, 그 크기 또한 MB 단위까지 커질 것이다. iPhone에서 이러한 파일을 파싱한다면 굉장히 오랜 시간이 걸릴 것이다. 레이어 데이터는 항상 압축하는 습관을 갖도록 하자.

Data 요소는 encoding과 compression 속성을 사용하며, 이 책에서는 Tiled 클래스를 구현할 때 gzip 압축만 지원한다.

Object Group 요소

.tmx 파일에서 볼 수 있는 마지막 TMX 문서 요소로 objectgroup이 있다. 앞에서 언급한 것과 같이 오브젝트 레이어는 특별한 레이어로, 타일의 위치에 상관 없이 맵의 아무 곳에나 놓을 수 있다.

따라서 타일에 줄 맞출 필요 없이 맵 위에 그리고자 하는 오브젝트 또는 이미지가 있다면 코딩으로 직접 구현하는 것보다 Tiled 프로그램을 사용하기를 권장한다. 이러한 오브젝트로는 부활지점, 포탈 위치 등과 같은 지점뿐만 아니라 탁자, 의자 등과 같은 단순한 물건이 될 수도 있다. 리스트 9.3에서 objectgroup 요소를 보여주고 있다.

 <u>objectgroup 요소</u>

```xml
<objectgroup name="Portals" width="0" height="0">
        <object name="Portal_1" type="PORTAL" x="179" y="496">
                <properties>
                        <property name="dest_x" value="26.5"/>
                        <property name="dest_y" value="289.5"/>
                </properties>
        </object>
</objectgroup>
```

Objectgroup 요소는 name, width, height 속성값을 사용한다. Sir Lamorak's Quest에서는 오브젝트 그룹에 대한 가로·세로 정보를 사용하지 않기 때문에 이에 대한 값을 지정하지 않았다.

하나의 objectgroup 요소는 여러 개의 object 요소를 포함할 수 있다. Object 요소에는 name, type, x, y 속성값이 들어 있으며, properties 요소를 통해 여러 개의 property 요소를 지정할 수 있다. 리스트 9.3과 같이 지정된 object의 프로퍼티를 활용하는 방법에 대해서는 14장에서 자세히 다룬다. Sir Lamorak's Quest에서 사용하는 오브젝트 중 하나가 리스트 9.3에서 보여주는 포탈(portal)이다. 포탈은 플레이어를 포탈이 있는 장소에서 다른 장소로 옮겨주는 역할을 한다. 플레이어가 포탈에 의해 옮겨질 장소는 포탈 object의 properties 요소에서 지정한다.

🛠 타일 맵 클래스

지금까지 타일 맵에 대한 기본적인 내용과 Tiled 프로그램을 이용하여 타일 맵을 만드는 방법에 대해 살펴보았다. 이제 Sir Lamorak's Quest 타일 맵을 위한 클래스에 대해 살펴볼 것이다. 먼저 타일 맵 클래스는 아래의 세 클래스로 이루어져 있다.

- **Layer 클래스**: 특정 레이어의 모든 타일과 타일 이미지 데이터를 가지고 있으며, 해당 타일에 대한 정보를 제공한다.
- **TileSet 클래스**: 타일 세트에 대한 이미지와 타일에 연관된 정보를 제공한다. 앞

에서 언급한 것과 같이 Tiled 프로그램은 여러 개의 타일 세트를 지원하지만 Sir Lamorak's Quest에서는 한 개의 타일 세트를 사용한다.

- **TiledMap 클래스**: 게임상에서 사용하는 메인 클래스이다. 타일 맵을 사용할 때마다 TiledMap 클래스의 인스턴스를 생성한다. Layer, TileSet 클래스는 직접 접근이 허용되지 않아 TiledMap 클래스는 내부적으로 Layer와 TileSet 클래스를 사용한다.

이제 각 클래스를 더 자세히 알아보기로 하자.

Layer 클래스

이미 언급한 바와 같이 하나의 맵은 여러 레이어로 구성되어 있다. 각 레이어는 해당 레이어에 생성되는 타일 정보를 저장하고 제공하는 역할을 담당한다. 이러한 동작을 구현하기 위하여 Layer 클래스를 사용한다. Layer 클래스는 CH09_SLQTSOR 프로젝트 [Game Engine]–[Tile Map] 그룹의 Layer.m에서 확인할 수 있다.

레이어는 다음과 같은 속성값을 갖는다.

- **Layer ID**: 각 레이어에 지정되는 유일한 ID
- **Layer name**: Tiled 프로그램에서 제공된 레이어 이름
- **Layer data**: 레이어에 들어 있는 타일에 대한 정보를 담는 다차원 배열
- **Layer width**: 레이어의 폭
- **Layer height**: 레이어의 높이
- **Layer properties**: 레이어의 여러 속성값
- **Tile images**: 타일의 이미지 정보

이제 위와 같은 내용이 Layer 클래스에서 어떤 식으로 구현되었는지 살펴보자.

초기화

`Layer` 클래스의 초기화 과정은 그동안 살펴본 여느 클래스와 다르지 않다. CH09_SLQTSOR 프로젝트의 Layer.m 파일을 열자. Layer.m 파일은 [Game Engine]-[Tile Map] 그룹에서 찾을 수 있다. 리스트 9.4에서 `Layer` 클래스의 초기화 메소드를 보여주고 있다.

 Layer 클래스 initWithName: 메소드

```
- (id)initWithName:(NSString*)aName
     layerID:(int)aLayerID
     layerWidth:(int)aLayerWidth
     layerHeight:(int)aLayerHeight
{
   if(self != nil) {
      layerName = aName;
      layerID = aLayerID;
      layerWidth = aLayerWidth;
      layerHeight = aLayerHeight;

      tileImages = calloc(layerWidth * layerHeight,
sizeof(TexturedColoredQuad));
   }
   return self;
}
```

Tiled 프로그램의 맵 설정 파일에서 가져온 정보를 레이어의 초기화 메소드가 받아 설정값으로 사용한다. 이 값들을 맵 설정 파일에서 어떻게 불러오는지에 대해서는 이후에 `Tiled` 클래스에서 살펴볼 것이다.

Global.h 파일을 보면 아래와 같이 두 개의 상수를 정의한 것을 확인할 수 있다.

```
#define kMax_Map_Width 200
#define kMax_Map_Height 200
```

위의 두 상수는 레이어가 가질 수 있는 최대 폭(`kMax_Map_Width`)과 높이(`kMax_Map_Height`) 값을 갖는다. 이 상수들은 아래의 `layerData` 배열을 선언할 때 사용된다.

```
int layerData[kMax_Map_Width][kMax_Map_Height][4];
```

배열 layerData는 다차원 배열로 처음 두 개의 인자는 타일의 x, y 좌표를, 마지막 인자는 타일 정보를 담는데 사용된다.

보통 레이어의 폭과 높이는 타일 맵의 폭과 높이와 동일하다. 만일 200×200보다 더 큰 타일 맵을 사용하고자 한다면 Layer.h 파일에 있는 상수값을 바꾸면 된다.

초기화 메소드는 TexturedColoredQuad의 배열인 tileImages를 세팅하는 역할도 맡고 있다. tileImages는 레이어를 구성하는 타일의 이미지 정보를 갖고 있다. TiledMap 클래스는 tmx 파일을 파싱하면서 각 타일 이미지 정보를 레이어 클래스에 제공한다. 이러한 이미지 정보는 레이어를 렌더링할 때 사용된다.

레이어에 타일 추가

TiledMap 클래스가 레이어를 초기화하고 나면 레이어에 타일 정보를 올려야 한다. 이를 위해 TiledMap 클래스에서는 addTileAt:tileSetID:tileID: 메소드를 제공한다(리스트 9.5).

리스트 9.5 Layer 클래스 addTileAt:tileSetID:tileID: 메소드

```
- (void)addTileAt:(CGPoint)aTileCoord
        tileSetID:(int)aTileSetID
           tileID:(int)aTileID
         globalID:(int)aGlobalID
            value:(int)aValue
{
    layerData[(int)aTileCoord.x][(int)aTileCoord.y][0] = aTileSetID;
    layerData[(int)aTileCoord.x][(int)aTileCoord.y][1] = aTileID;
    layerData[(int)aTileCoord.x][(int)aTileCoord.y][2] = aGlobalID;
    layerData[(int)aTileCoord.x][(int)aTileCoord.y][3] = aValue;
}
```

Tiled 맵의 각 타일은 레이어상의 x, y 좌표에 위치하고 있으며 아래의 네 가지 속성을 가지고 있다.

- **TileSetID**: 타일 이미지에 대한 타일 세트 ID. Tiled 프로그램은 여러 개의 타일 세트를 지원한다는 사실을 기억해야 한다. `Layer` 클래스는 `TiledMap` 클래스를 위해 여러 개의 타일 세트를 지원하도록 디자인되었다. 그러나 타일 맵 레이어를 화면에 렌더링하는 메소드는 여러 개의 타일 세트를 지원하지 않는다는 점을 주의해야 한다. 성능향상을 위해 텍스처가 전환되는 횟수를 줄이게 되었고 Sir Lamorak's Quest에서는 하나의 타일 세트만 있어도 된다는 결론을 내렸다. 첫 번째 타일 세트의 `TileSetID`는 0이며, 다음부터 하나씩 증가한다.

더 좋은 성능을 위해 여러 개의 타일 세트를 지원하도록 `render` 메소드를 수정할 수도 있을 것이다. 업데이트를 하게 된다면 저자에게도 알려주기 바란다.

- **TileID**: 타일 세트에 있는 이미지에 부여된 ID. 마찬가지로 0부터 시작하여 하나씩 증가한다. ID 숫자로 레이어에 있는 타일에 대한 이미지를 구별할 수 있다.
- **GlobalTileID**: `GlobalTileID`는 여러 개의 타일 세트에서 사용되는 타일 이미지를 구별하는 데 사용되며, TileID와 관련이 있다. 모든 타일 세트는 `firstGID` 값을 가지고 있는데, 첫 번째 타일 세트는 이 값이 0이다. 예를 들어 첫 번째 타일 세트가 45개의 이미지를 가지고 있다면 인덱스 값은 0부터 44가 되고, 다음 타일 세트의 `firstGID` 값은 45가 된다. 그래서 `GlobalTildID` 값으로 보통 타일 세트의 `firstGID`와 `TildID`를 더한 값을 사용한다.
- **Value**: `TileSetID`, `TIleID`, `GlobalTileID`와 더불어 layerData 배열에 들어가는 마지막 정보인 `Value`는 integer 값으로, 특정 타일에 대한 다른 유용한 정보를 저장하기 용이하도록 도와준다. 이 책 후반에서 보게 되겠지만 Value는 지도에 있는 타일 중 문(門) 오브젝트의 인덱스를 저장하는 데 사용된다. 특히 문 오브젝트 배열 안에 있는 특별한 문의 위치를 가리키게 된다. 물론, 이 뿐만 아니라 여러분이 원하는 숫자 정보를 저장하는데 사용할 수도 있다.

Sir Lamorak's Quest 게임에서 사용하지도 않는 것들에 대해서까지 설명하는 것은 시간 낭비라고 생각할 수도 있겠다. 하지만 Tiled 프로그램에서 생성하는 타일 맵

타일 맵(Tile Maps)

의 기능을 최대한 많이 지원하는 방향으로 `TiledMap` 클래스를 구현하기 위하여 노력했다. 단일 타일 세트를 사용하는 경우에는 `TiledMap` 클래스에서 Tiled 프로그램의 모든 기능을 지원한다.

레이어에 타일 이미지 추가

타일의 여러 정보를 레이어에 추가하기 위하여 타일 이미지도 추가할 수 있다면 더욱 좋을 것이다. `Layer` 클래스는 레이어의 모든 타일에 대하여 타일 이미지를 저장하도록 구현되어야 하기 때문에 `TiledMap` 클래스는 `createLayerTileImages:` 메소드를 이용하여 레이어의 모든 타일을 훑으며 각 레이어에 알맞은 이미지 정보를 추가한다.

레이어에 타일을 추가하는 데 사용하는 메소드는 `addTileImageAt:`이다(리스트 9.6).

리스트 9.6 Layer 클래스의 addTileImageAt: 메소드

```
- (void)addTileImageAt:(CGPoint)aPoint
imageDetails:(ImageDetails*)aImageDetails
{
    int index = (int)(layerWidth * aPoint.y) + (int)aPoint.x;

    memcpy(&tileImages[index],
           aImageDetails->texturedColoredQuad,
           sizeof(TexturedColoredQuad));

    tileImages[index].vertex1.geometryVertex.x += (aPoint.x * kTile_Width);
    tileImages[index].vertex1.geometryVertex.y += (aPoint.y * kTile_Height);
    tileImages[index].vertex2.geometryVertex.x += (aPoint.x * kTile_Width);
    tileImages[index].vertex2.geometryVertex.y += (aPoint.y * kTile_Height);
    tileImages[index].vertex3.geometryVertex.x += (aPoint.x * kTile_Width);
    tileImages[index].vertex3.geometryVertex.y += (aPoint.y * kTile_Height);
    tileImages[index].vertex4.geometryVertex.x += (aPoint.x * kTile_Width);
    tileImages[index].vertex4.geometryVertex.y += (aPoint.y * kTile_Height);

}
```

이 메소드는 해당 위치에 사용될 이미지의 `ImageDetails` 구조체를 파라미터로 받

는다. 그러고는 ImageDetails 구조체의 TexturedColoredQuad 구조체를 레이어 초기화 과정에서 만들어진 tileImages 배열에 복사한다. 배열 내 이미지의 위치를 이용하여 index 값을 계산한다.

타일 세트에 들어 있는 이미지는 매우 자주 사용되기 때문에, 이렇게 타일 세트의 원본 이미지를 가리키면서 위치 정보만 다르게 갖고 있는 TexturedColoredQuad 구조체 복사본은 매우 실용적이다.

tileImages 배열에 저장한 TexturedColoredQuad 정보는 레이어를 렌더링할 때 사용된다.

이미지의 위치는 타일 맵의 위치를 기반으로 한다. 그래서 이미지의 위치는 타일의 위치 좌표에 타일의 가로·세로 길이를 곱하여 얻는다. 타일은 움직이지 않기 때문에 항상 타일 맵 파일에서 정의된 위치에 나타난다. 플레이어는 화면 중앙에 있기 때문에 플레이어가 움직임에 따라 타일 맵이 계속해서 업데이트되어야 한다. 이때 플레이어가 움직이는 위치 정보를 이용하여 타일 맵의 가시 영역을 계산하게 되고 이에 따라 필요한 만큼만 렌더링하게 된다.

타일 정보 획득 및 설정

Layer 클래스의 인스턴스를 만들고 타일 정보를 저장하는 메소드를 살펴봤으니 이제는 이렇게 레이어에 저장한 타일을 검색하고 설정하는 메소드를 볼 차례이다.

이 게임에서 타일 정보를 레이어에서 검색하고 사용하는 것은 매우 중요한 일이다. 앞에서 문(門) 타일을 구분한다고 설명하였는데, 이와 같은 일을 하기 위해 타일의 TileID가 필요하다. 만약 이 값이 문 이미지와 같다면 해당 위치에 문 오브젝트를 추가해야 한다.

> **Note**
> 게임 오브젝트를 추가하기 위하여 맵 데이터를 사용하는 것은 레벨 편집기로 Tiled 프로그램을 지원한다는 것을 의미한다. Tiled 프로그램을 이용하여 단순히 타일만을 그리는 것이 아니라, 게임이 진행되는 동안 특정 위치에 놓여야 할 오브젝트도 지정하기 때문이다.
> Sir Lamorak's Quest에서는 문이 수시로 열렸다 닫혔다 한다. 각각의 문은 나름대로의 동작 방법과 이미지가 있으며, 이러한 로직에 따라 문이 언제 열리고 닫히는지가 결정되고 동시에 문의 이미지가 바뀌게 된다.

레이어의 정보를 획득하고 설정하는 메소드는 간단하게 구성되어 있다. 리스트 9.7을 보면 메소드가 해당 타일의 Global Tile ID 값을 제공하는 것을 알 수 있다.

 Layer 클래스의 getGlobalTileIDAtX: 메소드

```
- (int)globalTileIDAtTile:(CGPoint)aTileCoord {
    return layerData[(int)aTileCoord.x][(int)aTileCoord.y][2];
}
```

리스트 9.7을 보면 찾고자 하는 x, y 좌표를 `layerData` 배열의 인덱스로 사용하는 것을 알 수 있다. 배열의 마지막 인덱스 값으로 사용한 2는 `GlobalTileID`의 위치를 나타낸다.

마찬가지로 `layerData` 배열에 값을 지정하는 방법도 동일하다. 리스트 9.8에서 볼 수 있는 것과 같이 그저 원하는 좌표에 값을 넣기만 하면 된다.

 Layer 클래스의 setValueAtX: 메소드

```
- (void)setValueAtTile:(CGPoint)aTileCoord value:(int)aValue {
    layerData[(int)aTileCoord.x][(int)aTileCoord.y][3] = aValue;
}
```

리스트 9.9는 타일 이미지의 정보를 구할 때 사용하는 `getTileImageAt:` 메소드를 보여주고 있다. 리턴되는 타일 이미지 값은 `addTileImageAt:ImageDetails:` 메소드에서 저장한 `TexturedColoredQuad` 구조체이다.

 Layer 클래스의 getTileImageAt: 메소드

```
- (TexturedColoredQuad*)getTileImageAt:(CGPoint)aPoint {
    int index = (int)(layerWidth * aPoint.y) + (int)aPoint.x;
    return &tileImages[index];
}
```

`getTileImageAt:` 메소드는 간단하지만 레이어의 타일을 렌더링할 때 주요 요소로 동작하기 때문에 중요하다.

TileSet 클래스

지금까지 `Layer` 클래스가 Tiled 프로그램으로 만든 타일 맵에서 레이어와 관련된 정보를 처리하는지 알아보았다. 이번에는 `TileSet` 클래스를 볼 차례로, `TileSet` 클래스는 `CH09_SLQTSOR` 프로젝트의 `[Game Engine]-[Tile Map]` 그룹에 있는 TileSet.m 파일에 구현되었다.

`TileSet` 클래스는 Tiled 프로그램으로 제작한 타일 맵에서 사용되는 타일 세트 정보를 다룬다. 타일 세트별로 `TileSet` 클래스의 인스턴스가 만들어지는데, Sir Lamorak's Quest에서는 한 개의 타일 시트만을 사용한다.

`TileSet` 클래스에서 사용하는 여러 속성을 정리하면 다음과 같다.

- **Tile set ID:** 타일 세트의 ID
- **Name:** Tiled 에디터에서 정의한 타일 세트 이름
- **First GID:** 타일 세트의 첫 번째 Global ID
- **Last GID:** 타일 세트의 마지막 Global ID
- **Tile width:** 타일 이미지의 가로 길이(픽셀 단위)
- **Tile height:** 타일 이미지의 세로 길이(픽셀 단위)
- **Spacing:** 타일 세트의 이미지 간격
- **Margin:** 스프라이트 시트의 테두리 정보
- **Tiles:** 타일 세트에서 사용하는 이미지가 들어 있는 SpriteSheet 인스턴스

Layer 클래스에서와 마찬가지로, 위의 정보는 Tiled 맵 파일을 읽는 동안 `TileSet` 인스턴스에 전달된다.

초기화

`initWithImageNamed:name:tileSetID:firstGID:tileSize:spacing:margin:` 메소드는 `TileSet` 클래스의 인스턴스를 초기화하기 위해 사용된다(리스트 9.10).

```objc
- (id)initWithImageNamed:(NSString*)aImageFileName
    name:(NSString*)aTileSetName
    tileSetID:(int)tsID
    firstGID:(int)aFirstGlobalID
    tileSize:(CGSize)aTileSize
    spacing:(int)aSpacing
    margin:(int)aMargin
{
    if (self = [super init]) {

        sharedTextureManager = [TextureManager sharedTextureManager];

        tiles = [[SpriteSheet spriteSheetForImageNamed:aImageFileName
                              spriteSize:aTileSize
                              spacing:aSpacing
                              margin:aMargin
                              imageFilter:GL_LINEAR]
                    retain];

        tileSetID = tsID;
        name = aTileSetName;
        firstGID = aFirstGlobalID;
        tileWidth = aTileSize.width;
        tileHeight = aTileSize.height;
        spacing = aSpacing;
        margin = aMargin;

        horizontalTiles = tiles.horizSpriteCount;
        verticalTiles = tiles.vertSpriteCount;

        lastGID = horizontalTiles * verticalTiles + firstGID - 1;
    }
    return self;
}
```

초기화 메소드는 먼저 타일 세트의 스프라이트 정보를 갖는 SpriteSheet 인스턴스를 만든다. 그런 다음 파라미터로 넘어온 값과 함께 사용하여 타일 세트 정보를 구성한다.

타일 세트 정보 획득

`TileSet` 인스턴스로부터 가져올 정보는 그리 많지 않다. `TileSet` 클래스의 메인 속성은 `tiles`라는 이름의 스프라이트 시트이다. `TiledMap` 클래스에서 맵 레이어를 렌더링할 때 tiles 스프라이트 시트를 통해 이미지 정보를 얻는다.

TileSet.m 파일에서 타일 정보를 가져오는 메소드는 아래와 같이 세 가지가 있다.

- **containsGlobalID**: 파라미터로 넘어온 `GlobalTileID` 값이 이 타일 세트에 존재하는지 확인한다. 이 메소드는 여러 개의 타일 세트를 사용할 때 빛을 발한다 (현재 `TiledMap` 클래스는 지원하지 않는다). 타일 ID를 찾을 때에도 이 메소드를 이용하여 특정 이미지가 들어 있는 타일 세트를 구분지을 수 있다.
- **getTileX**: `TileID`를 이용하여 타일의 스프라이트 시트 내 x 좌표값을 구한다.
- **getTileY**: `TileID`를 이용하여 타일의 스프라이트 시트 내 y 좌표값을 구한다.

TiledMap 클래스

앞서 살펴본 `Layer`와 `TileSet` 클래스는 `TiledMap` 클래스를 위한 클래스라고 할 수 있다. Tiled 프로그램으로 만든 타일 맵을 사용하기 위해서는 `TiledMap` 클래스의 인스턴스를 사용해야 한다. `TiledMap` 클래스의 인스턴스를 생성하면 자동으로 `TileSet`와 `Layer` 클래스의 인스턴스가 생성되어 Tiled 맵 설정 파일에서 가져온 정보대로 세팅하게 된다. `TiledMap` 클래스는 CH09_SLQTSOR 프로젝트의 [Game Engine]–[Tile Map] 그룹에서 TiledMap.m 파일에 구현되었다.

`TiledMap` 클래스는 크게 두 가지 주요한 일을 수행한다. 첫 번째는 이번 장 초반에 설명한 Tiled 프로그램의 설정 파일인 .tmx 파일을 파싱(parsing)하는 것이다. 이 파일에는 우리가 게임상에서 구현해야 할 게임 맵에 대한 모든 정보가 담겨있다. 나머지 하나는 이렇게 추출한 정보를 이용하여 화면에 맵을 렌더링하는 것이다.

이러한 두 가지 기능은 얼핏 들으면 크게 관련이 없는 것 같지만 이 둘은 매우 깊은 연관이 있다.

XML 파싱(Parsing)

XML 파싱(parsing)은 iPhone에서 매우 흥미로운 주제이다. XSLT와 같이 XML의 모든 스펙과 기술을 구현하는 것은 굉장히 복잡한 일이다. 또한 XML의 모든 요소를 완벽하게 추출하기 위해서는 많은 프로세서와 메모리 자원을 필요로 한다. iPhone은 한정된 자원만을 가지고 있기 때문에 XML 모두를 지원하는 것은 엄청나게 어려운 일이 아닐 수 없다.

Apple은 기본적으로 이벤트 기반으로 동작하는 XML 파서인 `NSXMLParser`를 제공한다. `NSXMLParser` 클래스는 XML 파일을 파싱하여 그 안에 있는 정보를 다룰 수 있도록 하며, 원하는 데이터가 나타나면 이벤트를 일으켜 데이터를 처리할 수 있도록 한다. 이러한 기능은 작은 파일에서는 문제 없이 동작하나 큰 규모의 XML 파일을 처리할 때는 성능이 급격히 떨어지는 모습을 보여준다.

저자 역시 Sir Lamorak's Quest를 개발하는 동안 `NSXMLParser`를 사용하면서 위와 같은 문제에 봉착했다. 이를 해결하기 위하여 더 좋은 성능의 파서를 찾던 도중 친구(Tom Bradley)가 해결책을 제시하였는데 그것은 자신이 만든 가볍고 빠른 XML 파서인 TBXML을 사용하는 것이었다.

TBXML은 W3C XML 버전 1.0 스펙을 지원하며 XML 파일을 파싱만 할 수 있을 뿐 XML 파일을 만들어 저장하는 기능은 빠져있다. 이로 인해 API가 굉장히 단순하게 구현되어 있었다.

TBXML을 시험한 결과 압축되지 않은 .tmx 파일을 파싱하는데 아주 훌륭한 성능을 보였으며, 프로젝트에서 사용하는데 전혀 나무랄 데가 없었다.

그 이후 타일 데이터가 compress 또는 gzip으로 압축된 형태의 .tmx 파일을 사용하기 시작했다. 물론 압축된 형태의 .tmx 파일을 파싱하는 경우에는 `NSXMLParser`도 좋은 성능을 보여주었다. 하지만 이미 TBXML이 잘 동작하고 있었기 때문에 굳이 다른 파서를 사용할 이유는 없었다.

TBXML에 대한 정보와 소스 코드는 www.tbxml.co.uk 에서 구할 수 있다. 이 사이트를 방문하면 TBXML.h와 TBXML.m뿐만 아니라 NSDataAdditions.h와 NSDataAddtions.m 등과 같은 파일도 제공받게 될 것이다. CH09_SLQTSOR 프로젝트에서는 `TBXML` 그룹에서 내용을 확인할 수 있다.

Sir Lamorak's Quest 프로젝트와 이 책에서 다루는 TBXML은 버전 1.3을 사용한다.

`NSDataAdditions` 클래스는 libz 라이브러리를 필요로 하기 때문에 프로젝트에 포함시켜야 한다. 이 라이브러리는 SDK에 포함되어 있기 때문에 프로젝트에 포함시키기만 하면 된다. Xcode에서 프로젝트 [target info] 창을 띄우고 [General] 탭을 선택한 다음 [Linked Libraries] 왼쪽 맨 아래에 있는 [+] 버튼을 클릭하면 라이브러리 리스트가 나타나는데, 여기서 'libz.dylib'을 선택한 다음 [OK]를 누르면 된다.

그림 9.10의 [Target Info] 창에서 libz 라이브러리를 추가한 모습을 볼 수 있다.

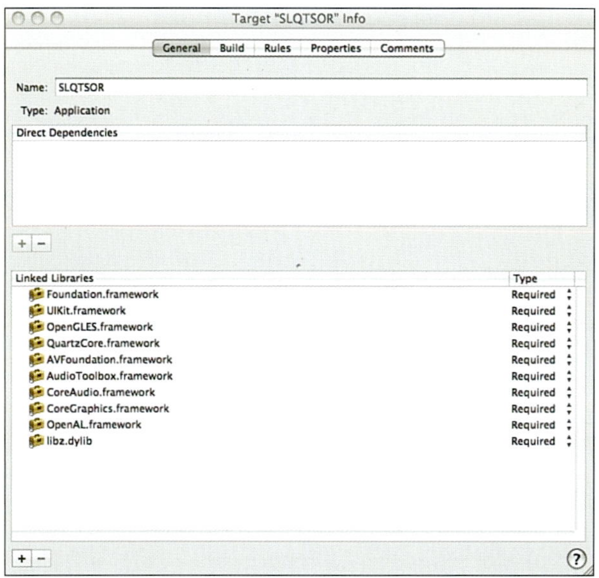

| **그림 9.10** | target info 창에 나타난 프로젝트와 연결된 라이브러리 리스트[1]

이러한 라이브러리는 TiledMap 클래스를 이용하여 타일 데이터를 디코딩하고 압축을 해제할 때 아주 유용하게 사용된다.

초기화

TiledMap 클래스의 초기화는 다른 클래스와 마찬가지로 일반적인 형태를 띠고 있다. 리스트 9.11에서 초기화 메소드인 initWithFileName:fileExtension을 볼 수 있다.

---

[1] **역주** Xcode 4.2 이후에서는 왼쪽 패널의 프로젝트 navigator에서 프로젝트 자체를 선택하고 중앙 패널에서 해당 Target을 선택한 다음 [Build Phases] 탭을 누르면 아래에 Link Binary With Libraries 목록이 나타나는데, 여기에서 라이브러리를 추가할 수 있다.

```objc
- (id)initWithFileName:(NSString*)aTiledFile
       fileExtension:(NSString*)aFileExtension
{

    self = [super init];
    if (self != nil) {

        sharedGameController = [GameController sharedGameController];
        sharedImageRenderManager = [ImageRenderManager sharedImageRenderManager];

        tileSets = [[NSMutableArray alloc] init];
        layers = [[NSMutableArray alloc] init];
        mapProperties = [[NSMutableDictionary alloc] init];
        objectGroups = [[NSMutableDictionary alloc] init];

        NSLog(@"INFO - Tiled: Loading tilemap XML file");
        TBXML *tmxXML = [[TBXML alloc] initWithXMLFile:aTiledFile
                                         fileExtension:aFileExtension];
```

먼저 `sharedGameController`와 `sharedImageRenderManager`를 획득하는 것으로
메소드가 동작한다. 그런 다음 타일 세트, 레이어, 맵 속성값, 오브젝트 그룹을 보관
할 배열과 dictionary들을 초기화한다. 그리고 `initWithXMLFile:fileExtension`
메소드를 이용하여 TBXML 클래스의 인스턴스를 하나 만든다.

TiledMap 클래스 초기화 메소드의 나머지는 리스트 9.12에 실려 있다.

리스트 9.12　TiledMap 클래스의 initWithFileName:fileExtension 메소드 (Part 2)

```objc
        NSLog(@"INFO - Tiled: Started parsing tilemap XML");
        [self parseMapFileTBXML:tmxXML];
        [self parseMapObjects:tmxXML];

        NSLog(@"INFO - Tiled: Finishing parsing tilemap XML");

        [tmxXML release];
    }

    memset(&nullTCQ, 0, sizeof(TexturedColoredQuad));

    [self createLayerTileImages];
```

```
        colorFilter = Color4fOnes;

    return self;
}
```

TBMXL 클래스의 인스턴스인 `tmxXML`을 만들고 나면 `private` 메소드 `parseMapFileTBXML:`과 `parseMapObjects:`를 이용하여 .tmx 파일을 파싱한다(이 두 메소드에 대한 설명은 이어서 나올 것이다). 파싱이 모두 끝나면 TBXML 클래스의 인스턴스는 release된다. 다음으로 `nullTCQ` 구조체 변수의 내용을 모두 0으로 지우는데, `nullTCQ`는 타일 맵에 있는 타일이 이미지와 연결되었는지 여부를 확인하는 데 사용된다. 그리고는 `createLayerTileImages` 메소드를 통해 타일 맵의 각 타일에 필요한 이미지를 로드한다.

마지막으로 `colorFilter` 값으로 모두 1.0f을 지정한 다음, 인스턴스를 리턴하며 메소드가 끝난다. `colorFilter`는 TiledMap 클래스의 `render` 메소드에서 보게 될 것이다.

맵 파일 파싱

.tmx 파일에는 많은 양의 데이터가 담겨 있기 때문에 파싱하는 메소드는 자연히 길어질 수 밖에 없게 되었다. 초기화 메소드에서 이미 확인한 바와 같이 .tmx 파일을 파싱하는 메소드는 `parseMapFileTBXML:`이다.

`parseMapFileTBXML:` 메소드는 TBXML 클래스의 인스턴스를 파라미터로 받은 다음 .tmx 파일을 파싱하면서 필요한 데이터를 설정한다.

Map 요소 파싱

리스트 9.13은 `parseMapFileTBXML:` 메소드에서 `map` 요소를 파싱하는 부분을 보여주고 있다. `parseMapFileTBXML:` 메소드는 TiledMap.m 파일에 있다.

```objc
- (void)parseMapFileTBXML:(TBXML*)tbXML {

    currentLayerID = 0;
    currentTileSetID = 0;
    tile_x = 0;
    tile_y = 0;

    TBXMLElement * rootXMLElement = tbXML.rootXMLElement;

    if (rootXMLElement) {

        mapWidth = [[TBXML valueOfAttributeNamed:@"width"
                            forElement:rootXMLElement]
                      intValue];
        mapHeight = [[TBXML valueOfAttributeNamed:@" height"
                            forElement:rootXMLElement]
                      intValue];
        tileWidth = [[TBXML valueOfAttributeNamed:@"tilewidth"
                            forElement:rootXMLElement]
                      intValue];
        tileHeight = [[TBXML valueOfAttributeNamed:@"tileheight"
                            forElement:rootXMLElement]
                       intValue];

        NSLog(@"INFO - Tiled: Tilemap map dimensions are %dx%d",
             mapWidth, mapHeight);
        NSLog(@"INFO - Tiled: Tilemap tile dimensions are %dx%d",
             tileWidth, tileHeight);
```

가장 먼저 root 오브젝트를 얻는 것으로 파싱을 시작한다. 파싱하는 .tmx 파일에서의 모든 요소는 이 root 요소를 상위 요소로 사용할 것이다.

다음으로 map 요소를 찾아 속성값을 꺼낸다. 속성값을 설정한 다음에는 현재 상태를 알려주기 위해 로그 메시지를 남긴다. 리스트 9.14에는 map 요소 내에 있는 properties 요소를 처리하는 코드가 있다.

리스트 9.14 TiledMap 클래스의 parseMapFileTBXML: 메소드 (Part 2)

```objc
        TBXMLElement * properties = [TBXML childElementNamed:@"properties"
                                            parentElement:rootXMLElement];
        if (properties) {
```

```objc
TBXMLElement * property = [TBXML childElementNamed:@"property"
                                    parentElement:properties];

while (property) {

    NSString *name = [TBXML valueOfAttributeNamed:@"name"
                                      forElement:property];
    NSString *value = [TBXML valueOfAttributeNamed:@"value"
                                       forElement:property];
    [mapProperties setObject:value forKey:name];
    NSLog(@"INFO - Tiled: Tilemap property '%@' found with value '%@'",
        name, value);

    property = property->nextSibling;
}
}
```

Map 요소에 있는 `properties` 요소를 찾기 위하여 `TBXMLElement` 타입의 포인터 변수 properties를 사용한다. Map 요소에는 한 개의 properties 요소만 있기 때문에 properties 값이 `null`이 아니라면 처리해야 할 속성값이 존재한다고 판단할 수 있다.

Properties 요소가 존재하는 경우 또 다른 `TBXMLElement` 포인터 변수 property를 만들어 property 요소를 찾는다. Property 요소에는 name, value 속성값이 있는데 이를 추출하여 `mapProperties`에 추가한다. 이 과정이 끝나면 현재 상태를 로그로 남긴다. 실제 release 버전에서는 이러한 로그를 남기면 안된다.

로그를 남긴 후에는 다음 property 요소를 추출하는 과정을 반복한다.

Tileset 요소 파싱

map 요소 파싱이 끝나면 `tileset` 요소를 파싱한다. 물론 모든 `tileset` 요소에 대하여 `TileSet` 클래스의 인스턴스를 생성하지만 렌더링할 때는 첫 번째 타일 세트만 사용한다.

리스트 9.15에는 첫 번째 `tileset` 요소를 찾고 처리하는 코드가 실려있다. 이 부분은 map 요소를 처리할 때와 동일하게 동작한다.

  TiledMap 클래스의 parseMapFileTBXML: 메소드 (Part 3)

```objc
    tileSetProperties = [[NSMutableDictionary alloc] init];

    TBXMLElement * tileset = [TBXML childElementNamed:@"tileset"
                                  parentElement:rootXMLElement];
    while (tileset) {
        tileSetName = [TBXML valueOfAttributeNamed:@"name"
                          forElement:tileset];
        tileSetWidth = [[TBXML valueOfAttributeNamed:@"tilewidth"
                            forElement:tileset]
                        intValue];
        tileSetHeight = [[TBXML valueOfAttributeNamed:@"tileheight"
                             forElement:tileset]
                         intValue];
        tileSetFirstGID = [[TBXML valueOfAttributeNamed:@"firstgid"
                               forElement:tileset]
                           intValue];
        tileSetSpacing = [[TBXML valueOfAttributeNamed:@"spacing"
                              forElement:tileset]
                          intValue];
        tileSetMargin = [[TBXML valueOfAttributeNamed:@"margin"
                             forElement:tileset]
                         intValue];
```

tileset에 대한 속성값을 지정한 다음에는 디버그 정보를 기록하고 image와
source 요소를 처리한다. 이 요소들은 tileset 스프라이트 시트에서 사용되는 이미
지 파일의 실제 이름을 나타낸다.

```objc
        NSLog(@"INFO - Tiled: --> TILESET found named: %@, width=%d,
height=%d, firstgid=%d, spacing=%d, id=%d",
              tileSetName, tileSetWidth, tileSetHeight,
              tileSetFirstGID, tileSetSpacing, currentTileSetID);

        TBXMLElement * image = [TBXML childElementNamed:@"image"
                                    parentElement:tileset];
        NSString *source = [TBXML valueOfAttributeNamed:@"source"
                                forElement:image];
        NSLog(@"INFO - Tiled: ----> Found source for tileset called '%@'.",
              source);
```

타일 세트의 이미지와 소스 정보를 획득한 다음에는 타일 세트의 properties 요소

를 처리한다. 이 properties 요소는 타일 이미지 레벨에 속해 있다(즉, 타일 세트의 각 이미지는 관련된 여러 개의 properties를 갖는다). 이러한 속성은 맵 위에 존재하는 이미지에 각종 기능을 부여할 수 있도록 하는데, 예를 들어 특정 타일을 지나면 플레이어의 체력을 일부 떨어뜨리게 하는 등의 기능을 부여할 수 있다.

리스트 9.16에는 타일 세트의 properties 속성을 처리하는 루프가 있다.

 TiledMap 클래스의 parseMapFileTBXML: 메소드 (Part 4)

```
while (tile) {
    int tileID = [[TBXML valueOfAttributeNamed:@"id" forElement:tile]
                        intValue]
                   + tileSetFirstGID;

    NSMutableDictionary *tileProperties =
        [[NSMutableDictionary alloc] init];

    TBXMLElement * tstp = [TBXML childElementNamed:@"properties"
                                    parentElement:tile];
    TBXMLElement * tstp_property = [TBXML childElementNamed:@"property"
                                            parentElement:tstp];
    while (tstp_property) {

        [tileProperties setObject:[TBXML valueOfAttributeNamed:@"value"
                                            forElement:tstp_property]
                        forKey:[TBXML valueOfAttributeNamed:@"name"
                                        forElement:tstp_property]];

        tstp_property = [TBXML nextSiblingNamed:@"property"
                                searchFromElement:tstp_property];
    }
    [tileSetProperties setObject:tileProperties
                        forKey:[NSString stringWithFormat:@"%d",
                                    tileID]];

    [tileProperties release];
    tileProperties = nil;

    tile = [TBXML nextSiblingNamed:@"tile" searchFromElement:tile];
}
```

tile 요소와 그 properites 요소의 사용 예를 보면 알 수 있겠지만, tile 요소는 여러 개가 나올 수 있기 때문에(즉, 타일 세트 안에 여러 개의 타일이 존재할 수 있기 때문에) `tile` 요소를 처리하기 위해 루프를 사용한다. 리스트 9.17에서는 각자 properites 요소를 가진 여러 개의 `tile` 요소를 사용한 예를 보여주고 있다.

리스트 9.17 <u>Tile 요소에 properties 요소가 포함된 예</u>

```
<tile id="0">
    <properties>
        <property name="CollisionTile" value="true"/>
    </properties>
</tile>
<tile id="3">
    <properties>
        <property name="ReduceHealth" value="25"/>
    </properties>
</tile>
```

`tile`과 `property` 요소 루프는 `map` 요소의 그것과 동일한 메커니즘으로 동작한다. 다른 .tmx 파일의 요소도 마찬가지 패턴으로 처리한다.

리스트 9.18에서는 타일 세트의 처리를 마무리하는 모습을 보여준다.

리스트 9.18 <u>TiledMap 클래스의 parseMapFileTBXML: 메소드 (Part 5)</u>

```
    currentTileSet = [[TileSet alloc]
                        initWithImageNamed:source
                        name:tileSetName
                        tileSetID:currentTileSetID
                        firstGID:tileSetFirstGID
                        tileSize:CGSizeMake(tileWidth, tileHeight)
                        spacing:tileSetSpacing
                        margin:tileSetMargin];

    [tileSets addObject:currentTileSet];

    [currentTileSet release];

    currentTileSetID++;

    tileset = [TBXML nextSiblingNamed:@"tileset" searchFromElement:tileset];
  }
```

파싱된 `tileset` 요소 정보는 `TileSet` 클래스의 인스턴스 `currentTileSet`에 저장한다. 그 다음 `currentTileSet`를 `tileSets` 배열에 추가하여 나중에 접근할 수 있도록 한다. 이렇게 배열에 추가하는 과정에서 증가한 retain count 값을 줄이기 위해 `currentTileSet`를 release한다.

마지막으로 `currentTileSetID` 값을 하나 증가시키고 다음 `tileset` 요소가 있는지 찾는다.

Layer 요소 파싱

`layer` 요소 역시 `map`과 `tileset` 요소와 동일하게 처리한다(리스트 9.19).

리스트 9.19 <u>TiledMap 클래스의 parseMapFileTBXML: 메소드 (Part 6)</u>

```
TBXMLElement * layer = [TBXML childElementNamed:@"layer"
                              parentElement:rootXMLElement];
while (layer) {
    layerName = [TBXML valueOfAttributeNamed:@"name" forElement:layer];
    layerWidth = [[TBXML valueOfAttributeNamed:@"width" forElement:layer]
                  intValue];
    layerHeight = [[TBXML valueOfAttributeNamed:@"height" forElement:layer]
                   intValue];
             currentLayer = [[Layer alloc] initWithName:layerName
                              layerID:currentLayerID
                              layerWidth:layerWidth
                              layerHeight:layerHeight];
    NSLog(@"INFO - Tiled: --> LAYER found called: %@, width=%d, height=%d",
        layerName, layerWidth, layerHeight);


    TBXMLElement * layerProperties = [TBXML childElementNamed:@"properties"
                                      parentElement:layer];
    if (layerProperties) {
        TBXMLElement * layerProperty = [TBXML
                                childElementNamed:@"property"
                                parentElement:layerProperties];
        NSMutableDictionary *layerProps = [[NSMutableDictionary alloc]
                                init];

        while (layerProperty) {
            NSString *name = [TBXML valueOfAttributeNamed:@" name"
                                forElement:layerProperty];
```

```objc
        NSString *value = [TBXML valueOfAttributeNamed:@" value"
                                    forElement:layerProperty];
        [layerProps setObject:value forKey:name];
        layerProperty = layerProperty->nextSibling;
    }
    [currentLayer setLayerProperties:layerProps];

    [layerProps release];
}
```

Layer 요소를 처리하는 동안 Layer 클래스의 인스턴스를 만들어 layer 속성 정보를 담는다. 또한 내부에 존재하는 properties 요소를 처리하여 Layer 클래스의 인스턴스에 추가한다.

layer 요소를 파싱하면서 Layer 클래스의 인스턴스를 만든 다음에는 레이어에 있는 타일 정보를 파싱할 차례이다. 이 부분은 그동안 나온 파싱 과정에 비해 다소 복잡하다. 왜냐하면 타일 정보가 순수한 텍스트(ASCII코드) 방식의 XML로 구성 된 것이 아니라, base64 방식으로 인코딩되거나 여기에 gzip 압축까지 이루어진 경우도 있기 때문이다.

layer 요소 안에는 하나의 data 요소가 있다. Data 요소는 배열에 들어있는 각 타일의 정보를 가지고 있는데, 리스트 9.20에는 data 요소를 찾아 타일 정보가 인코딩되었는지 gzip으로 압축되었는지를 확인하는 코드가 실려있다.

리스트 9.20   TiledMap 클래스의 parseMapFileTBXML: 메소드 (Part 7)

```objc
TBXMLElement * dataElement = [TBXML childElementNamed:@"data"
                                    parentElement:layer];
if (dataElement) {
    if ([[TBXML valueOfAttributeNamed:@"encoding"
              forElement:dataElement]
          isEqualToString:@"base64"])
    {

        NSData * deflatedData = [NSData dataWithBase64EncodedString:
                                    [TBXML textForElement:dataElement]];
        if ([[TBXML valueOfAttributeNamed:@"compression"
                  forElement:dataElement]
              isEqualToString:@"gzip"])
            deflatedData = [deflatedData gzipInflate];
```

Data 요소를 찾으면 encoding 또는 compression 속성값이 요소 내에 있는지 확인한다. 만약 base64를 발견하면 NSData 클래스의 인스턴스 변수 deflatedData 안에 디코딩한 내용을 담는다. 그런 다음 타일 정보가 압축되었는지 확인하는데, 만일 gzip으로 압축되었다면 (압축은 gzip만을 지원하기 때문에 다른 포맷으로 압축되지 않는다) 디코딩된 데이터에 대해 압축 해제 과정을 거치도록 한다. 압축을 풀게 되면 자연히 데이터 크기는 늘어나는데, NSData 클래스 인스턴스 변수 deflatedData의 크기가 늘어날 수 있는 이유는 앞에서 XML 파싱을 설명하면서 언급된 NSDataAdditions 메소드가 알아서 처리해주기 때문이다.

이렇게 타일 데이터 처리가 끝나면 레이어의 타일 정보를 저장할 메모리 공간을 할당하고 각 타일에는 GlobalID를 부여한다. 타일 정보는 바이트 단위로 처리하기 때문에 데이터를 저장할 공간은 integer 배열로 처리하였다.

```
long size = sizeof(int) * (layerWidth * layerHeight);
int *bytes = malloc(size);
[deflatedData getBytes:bytes length:size];
```

위와 같이 만든 배열을 이용하여 타일 정보를 처리하고 레이어에 매달 수 있게 된다. 이를 위하여 Layer 클래스의 addTileAtX:y:tileSetID:tileID:globalID:Value: 메소드를 사용한다.

리스트 9.21에서는 레이어에 타일을 추가하는 루프 구문이 실려 있다.

리스트 9.21 TiledMap 클래스의 parseMapFileTBXML: 메소드 (Part 8)

```
long y;
for (tile_y=0, y=0;
     y<layerHeight*layerWidth;
     y+=layerWidth,tile_y++)
{
    for (tile_x=0;tile_x<layerWidth;tile_x++) {
        int globalID = bytes[y+tile_x];
        if(globalID == 0) {
            [currentLayer
                addTileAt:CGPointMake(tile_x,
                                      (layerHeight - 1) - tile_y)
                tileSetID:-1
```

```
                tileID:-1
                globalID:-1
                value:-1];
        } else {
            TileSet *tileSet = [self tileSetWithGlobalID:
                                            globalID];
            [currentLayer
                addTileAt:CGPointMake(tile_x,
                                    (layerHeight - 1) - tile_y)
                tileSetID:[tileSet tileSetID]
                tileID:globalID - [tileSet firstGID]
                globalID:globalID
                value:-1];
        }
    }
}
```

리스트 9.21에서는 `globalID` 값이 0인지 여부를 눈여겨봐야 한다. 만약 `globalID` 값이 0이라면 해당 타일에 대해 이미지가 없다는 것을 의미하기 때문에 `tileSetID` 와 `tileID` 값을 모두 −1로 넘겨 주어야 한다. 그래서 타일을 렌더링할 때 −1 값이 넘어오면 아무 내용도 없는 타일임을 인식하고 그에 알맞게 처리한다. 자세한 내용은 이번 장 후반 레이어 렌더링에서 보게 될 것이다.

만약 `globalID`가 0이 아니라면 타일 이미지가 정의되었음을 의미하며, 어떠한 타일 세트가 이와 같은 타일 이미지를 사용하는지 검색하기 위하여 `TiledMap` 클래스의 `tileSetWithGlobalID:` 메소드를 사용할 것이다. 여러 개의 타일 세트를 사용할 수 있도록 구현하였지만 계속해서 언급한 것처럼 이 책의 프로젝트에서는 렌더링할 때 하나의 타일 세트만 사용한다.

타일 이미지를 갖는 타일 세트를 찾으면 타일 세트에서 `globalID` 등의 정보를 이용하여 타일을 레이어에 추가시킨다.

타일을 레이어에 추가할 때 전체 레이어 높이에서 `tileY` 값만큼 빼야 한다. 왜냐하면 타일 맵의 좌표 체계는 좌측 상단이 (0, 0)이기 때문이다. OpenGL ES의 좌표 체계에서는 좌측 하단이 (0, 0)이다. 따라서 이렇게 계산하는 것으로 y 값을 뒤집어 OpenGL ES 좌표 체계로의 전환에 맞게 변환시킬 수 있다.

만일 데이터 정보가 base64로 인코딩되지 않았다면 일반 XML로 간주하여 처리
한다.

리스트 9.22는 일반 XML로 구성된 타일 정보 처리 구문을 보여준다.

리스트 9.22 <u>TiledMap 클래스의 parseMapFileTBXML: 메소드 (Part 9)</u>

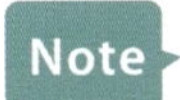

```
        } else {

            tile_x = 0;
            tile_y = 0;

            TBXMLElement * tileElements = [TBXML childElementNamed:@"tile"
                                                parentElement:dataElement];

            while (tileElements) {
                int globalID = [[TBXML valueOfAttributeNamed:@"gid"
                                      forElement:tileElements]
                               intValue];

                if(globalID == 0) {
                    [currentLayer addTileAt:CGPointMake(tile_x,
                                           (layerHeight - 1) - tile_y)
                                  tileSetID:-1 tileID:-1
                                  globalID:-1 value:-1];
                } else {
                    TileSet *tileSet = [self tileSetWithGlobalID:globalID];
                    [currentLayer addTileAt:CGPointMake(tile_x,
                                           (layerHeight - 1) - tile_y)
                                  tileSetID:[tileSet tileSetID]
                                  tileID:globalID - [tileSet firstGID]
                                  globalID:globalID value:-1];
                }

                tile_x++;
                if(tile_x > layerWidth - 1) {
                    tile_x = 0;
                    tile_y++;
                }
```

```
                    tileElements = tileElements->nextSibling;
                }
            }
        }
```

일반 XML로 구성된 타일 정보를 처리하는 것은 .tmx 파일의 다른 요소를 처리하
는 방식과 거의 같다. 루프를 돌며 모든 타일 요소를 처리하는 동시에 각각의 속성을
타일에 추가한 다음 레이어에 타일을 추가한다.

코드에도 나와 있지만, 타일 정보의 압축 여부에 관계 없이 각각의 타일에 대해
tileID를 계산해야 한다. tileID를 계산하기 위해서는 globalID에서 firstGID를
빼면 된다.

타일 데이터 처리가 끝난 다음에는 아래 코드와 같이 레이어를 layers 배열에 추가
하고 currentLayer, currentLayerID 등에 대한 후처리를 진행한다. 그런 다음 추
가 레이어가 있는지 확인한다.

```
            [layers addObject:currentLayer];
            [currentLayer release];
            currentLayerID++;

            layer = [TBXML nextSiblingNamed:@"layer" searchFromElement:layer];
        }
    }
}
```

오브젝트 그룹 파싱

마지막으로 파싱해야 할 요소는 오브젝트 그룹이다. 이번 장 앞 부분에서 Tiled 프
로그램의 설정파일을 설명하면서 오브젝트 그룹 레이어에서 특별한 오브젝트를 만
들 수 있다고 언급한 것과 같이, 오브젝트 그룹 안에 있는 오브젝트는 타일 맵의 격
자 위치에 국한되지 않고 픽셀 단위로 원하는 위치에 놓을 수 있다. 또한 오브젝트에
특별한 속성을 지정할 수도 있다.

parseMapFileTBXML 메소드 다음에 나오는 parseMapObjects 메소드를 보면 오
브젝트 그룹을 map, tileset, layer 요소와 동일하게 처리하는 것을 볼 수 있다.

오브젝트 그룹에 들어 있는 정보를 담기 위해 3개의 NSMutableDictionary 변수 `objectGroupDetails`, `objectGroupAttribs`, `objectGroupObjects`를 사용하였다.

`parseMapObjects` 메소드 역시 매우 장문인 관계로 본문에는 싣지 않았다. 물론 TiledMap.m 파일에서 얼마든지 읽을 수 있다.

레이어 이미지 생성

이렇게 하여 .tmx 파일의 파싱이 모두 끝나면 이제 맵에 레이어를 렌더링하기 위해 필요한 정보를 모두 얻은 셈이다. 리스트 9.23에 있는 `createLayerTileImages:` 메소드는 타일 이미지 정보를 타일 맵 레이어로 로드시킨다.

리스트 9.23 TiledMap 클래스의 createLayerTileImages: 메소드

```objc
- (void)createLayerTileImages {

    int x = 0;
    int y = 0;

    TileSet *tileSet = [tileSets objectAtIndex:0];

    for(int layerIndex=0; layerIndex < [layers count]; layerIndex++) {

        Layer *layer = [layers objectAtIndex:layerIndex];
        for(int mapTileY=0; mapTileY < mapHeight; mapTileY++) {
            for(int mapTileX=0; mapTileX < mapWidth; mapTileX++) {
                int tileID = [layer tileIDAtTile:CGPointMake(mapTileX, mapTileY)];
                if (tileID > -1) {
                    SpriteSheet *tileSprites = [tileSet tiles];
                    Image *tileImage = [tileSprites
                        spriteImageAtCoords:CGPointMake([tileSet getTileX:tileID],
                                                        [tileSet getTileY:tileID])];
                    [layer addTileImageAt:CGPointMake(mapTileX, mapTileY)
                            imageDetails:tileImage.imageDetails];
                }
                x += tileWidth;
            }
            y += tileHeight;
            x = 0;
        }
        y = 0;
    }
}
```

위의 루프는 레이어에 있는 모든 타일을 조사하고 격자 위치에 있는 타일에 해당하는 이미지를 레이어에 지정한다. 타일 이미지가 지정된 경우에는 타일 맵의 타일 세트에서 이미지를 가져올 수 있다. 중간에 `addTileImageAt:` 메소드 파라미터로 전달되는 이미지는 앞에서 살펴 본 `ImageDetails` 구조체 형태로 넘어간다.

레이어 렌더링

굉장히 많은 내용을 다루고 있는 이번 장도 이제 거의 막바지에 이르렀다. 드디어 레이어를 렌더링하는 방법에 대해 이야기할 차례이다.

지금까지 진행한 험난한 여정이 렌더링을 위한 것이었다는 것을 마음의 위안으로 삼았으면 좋겠다. 이제 레이어를 렌더링하여 화면에 보여주는 리스트 9.24의 `rende rLayer:mapx:mapy:width:height:useBlending:` 메소드를 살펴보자.

리스트 9.24 TiledMap 클래스의 renderLayer:mapx:mapy:width:height:useBlending: 메소드

```
- (void)renderLayer:(int)aLayerIndex
       mapx:(int)aMapx
       mapy:(int)aMapy
       width:(int)aWidth
       height:(int)aHeight
       useBlending:(BOOL)aUseBlending
{

    if (aMapx < 0)
        aMapx = 0;
    if (aMapx > mapWidth)
        aMapx = mapWidth;
    if (aMapy < 0)
        aMapy = 0;
    if (aMapy > mapHeight)
        aMapy = mapHeight;

    int maxWidth = aMapx + aWidth;
    int maxHeight = aMapy + aHeight;
```

```objc
Layer *layer = [layers objectAtIndex:aLayerIndex];

TileSet *tileSet = [tileSets objectAtIndex:0];
uint textureName = [tileSet tiles].image.texture.name;

for (int y=aMapy; y < maxHeight; y++) {
    for (int x=aMapx; x < maxWidth; x++) {
        TexturedColoredQuad *tcq = [layer getTileImageAt:CGPointMake(x, y)];

        if (memcmp(tcq, &nullTCQ, sizeof(TexturedColoredQuad)) != 0)
            [sharedImageRenderManager addTexturedColoredQuadToRenderQueue:tcq
                                  texture:textureName];
    }
}
if (!aUseBlending)
    glDisable(GL_BLEND);

[sharedImageRenderManager renderImages];

if (!aUseBlending)
    glEnable(GL_BLEND);
}
```

실제로 타일 맵 레이어를 렌더링하는 시점에는 전체 맵의 일부분에 대해서만 렌더링한다. 이 말은 수백 개도 넘는 타일을 가진 레이어 전체를 렌더링할 필요 없이 그저 8×13 크기만 렌더링하면 된다는 뜻이다.

타일 맵을 렌더링하는 데 있어 OpenGL ES를 이용하여 전체 맵을 렌더링하며 타일마다 일일이 visible 표시를 하는 등 다양한 실험을 진행해 본 결과 —물론 저자 개인적인 실험이었지만— 화면에 보이는 타일만 렌더링하는 것이 가장 좋은 성능을 내는 것으로 나타났다.

먼저 파라미터로 넘어온 타일 맵의 영역이 실제 타일 맵 안에 들어 있는지 확인한다. 그런 다음 layer 및 tileSet 오브젝트와 타일 세트의 텍스처 이름을 얻는다.

그러면 타일 격자 좌표만큼 루프를 돌게 되는데, 모든 타일 격자 좌표마다 타일 이미지가 있는지 `memcmp()` 함수를 이용하여 확인한다. `tileImages` 배열에는 `TexturedColoredQuad` 구조체들이 들어 있는데, 이미지와 연결되지 않은 `TexturedColoredQuad` 구조체는 초기화되지 않은 상태로 있기 때문에 `memcmp`를 이용하여

null 값과 비교하는 것으로 쉽게 해당 타일에 이미지가 존재하는지 확인할 수 있다.

타일 이미지가 존재하면 TexturedColoredQuad 정보를 ImageRenderManager의 렌더 큐(render queue)에 추가한다. 5장에서 이미 살펴본 바와 같이 ImageRenderManager 클래스에는 특별한 메소드 addTexturedColoredQuadToRenderQueue:texture: 메소드가 있는데, 이 메소드를 이용하여 렌더 큐에 이미지 정보를 넣는다.

타일 이미지 중 visible한 모든 이미지를 렌더 큐에 추가한 다음 게임 엔진에 기본적으로 활성화 된 블렌딩(blending)을 비활성화시킬 것인지 여부를 확인한다.

> **Tip** 만약 레이어에 바닥이나 벽 같은 투명 타일(transparent tile)이 없다면 블렌딩(blending)을 활성화시킬 필요가 없다. iPhone에서 블렌딩을 처리하는 데에는 제법 비싼 연산이 필요하기 때문에 블렌딩이 불필요한 타일에 대해서는 블렌딩을 비활성화시킴으로써 성능을 더 끌어올릴 수 있다.

블렌딩 여부를 확인하고 나면 비로소 renderImages 메소드를 이용하여 화면에 타일을 그린다.

그리고 마지막으로 블렌딩 설정을 원래대로 바꾸면 메소드가 끝난다.

타일 정보 얻기

마지막으로 살펴볼 메소드들은 맵 정보를 얻는데 사용된다.

- **tileSetWithGlobalID**: 타일 세트의 Global 타일 ID 값 반환
- **layerIndexWithName**: 제공된 이름에 해당하는 레이어 인덱스 값 반환
- **mapPropertyForKey**: 제공된 key 값을 이용하여 맵 속성값 반환
- **layerPropertyForKey**: 제공된 key 값을 이용하여 레이어 속성값 반환
- **tilePropertyForGlobalTileID**: 제공된 Global 타일 ID 값을 이용하여 타일 속성값 반환

위 메소드들은 맵에서 정의된 여러 속성값을 제공한다. 각각의 메소드는 매우 간단하게 구현되어서 해당 dictionary에서 Tiled 설정 파일을 파싱하면서 만들어진 속성값을 찾아주는 것이 전부이다.

정리

비록 .tmx 맵 파일을 파싱하는 기법 자체는 복잡하지 않았지만 맵 파일에 들어 있는 많은 양의 정보를 처리할 수 있도록 타일 맵 클래스를 범용으로 구현하는 바람에 클래스가 많이 복잡하게 됐다.

오늘날의 2차원 게임에 있어 타일 맵은 여전히 중요한 요소로 자리매김하고 있다. Tiled 같이 강력한 타일 맵 편집 도구에서 생성된 맵 데이터를 게임상에 구현할 수 있는 능력은 게임 개발에 있어 매우 훌륭한 자산이 될 것이다. 특히 맵 데이터에 포함된 여러 가지 속성값과 오브젝트 그룹 등을 활용한다면 게임을 데이터 기반으로 만들 수 있다. 즉 타일 맵 데이터를 변화시킴으로써 게임의 속성 또는 기능을 매우 빠르게 변화시킬 수 있는 것이다. 가령 게임의 난이도를 적절하게 조절하기 위하여 게임의 속성값을 바꾸고자 할 때 간단히 타일 맵 데이터를 수정하기만 하면 되기 때문에 코드를 고치고 다시 컴파일하는 번거로움에서 벗어날 수 있게 된다.

다음 장에서는 ParticleEmitter 클래스를 볼 것이다. ParticleEmitter 클래스는 게임을 더욱 재미있게 만드는 요소인 연기, 불꽃 등과 같은 자연 현상을 만든다. Sir Lamorak's Quest에서는 particle을 이용하여 적들이 나타나고 죽는 모습을 연출하거나 주인공이 다른 방으로 순간 이동하는 장면을 연출할 때 사용했다.

연습 문제

이번 장에서 사용한 CH09_SLQTSOR 프로젝트를 실행하면 두 개의 레이어를 렌더링하며 타일 맵이 움직이는 모습을 볼 수 있다. 첫 번째 레이어는 맵 자체(바닥, 벽)를 나타내고 두 번째 레이어는 그림, 의자 등과 같은 오브젝트를 표현한다.

타일 맵에서 실제로 그려지는 레이어는 항상 (0, 0)에서부터 그려진다는 것을 기억해야 한다. 따라서 9장의 프로젝트에서는 타일 맵이 움직이는 효과를 나타내기 위해 매번 렌더링하기 전에 OpenGL ES의 시점(viewport)을 옮겼다

glTranslate 명령을 사용하여 OpenGL ES 좌표 체계값을 바꾸어 보도록 하자. 이러한 연습은 glTranslate 명령이 화면에 렌더링할 때 어떻게 영향을 미치는지 이해하는 데 도움이 될 것이다. Sir Lamorak's Quest에서는 플레이어가 맵 위를 움직이도록 하기 위해 이러한 기법을 사용하였다.

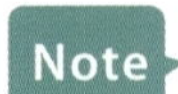

이번 프로젝트를 실행할 때 나타나는 타일 맵은 전체 타일 맵의 맨 왼쪽 상단 부분이다. 화면에 무언가를 그리기 위해서는 렌더링 좌표체계로 좌표를 변환시켜야 한다. 타일 맵의 맨 위에 해당하는 픽셀 좌표(y좌표)는 다음과 같다.

(타일 높이) × (전체 맵의 높이에 해당하는 타일 개수)

Chapter 10
Particle
Emitter

이번 장에서는 게임 엔진 요소 중 저자가 가장 좋아하는 파트인 Particle system에 대해 다룬다. 이미 2장에서 설명한 것과 같이 게임 세계에서의 particle system은 입자 가속 시스템이나 빛의 속도로 입자를 충돌시키는 실험 등을 의미하는 것이 아니다. 단순히 아래와 같은 자연현상을 실제와 비슷하게 표현하는 시스템을 의미한다.

- 불
- 연기
- 비
- 눈
- 섬광
- 폭발

이러한 시각적인 효과는 많은 수의 입자particle (이미지)들이 저마다의 규칙에 의해 움직이는 것으로 만들어진다. 이것이 particle system의 기본이다.

이번 장에서 살펴 볼 particle system은 아주 단순한 시스템으로 Halo나 World of Warcraft 같은 게임에서 사용하는 아주 복잡한 시스템이 아니다. 그러나 아주 단순한 particle system이라도 제법 근사한 시각 효과를 낼 수 있다.

저자는 Sir Lamorak's Quest를 위한 particle system을 연구하는 데 많은 시간을 할애했다. 수많은 자료와 코드 연구를 바탕으로 이번 장에서 사용하는 클래스를 만들게 되었는데, 이 클래스는 Cocos2D(www.cocos2d.org) 라는 게임 엔진에서 사용하는 particle system을 기반으로 하고 있다. Cocos2D는 iPhone 오픈 소스 게임 엔진으로 Objective-C로 쓰여졌다. 또한 Cocos2D는 복잡한 엔진이 아니면서도 저자의 프로젝트 개발에 필요한 모든 내용이 들어 있고 이해하기도 쉽다.

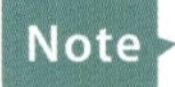

Cocos2D에 대한 자세한 내용은 〈Learning Cocos2D: A Hands-on Guide to Building iOS Games with Cocos2D, Box2d, and Chipmunk〉(Rod Strougo, Ray Wenderlich, Addison-Wesley, 2011)를 참고하기 바란다.

Particle Emitter 프로젝트

CH10_SLQTSOR 프로젝트를 열어 iPhone Simulator로 실행해 보면 그림 10.1
과 같이 다채로운 색상의 입자들이 분수처럼 뿜어져 나오는 것을 볼 수 있다.

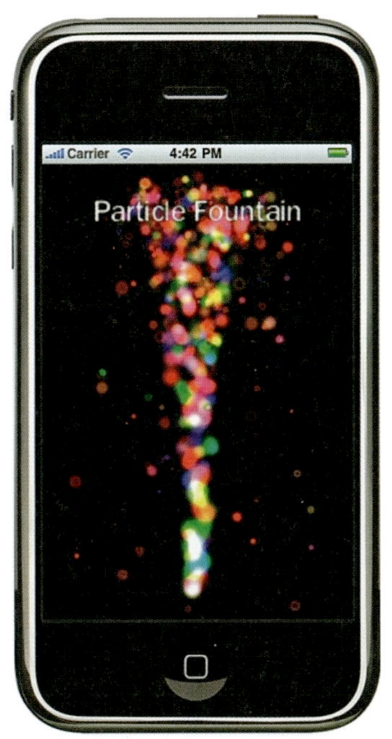

| **그림 10.1** | iPhone simulator에서 실행한 CH10_SLQTSOR 프로젝트

그림 10.1에서 보여주는 particle system은 750개의 입자를 생성하여 위로 뿌리
는데, 각각의 입자들은 저마다의 규칙에 의해 움직이며 이러한 규칙에는 중력도 포
함된다. 또한 입자들은 4가지 단계의 life cycle을 거치며 크기와 색깔이 변화한다.

이번 장에서는 Sir Lamorak's Quest 프로젝트의 `ParticleEmitter` 클래스에 대
해 살펴볼 것이다. 이번 장을 다 읽고 나면 `ParicleEmitter` 클래스를 비롯한
particle system에 대한 이해가 더 깊어지고 아울러 XML 설정 파일을 이용하여
particle emitter를 설정하는 방법에 대해서도 익히게 될 것이다.

Particle System 개요

최근 수년간 particle system을 아는 사람들이 부쩍 늘었다. CPU와 GPU의 처리 속도가 급성장하면서 게임 디자이너와 개발자들은 더욱더 발전된 particle system을 사용할 수 있게 되었다.

그래서 이제는 particle system을 사용하지 않는 게임은 거의 없다. 예를 들어 우주 비행선 슈팅 게임은 폭발, 엔진 불꽃, 은하계 등을 표현하기 위해 particle system을 사용한다.

Sir Lamorak's Quest에서도 여러 곳에서 particle system을 사용한다. 적들이 나타나거나 사라질 때 고정된 애니메이션을 사용하는 대신 particle system을 사용하여 좀 더 다이내믹하게 표현하였다(그림 10.2).

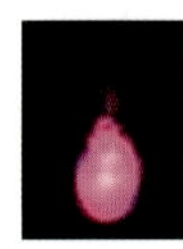

| **그림 10.2** | Sir Lamorak's Quest에서 적이 나타날 때 생기는 불꽃을 표현하기 위해 설정한 particle emitter

> **Note** Particle system은 자연 현상 또는 움직임을 표현하는 것이기 때문에 위의 그림만으로는 particle system을 완벽하게 보여주기가 곤란하다. 그림 10.2의 particle 설정을 보려면 CH10_SLQTSOR 프로젝트 파일을 편집하면 된다.

CH10_SLQTSOR 프로젝트의 GameScene.m 파일을 열고 init 메소드를 보면 아래와 같은 코드를 볼 수 있다.

```
// Particle fountain 설정
pe = [[ParticleEmitter alloc]
        initParticleEmitterWithFile:@"emitterConfig.pex"];
emitterType = @"Particle Fountain";
pe.sourcePosition = Vector2fMake(160, 25);


// Appearing emitter 설정
//pe = [[ParticleEmitter alloc]
//        initParticleEmitterWithFile:@"appearingEmitter.pex"];
//emitterType = @"Appearing Emitter";
//pe.sourcePosition = Vector2fMake(160, 25);
```

Particle fountain 설정 주석 아래의 세 줄을 모두 주석 처리하고 Appearing emitter 설정 주석 아래 세 줄의 주석을 모두 해제한 다음 프로젝트를 실행하면 그림 10.2와 같은 particle emitter를 볼 수 있을 것이다.

Particle fountain과 appearing emmiter는 매우 다르게 보이지만 둘 다 동일한 particle system을 이용하고 있다. 단지 particle system 설정만 다르게 했을 뿐이다. 게임 제작에서 설정 파일을 변경하는 것만으로 다른 효과를 낼 수 있다는 것은 굉장히 편리한 점이 아닐 수 없다.

Particle system은 중독성이 강해서 설정을 변경하고 화면에 나타나는 아름다운 그래픽 효과를 만끽하다 보면 자기도 모르게 많은 시간을 보내게 될 것이다. 조심하길!

Particle System 파라미터

Particle system의 설정을 변경시키는 변수, 즉 파라미터는 매우 다양하기 때문에 `ParticleEmitter` 클래스 구현에 사용된 파라미터에 대해 먼저 짚어보기로 하자.

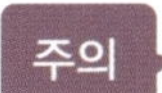

- **Texture**: 각각의 particle을 그리기 위한 텍스처
- **Source Position**: particle이 나타날 위치
- **Source Position Variance**: Source Position의 범위
- **Particle Life Span**: particle이 존재하는 시간(초)
- **Particle Life Span Variance**: Particle Life Span의 범위
- **Speed**: particle이 움직이는 속도
- **Speed Variance**: Speed의 범위
- **Angle**: source position에서 진행하는 particle의 각도
- **Angle Variance**: Angle의 범위
- **Gravity**: particle에 작용하는 x, y축 방향의 중력
- **Start Color**: life cycle이 시작할 때의 particle 색깔
- **Start Color Variance**: Start Color의 범위
- **Finish Color**: life cycle이 끝날 때의 particle 색깔

- **Start Particle Size:** life cycle이 시작할 때의 particle 크기
- **Start Particle Size Variance:** Start Particle Size의 범위
- **Finish Particle Size:** life cycle이 끝날 때의 particle 크기
- **Finish Particle Size Variance:** Finish Particle Size의 범위
- **Max Particles:** particle emitter가 제어하는 최대 particle 갯수
- **Max Radius:** source position에서 날아가는 particle의 최대 반경
- **Max Radius Variance:** Max Radius의 범위
- **Min Radius:** source position에서 날아가는 particle의 최소 반경
- **Radius Speed:** particle이 Max Radius에서 Min Radius로 움직이는 속도
- **Rotate Per Second:** source position 주위로 회전하는 particle의 초당 회전 각도
- **Rotate Per Second Variance:** Rotate Per Second의 범위
- **Duration:** particle emmiter가 동작하는 시간(초)

Particle emitter에서 particle을 표현하는 방법을 결정하기 위해 많은 파라미터를 건드릴 수 있다. 다시 한 번 이야기하지만 이것은 매우 단순한 particle system이다. 복잡한 particle system은 더 많은 파라미터를 다룰 뿐만 아니라 주변 환경과의 물리적 역학까지 고려한다. 이러한 particle system을 사용할 경우 스파크(spark)도 만들어 낼 수 있다. 스파크(particle)가 벽이나 바닥에 부딪히면 방 주변에 불똥이 튀는 것 같은 효과를 일으킨다.

하지만 Sir Lamorak's Quest에서는 그 정도까지 복잡한 particle system을 필요로 하지 않기 때문에 위의 파라미터 정도만 다룰 것이고, 따라서 particle system이 동작하는 방법에 대해 더 쉽게 이해할 수 있다.

Particle의 Life Cycle

이번에는 particle의 life cycle을 알아보고 앞에서 살펴본 particle system의 파라미터들이 어떻게 사용되는지 살펴볼 것이다.

Particle의 life cycle을 간단히 요약하자면 생성, 생존(일정시간), 소멸하는 일련의 과정이라고 할 수 있다.

Particle 생성

Particle이 생성되면 각종 속성들이 파라미터에 의해 결정된 초기값으로 설정된다. Particle emitter 사용을 위해 파라미터로 정의된 이러한 값들은 별도로 지정된 편차값에 따라 조정된다.

편차값이 포함된 파라미터를 사용한 예로 particle의 생존기간을 알아보자. Particle의 lifeSpan 값을 4초로 지정하고 lifeSpanVariance 값을 2로 지정했다고 가정하면, particle이 생성될 때 lifeSpan, lifeSpanVariance 값을 이용하여 아래와 같이 particle의 생존시간을 계산할 수 있다.

```
timeToLive = lifeSpan + lifeSpanVariance * RANDOM_MINUS_1_TO_1
```

먼저 lifeSpanVariance 값과 RANDOM_MINUS_1_TO_1을 곱하였다. RANDOM_MINUS_1_TO_1은 매크로로 −1과 1 사이의 무작위 값을 생성한다.

이렇게 편차값을 만든 다음 이 값을 lifeSpan 값에 더하여 timeToLive 값을 계산하게 된다. 만약 위의 예에서 매크로 결과가 −1이 되었다면 timeToLive 값은 2가 된다. 매크로 결과가 1인 경우에는 timeToLive 값이 6이 된다.

이러한 기법은 particle emitter에서 편차가 필요한 모든 곳에 사용된다. 그렇기 때문에 particle에 일어나는 변화(편차)를 일정한 범위 내에서 조정할 수 있다.

이와 같은 방식으로 particle이 생성되는 시점에 필요한 무작위 값들을 계산할 수 있다. 그렇다면 particle의 start 값과 finish 값이 같이 제공되는 파라미터의 경우는 어떨까? 이에 대한 예로 particle의 색깔 속성을 들 수 있다. Particle의 색깔값은 생성 시점과 소멸 시점을 각각 지정하는데, 이렇게 지정한 값에 따라 particle의 색깔이 생존기간 동안 생성 시점 색깔에서 소멸 시점 색깔로 서서히 변하게 된다.

이렇게 이루어지는 변화를 보여주기 위해 중간 값을 사용하며, 빨강, 파랑, 초록, 알파 값을 각각 계산하여야 한다. 앞에서 계산한 particle의 생존시간(timeToLive)

을 사용하여 중간값을 계산하는 예를 살펴보자. Particle의 생성 및 소멸 시점의 색깔을 구하는데, 생성 시점 색깔은 timeToLive와 같은 방식으로 편차값을 사용하여 계산한다.

그런 다음, particle의 중간값을 아래와 같이 계산한다.

```
deltaRed = ((end.red - start.red) /timeToLive) * delta
```

여기서 `delta` 값은 밀리초(milli-)단위로 게임 루프에서 사용하는 delta 값이다.

고정 delta를 사용하는 경우에 중간 값 계산은 particle이 업데이트될 때마다 매번 이루어진다. 4장 "게임 루프"에서 언급한 것처럼 이 프로젝트에서는 고정된 delta 값을 사용한다. 만약 변동 delta를 사용한다면 particle 업데이트 메소드에서 매번 새로 계산해야 할 것이다.

위와 같이 계산하는 방식은 particle의 위치 파라미터에서도 동일하게 적용된다. 나중에 `ParticleEmitter` 클래스에서 다시 살펴볼 것이다.

Particle 생존

Particle이 생성된 다음에는 어떤 일이 일어나는지 살펴보자. 게임 내 다른 구성원과 마찬가지로 particle emitter 역시 게임 루프에서 업데이트가 일어나도록 해야 한다. `ParticleEmitter` 클래스가 이를 수행하기 때문에 `ParticleEmitter` 클래스에 사용할 particle emitter와 delta 값만 넘겨주면 된다.

업데이트는 두 단계로 이루어진다. 첫 번째는 particle을 생성 비율에 따라 만들어 내는데, 생성 비율은 아래와 같이 계산한다.

```
emissionRate = maxParticles / particleLifeSpan;
```

생성 비율 emissionRate는 업데이트 시점에 particle을 몇 개나 만들 것인지 계산하는 데 사용된다. 자세한 과정은 ParticleEmitter 클래스에서 볼 것이다.

업데이트 메소드는 particle emitter가 계속해서 동작하도록 보장해야 한다.

Particle system 파라미터 duration은 particle emitter가 동작하는, 즉 particle을 생성하는 시간을 갖고 있으며 이번 장의 particle fountain 예제 프로그램에서는 duration 값을 −1로 지정하였다. Duration 값으로 −1을 지정하면 particle 생성을 멈추지 않으며, 양수 값으로 지정한 경우에는 지정한 시간(초단위) 동안만 particle을 생성한다.

이러한 초기 계산을 마치면 업데이트 메소드는 루프를 돌며 생존하고 있는 모든 particle에 대한 업데이트를 진행한다. 각각의 particle은 최초 생성되면서 설정된 규칙에 의해 업데이트가 이루어진다.

`ParticleEmitter` 클래스는 이러한 규칙과 계산을 수행하면서 최초 생성 시 지정되지 않은 인자 몇 가지를 더 적용하게 되는데, 그것 중 하나가 바로 중력이다. 또한 particle의 남은 생존 시간을 이용하여 변해야 하는 색깔 역시 계산하고 적용해야 한다.

Particle 소멸

Particle은 자신이 사용할 수 있는 시간을 모두 소진하고 나면 결국 소멸되는데 이는 활성화 particle 목록에서 삭제된다는 뜻이다. Particle에는 particle 업데이트나 렌더링 여부를 설정하는 상태값이 있는데 이 값을 이용하여 particle의 활성화 여부를 결정짓는다.

다시 태어나는 Particle

Particle system에 있어 중요한 부분 중 하나가 속도이다. 수십 개 또는 수백 개의 particle을 제어하는 particle emitter를 여러 개 운영한다고 상상해 보자. 이 경우 성능에 영향을 미치는 요소 중 하나는 particle emitter 오브젝트의 생성 과정이다. 이 과정에는 클래스의 오브젝트를 생성하는 오버헤드 및 구조체를 위한 메모리 초기화 등이 포함된다. 그래서 게임 플레이 시점에는 가능한 한 초기화하는 오브젝트 수를 줄이는 것이 좋다. 이렇게 하면 당연히 전체 particle을 생성시키는 횟수도 줄어들게 된다.

Particle emitter에서 이러한 기능을 지원하기 위해 particle emitter가 최초로 만들어질 때 particle emitter에서 사용하는 모든 particle을 생성한다. 모든 particle은 배열에 저장되어 업데이트 시점에 배열에 있는 모든 particle을 살펴보게 된다. 이때 각 particle에는 상태값이 있어서 이 값을 가지고 해당 particle의 업데이트 여부를 결정하게 된다. 그리고 배열을 최적화시켜 활성화 상태의 모든 particle(즉, lifespan 값이 양수)를 배열 앞쪽으로 몰았다. 이러한 기법은 이번 장 후반에 기술하였다.

결국 이와 같은 이유로 particle은 실제로 없어지지 않는다. 다만 비활성화 상태에 있을 뿐이다. 그래서 새로운 particle을 생성할 때면 잠들어 있는 particle을 소환해서 배열에 있는 비활성화 상태의 paticle을 선택하여 활성화 상태로 만든다. 그리고 생성하는 시점에 필요한 설정값을 적용시키는 것이다.

✂ Particle Emitter 설정

앞에서 particle emitter를 설정하는 다양한 속성에 대해 살펴 보았다. 이러한 값들은 코드 내에서 정의할 수도 있지만 Sir Lamorak's Quest에서는 별도의 XML 파일을 만들어 저장하기로 하였다. 이렇게 하면 코드를 더욱 간결하게 작성하고 particle emitter 설정 변경도 쉽게 할 수 있다.

Particle emitter 설정 파일의 예를 리스트 10.1에서 보여주고 있다.

리스트 10.1 Particle Emitter XML 설정 파일

```
<particleEmitterConfig>
    <texture name="defaultTexture.png"></texture>
    <sourcePosition x="164.00" y="0.00"></sourcePosition>
    <sourcePosition x="164.00" y="0.00"></sourcePosition>
    <sourcePositionVariance x="7.00" y="7.00"></sourcePositionVariance>
    <speed value="625.00"></speed>
    <speedVariance value="10.00"></speedVariance>
    <particleLifeSpan value="4.0000"></particleLifeSpan>
    <particleLifespanVariance value="2.0000"></particleLifespanVariance>
    <angle value="90.00"></angle>
    <angleVariance value="8.00"></angleVariance>
```

```
<gravity x="0.00" y="-500.00"></gravity>
<startColor red="0.00" green="0.00" blue="0.00" alpha="0.00"></startColor>
<startColorVariance red="1.00" green="1.00" blue="1.00" alpha="0.00"></
startColorVariance>
<finishColor red="0.00" green="0.00" blue="0.00"
alpha="1.00"></finishColor>
<finishColorVariance red="1.00" green="1.00" blue="1.00" alpha="0.00"></
finishColorVariance>
<maxParticles value="500"></maxParticles>
<startParticleSize value="30.00"></startParticleSize>
<startParticleSizeVariance value="5.00"></startParticleSizeVariance>
<finishParticleSize value="7.16"></finishParticleSize>
<FinishParticleSizeVariance value="0.00"></FinishParticleSizeVariance>
<duration value="-1.00"></duration>
<blendAdditive value="1"></blendAdditive>
<maxRadius value="0.00"></maxRadius>
<maxRadiusVariance value="0.00"></maxRadiusVariance>
<minRadius value="0.00"></minRadius>
<rotatePerSecond value="0.00"></rotatePerSecond>
<rotatePerSecondVariance value="0.00"></rotatePerSecondVariance>
</particleEmitterConfig>
```


XML 파일의 root 요소(element)는 `particleEmitterConfig`이며, 이 안에 particle emitter에 필요한 모든 파라미터 요소가 들어간다. 이 파라미터들은 앞에서 설명한 파라미터에 모두 대응한다.

각 요소 이름으로 해당 파라미터의 시작을 알리며 그 안에 속성값을 지정하여 파라미터의 속성값으로 사용한다.

이와 같이 간단한 XML 파일을 만들어 particle emitter의 설정을 쉽게 수정할 수 있도록 하였다.

Particle emitter를 설정하는 방법에는 특별한 규칙이 없다. 자신이 원하는 결과가 나오도록 설정파일을 계속 수정하면 된다. 10장 예제 프로젝트에 설정 파일들을 포함하였으니 이 파일들을 이용하면 쉽게 수정할 수 있을 것이다.

중요한 것은 재미있어야 한다는 점이다. 설정파일의 파라미터를 바꾸는 것만으로 자신만의 particle emitter를 만들 수 있으며, 매우 다양한 particle emitter가 만들어지는 것에 저자 자신도 놀랐다. 하지만 앞에서도 경고하였듯이 설정값을 수정하며 particle emitter를 가지고 놀다 보면 시간 가는 것도 잊게 되므로 주의하기 바란다.

✖ Particle Emitter 클래스

이제 `ParticleEmitter` 클래스에 대해 살펴보자. 아래 두 개의 클래스를 볼 것이다.

- `ParticleEmitter`
- `TBXMLParticleAdditions`

`ParticleEmitter` 클래스는 particle emitter를 생성하고 제어하는데 필요한 모든 코드가 들어있다. `TBXMLParticleAdditions` 클래스는 9장에서 본 적이 있는 TBXML 클래스에 카테고리를 추가한다.

TBXMLParticleAdditions 클래스

TBXML은 가벼운 XML 파싱 클래스이며, 9장에서 이미 타일 맵 XML 파일을 파싱하기 위하여 사용한 적이 있다. Particle emitter 설정을 편리하게 하기 위하여 `ParticleEmitter` 클래스 역시 XML 파일을 사용한다. 물론 타일 맵 클래스에서 사용한 TBXML을 그대로 쓸 수도 있지만, 자신만의 메소드를 만들어 클래스에 추가하는 것이 더 명확할 때도 많다. 그래서 여기서는 별도의 메소드를 만들어 Objective-C 카테고리를 이용하여 TBXML에 추가할 것이다.

리스트 10.2는 TBXMLParticleAdditions.h 파일의 헤더 부분을 보여준다. 코드에서 알 수 있듯이 TBXML.h 파일을 import 하고 똑같은 이름인 TBXML을 사용하여 interface를 만든다. 여기에 interface 이름 TBXML 옆에 괄호를 사용하여 카테고리 이름을 추가하였다.

> **리스트 10.2** **TBXMLParticleAdditions 헤더 파일**

```
#import "TBXML.h"
#import "Global.h"

@interface TBXML (TBXMLParticleAdditions)

// 결과값으로 float 값을 반환하는 요소를 처리
```

```objc
- (float) floatValueFromChildElementNamed:(NSString*)aName
        parentElement:(TBXMLElement*)aParentXMLElement;

// 결과값으로 bool 값을 반환하는 요소를 처리
- (BOOL) boolValueFromChildElementNamed:(NSString*)aName
        parentElement:(TBXMLElement*)aParentXMLElement;

// 결과값으로 vector2f 구조체 값을 반환하는 요소를 처리
- (Vector2f) vector2fFromChildElementNamed:(NSString*)aName
        parentElement:(TBXMLElement*)aParentXMLElement;

// 결과값으로 color4f 구조체 값을 반환하는 요소를 처리
- (Color4f) color4fFromChildElementNamed:(NSString*)aName
        parentElement:(TBXMLElement*)aParentXMLElement;

@end
```

괄호와 함께 카테고리 이름을 사용하는 것이 일반적인 interface 선언문과의 차이점이다. 헤더 파일의 나머지는 이 클래스가 지니게 될 메소드 선언문으로 구성되어 있다. 카테고리를 사용하면 TBXML 클래스의 수정 없이 TBXML 클래스에서 메소드를 모두 사용할 수 있게 된다.

카테고리 이름은 클래스 이름과 같이 프로젝트 내에서 하나의 이름만 사용해야 한다.

리스트 10.2에서 보여주는 메소드들은 particle emitter 설정 파일에서 나타나는 데이터를 처리하는 데 사용된다. 각 메소드는 XML 파일에서 할당받은 요소를 읽고는 요소값을 적절한 데이터 타입으로 반환시킨다. 이렇게 함으로써 `ParticleEmitter` 클래스에서 중복되는 코드를 줄일 수 있다.

리스트 10.3은 `color4fFromChildElementNamed:parentElement:` 메소드를 보여준다.

리스트 10.3 TBXMLParticleAddtions 클래스의 color4fFromChildElementNamed:parentElement: 메소드

```objc
- (Color4f)color4fFromChildElementNamed:(NSString*)aName
        parentElement:(TBXMLElement*)aParentXMLElement
```

```objc
{
    TBXMLElement * xmlElement = [TBXML childElementNamed:aName
                                       parentElement:aParentXMLElement];

    if (xmlElement) {
        float red = [[TBXML valueOfAttributeNamed:@"red"
                            forElement:xmlElement]
                      floatValue];
        float green = [[TBXML valueOfAttributeNamed:@"green"
                              forElement:xmlElement]
                        floatValue];
        float blue = [[TBXML valueOfAttributeNamed:@"blue"
                             forElement:xmlElement]
                       floatValue];
        float alpha = [[TBXML valueOfAttributeNamed:@"alpha"
                              forElement:xmlElement]
                        floatValue];
        return Color4fMake(red, green, blue, alpha);
    }

    return Color4fMake(0, 0, 0, 0);
}
```

위의 메소드는 XML 요소 중 색깔 정보를 꺼내는데 사용된다. 그래서 요소에 들어 있는 네 가지 속성값(빨강, 초록, 파랑, 알파)을 구한 다음, color4f 구조체로 만들어 반환시킨다.

TBXMLParticleAdditions 클래스의 나머지 메소드들도 비슷한 방식으로 동작하며 반환하는 데이터 타입만 요소 속성에 정의된 것(예: BOOL, float, vector2f, color4f)으로 만든다.

ParticleEmitter 클래스

이제 XML 설정 파일을 파싱하기 위해 ParticleEmitter 클래스를 읽을 차례이다. 앞에서 언급한 바와 같이 ParticleEmitter 클래스는 emitter에 속한 particle의 생성, 업데이트, 렌더링을 맡는다.

주요 구조체

`ParticleEmitter` 클래스의 implementation 부분을 살피기 전에 particle을 관리하는 데 사용되는 주요 구조체에 대해 짚고 넘어갈 것이다. 구조체를 사용하는 이유는 성능을 높이기 위해서이다. 구조체 대신 동일한 일을 하는 클래스를 만들면 구현하기가 쉽겠지만 그렇게 하면 성능이 떨어진다.

8장에서 Objective-C 오브젝트 간에 메시지를 주고 받을 때 오버헤드가 생긴다고 언급했다. 그렇다면 Objective-C 클래스의 오브젝트로 만든 particle을 초당 수백 개씩 처리하는 경우라면 어떨까? 아마도 엄청난 오버헤드가 발생할 것이다.

이렇게 발생하는 오버헤드를 줄이기 위하여 구조체를 사용하여 참조하게 되었다. 구조체를 사용하면 클래스와 오브젝트를 사용하는 것처럼 유연하게 사용하기는 어렵지만 처리 속도만큼은 빠르다.

먼저 리스트 10.4의 `PointSprite` 구조체를 읽어 보자.

리스트 10.4 __PointSprite 구조체__

```
typedef struct {
    GLfloat x;
    GLfloat y;
    GLfloat size;
    Color4f color;
} PointSprite;
```

구조체 이름을 `PointSprite`라고 지은 이유를 궁금해 할지도 모르겠다. 앞으로 particle emitter에서 생성될 particle을 표현하기 위해 렌더링하는 것을 point sprite라고 할 것이다. 나중에 particle을 렌더링하는 과정에서 더 자세히 다룰 것이다.

하나의 `PointSprite` 구조체는 하나의 particle을 표현한다. 그래서 particle의 x · y 좌표와 크기, 색깔을 저장한다. 이 정보는 나중에 particle을 렌더링할 때 사용된다.

다음으로 `Particle` 구조체는 리스트 10.5에서 보여준다.

  <u>Particle 구조체</u>

```
typedef struct {
    Vector2f position;
    Vector2f direction;
    Color4f color;
    Color4f deltaColor;
    GLfloat radius;
    GLfloat radiusDelta;
    GLfloat angle;
    GLfloat degreesPerSecond;
    GLfloat particleSize;
    GLfloat particleSizeDelta;
    GLfloat timeToLive;
} Particle;
```

Particle 구조체에는 particle이 lifetime 동안 필요한 모든 정보가 들어있다. PointSprite 구조체가 단순히 particle의 위치, 크기, 색깔을 갖고 있다면, Particle 구조체에는 particle을 관리하기 위한 여러 세부 정보가 들어 있다. 이러한 정보에는 particle의 현재 위치, 진행 방향, 색깔, 남은 생존 시간 등이 있다. 모든 particle은 Particle 구조체를 가지고 있으며 그 안에 particle의 세부 정보를 저장한다.

초기화

Particle emitter의 첫 단계는 초기화이다. ParticleEmitter 클래스를 초기화하기 위한 메소드는 initParticleEmitterWithFile: 이다(리스트 10.6).

  <u>ParticleEmitter 클래스의 initParticleEmitterWithFile: 메소드</u>

```
- (id)initParticleEmitterWithFile:(NSString*)aFileName {
        self = [super init];
        if (self != nil) {

                TBXML *particleXML = [[TBXML alloc] initWithXMLFile:aFileName];

                [self parseParticleConfig:particleXML];

                [self setupArrays];
```

```
        [particleXML release];
    }
    return self;
}
```

초기화 메소드를 보면, 먼저 설정 파일 이름으로 TBXML 인스턴스를 생성한다. 다음으로 설정 파일을 파싱한다. 이 과정에서 설정 파일에 있는 모든 particle emitter 설정값을 조사하고 필요하면 속성값 계산도 진행한다.

설정 파일 파싱이 끝나면 particle 데이터를 배열에 잘 정리한다. 그 다음 particleXML 인스턴스를 release시킨다.

Particle 설정 파싱

이번에는 XML 설정 파일을 파싱하는 데 사용하는 `parseParticleConfig:` 메소드를 볼 차례이다. 이 메소드는 설정 파일이 root 요소부터 시작하는 것을 가정하여 진행된다. 리스트 10.7은 `parseParticleConfig:` 메소드의 시작 부분을 보여주는데, root 요소가 있는지 확인하고 있다.

리스트 10.7 <u>ParticleEmitter 클래스의 parseParticleConfig: 메소드 (Part 1)</u>

```
- (void)parseParticleConfig:(TBXML*)aConfig {

    TBXMLElement *rootXMLElement = aConfig.rootXMLElement;

    // root 요소가 없다면 이 파일을 진행하지 않는다.
    if (!rootXMLElement) {
        NSLog(@"ERROR - ParticleEmitter: Could not find root element in
            particle config file.");
    }
```

설정 파일에 올바른 root 요소가 들어 있다면 필요한 요소를 찾아 계속 진행한다. 리스트 10.8은 texture 요소와 다른 몇 가지 요소를 처리하는 코드이다.

```objc
- (void)parseParticleConfig:(TBXML*)aConfig {

    TBXMLElement *rootXMLElement = aConfig.rootXMLElement;

    // root 요소가 없다면 이 파일을 진행하지 않는다.
    if (!rootXMLElement) {
        NSLog(@"ERROR - ParticleEmitter: Could not find root element in
          particle config file.");
    }

    // 먼저 point sprite의 텍스처를 만들기 위해 texture 요소를 찾는다.
    TBXMLElement *element = [TBXML childElementNamed:@"texture"
                                   parentElement:rootXMLElement];
    if (element) {
        NSString *fileName = [TBXML valueOfAttributeNamed:@"name"
                                       forElement:element];

        if (fileName) {
            // Point sprite로 사용할 새로운 텍스처를 생성한다.
            texture = [[Image alloc] initWithImageNamed:fileName
             filter:GL_LINEAR];
        }
    }

    sourcePosition = [aConfig vector2fFromChildElementNamed:@"sourcePosition"
                                parentElement:rootXMLElement];
    sourcePositionVariance = [aConfig vector2fFromChildElementNamed:
                                        @"sourcePositionVariance"
                                    parentElement:rootXMLElement];
    speed = [aConfig floatValueFromChildElementNamed:@"speed"
                       parentElement:rootXMLElement];
    speedVariance = [aConfig floatValueFromChildElementNamed:@"speedVariance"
                                parentElement:rootXMLElement];
    particleLifespan = [aConfig floatValueFromChildElementNamed:@"particleLifeSpan"
                                  parentElement:rootXMLElement];

    // Emission 비율 계산
    emissionRate = maxParticles / particleLifespan;
}
```

메소드를 보면 각 요소별 속성을 TBXMLParticleAdditions 클래스의 적당한 메소
드를 이용하여 추출하고 있는 것을 알 수 있다.

마지막 줄에서는 maxParticles와 particleLifespan을 이용하여 emission 비율을
계산한다. 이 emission 비율에 의해 업데이트 시점마다 발생하는 particle 수가 결
정된다. Particle emitter에 있어 간단하면서도 매우 중요한 계산이라고 할 수 있다.

Particle 및 렌더 배열 세팅

설정 파일에서 필요한 모든 속성을 가져온 다음에는 particle을 업데이트하고 렌
더링하기 위한 particle 정보를 배열에 저장한다. 이 일을 수행하는 메소드가
setupArrays이다(리스트 10.9).

리스트 10.9　ParticleEmitter 클래스의 setupArrays 메소드

```
- (void)setupArrays {
    particles = malloc( sizeof(Particle) * maxParticles);
    vertices = malloc( sizeof(PointSprite) * maxParticles);

    NSAssert(particles && vertices, @"ERROR - ParticleEmitter: Could not
allocate arrays.");

    glGenBuffers(1, &verticesID);

    active = YES;

    particleCount = 0;

    elapsedTime = 0;
}
```

맨 처음 나오는 malloc 구문 두 줄은 두 개의 배열 particles와 vertices에 대한
초기화를 진행한다. particles 배열은 Particle 구조체를, vertices 배열은
PointSprite 구조체를 particle 개수만큼 갖는다. 이 두 정보는 point sprite의 위
치, 크기를 나타내며 렌더링할 때 OpenGL ES로 건네진다.

Point Sprite

이번 장에서 여러 번 나온 point sprite에 대하여 간단히 알아보자. 지금까지는 화면에 무엇인가를 렌더링하기 위해서는 네 개의 꼭지점을 이용해 사각형을 만든 다음 텍스처를 사각형에 매핑했다. 이러한 렌더링 기법은 particle system에도 동일하게 적용할 수 있다.

즉, 각각의 particle에 대한 사각형을 정의한 다음 업데이트 메소드를 이용하여 사각형의 속성 정보를 업데이트하고 꼭지점 배열 등을 이용하여 화면에 렌더링하면 된다. 이러한 업데이트 메소드는 Image 클래스에서처럼 particle 사각형의 꼭지점을 마음대로 제어하여 확대·축소, 회전 등의 변환을 할 수 있는 등 몇 가지 장점을 가지고 있다.

Particle system에서 particle을 렌더링하기 위한 다른 방법으로는 point sprite가 있다. Point sprite는 한 개의 점을 가지고 좌표 축에 정렬된(회전되지 않은) 텍스처 사각형을 렌더링할 수 있다. 여기서 한 개의 점은 텍스처 사각형의 한가운데에 해당된다. 따라서 point sprite를 사용하면 일반적인 렌더링에 필요한 정보의 25%만(4개의 점 중 1개만 사용) 가지고 사각형을 렌더링할 수 있다. 이것은 성능 향상에 있어서 굉장히 중요한 의미가 있다. 이렇게 함으로써 GPU에서 사용하는 메모리 공간을 현저하게 줄일 수 있기 때문이다. 이러한 효율성과 편리함 때문에 point sprite는 높은 성능이 요구되는 particle system에서 즐겨 사용된다.

OpenGL ES 1.1에서는 point sprite를 사용하기 위해 약간의 제약을 둔다. 첫째로 텍스처 크기는 2의 거듭제곱 형태여야 하며, 둘째로 point sprite의 최대 크기는 64×64 픽셀이어야 한다. 64×64 픽셀보다 더 큰 particle을 사용하려면 point sprite 대신 일반적인 사각형 sprite를 사용해야 한다.

OpenGL ES 1.1에서 제한하는 조건만 만족한다면 어떠한 텍스처든지 사용할 수 있다. 이번 장 예제 프로젝트에서 사용한 텍스처는 흰색에 그래디언트가 가미되어 중심에서 가장자리로 가면서 투명해지는 모양을 하고 있다.

메모리를 할당한 다음에는 제대로 메모리가 할당되었는지 점검한다. 만약 두 개의 배열 중 하나라도 문제가 있다면 particle emitter는 동작하지 못하기 때문에 NSAssert를 발생시킨다.

배열에 대한 메모리를 할당한 다음에는 Vertex Buffer Object(VBO)를 만드는데, VBO에는 particle을 렌더링할 때 필요한 꼭지점 정보가 들어 있다. VBO를 사용하는 이유는 iPhone 3GS, 4, iPad 에서 좋은 성능을 내기 때문이다.

메소드의 나머지 부분은 particle system을 활성화시키고 particle 수와 동작 시간을 초기화한다. Particle system이 실제로 동작하는 시점은 ParticleEmitter가 emitter를 업데이트하기 위해 업데이트 메소드를 호출하는 때이다.

Particle 업데이트

Particle 설정 파일을 파싱하고 저장하기 위한 배열 셋업이 끝났으니 어떻게 particle을 업데이트하는지 살펴보자. 리스트 10.10은 `ParticleEmitter` 클래스의 `updateWithDelta` 메소드 앞 부분을 보여준다.

리스트 10.10 ParticleEmitter 클래스의 updateWithDelta 메소드 (Part 1)

```
- (void)updateWithDelta:(GLfloat)aDelta {

    if(active && emissionRate) {
        float rate = 1.0f/emissionRate;
        emitCounter += aDelta;
        while(particleCount < maxParticles && emitCounter > rate) {
            [self addParticle];
            emitCounter -= rate;
        }

        elapsedTime += aDelta;
        if(duration != -1 && duration < elapsedTime)
            [self stopParticleEmitter];
    }
```

updateWithDelta 메소드는 `ParticleEmitter` 인스턴스의 모든 particle을 업데이트할 때마다 호출된다. 메소드는 먼저 particle emitter가 활성화 상태인지 확인한다. 동시에 `emissionRate` 값이 양수인지도 확인하는데, `emissionRate` 값은 업데이트 때마다 particle emitter가 만들어 낼 particle 수를 결정하는 역할을 한다. 앞서 `parseParticleConfig` 메소드에서 `emissionRate`를 계산한 것을 기억할 것이다.

조건을 만족하면 rate를 계산하고 `emitCounter`에 델타값을 더한 후 루프를 도는데, particle 수가 최대 particle 수를 넘지 않고 `emitCounter` 값이 rate 값보다 클 때에만 돌면서 particle을 추가하고 `emitCounter` 값에서 rate 값만큼 뺀다. 이렇게 해서 델타 시간 동안 emission 비율만큼의 particle을 생성한다.

필요한 만큼의 particle을 생성한 다음에는 particle emitter 동작 시간에 델타 시간만큼을 더한다. 이렇게 해서 구한 동작 시간은 particle emitter 동작 제한 시간을 초과했는지 여부를 판별하는 데 사용된다. XML 설정 파일을 설명하면서 duration 속성값이 −1인 경우 particle emitter를 무한히 반복시킨다고 언급하였다.

Duration 값이 양수인 경우에는 해당 시간(초)만큼만 particle emitter가 동작한다. 그래서 particle emitter가 동작 제한 시간을 초과하면 stopParticleEmitter 메소드를 호출하여 particle emitter 동작을 멈추게 한다.

이와 같이 particle emitter에 대한 기본적인 점검이 끝나면 모든 활성화 상태 particle의 위치, 크기, 색 등을 업데이트시킨다.

이에 대한 부분을 리스트 10.11에서 볼 수 있다.

리스트 10.11 ParticleEmitter 클래스의 updateWithDelta 메소드 (Part 2)

```
while(particleIndex < particleCount) {

    // 현재의 particle 인덱스에 있는 particle을 가져온다.
    Particle *currentParticle = &particles[particleIndex];

    // 현재 particle이 살아있다면 업데이트한다.
    if(currentParticle->timeToLive > 0) {

        // If maxRadius 값이 0보다 크면 particle을 회전시키고
        // 그렇지 않으면 particle에 진행 속도와 중력을 적용시킨다.
        if (maxRadius > 0) {
            Vector2f tmp;
            tmp.x = sourcePosition.x
                    - cosf(currentParticle->angle) * currentParticle->radius;
            tmp.y = sourcePosition.y
                    - sinf(currentParticle->angle) * currentParticle->radius;
            currentParticle->position = tmp;

            // Particle의 sourcePosition과 radius 값을 이용하여 회전각 계산
            // 이 과정은 회전하는 particle에 한해서만 진행한다.
            currentParticle->angle += currentParticle->degreesPerSecond
                                        * aDelta;
            currentParticle->radius -= currentParticle->radiusDelta;
            if (currentParticle->radius < minRadius)
                currentParticle->timeToLive = 0;
        } else {
            // 현재 진행 방향과 중력을 이용하여 particle의 다음 위치 계산
            Vector2f tmp = Vector2fMultiply(gravity, aDelta);
            currentParticle->direction = Vector2fAdd
            (currentParticle->direction, tmp);
            tmp = Vector2fMultiply(currentParticle->direction, aDelta);
            currentParticle->position = Vector2fAdd
            (currentParticle->position, tmp);
        }
```

while 루프는 particleIndex 값이 particleCount 값보다 작을 때만 돌아간다. particleCount는 particle emitter에 새로운 particle이 생성될 때마다 업데이트된다. 루프로 들어가면 particle 배열의 particleIndex에 해당하는 particle의 timeToLive 값이 양수인지 확인한다. Particle의 timeToLive 값이 양수라면 particle의 위치와 색깔을 업데이트하고 그렇지 않으면 particle을 particle 배열의 맨 뒤로 옮긴다. 이 부분에 대한 코드는 updateWithDelta 메소드 마지막 부분에서 확인할 것이다.

그리고 particle emitter는 particle의 위치를 업데이트하는데, 업데이트 종류에 두 가지가 있다. Particle 설정 파일에 radius 값을 넣었다면 sourcePosition을 중심으로 particle을 회전시키겠다는 표시를 한 것이다. 그래서 이 경우에는 emitter 설정에 따라 particle이 특정 점을 중심으로 공전하듯 맴돈다. Sir Lamorak's Quest에서는 포탈(portal)을 표현하기 위하여 이 기능을 사용했다. 그림 10.3은 게임에서 사용한 포탈이다.

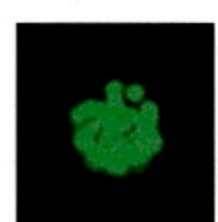

| **그림 10.3** | 포탈 emitter

앞의 그림 10.3과 같은 캡처 이미지만으로는 맴도는 형태의 particle emitter를 설명하기가 매우 어렵다. 실제로 어떻게 움직이는지 확인하기 위해 CH10_SLQTSOR 프로젝트로 돌아가 Portal emitter configuration 아래 주석처리 부분을 해제하기 바란다. 이 코드는 GameScene.m 파일의 init 메소드에 있으며 이해를 돕기 위해 본문에도 실었다(아래 코드).

```
// Particle fountain configuration
//pe = [[ParticleEmitter alloc] initParticleEmitterWithFile:@"emitte
    rConfig.pex"];
//emitterType = @"Particle Fountain";
//pe.sourcePosition = Vector2fMake(160, 25);

// Appearing emitter configuration
//pe = [[ParticleEmitter alloc] initParticleEmitterWithFile:@"appear
    ingEmitter.pex"];
//emitterType = @"Appearing Emitter";
```

```objc
//pe.sourcePosition = Vector2fMake(160, 25);

// Portal emitter configuration
pe = [[ParticleEmitter alloc]
    initParticleEmitterWithFile:@"portalEmitter.pex"];
emitterType = @"Portal";
pe.sourcePosition = Vector2fMake(160, 240);
```

프로젝트를 실행하면 빙빙 맴도는 녹색의 물체가 나타나는데 이것이 Sir Lamorak's Quest에서 포탈로 사용된 particle emitter이다.

포탈 같은 효과를 내기 위해서는 위와 같은 코드를 작성하면 되고 particle emitter 설정 파일을 수정하는 것으로 다양한 옵션을 줄 수 있다.

Radius를 사용하지 않는 경우에는 particle의 위치는 particle이 날아가는 방향, 속도, 중력에 의해 결정된다.

이 부분에는 particle의 위치를 업데이트하기 위해 새로운 함수를 사용한 것을 볼 수 있는데(Vector2fAdd, Vector2fMultiply) 이 함수들은 Global.h 파일에 inline 함수 형태로 정의되어 있다.

아직 사용하지 않았지만 Global.h 파일에는 위의 함수와 유사한 함수들이 여럿 있다(예: Vector2fDot, Vector2fNormalize, Vector2fSub 등). 이 함수들은 이동하는 물체에 대한 위치 계산에 유용하게 사용된다.

Particle의 위치를 업데이트한 다음에는 전체 업데이트 과정을 마무리할 차례이다. 계속해서 updateWithDelta 메소드의 마지막 부분을 읽어보자(리스트 10.12).

리스트 10.12 **ParticleEmitter 클래스의 updateWithDelta 메소드 (Part 3)**

```objc
// particle 색깔 업데이트
currentParticle->color.red += currentParticle->deltaColor.red;
currentParticle->color.green += currentParticle->deltaColor.green;
currentParticle->color.blue += currentParticle->deltaColor.blue;
currentParticle->color.alpha += currentParticle->deltaColor.alpha;

// particle의 남은 생존 시간 차감
currentParticle->timeToLive -= aDelta;

// particle의 현재 위치를 배열에 저장
vertices[particleIndex].x = currentParticle->position.x;
```

```objc
        vertices[particleIndex].y = currentParticle->position.y;

        // particle의 현재 크기를 배열에 저장
        currentParticle->particleSize += currentParticle->particleSizeDelta;
        vertices[particleIndex].size = MAX(0, currentParticle->particleSize);

        // particle의 현재 색깔을 배열에 저장
        vertices[particleIndex].color = currentParticle->color;

        // 다음 particle 인덱스로 이동
        particleIndex++;
    } else {

        // Particle이 생명을 다하면 이 particle이 있던 인덱스에
        // particle 배열의 활성화 particle 중 맨 마지막에 있는 것으로
        // 대체시킨 다음 전체 particle 수를 하나 감소시킨다.
        // 이렇게 하면 활성화 상태의 particle을 배열의 앞부분으로
        // 몰아 넣을 수 있다.
        if(particleIndex != particleCount - 1)
            particles[particleIndex] = particles[particleCount - 1];
        particleCount--;
    }
  }
}
```


먼저 particle 색깔을 업데이트하는데, Particle의 각 색깔 요소마다 particle이 생성될 때 계산한 델타값을 이용하여 업데이트한다. 만약 고정 델타값을 쓰지 않는 particle 엔진을 사용한다면 델타값을 전달받아야 한다. 그렇지 않으면 타이밍 문제가 일어날 수 있다.

다음으로 particle의 생존 시간을 줄이고 현재 위치와 크기를 배열에 저장한다. 이렇게 저장된 배열은 OpenGL ES에 전달되어 렌더링하는 데 사용된다.

Particle의 크기를 저장할 때 현재 크기와 0을 비교하여 더 큰 값을 저장하는 것을 볼 수 있는데, 이렇게 하는 이유는 iPhone 3GS에서 간혹 particle 크기가 음수 값이 되는 경우가 발생하기 때문이다. 다른 기기에서는 이러한 현상이 발견되지 않았다.

모든 업데이트가 끝나면 인덱스 값을 증가시켜 다음 particle로 이동한다.

메소드 마지막 부분은 생명을 다한 particle을 처리하는 코드로 구성되어 있다. 기본 개념은 소멸될 particle의 인덱스 위치에 활성화 상태의 맨 마지막 particle을 넣

는 것이다. 이렇게 하면 배열 앞 부분에는 항상 활성화 상태의 particle만 존재하여 성능 향상을 꾀할 수 있다.

Particle 추가

Particle은 ParticleEmitter 클래스의 updateWithDelta 메소드가 실행하는 동안 추가된다. Particle을 추가한다는 것은 particle의 배열 안에 있는 particle을 사용할 수 있도록 설정한다는 뜻으로 이러한 설정에는 particle의 위치, 진행 방향, 색깔, 크기 등이 있다. 이러한 값은 모두 설정 파일에서 가져왔다.

리스트 10.13에는 particle의 위치와 시작 색깔을 지정하는 데 사용하는 addParticle 메소드의 일부를 실었다.

리스트 10.13 ParticleEmitter 클래스의 addParticle 메소드 일부

```
particle->position.x = sourcePosition.x
                        + sourcePositionVariance.x * RANDOM_MINUS_1_TO_1();
particle->position.y = sourcePosition.y
                        + sourcePositionVariance.y * RANDOM_MINUS_1_TO_1();

float newAngle = (GLfloat)DEGREES_TO_RADIANS(
                        angle + angleVariance * RANDOM_MINUS_1_TO_1());

Vector2f vector = Vector2fMake(cosf(newAngle), sinf(newAngle));

float vectorSpeed = speed + speedVariance * RANDOM_MINUS_1_TO_1();

particle->direction = Vector2fMultiply(vector, vectorSpeed);

Color4f start = {0, 0, 0, 0};
start.red = startColor.red + startColorVariance.red * RANDOM_MINUS_1_TO_1();
start.green = startColor.green + startColorVariance.green * RANDOM_MINUS_1_TO_1();
start.blue = startColor.blue + startColorVariance.blue * RANDOM_MINUS_1_TO_1();
start.alpha = startColor.alpha + startColorVariance.alpha * RANDOM_MINUS_1_TO_1();
```

리스트 10.13을 보면 particle을 셋업하기 위해 설정 파일에서 가져온 정보를 이용하여 간단한 계산을 하는 것을 알 수 있다. 다시 한 번 강조하지만 이 과정은 particle을 새로 만드는 것이 아니라 이미 만들어진 particle을 활성화시키는 것이다. 실제로 particle을 생성할 때마다 메모리를 할당받는 일을 반복한다면 성능이 떨어진다.

Particle 렌더링

이렇게 particle에 대한 모든 준비가 끝나면 렌더링해야 한다. 렌더링 과정은 5장에서 다룬 내용과 크게 다르지 않다. 우선 리스트 10.14의 `renderParticles` 메소드의 앞부분을 보자.

리스트 10.14 ParticleEmitter 클래스의 renderParticles 메소드 (Part 1)

```
- (void) renderParticles {

    glDisableClientState(GL_TEXTURE_COORD_ARRAY);

    glBindBuffer(GL_ARRAY_BUFFER, verticesID);
    glBufferData(GL_ARRAY_BUFFER, sizeof(PointSprite) * maxParticles, vertices,
            GL_DYNAMIC_DRAW);

    glVertexPointer(2, GL_FLOAT, sizeof(PointSprite), 0);
    glColorPointer(4,GL_FLOAT,sizeof(PointSprite),(GLvoid*) (sizeof(GLfloat)*3));

    glBindTexture(GL_TEXTURE_2D, texture.textureName);

    glEnableClientState(GL_POINT_SIZE_ARRAY_OES);

    glPointSizePointerOES(GL_FLOAT,sizeof(PointSprite),
                        (GLvoid*) (sizeof(GL_FLOAT)*2));

    if(blendAdditive) {
        glBlendFunc(GL_ONE_MINUS_SRC_ALPHA, GL_ONE);
    }

    glEnable(GL_POINT_SPRITE_OES);
    glTexEnvi( GL_POINT_SPRITE_OES, GL_COORD_REPLACE_OES, GL_TRUE );
```

메소드 앞 부분은 point sprite를 셋업하는 코드로 이루어져 있다. VBO를 알맞게 바인딩하고 vertex와 color 포인터를 설정하고 나면 `GL_POINT_SIZE_ARRAY_OES` 상태를 활성화시킨다. 이것은 OpenGL ES에 `glPointSizePointerOES()`로 설정한 배열에 들어 있는 각각의 particle에 대한 point 크기를 OpenGL ES에 제공하겠다는 것을 의미한다. 이 작업은 `glVertexPointer`나 `glColorPointer`에서도 동일하게 동작한다.

OES는 OpenGL ES 1.1 스펙의 옵션 부분에 해당하는데, 이것은 OpenGL ES 1.1을 지원하는
모든 기기에서 동작하는 것을 보장하지 못함을 의미한다.
리스트 10.14 마지막 부분을 보면 GL_POINT_SPRITE_OES를 활성화시키고 glTexEnvi()
를 이용하여 GL_POINT_SPRITE_OES를 세팅하는 부분이 있는데, 이렇게 하면 OpenGL
ES가 particle을 어떻게 렌더링해야 하는지 알게 된다. 그런 다음 리스트 10.15에서와 같이
particle을 렌더링하고 정리하면 된다.

리스트 10.15 __ParticleEmitter 클래스의 renderParticles 메소드 (Part 2)__

```
glDrawArrays(GL_POINTS, 0, particleIndex);

glBindBuffer(GL_ARRAY_BUFFER, 0);

glDisableClientState(GL_POINT_SIZE_ARRAY_OES);
glDisable(GL_POINT_SPRITE_OES);

if(blendAdditive) {
    glBlendFunc(GL_SRC_ALPHA, GL_ONE_MINUS_SRC_ALPHA);
}

glEnableClientState(GL_TEXTURE_COORD_ARRAY);
}
```

리스트 10.15를 보면 glDrawArrays를 이용하여 particle을 렌더링한 것을 알 수
있다. 로드한 VBO 내에서는 건너뛰며 렌더링할 일이 없기 때문에 배열을 렌더링할
때는 glDrawArrays를 사용하는 것이 매우 효율적이다. 렌더링이 끝나면 바인딩한
VBO를 해제하고 활성화시켰던 상태들을 다시 비활성화시킨다. 그리고 다시 GL_
TEXTURE_COORD_ARRAY 상태를 활성화시킨다. Additive blend 모드를 사용하였다면
다시 원래의 모드로 바꾼다.

여기에서 사용한 particle system은 일반적인 이미지를 렌더링하는 것과 별도로 독자적인 렌
더링 엔진을 구현하였다. 물론 하나의 렌더링 엔진을 이용할 수도 있겠지만 이렇게 렌더링
엔진을 나누는 데에는 나름의 이유가 있다. 가장 큰 이유는 두 종류의 렌더링 엔진에 해당하
는 클래스를 각각 만들어 클래스를 단순하게 구현하고 재사용을 쉽게 하기 위해서이다. 이를
위해 point sprite를 사용하기 전과 후에 OpenGL ES의 상태를 셋업하는 과정을 넣어 이미지
렌더링 엔진과 분리했다.

Particle Emitter 중지

ParticleEmitter 클래스에서 가장 간단한 메소드는 stopParticleEmitter이다. 이 메소드는 duration 값이 −1인 particle emitter를 중지시킬 때 사용한다(리스트 10.16).

 ParticleEmitter 클래스의 stopParticleEmitter 메소드

```
- (void)stopParticleEmitter {
    active = NO;
    elapsedTime = 0;
    emitCounter = 0;
}
```

ParticleEmitter 클래스의 메소드 중 가장 읽기 쉬울 것이다. stopParticleEmitter 메소드는 active 값을 NO로 설정하고 elapsedTime과 emitCounter 값을 리셋시켜 particle emitter를 멈추도록 한다. 나중에 다시 사용하고 싶다면 상태값만 바꾸면 된다.

✂ Particle system 즐기기

이번 장에는 "연습 문제"로 다룰 만한 내용이 없어서 particle emitter를 즐길 수 있도록 하였다. 다양한 효과(연기, 불꽃 등)를 직접 구현하여 비교하기 바란다. 그림 10.4는 설정 파일만을 수정하여 만든 flame emitter이다.

| 그림 10.4 | Flame particle system

Particle 효과를 만드는 것은 매우 흥미로운 작업이지만, 많은 시간을 허비하게 되고 때로는 귀찮은 부분이 많은 것도 사실이다. XML 파일의 설정을 변경하고 변경한 결과를 보는 과정을 반복하다 보면 금세 지치게 될 것이다. 이러한 문제를 해결하기 위해 particle emitter의 여러 파라미터를 쉽게 지정할 수 있도록 도와주는 툴을 저자가 직접 만들게 되었다.

그 결과로 소개하는 툴이 Particle Designer이다(http://particledesigner.71squared.com). Particle Designer는 Max OS X 프로그램으로 저자와 Tom Bradley가 같이 만들었으며, particle 설정 파일을 열고 저장할 수 있을 뿐만 아니라 시각적으로 편집할 수 있도록 구현하였다. 이렇게 하여 particle 효과를 만드는 시간을 많이 단축시킬 수 있었다.

Particle Designer는 SLQ에서 사용한 ParticleEmitter 클래스의 발전된 버전을 사용한다. 이 클래스 역시 Particle Designer 프로그램과 함께 제공하며, SLQ 엔진에 있는 구 버전의 ParticleEmitter 클래스를 빼고 새 버전을 넣으면 particle system의 추가 기능을 사용할 수 있게 된다.

그림 10.5는 Particle Designer 프로그램을 이용하여 particle emitter를 편집하는 화면이다.

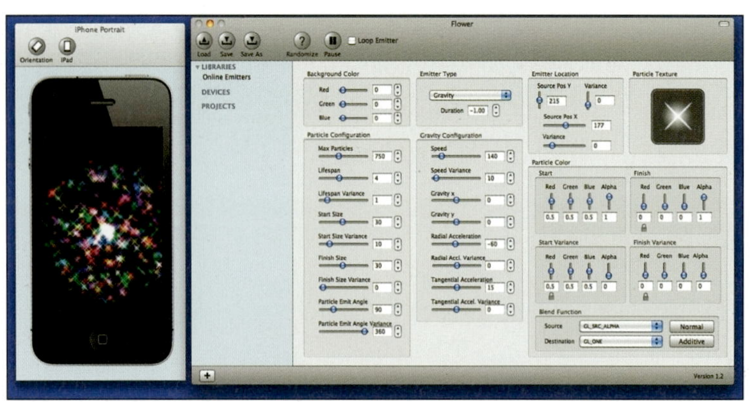

| **그림 10.5** | Particle Designer GUI

⚒ 정리

이번 장을 시작하며 언급한 것과 같이 particle system은 매우 흥미롭고 재미있는 장난감이다. 단지 몇 가지 파라미터만 바꾸어도 놀라운 효과를 연출할 수 있을 뿐만 아니라 이러한 설정을 코드상에서 변경할 필요가 없다. 하지만 이러한 편리함과 즐거움 때문에 자신도 모르게 많은 시간을 보낼 수 있으니 주의하는 것이 좋겠다.

이번 장에서 살펴본 particle 엔진은 결코 복잡한 것이 아니다. Point sprite를 사용하는 대신 particle 자체를 회전시킬 수 있는 이미지를 사용하거나 particle 간에 일어나는 충돌을 반영하는 등의 수많은 기능을 추가할 수 있다. 단, 이렇게 복잡한 기능이 추가되면 프로세서에 가해지는 부하도 커진다는 것도 염두에 두어야 한다.

Point sprite 대신 이미지를 사용하는 경우 또 다른 기능을 추가할 수 있는데, particle이 날아가는 동안 particle 자체를 변화시키는 것이다. 이러한 기능을 사용한 예로 섬광 같은 것을 들 수 있다. 섬광은 보통 길다란 빛의 형태로 나타나는데, 텍스처 사각형을 점차 늘려주며 적당한 이미지를 입히면 아주 멋들어지게 섬광을 표현할 수 있다.

Particle system이 보여줄 수 있는 세계는 무궁무진하며 단지 여러분의 상상력이 이러한 세상의 한계가 될 것이다. 물론 기기 성능이 더 결정적인 제약이 되겠지만, 참신한 아이디어로 충분히 극복할 수 있다.

다음 장에서는 우리의 엔진을 마무리 지을 클래스인 `SoundManager` 클래스에 대해 살펴볼 것이다. 이 클래스는 게임에 배경 음악과 사운드 효과를 제공한다. `SoundManager` 클래스는 배경 음악을 위해 AVAudioPlayer를, 그리고 사운드 효과와 위치에 따른 소리를 위해 OpenAL을 사용한다.

Chapter 11
사운드
(Sound)

이번 장까지 Sir Lamorak's Quest를 비롯한 2D 게임의 근간이 되는 모든 기술에 대한 설명이 끝난다. 사운드는 게임에 있어 가장 중요한 요소 중 하나이다. 물론 사운드가 없는 게임을 만드는 것이 불가능하지 않지만 사운드는 분명히 여러분이 만든 게임을 한 차원 더 높일 것이다.

1980년대의 많은 게임에는 사운드가 없거나, 있다 해도 부저같이 삐삐거리는 소리를 내는 것이 전부였다. 그렇지만 그런 조잡한 소리라도 들려주는 게임은 사용자에게 또 다른 경험을 제공하였다.

이번 장에서는 SoundManager 클래스를 통해 음악과 사운드 효과를 들려주는 방법을 배우게 될 것이다. 이를 위해 AVAudioPlayer 클래스와 OpenAL[1]도 같이 살펴볼 것이다.

✖ 사운드 프로젝트

이번 장의 프로젝트는 SoundManager 클래스를 소개하면서 어떻게 음악을 로드하고, 재생목록을 만들고, 사운드 효과를 만드는지를 데모로 보여줄 것이다.

CH11_SLQTSOR 프로젝트를 열고 실행해보자. 프로그램이 로드되면 화면에 'Playing Music…'이라고 나타나면서 음악이 연주될 것이다. 음악은 5초 동안 페이드 업 되면서 연주되며 음악이 연주되는 동안 화면을 터치할 때마다 문이 열리는 소리가 들리는데, 연속으로 터치하면 문 소리가 중첩되어 들릴 것이다.

앞에서도 언급하였지만 예제 프로젝트에서는 음악을 재생하기 위해 AVAudioPlayer 클래스를 사용하였으며, 사운드 효과를 재생하기 위해서는 OpenAL을 사용하였다. OpenAL은 사운드 효과를 매우 빠르게, 최대 32개까지 동시에 들려줄 뿐만 아니라 3D 효과까지 제공한다.

---

1 OpenAL은 게임이나 여러 가지 사운드 프로그램을 위한 3D 오디오 API를 제공하는 크로스 플랫폼이다. 더 자세한 사항은 http://connect.creativelabs.com/openal/default.aspx 페이지를 참조하기 바란다.

iPhone 사운드 시스템

iPhone에서의 사운드는 조금 복잡한 주제이다. 저자도 iPhone 사운드에 대해 조사할 때 조금 혼란스러웠던 것이, iPhone에서는 사운드를 가져오는 방법이 다양했기 때문이다.

iPhone은 사운드에 대한 요구사항이 복잡하다. 기기는 여러 가지 방법 – 자체 스피커, 유선 헤드셋, 블루투스 헤드셋 – 으로 사운드를 출력할 수 있어야 한다. 또한 iPod 보관함, 알람, 벨소리 등의 오디오 소스도 관리해야 하며 어떤 프로그램이 동작하든지 상관 없이 재생해야 한다.

즉 iPhone 사용자가 제어할 수 있는 볼륨이나 진동모드, on/off를 제외한 이러한 모든 것을 제어해야 한다. 하지만 다행히도 iPhone SDK에서 제공하는 API는 이와 같은 복잡한 제어를 쉽게 할 수 있도록 도와준다.

오디오 세션(Audio Session)

iPhone은 프로그램 자체, 프로그램과 프로그램 사이, 장치 단위에서 오디오를 처리한다. 이렇게 오디오를 제어하고 세팅하는 것은 오디오 세션(audio session)을 통해서 일어난다. 오디오 세션 API는 게임에서 사운드를 어떻게 처리할 것인지를 정의할 수 있도록 한다. 그렇게 하기 위해서 사운드 제어와 설정은 아래의 질문에 대한 답을 통해 구성된다.

- 벨소리/진동 선택 단추로 진동모드를 선택하였을 때 오디오가 나오지 않도록 해야 하는가?
- 게임을 실행하는 동안에도 iPod 음악은 계속 연주하도록 놔둘 것인가?
- 오디오가 갑자기 중단되면 무슨 동작을 해야 하는가?
- iPhone의 하드웨어 디코딩 기술을 사용할 것인가?

이 질문에 대한 답을 정리하면 어떤 오디오 세션 카테고리를 사용할 것인지 결정할 수 있게 된다. 각각의 카테고리 아이템은 예를 들어 전화가 오거나 알람이 발생하는 등의 인터럽트가 발생하는 상황에서 어떻게 사운드를 처리할 것인가에 대한 정의를 내리고 있다.

그래서 오디오 세션 카테고리를 세팅하는 것으로 게임에서의 오디오 처리 방향을 결정할 수 있으며, 게임을 실행하면 기본 카테고리인 `AVAudioSessionCategorySoloAmbient`로부터 해당 오디오 세션을 받게 된다. 표 11.1는 오디오 세션 카테고리에 대해 정리한 내용이다. 이 내용은 Apple의 SDK 문서 중 Audio Session Programming Guide에서 발췌하였다. 표11.1에서 강조된 부분이 오디오 세션을 새로 생성하면 기본적으로 사용되는 카테고리이다.

| 표 11.1 | 오디오 세션 카테고리[2]

카테고리 구분	진동모드 진입 또는 화면잠금 시 음소거	다른 프로그램의 오디오 재생	오디오 입력(녹음) 또는 오디오 출력(재생) 지원
AVAudioSessionCategoryAmbient kAudioSessionCategory_AmbientSound	Yes	Yes	출력
AVAudioSessionCategorySoloAmbient kAudioSessionCategory_SoloAmbientSound	Yes	No	출력
AVAudioSessionCategoryPlayback kAudioSessionCategory_MediaPlayback	No	No(기본값) Yes 변경 가능	출력
AVAudioSessionCategoryRecord kAudioSessionCategory_RecordAudio	No(화면을 잠가도 녹음 진행)	No	입력
AVAudioSessionCategoryPlayAndRecord kAudioSessionCategory_PlayAndRecord	No	No(기본값) Yes 변경 가능	입력/출력
AVAudioSessionCategoryAudioProcessing kAudioSessionCategory_AudioProcessing	–	No	미지원

 `AVAudioSessionCategorySoloAmbient`는 iPhone의 하드웨어 디코딩 기술을 사용한다. 즉, MP3 같이 압축된 사운드 또는 음악을 연주하기 위해 사용한다. 압축된 음원을 재생할 때 이 카테고리를 사용하지 않는다면 게임이 많이 느려질 것이다.

---

2 표 11.1에서 각 행의 윗줄은 Objective-C 기반 `AVAudioSession` API 이름이며, 아랫줄은 C 기반의 오디오 세션 서비스 API 이름이다.

표 11.1을 어떻게 사용하면 되는지 이해한다면 iPhone에서 전화나 알람 등의 다른 사운드가 발생할 때 게임 사운드를 처리할 수 있는 방법을 터득한 것이다.

음악 재생

게임을 할 때 음악이 연주되면 훨씬 좋을 것이다. 하지만 게임에서 음악을 연주하는 것은 필수 사항이 아니라 개발자의 의도에 의해 결정된다. Sir Lamorak's Quest의 경우에는 음악이 게임을 더 즐겁게 만드는 요소로 작용하기 때문에, 사운드를 제어하는 부분이 필요하게 되었다.

다행히 파일이나 메모리에 저장된 음원 데이터를 재생시키는 간단한 Objective-C API가 제공되는데, 바로 `AVAudioPlayer`이다. 이 API는 iPhone OS 2.2 버전에서 소개되었다.

`AVAudioPlayer`는 아주 좋은 다목적 API로, Apple은 이 API가 오디오 재생뿐만 아니라 3D 사운드 재생 및 액션과 사운드의 정교한 일치(synch) 작업에도 사용할 수 있다고 설명하고 있다. 또한 여러 개의 인스턴스를 만들어 동시에 여러 곡을 재생하는 것도 가능하지만 여러 개의 압축된 음원을 동시에 재생하는 것은 성능상의 제약이 따른다.

`AVAudioPlayer`의 특징을 정리하면 다음과 같다.

- 원하는 시간만큼 사운드 재생
- 파일 또는 메모리 버퍼에 있는 사운드 재생
- 사운드 반복
- 오디오 플레이어마다 하나의 사운드를 연주하는 방식으로 동시에 여러 사운드를 재생
- 여러 사운드의 볼륨을 분리하여 제어
- 사운드 파일의 특정 위치로 이동
- 볼륨 측정을 위한 데이터 획득

이와 같은 기능들은 `AVAudioPlayer`를 사운드 재생을 위한 훌륭한 API로 만들어준다. 물론 `AVAudioPlayer`에 여러 개의 사운드를 동시에 재생하는 기능이 들어 있지만 약간의 지연값이 존재하여 게임상에서 정확하게 싱크를 맞추며 재생하는 데에는 최선이라고 하기 어렵다. 대신 배경음악을 연주하는 데는 아주 좋다. 특히 MP3 같은 압축 파일도 `SoloAmbient` 오디오 세션 카테고리를 사용하면 하드웨어 디코딩 기능을 이용하여 게임이 버벅거리지 않도록 재생할 수 있다.

짧고 간단한 사운드 효과를 재생하는 것은 별도의 API를 사용하는 것이 좋은데, 그 중 가장 좋은 것이 iOS OpenAL 프레임워크에 있는 OpenAL API 이다.

사운드 효과 재생

배경음악이 재생되는 동안 적들이 죽거나 문이 열리고 닫히는 소리 같은 효과음이 같이 들리면 게임이 훨씬 재미있어질 것이다. 게임의 특성상 게임 사운드 효과는 동시에 재생되는 일이 많다. 이러한 경우를 위해 디자인된 것이 OpenAL API이다.

OpenAL은 크로스 플랫폼 3D 오디오 API로 게임이나 여러 종류의 오디오 프로그램에 사용된다. OpenAL은 굉장히 빠르다는 장점이 있는데, 그것은 재생을 위해 iPhone의 I/O 유닛을 이용하여 구현했기 때문에 가능하다. 그 결과 최저의 지연값을 갖게 되었는데, 이는 게임 제작에서 매우 중요하게 작용하는 요소이다.

OpenAL은 사운드를 만들기 위해 아래 세 가지 필수 오브젝트를 사용한다.

- 청취자(Listener)
- 소스(Source)
- 버퍼(Buffer)

Listener 오브젝트는 (context[3]마다) 하나만 존재하며, 모든 사운드는 청취자의 위치를 기점으로 소스에서 렌더링된다(만들어진다). 소스는 사운드가 만들어지는

---

3 OpenAL context는 재생 중인 사운드 세션이라고 생각하면 된다. 또는 사운드 소스와 청취자가 들어 있는 세계라고 이해해도 좋다.

장소(위치)를 가리키며, 버퍼는 사운드 생성에 필요한 실제 데이터를 뜻한다.

그래서 각기 다른 사운드 효과를 저장하기 위해 많은 버퍼를 사용하기도 한다. 사운드를 재생할 때는 적당한 사운드 버퍼가 소스에 바인딩되고 사운드 소스의 위치가 결정된다. 그런 다음 소스에 재생 명령이 떨어지면 소스에 바인딩된 사운드 버퍼를 재생하기 시작한다. 버퍼는 여러 개가 존재할 수 있기 때문에 바인딩된 소스도 여러 개가 될 수 있다. iPhone은 동시에 32개의 소스를 재생시킬 수 있다. 32개가 넘는 소스를 만드는 것이 불가능한 것은 아니지만, 그런 경우에도 재생할 때는 32개의 소스만이 동시 재생된다.

Listener 오브젝트의 위치에 의해 플레이어가 사운드를 듣는 환경이 결정된다(그림 11.1 참조). 예를 들어 소스가 청취자와 멀리 떨어져 있다면 더 작게 들릴 것이다. 이러한 환경에 따라 어떻게 사운드가 들리는지 계산하기 위해 OpenAL에는 다양한 알고리즘이 정의되어 있는데, 이러한 알고리즘이 어떤 원리로 동작하는지는 몰라도 상관없다.

OpenAL은 또한 움직이는 상황의 사운드도 처리할 수 있어서 청취자나 소스가 움직이는 경우에도 변하는 환경에 맞추어 적절하게 사운드를 재생한다. 대표적인 예로 경찰차의 사이렌 소리가 점점 가까이 다가오는 것을 들 수 있다. 사이렌 소리가 다가옴에 따라 점점 소리는 커지고 음조는 올라간다. 그러다가 사이렌이 지나가면 소리는 다시 점점 작아지고 음조도 낮아진다. 이러한 도플러 효과 역시 OpenAL에서 제공한다.

앞에서 OpenAL은 3D 오디오 API라고 설명했는데, 청취자와 소스의 좌표체계는 OpenGL의 좌표체계와 동일하다. 실제로 OpenAL의 API는 OpenGL과 매우 흡사하다. 그래서 청취자와 소스의 위치는 x, y, z 좌표로 간단히 표시할 수 있다. 이렇게 하면 사운드 소스를 게임 오브젝트에 지정하고 오브젝트의 위치를 쉽게 나타낼 수 있기 때문에, 나머지는 OpenAL이 알아서 계산하여 플레이어(청취자)가 적절한 볼륨과 피치로 들을 수 있도록 한다.

이러한 기능은 플레이어가 마치 현실 세계에 있는 것처럼 게임 세상의 사운드를 들을 수 있도록 만든다. 중요한 것은 이러한 훌륭한 기능을 OpenAL을 이용하여 무료로 구현할 수 있다는 것이다.

| 그림 11.1 | 한 명의 청취자와 다수의 사운드 소스와의 관계

사운드 효과 제작

API를 이용하여 음악과 사운드를 연주할 수 있지만 정작 음악과 사운드 효과로 사용할 음원이 없다면 무용지물이다. 다행히 큰 비용을 들이지 않아도 음원을 구할 수 있다. 인터넷을 이용하면 많은 사운드와 음악 음원을 구할 수 있으며, 개중에는 무료 음원도 있다.

Note 당장 구글 검색만 해도 음악/ 사운드 관련 사이트가 수도 없이 나올 것이다. Sir Lamorak's Quest에서 사용한 사운드 효과는 www.sound-effect.com에서 구한 것이다.

음악을 구할 필요 없이 GarageBand 같은 프로그램을 이용해서 직접 만들 수도 있다. 이 책에서는 GarageBand 사용법에 대한 설명은 하지 않지만, 이와 같은 프로

그램을 어떻게 사용하는지 이해하면 게임 제작에 있어 유용하게 써먹을 때가 생길
것이다.

`AVAudioPlayer` API는 iOS에서 지원하는 모든 음악 포맷을 재생할 수 있다. iOS
5에서 지원하는 오디오 코덱을 표 11.2에 기술하였으니 참고하자.

| 표 11.2 | 오디오 재생 포맷과 코덱

오디오 디코더/재생 포맷	H/W 디코딩	S/W 디코딩
AAC (MPEG–4 Advanced Audio Coding)	Yes	Yes(iOS 3.0부터)
ALAC (Apple 비손실)	Yes	Yes(iOS 3.0부터)
AMR (Adaptive Multi–Rate, 음성통화 포맷)	–	Yes
HE–AAC (MPEG–4 고효율 AAC)	Yes	–
iLBC (Internet Low Bitrate Codec, 음성통화 포맷)	–	Yes
IMA4 (IMA/ADPCM)	–	Yes
Linear PCM (비압축, linear pulse–code modulation)	–	Yes
MP3 (MPEG–1 audio layer 3)	Yes	Yes(iOS 3.0부터)
μ–law and a–law	–	Yes

오디오 포맷에 따라 어떻게 처리되는지 파악하는 것은 매우 중요하다. 왜냐하면
H/W 디코더와 S/W 디코더 중 어떤 종류의 디코더를 사용하느냐가 전체 성능에 많
은 영향을 미치기 때문이다. 가장 인기 있는 포맷인 MP3의 경우 적은 용량으로 장
시간을 연주할 수 있다는 장점 때문에 배경음악으로 많이 사용되는데, MP3 사운드
파일을 디코딩하는 과정에는 많은 컴퓨팅 파워가 수반되기 때문에 MP3 파일을 디
코딩하기 위해 S/W 디코더를 사용한다면 게임 성능이 많이 떨어질 것이다.

Sir Lamorak's Quest의 경우, MP3 파일을 디코딩하는 데 S/W 디코더를 사용한
경우 매 초마다 약 0.5초씩 멈추는 현상이 발생하였다. 일반적으로 압축된 음원을
재생하기 위해 S/W 디코더를 사용할 경우에는 매 초마다 약간씩 버벅거리는 현상이
발생하였다.

앞 절에서 어떻게 오디오를 처리하느냐에 따라 오디오 세션 카테고리를 결정할 수

있다고 했는데, 여기에서는 SoloAmbient 카테고리와 H/W 디코더를 같이 사용할
것이다.

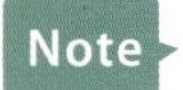

표 11.2에 없는 오디오 포맷을 사용하는 경우에는 지원 가능한 포맷으로 바꾸어 사
용해야 한다. Apple은 Mac OS X 용 오디오 포맷 컨버터 툴인 afconvert 프로그램
을 제공하는데 이 프로그램은 명령 줄 툴로 /usr/bin 디렉토리에 있다.

오디오 파일을 샘플 비율이 22050인 CAF 포맷으로 변형시키려면 터미널 프로그
램에서 아래와 같이 입력하면 된다.

```
$ afconvert -f caff -d LEI16@22050 {입력파일} {출력파일}
```

스테레오와 모노

대부분의 오디오 프로그램은 기본적으로 스테레오를 지원한다. 배경음악을 스테
레오로 만들면 헤드폰을 사용하는 플레이어에게 게임의 재미를 한층 더해줄 것이
다. 하지만 OpenAL을 사용하여 사운드 효과음을 만드는 경우 모노 음원을 사용해
야 한다.

왜냐하면 OpenAL은 청취자와 사운드 소스의 위치 관계에 따라 사용할 사운드 채
널을 결정하기 때문에 음원이 스테레오로 분리되었다면 OpenAL을 사용하였을 때

의도하지 않은 소리가 나거나 아예 들리지 않는 경우가 발생한다.

그래서 사운드 효과음으로 사용할 음원들은 미리 모노로 만들어 두는 것이 좋다.

사운드 매니저 클래스

이제 사운드를 다루는데 사용하는 두 개의 클래스를 살펴볼 것이다.

- `MyOpenALSupport`
- `SoundManager`

`MyOpenALSupport`는 Apple에서 제공하는 예제 클래스로 오디오 파일에서 오디오 데이터를 읽어 들여 OpenAL 사운드 버퍼에 건네준다.

`MyOpenALSupport` 클래스는 아래와 같은 사운드 파일의 중요한 속성값을 추출한다.

- 샘플 비율(Sample Rate)
- 프레임 당 채널 수
- 오디오 포맷(PCM 등)
- 패킷 당 프레임 수
- 프레임 바이트 수
- 채널 비트 수

오디오 데이터, 포맷 등에 대해 더 깊이 다루기 위해서는 위와 같은 정보가 필요하다. 하지만 이 책에서는 사운드 파일을 가져와 OpenAL 사운드 버퍼에 사용할 수 있도록 할 수 있을 정도의 정보만 있으면 되며, `MyOpenALSupport` 클래스가 이와 같은 일을 수행한다.

이번 장에서 집중적으로 다루게 될 클래스는 `SoundManager`이다. 이 클래스는

`AVAudioPlayer` 클래스와 OpenAL의 wrapper 클래스로, 음악과 사운드 효과를 처리하고 음악 재생목록, 볼륨, 보관함 등을 관리할 수 있는 간단한 API를 제공한다.

`AVAudioPlayer`와 OpenAL을 사용하기 위해서는 다음과 같은 프레임워크를 프로젝트에 추가해야 한다.

- CoreAudio
- OpenAL
- AVFoundation
- AudioToolbox

위의 프레임워크는 프로젝트를 선택하고 중앙 패널 좌측의 [TARGETS]에서 프로젝트 [target]을 선택한 다음 중앙 패널 상단에서 [Summary]를 선택한다. 그러면 중앙 패널 중간에 [Linked Frameworks and Libraries] 목록이 나타난다. 맨 아래에 있는 [+] 버튼을 누르면 프레임워크와 라이브러리 추가 시트가 나타나는데, 여기에서 원하는 프레임워크를 선택한 다음 [Add] 버튼을 누르면 프로젝트에 추가된다.

SoundManager 클래스

SoundManager 클래스 역시 싱글톤(singleton)으로 프로그램이 실행되는 동안 한 개의 인스턴스만 존재한다. 싱글톤 패턴을 사용한다는 말은 한 곳에서 게임 전체의 사운드를 관리함을 뜻한다. 앞에서 싱글톤을 사용하여 쉽게 텍스처를 공유하거나 이미지를 렌더링할 수 있었던 것처럼 사운드를 관리하는 데에도 싱글톤이 편리하게 만들어줄 것이다.

초기화

초기화 과정은 4장에서 본 싱글톤 패턴을 그대로 따라한다. 싱글톤을 만드는 것은 똑같지만 세부사항을 초기화하기 위해서 `init` 메소드를 사용한다.

리스트 11.1은 `init` 메소드의 앞 부분이다.

```objc
- (id)init {
    self = [super init];
    if(self != nil) {

        soundSources = [[NSMutableArray alloc] init];
        soundLibrary = [[NSMutableDictionary alloc] init];
        musicLibrary = [[NSMutableDictionary alloc] init];
        musicPlaylists = [[NSMutableDictionary alloc] init];
```

가장 먼저 init 메소드에서 하는 일은 사운드 매니저의 사운드, 음악, 사운드 음원, 재생목록에 사용될 배열과 dictionary를 초기화하는 것이다.

soundSources 배열은 OpenAL 사운드 음원을 저장하는 데 사용된다. 사운드 음원을 미리 만들어 배열에 저장해 놓으면 게임 도중에 만들 때 발생하는 오버헤드를 줄일 수 있다. 특히 신속하게 재생되어야 하는 음원을 처리하는 경우라면 더욱 빛을 발할 것이다.

soundLibrary dictionary는 OpenAL 버퍼 ID를 저장하는데, 찾기 쉽도록 이름을 key로 한다.

musicLibrary 배열은 음악 파일의 이름과 전체 디렉토리 경로를 저장한다. AVAudioPlayer 클래스는 재생하기 위한 음악 이름을 URL 형태로 받기 때문에 디렉토리 정보도 같이 사용할 것이다.

마지막으로 musicPlaylists dictionary는 musicLibrary 배열이 저장된 여러 개의 dictionary를 저장할 수 있기 때문에 여러 개의 재생목록을 저장할 수 있다.

리스트 11.2는 init 메소드의 중간 부분으로 오디오 세션과 카테고리를 셋업한다.

리스트 11.2 SoundManager 클래스의 init 메소드 (Part 2)

```objc
        audioSession = [AVAudioSession sharedInstance];
        isExternalAudioPlaying = [self isExternalAudioPlaying];

        if (!isExternalAudioPlaying) {
            soundCategory = AVAudioSessionCategorySoloAmbient;
            audioSessionError = nil;
            [audioSession setCategory:soundCategory error:&audioSessionError];
            if (audioSessionError)
```

```
        NSLog(@"WARNING - SoundManager: Error setting the sound
category to SoloAmbientSound");
        }
```

SoundManager 클래스가 싱글톤인 것과 마찬가지로 AVAudioSession 클래스 역시 싱글톤이다. 따라서 공유되어 AVAudioSession 클래스의 (하나뿐인) 인스턴스를 획득해야 한다. 오디오 세션(인스턴스)을 획득하면 이미 재생 중인 음악이 있는지 확인한다. iPod 프로그램에서 음악을 재생하고 난 다음 게임을 시작하는 경우가 이러한 예가 된다. 리스트 11.3은 재생 중인 음악이 있는지 확인하는 간단한 메소드를 보여준다.

리스트 11.3 SoundManager 클래스의 isExternalAudioPlaying 메소드

```
- (BOOL)isExternalAudioPlaying {
   UInt32 audioPlaying = 0;
   UInt32 audioPlayingSize = sizeof(audioPlaying);
   AudioSessionGetProperty(kAudioSessionProperty_OtherAudioIsPlaying,
                        &audioPlayingSize, &audioPlaying);
   return (BOOL)audioPlaying;
}
```

오디오 세션을 다루기 위해 사용되는 API에는 Objective-C, C 버전의 두 가지가 있는데 두 가지 API를 섞어서 사용해도 무방하다.

재생 중인 음악이 없는 경우 init 메소드는 오디오 세션의 카테고리를 SoloAmbient 로 하고 압축된 음원을 디코딩하기 위하여 H/W 디코더를 사용한다. 재생 중인 음악이 있는 경우에는 기본 오디오 세션 카테고리인 Ambient를 그대로 사용한다. 리스트 11.4 는 init 메소드의 마지막 부분이다.

리스트 11.4 SoundManager 클래스의 init 메소드 (Part 3)

```
        BOOL success = [self initOpenAL];
        if(!success) {
            NSLog(@" ERROR - SoundManager: Error initializing OpenAL" );
            return nil;
        }
```

```
        currentMusicVolume = 0.5f;
        musicVolume = 0.5f;
        fxVolume = 0.5f;
        playlistIndex = 0;

        isFading = NO;
        isMusicPlaying = NO;
        stopMusicAfterFade = YES;
        usePlaylist = NO;
        loopLastPlaylistTrack = NO;
    }
    return self;
}
```

init 메소드의 마지막 부분에서는 OpenAL을 초기화시키는 것을 볼 수 있다.
OpenAL이 정상적으로 초기화되면 사운드 매니저의 인스턴스 변수를 기본값으로
셋팅한다.

리스트 11.5는 initOpenAL 메소드의 앞 부분이다.

리스트 11.5 SoundManager 클래스의 initOpenAL 메소드 (Part 1)

```
- (BOOL)initOpenAL {
    NSLog(@"INFO - Sound Manager: Initializing sound manager");

    uint maxOpenALSources = 16;

    device = alcOpenDevice(NULL);

    if(device) {
        context = alcCreateContext(device, NULL);
        alcMakeContextCurrent(context);
        alDistanceModel(AL_LINEAR_DISTANCE_CLAMPED);
```

먼저 눈에 띄는 부분이 maxOpenALSources를 16으로 지정하는 부분이다.
OpenAL의 소스(source)는 OpenGL 텍스처와 같은 방법으로 생성된다. OpenAL
버퍼의 경우도 마찬가지이다. 게임 도중에 OpenAL 소스를 생성하면 게임이 버벅거
릴 위험이 높기 때문에 게임 시작 전에 미리 초기화 작업을 모두 끝내는 것이 좋다.
iPhone은 최대 32개까지 동시에 음원을 재생할 수 있지만, 여기서는 16개까지만

지정했다. 물론 필요하면 더 늘릴 수 있다. 하지만 32를 넘겨 아무리 숫자를 높여도 32개까지만 음원이 동시에 재생된다.

그런 다음 OpenAL 사운드를 렌더링할 장치를 잡는다. OpenAL 사운드를 렌더링할 때 필요한 알맞은 장치나 드라이버를 찾기 위해 alcOpenDevice() 함수를 사용한다. 파라미터로 NULL을 넘겨주면 가장 먼저 탐색되는 사용 가능한 장치를 반환하는데, iPhone에서는 별도의 장치가 없기 때문에 iPhone 하나만 잡힐 것이다.

만약 alcOpenDevice()가 NULL을 반환하는 경우는 장치를 찾지 못했다는 의미로 어딘가 문제가 발생했다고 보면 된다.

장치를 찾은 다음에는 컨텍스트를 만든다. 짐작하겠지만 컨텍스트는 사운드를 만들어내는 환경으로 다수의 컨텍스트를 만드는 것이 가능하며, 하나의 컨텍스트에서 만들어진 사운드는 다른 컨텍스트에서는 렌더링되지 않는다. 여기서는 한 개만 만들었다.

마지막으로 거리 모델(distance model)을 셋업한다. OpenAL에서 사용할 수 있는 거리 모델은 여러 가지가 있으며, 각기 소스와 청취자의 거리에 따라 어떻게 사운드를 들려주는지를 정의해 놓았다.

거리 모델에 대한 자세한 내용은 이 책의 범주를 벗어나기 때문에 여기서는 세부적으로 다루지 못하지만, OpenAL 웹 사이트[4]를 방문하면 관련 문서를 조회할 수 있다. 리스트 11.6은 initOpenAL 메소드의 중간 부분으로 OpenAL의 소스가 만들어진다.

리스트 11.6 **SoundManager 클래스의 initOpenAL 메소드 (Part 2)**

```
NSUInteger sourceID;
for(int index = 0; index < maxOpenALSources; index++) {
    alGenSources(1, &sourceID);

    alSourcef(sourceID, AL_REFERENCE_DISTANCE, 25.0f);
    alSourcef(sourceID, AL_MAX_DISTANCE, 150.0f);
    alSourcef(sourceID, AL_ROLLOFF_FACTOR, 6.0f);
```

---

4 http://connect.creativelabs.com/openal/Documentation/Forms/AllItems.aspx 페이지를 방문하면 OpenAL 문서를 구할 수 있다.

```
        [soundSources addObject:[NSNumber numberWithUnsignedInt:sourceID]];
    }
```

소스를 생성하기 위하여 간단한 루프를 돌며 OpenAL 소스에 필요한 기본 파라미터를 설정한다. `alGenSources` 명령은 `glGenBuffers` 명령과 거의 똑같다. 첫 번째 파라미터로 사용할 소스의 개수를 지정하고, 다음으로 소스 ID가 저장될 공간을 제공하는 것이다.

물론 `alGenSrouces` 파라미터로 `maxOpenALSources`값을 넣어 한꺼번에 소스를 생성할 수도 있는데 굳이 루프를 돌면서 하나씩 소스를 만든 이유는 일일이 파라미터를 설정하기 위해서이다.

소스에 설정되는 파라미터는 `AL_REFERENCE_DISTANCE`, `AL_MAX_DISTANCE`, `AL_ROLLOFF_FACTOR`이다. 이 파라미터는 각각 거리 알고리즘을 나타낸다. 거리 알고리즘과 함께 알고리즘에서 사용하는 파라미터도 같이 건네주는데, 이 값들은 경험적으로 구해야 하는 값들이 대부분이어서 약간의 시행착오가 필요할 것이다.

이렇게 소스를 만들고 기본 파라미터 설정을 한 다음에는, 생성한 소스를 soundSources 배열에 추가한다.

initOpenAL 메소드의 나머지 부분은 리스트 11.7에 나와있다.

리스트 11.7 SoundManager 클래스의 initOpenAL 메소드 (Part 3)

```
    float listener_pos[] = {0, 0, 0};
    float listener_ori[] = {0.0, 1.0, 0.0, 0.0, 0.0, 1.0};
    float listener_vel[] = {0, 0, 0};
    alListenerfv(AL_POSITION, listener_pos);
    alListenerfv(AL_ORIENTATION, listener_ori);
    alListenerfv(AL_VELOCITY, listener_vel);

    NSLog(@"INFO - Sound Manager: Finished initializing the sound manager");
    return YES;
}

NSLog(@"ERROR - SoundManager: Unable to allocate a device for sound.");
return NO;
}
```

OpenAL을 초기화하는 마지막 작업은 청취자의 기본 위치를 지정하는 것이다. 위
치 정보에는 움직이는 방향과 속도도 포함된다. OpenAL은 3차원 공간을 지원하기
때문에 청취자는 위치뿐만 아니라 방향 정보도 갖고 있어야 한다(즉, 청취자가 바라
보는 방향을 의미한다). 이러한 설정은 OpenAL로 하여금 청취자가 어느 위치에서
어디를 바라보는가에 따라 어떤 스피커에서 소리를 내게 할 것인가를 결정하도록 만
든다.

음악 관리

음악을 재생하고 제어하는 등의 관리 방법은 여러 가지가 있지만 여기서는 간단한
방향으로 접근할 것이다. 가능한 API와 코드를 단순하게 하기 위하여 음악은
`NSDictionaries`와 `AVAudioPlayer` 기능만을 사용하였다. 물론 사운드 매니저에서
제공하는 기능 이상이 필요할 경우에는 어렵지 않게 추가로 구현할 수 있다.

음악을 관리하기 위하여 사운드 매니저는 로드, 재생, 중지, 일시정지, 재생목록
관리 등의 기능을 지원해야 한다. 이러한 기능을 지원하기 위하여 `SoundManager` 클
래스에는 다음과 같은 메소드가 구현되어 있다.

- `loadMusicWithKey:musicFile:`
- `removeMusicWithKey:`
- `playMusicWithKey:timesToRepeat:`
- `stopMusic`
- `pauseMusic`
- `setMusicVolume:`
- `setFxVolume:`
- `resumeMusic`
- `fadeMusicVolumeFrom:toVolume:duration:stop:`
- `addToPlaylistNamed:track:`
- `startPlaylistNamed:`

- `removedFromPlaylistNamed:track:`

- `removePlaylistNamed:`

- `clearPlaylistNamed:`

- `playNextTrack:`

- `shutDownSoundManager:`

음악 로드

먼저 리스트 11.8의 `loadMusicWithKey:musicFile:` 메소드를 보자.

 SoundManager 클래스의 loadMusicWithKey:musicFile: 메소드

```
- (void)loadMusicWithKey:(NSString*)aMusicKey musicFile:(NSString*)aMusicFile {

    NSString *fileName = [[aMusicFile lastPathComponent]
                            stringByDeletingPathExtension];
    NSString *fileType = [aMusicFile pathExtension];

    NSString *path = [musicLibrary objectForKey:aMusicKey];

    if(path != nil) {
        NSLog(@"WARNING - SoundManager: Music with the key '%@' already
exists.", aMusicKey);
        return;
    }

    path = [[NSBundle mainBundle] pathForResource:fileName ofType:fileType];
    if (!path) {
        NSLog(@"WARNING - SoundManager: Cannot find file '%@.%@'",
            fileName, fileType);
        return;
    }

    [musicLibrary setObject:path forKey:aMusicKey];
    NSLog(@"INFO - SoundManager: Loaded background music with key '%@'",
aMusicKey);
}
```

`loadMusicWithKey:musicFile:` 메소드는 음악 key를 파라미터로 받아 music Library dictionary를 조사하여 이미 로드한 음악이 있는지 확인한다.

만약 이미 로드한 음악이 있다면 로그로 남기고 그렇지 않다면 음악 파일명을 포함한 전체 경로와 key를 매핑시키며 `musicLibrary`에 저장한다.

음악 제거

음악을 로드하는 방법을 반대로 하여 제거할 수 있는데, 리스트 11.9의 `removeMusicWithKey:` 메소드가 그 일을 수행한다.

 SoundManager 클래스의 removeMusicWithKey: 메소드

```
- (void)removeMusicWithKey:(NSString*)aMusicKey {
    NSString *path = [musicLibrary objectForKey:aMusicKey];
    if(path == NULL) {
        NSLog(@"WARNING - SoundManager: No music found with key '%@' was found
            so cannot be removed", aMusicKey);
        return;
    }
    [musicLibrary removeObjectForKey:aMusicKey];
    NSLog(@"INFO - SoundManager: Removed music with key '%@'", aMusicKey);
}
```

리스트 11.9를 보면 `removeMusicWithKey:` 메소드는 단순히 key에 매핑되는 dictionary 엔트리를 제거한다. 만약 key에 매치되는 엔트리가 없을 경우에는 로그로 남긴다. 이러한 방식으로 로그를 남기면 디버깅 시 매우 편리하다. 물론 프로그램 테스트를 마치고 정식 버전으로 등록하기 위해서는 로깅을 없애야 한다.

음악 재생

이번에는 음악을 재생하는 방법에 대해 살펴보자. 먼저 음악을 재생하는 `playMusicWithKey:timesToRepeat:` 메소드다(리스트 11.10).

 SoundManager 클래스의 playMusicWithKey:timesToRepeat: 메소드

```
- (void)playMusicWithKey:(NSString*)aMusicKey
        timesToRepeat:(NSUInteger)aRepeatCount
{

    NSError *error;
```

```objc
NSString *path = [musicLibrary objectForKey:aMusicKey];
if(!path) {
    NSLog(@"ERROR - SoundManager: The music key '%@' could not be found",
            aMusicKey);
    return;
}

if(musicPlayer)
    [musicPlayer release];

musicPlayer = [[AVAudioPlayer alloc] initWithContentsOfURL:
                                        [NSURL fileURLWithPath:path]
                                    error:&error];

if(!musicPlayer) {
    NSLog(@"ERROR - SoundManager: Could not play music for key '%d'", error);
    return;
}

musicPlayer.delegate = self;
[musicPlayer setNumberOfLoops:aRepeatCount];
[musicPlayer setVolume:currentMusicVolume];
[musicPlayer play];
isMusicPlaying = YES;
}
```

playMusicWithKey:timesToRepeat: 메소드를 보면, 먼저 앞에서 만든 key 값을 이용하여 재생할 음악을 musicLibrary에서 찾는다. 그리고 재생할 음악을 위해 AVAudioPlayer 클래스의 musicPlayer 인스턴스를 새로 만들고 delegate, 반복횟수, 볼륨 등을 설정한다.

Delegate를 설정하면 AVAudioPlayer에서 일어나는 각종 이벤트(인터럽트, 오디오 디코딩 오류, 음악 재생 종료 등)를 받을 수 있기 때문에 delegate 설정을 꼭 해야 한다. 나중에 재생목록 기능 구현부분에서 다시 보게 될 것이다.

> **Note** AVAudioPlayer의 delegate 메소드를 사용하기 위해서는 SoundManager 클래스에 AVAudioPlayerDelegate 프로토콜을 넣어야 한다. SoundManager.h 파일에서 구현 부분을 볼 수 있다.

음악 컨트롤

음악을 컨트롤하는 나머지 기능에는 정지, 일시정지, 재생(Resume), 볼륨조절 등이 있다. 리스트 11.11에서 이러한 기능을 하는 메소드를 보여주고 있다.

리스트 11.11 SoundManager 클래스의 stopMusic, pauseMusic, resumeMusic, setMusicVolume: 메소드

```
- (void)stopMusic {
    [musicPlayer stop];
    isMusicPlaying = NO;
    usePlaylist = NO;
}

- (void)pauseMusic {
    [musicPlayer pause];
    isMusicPlaying = NO;
}

- (void)resumeMusic {
    [musicPlayer play];
    isMusicPlaying = YES;
}

- (void)setMusicVolume:(float)aVolume {

    if (aVolume > 1)
        aVolume = 1.0f;

    currentMusicVolume = aVolume;
    musicVolume = aVolume;

    [musicPlayer setVolume:currentMusicVolume];
}
```

AVAudioPlayer 클래스는 현재 재생 중인 곡에 대한 정지, 재생, 일시정지 기능을 동작시키는 메소드를 제공한다. 그래서 SoundManager 클래스에서는 이러한 메소드를 wrap하고 인스턴스 변수를 설정하는 방법으로 음악 재생과 관련된 다양한 메소드를 구현하였다.

볼륨 조절의 경우 최대 볼륨 값이 1.0f 를 넘지 않도록 설정한 다음, currentMusicVolume과 musicVolume 값을 각각 설정하였다. 음악 볼륨 변수가 두 개인 까닭은 페

이딩(fading)하기 위해서 인데, 플레이어는 게임 설정 화면에서 currentMusic
Volume 값을 설정하게 된다. 이에 대한 자세한 내용은 13장에서 다룰 것이다.

음악 페이딩(Fading)

음악을 페이드인(fade-in)/ 페이드아웃(fade-out) 하기 위해서 페이딩 기준이
되는 볼륨값을 지정해야 한다. 그래서 여기에서는 musicVolume에 기준이 되는 볼
륨값을 지정하고 currentMusicVolume에 변화하는 볼륨값을 넣어 페이딩을 구현
하였다.

리스트 11.12는 지정된 시간 동안 페이드인/ 페이드아웃을 하는 fadeMusicVolume
From:toVolume:duration:stop: 메소드를 보여준다.

리스트 11.12 SoundManager 클래스의 fadeMusicVolumeFrom:toVolume:duration:stop:
메소드

```
- (void)fadeMusicVolumeFrom:(float)aFromVolume
        toVolume:(float)aToVolume
        duration:(float)aSeconds
        stop:(BOOL)aStop
{

    if (timer) {
        [timer invalidate];
        timer = NULL;
    }

    fadeAmount = (aToVolume - aFromVolume) / (aSeconds / kFadeInterval);
    currentMusicVolume = aFromVolume;

    fadeDuration = 0;
    targetFadeDuration = aSeconds;
    isFading = YES;
    stopMusicAfterFade = aStop;

    timer = [NSTimer scheduledTimerWithTimeInterval:kFadeInterval
                target:self
                selector:@selector(fadeVolume:)
                userInfo:nil
                repeats:TRUE];
}
```

메소드를 보면, 먼저 동작하는 타이머가 있는지 확인하고 만약 있다면 없앤다. 이렇게 하면 하나의 페이딩만 일어나게 된다.

이 메소드의 가장 핵심 부분은 `fadeAmount`를 계산하는 코드이다. 타이머가 동작할 때마다 `fadeVolume` 메소드를 실행하는데, 그때 `currentMusicVolume` 값에 `fadeAmount` 값을 가감하여 페이딩을 구현하게 되는 것이다. `fadeMusicVolumeFrom:toVolume:duration:stop:` 메소드 마지막 줄에서 타이머를 세팅한다. `kFadeInterval` 값은 SoundManager.h 파일에 아래와 같이 상수로 정의되어 있다.

```
#define kFadeInterval (1.0f/60.0)
```

이렇게 하면 페이드 타이머는 초당 60회씩 발생하게 된다. 저자의 경험으로 초당 60번의 타이머는 대부분 잘 동작하였다. 물론 원하는 값으로 바꾸는 것도 가능하다. 이번에는 `fadeVolume` 메소드를 보자(리스트 11.13).

 SoundManager 클래스의 fadeVolume 메소드

```objc
- (void)fadeVolume:(NSTimer*)aTimer {
    fadeDuration += kFadeInterval;
    if (fadeDuration >= targetFadeDuration) {
        if (timer) {
            [timer invalidate];
            timer = NULL;
        }

        isFading = NO;
        if (stopMusicAfterFade) {
            [musicPlayer stop];
            isMusicPlaying = NO;
        }
    } else {
        currentMusicVolume += fadeAmount;
    }

    if(isMusicPlaying) {
        [musicPlayer setVolume:currentMusicVolume];
    }
}
```

인스턴스 변수 `fadeDuration` 값을 증가시키며 `targetFadeDuration` 값을 넘어가는지 확인하는 것을 볼 수 있다. 만약 그렇다면 타이머를 없애 페이딩을 끝내고, 필요하면 음악 재생도 종료한다. `targetFadeDuration` 값을 넘기지 않은 경우에는 `currentMusicVolume` 값을 `fadeAmount` 값만큼 증가시키고, 현재 재생 중인 음악 볼륨을 `currentMusicVolume` 값으로 조정한다.

음악 재생목록

지금까지 음악을 컨트롤하기 위한 기본 기능에 대해 살펴 보았다. 이제부터는 재생목록에 대해서 살펴볼 것이다. 재생목록 관리 기능은 사운드 매니저에 별도로 구현하였다.

Sir Lamorak's Quest에서 메인 메뉴, 성공 또는 실패 화면에서 사용되는 음악은 두 개의 곡으로 이루어져 있으며, 첫 번째 곡이 연주되고 나면 두 번째 곡을 이어서 연주하는 방식으로 구성되어 있다. 이러한 이유로 앞 곡 재생 후 다음 곡을 반복해서 재생하는 것을 쉽게 구현하기 위하여 재생목록 기능을 사운드 매니저에 추가로 구현하게 되었다.

먼저 재생목록을 생성하는 `addToPlaylistNamed:track:` 메소드를 보자(리스트 11.14).

사운드(Sound)

리스트 11.14 SoundManager 클래스의 addToPlaylistNamed:track: 메소드

```objectivec
- (void)addToPlaylistNamed:(NSString*)aPlaylistName track:(NSString*)aTrackName
{

    NSString *path = [musicLibrary objectForKey:aTrackName];
    if (!path) {
        NSLog(@"WARNING - SoundManager: Track '%@' does not exist in the music
            library and cannot be added to the play list.");
        return;
    }

    NSMutableArray *playlistTracks = [musicPlaylists objectForKey:aPlaylistName];

    BOOL newPlayList = NO;

    if (!playlistTracks) {
```

```
        newPlayList = YES;
        playlistTracks = [[NSMutableArray alloc] init];
    }

    [playlistTracks addObject:aTrackName];

    [musicPlaylists setObject:playlistTracks forKey:aPlaylistName];

    if (newPlayList)
        [playlistTracks release];
}
```

재생목록은 `NSMutableArray`를 사용하여 `musicLibrary`에 있는 곡을 저장하고저장한 순서대로 재생하게 된다. `musicPlaylists` dictionary에는 각각의 재생목록 dictionary가 key 값과 함께 저장된다.

그래서 `addToPlaylistNamed:track:` 메소드는 먼저 같은 이름의 재생목록이 존재하는지 확인하고, 만약 있다면 그 재생목록에 곡을 추가하고 `musicPlaylists` dictionary도 업데이트한다. 만약 동일한 이름의 재생목록이 없다면 새로운 `NSMutableArray`를 만들어 곡을 추가한다.

재생목록을 만들었다면 `startPlaylistNamed:` 메소드를 이용하여 재생시킨다(리스트 11.15).

 SoundManager 클래스의 startPlaylistNamed: 메소드

```
- (void)startPlaylistNamed:(NSString*)aPlaylistName {

    NSMutableArray *playlistTracks = [musicPlaylists objectForKey:aPlaylistName];

    if (!playlistTracks) {
        NSLog(@"WARNING - SoundManager: No play list exists with the name '%@'",
            aPlaylistName);
        return;
    }

    currentPlaylistName = aPlaylistName;
    currentPlaylistTracks = playlistTracks;
    usePlaylist = YES;
    playlistIndex = 0;
```

```
[self playMusicWithKey:[playlistTracks objectAtIndex:playlistIndex]
        timesToRepeat:0];
}
```

재생목록을 연주하는 방법은 재생목록을 생성하는 것과 비슷하다. 먼저 파라미터로 건네 받은 재생목록 이름으로 `musicPlaylists`를 검색한 다음 곡을 찾지 못하면 로그를 남긴다.

곡을 찾았다면 재생목록과 관련된 인스턴스 변수들을 세팅한다. 이중에서 가장 중요한 변수는 `currentPlaylistTracks` 배열 포인터로, 재생목록 이름을 이용하여 `musicPlaylists`에서 꺼낸 재생목록 배열을 가리킨다.

인스턴스 변수 `usePlaylist`는 SoundManager 클래스로 하여금 현재 재생목록이 재생 중인지 알려주는 역할을 한다. 그리고 `playlistIndex`는 현재 재생 중인 곡의 재생목록 인덱스 값을 갖는다.

마지막으로 앞에서 살펴본 `playMusicWithKey:timesToRepeat:` 메소드를 이용하여 재생목록의 첫 번째 곡을 연주한다.

한 곡에 대한 재생이 다 끝나면 다음 곡을 재생시켜야 한다. 이를 위해 `AVAudioPlayer` delegate 메소드를 사용하는데, 그것이 리스트 11.16의 `audioPlayerDidFinishPlaying:successfully:` 메소드다.

리스트 11.16 SoundManager 클래스의 audioPlayerDidFinishPlaying:successfully: 메소드

```
- (void)audioPlayerDidFinishPlaying:(AVAudioPlayer *)player
        successfully:(BOOL)flag
{

    if (!flag) {
        NSLog(@"ERROR - SoundManager: Music finished playing due to an error.");
        return;
    }

    isMusicPlaying = NO;

    if (usePlaylist) {
        [self playNextTrack];
    }
}
```

AVAudioPlayer가 곡 재생을 끝낼 때마다 이 메소드가 불린다. 이때 `flag` 값이 `NO`로 세팅되었다면 재생 도중 에러가 발생하여 멈춘 것이기 때문에 이에 대한 로그를 남긴다. `flag` 값이 `YES`인 경우에는 인스턴스 변수 `isMusicPlaying` 값을 `NO`로 맞춘 다음, `usePlaylist` 값을 확인하여 필요 시 `playNextTrack` 메소드를 불러 다음 곡을 재생시킨다(리스트 11.17).

 SoundManager 클래스의 playNextTrack 메소드

```
- (void)playNextTrack {
    if (playlistIndex + 1 == [currentPlaylistTracks count]-1 &&
        loopLastPlaylistTrack)
    {
        playlistIndex += 1;
        [self playMusicWithKey:[currentPlaylistTracks objectAtIndex:playlistIndex]
            timesToRepeat:-1];
    } else if (playlistIndex + 1 < [currentPlaylistTracks count]) {
        playlistIndex += 1;
        [self playMusicWithKey:[currentPlaylistTracks objectAtIndex:playlistIndex]
            timesToRepeat:0];
    } else if (loopPlaylist) {
        playlistIndex = 0;
        [self playMusicWithKey:[currentPlaylistTracks objectAtIndex:playlistIndex]
            timesToRepeat:0];
    }
}
```

`playNextTrack:` 메소드는 재생목록에서 더 재생할 곡이 있는지 확인한다. 만약 다음 곡이 재생목록의 마지막 곡이 아니라면 그냥 재생한다. 그러나 마지막 곡이라면 사운드 매니저는 `loopLastPlaylistTrack` 값이 세팅되었는지 확인하여 세팅된 경우에는 마지막 곡을 계속 반복시키고 그렇지 않은 경우에는 한 번만 재생한다.

모든 곡에 대한 재생이 끝난 상황에서 `loopPlaylist` 값이 세팅된 경우에는 `playlistIndex` 값을 0으로 돌려 놓고 재생목록 연주를 다시 시작한다.

재생목록 관리

재생목록을 만들고 재생시키는 법을 알았으니 이제 재생목록을 관리하는 메소드를 살펴보자. 리스트 11.18의 `removeFromPlaylistNamed:track:` 메소드를 보자.

```objc
- (void)removeFromPlaylistNamed:(NSString*)aPlaylistName
        track:(NSString*)aTrackName {

    NSMutableArray *playlistTracks = [musicPlaylists objectForKey:aPlaylistName];

    if (playlistTracks) {
        int indexToRemove;

        for (int index=0; index < [playlistTracks count]; index++) {
            if ([[playlistTracks objectAtIndex:index] isEqualToString:aTrackName]) {
                indexToRemove = index;
                break;
            }
        }

        [playlistTracks removeObjectAtIndex:indexToRemove];
    }
}
```

메소드는 단순하다. 다만 신경 써서 봐야할 점은 루프를 돌면서 NSMutableArray 의 내용을 확인하는 동안에는 NSMutableArray의 내용을 바꾸지 못한다는 것이다. 그래서 indexToRemove 값을 별도로 구하여 루프 밖에서 곡을 제거하였다.

재생목록 안에 있는 모든 곡을 삭제하거나 재생목록 자체를 삭제하는 메소드는 리스트 11.19에 있다.

리스트 11.19   SoundManager 클래스의 removePlaylistNamed:와 clearPlaylistNamed: 메소드

```objc
- (void)removePlaylistNamed:(NSString*)aPlaylistName {
    [musicPlaylists removeObjectForKey:aPlaylistName];
}

- (void)clearPlaylistNamed:(NSString*)aPlaylistName {
    NSMutableArray *playlistTracks = [musicPlaylists objectForKey:aPlaylistName];

    if (playlistTracks) {
        [playlistTracks removeAllObjects];
    }
}
```

`removePlaylistNamed:` 메소드는 `musicPlaylists` dictionary에서 재생목록을 없 앤다. 즉, NSMutableArray 인스턴스 하나를 release시키는 것이다. `clearPlaylist Named:` 메소드는 단순히 재생목록 안에 있는 모든 엔트리를 삭제한다.

음악 관리 정리

지금까지 사운드 매니저에서 음악을 관리하기 위해 필요한 여러 메소드를 살펴보 았다. AVAudioPlayer를 사용하는 것은 복잡하지 않지만, 단순히 wrap하지 않고 자신이 구현하고자 하는 기능을 추가시킬 수 있다는 사실을 기억해두자.

✂ 사운드 효과 관리

이제 사운드 매니저에서 사용하는 사운드 효과에 대해 살펴볼 것이다. 현재까지 3D 사운드의 성능을 높이기 위해서는 OpenAL을 사용하는 것이 가장 좋다. 하지만 OpenAL의 상대위치에 따른 사운드 효과가 아니라 단순히 몇 가지 사운드 효과만 사용한다면 차라리 AVAudioPlayer를 사용하는 편이 좋을 수도 있다.

물론 위치에 따른 사운드 효과 기능을 사용하지 않는다고 하더라도 OpenAL은 사 운드 효과를 내는 데 아주 좋은 패키지라 할 수 있다. 청취자와 사운드 소스의 위치 가 동일하다면 별도의 볼륨과 방향 계산을 하지 않는다. 대신 32개까지 동시에 재생 하는 기능은 동일하게 제공한다.

> **Tip**
>
> **Audio Services**
>
> 여기서는 AudioServices에 대한 자세한 설명은 하지 않을 것이다. 두어 가지의 간단한 사운드만 연주한다면 AudioServicesCreateSystemSoundID, AudioServicesPlaySystemSound, AudioServicesDisposeSystemSoundID 함수 등을 읽어볼 것을 권한다.
>
> AudioServices는 C로 구현한 API로 짧은 사운드를 재생하고 장치가 지원하는 경우에는 진동도 발생시킨다. 볼륨조절, 재생 위치, 타이밍 조절 등과 같은 기본 기능도 지원하지 않지 만 아주 간단히 사운드를 재생시킬 수 있다.
>
> 그리고 지연 로딩 기법을 사용하여 사운드를 재생하기 전에는 재생을 위한 기본 준비(버퍼 초기화 등)를 하지 않는다. 그래서 AudioServices를 이용하여 사운드를 최초로 재생하는 경우 잠시 지연될 수 있다.

음악을 관리할 때와 마찬가지로 사운드 매니저는 사운드 효과 기능을 지원하기 위하여 다수의 메소드를 제공한다. 이러한 기능에는 재생, 정지, 삭제 등이 있다.

- `loadSoundWithKey:soundFile:`
- `playSoundWithKey:`
- `playSoundWithKey:location:`
- `playSoundWithKey:gain:pitch:location:shouldLoop:`
- `stopSoundWithKey:`
- `setListenerPosition:`
- `setOrientation:`

사운드 효과 로드

사운드 효과를 로드하는 방법은 음악을 로드하는 것과 동일하다. 리스트 11.20의 `loadSoundWithKey:soundFile:` 메소드의 앞 부분을 살펴보자.

리스트 11.20 SoundManager 클래스의 loadSoundWithKey:soundFile: 메소드 (Part 1)

```
- (void)loadSoundWithKey:(NSString*)aSoundKey soundFile:(NSString*)aMusicFile {

    NSNumber *numVal = [soundLibrary objectForKey:aSoundKey];

    if(numVal != nil) {
        NSLog(@"WARNING - SoundManager: Sound key '%@' already exists.", aSoundKey);
        return;
    }

    alError = AL_NO_ERROR;
    alGenBuffers(1, &bufferID);

    if((alError = alGetError()) != AL_NO_ERROR) {
        NSLog(@"ERROR - SoundManager: Error generating OpenAL buffer with error
%x for filename %@\n", alError, aMusicFile);
```

```
    }

    ALenum  format;
    ALsizei size;
    ALsizei frequency;
    ALvoid *data;

    NSBundle *bundle = [NSBundle mainBundle];

    NSString *fileName = [[aMusicFile lastPathComponent]
                            stringByDeletingPathExtension];
    NSString *fileType = [aMusicFile pathExtension];
    CFURLRef fileURL = (CFURLRef)[[NSURL fileURLWithPath:
                                    [bundle pathForResource:filename
                                        ofType:fileType]]
                            retain];
```

사운드 효과를 로드하기 위해 실질적인 작업이 시작되는 지점은 `alGenBuffers` 명령을 이용하여 새로운 버퍼를 만드는 부분으로, OpenGL ES의 `glGenBuffers` 명령과 매우 흡사하다. 파라미터도 비슷해서 첫 번째 파라미터에는 생성하고자 하는 버퍼 개수를, 두 번째 파라미터로는 버퍼 ID를 저장할 공간을 지정한다. 여기서는 한 개의 버퍼만 생성한다.

버퍼를 만들면서 오류가 발생했는지 여부를 확인하기 위해 `alError` 변수에 미리 `AL_NO_ERROR` 값으로 초기화시켜 놓고 `alGenBuffers()` 실행 후 다른 값으로 바뀌었는지 점검한다.

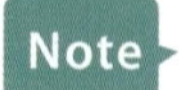

오류 발생 여부 확인을 OpenAL에 요청하면 OpenAL은 가장 마지막에 일어난 오류에 대한 값을 제시한다. 그렇기 때문에 여러 개의 OpenAL 명령에서 오류가 발생해도 마지막에 일어난 오류에 대해서만 확인할 수 있을 뿐 그 전에 발생한 오류의 내용은 무엇인지 알 수 없다. 따라서 오류 발생이 예상되는 지점마다 일일이 확인하여 정확한 문제 발생 지점을 찾아내야 할 것이다.

하지만 이와 같이 오류 발생 여부를 확인하는 행동도 약간의 부하를 일으키기 때문에 충분히 디버깅한 후 상용버전으로 출시할 때는 OpenAL 오류 확인 부분을 생략하는 것이 좋다.

그런 다음에는 로드할 사운드 파일에 대한 정보(사운드 포맷, 크기, 주파수 등)를 담을 공간을 세팅한다. 그러고는 사운드 데이터 파일의 위치를 저장하기 위해

CFURLRef를 만든다. 이제 `loadSoundWithKey:soundFile:` 메소드의 나머지 부분을
보자(리스트 11.21).

 SoundManager 클래스의 loadSoundWithKey:soundFile: 메소드 (Part 2)

```
    if (fileURL) {
        data = MyGetOpenALAudioData(fileURL, &size, &format, &frequency);
        CFRelease(fileURL);

        alBufferData(bufferID, format, data, size, frequency);

        if((alError = alGetError()) != AL_NO_ERROR) {
            NSLog(@"ERROR - SoundManager: Error attaching audio to buffer: %x\n",
                alError);
        }

        free(data);
    } else {
        NSLog(@"ERROR - SoundManager: Could not find file '%@.%@'",
            fileName, fileType);
        if (data)
            free(data);
        data = NULL;
    }

    [soundLibrary setObject:[NSNumber numberWithUnsignedInt:bufferID]
            forKey:aSoundKey];
    NSLog(@"INFO - SoundManager: Loaded sound with key '%@' into buffer '%d'",
        aSoundKey, bufferID);
}
```

먼저 앞에서 만든 `fileURL`이 제대로 만들어졌는지 확인한 다음 파일에서 사운드
데이터를 읽어 온다. 이를 위해 `MyGetOpenALAudioData` 함수를 사용하는데,
MyOpenALSupport.c 파일을 보면 이 함수에 대한 코드를 확인할 수 있다.
`MyGetOpenALAudioData` 함수는 Apple에서 제공하는 간단한 함수로 사운드 데이터
의 크기, 포맷, 주파수 등의 정보를 다룬다.

사운드 파일에서 가져온 사운드 데이터는 `data` 변수에 저장되며 동시에 `size`,
`format`, `frequency` 변수에도 각각의 데이터가 저장된다. 이렇게 필요한 데이터를 모두
얻은 후에야 비로소 `alBufferData` 명령을 통해 사운드 버퍼에 데이터를 넣을 수 있다.

버퍼 데이터를 로드한 다음에는 `alGetError` 명령을 통해 마지막으로 발생한 오류를 확인한다. 오류가 없다면 사운드 데이터가 로드된 data를 free시킨다. 이미 OpenAL은 사운드 데이터를 별도로 복사했기 때문에 free시켜도 상관없다.

마지막으로 갓 생성한 사운드 버퍼 ID를 `soundLibrary dictionary`에 추가하여 필요할 때 바로 꺼내 쓸 수 있도록 한다.

사운드 효과 재생

사운드를 재생하기 위해서는 `playSoundWithKey:gain:pitch:location:shouldLoop:` 메소드를 사용한다. 메소드 앞 부분이 리스트 11.22에 있다.

리스트 11.22 SoundManager 클래스의 playSoundWithKey:gain:pitch:location:shouldLoop: 메소드 (Part 1)

```objc
- (NSUInteger)playSoundWithKey:(NSString*)aSoundKey
            gain:(float)aGain
            pitch:(float)aPitch
            location:(CGPoint)aLocation
            shouldLoop:(BOOL)aLoop
{

    alError = alGetError(); // 오류 코드 초기화

    NSNumber *numVal = [soundLibrary objectForKey:aSoundKey];
```

```
    if(numVal == nil) return 0;
    NSUInteger bufferID = [numVal unsignedIntValue];

    // 사용 가능한 소스 탐색
    NSUInteger sourceID;
    sourceID = [self nextAvailableSource];

    // 0이 반환된 경우는 사용 가능한 소스가 없음을 의미
    if (sourceID == 0) {
        NSLog(@"WARNING - SoundManager: No sound sources available to play %@",
              aSoundKey);
        return 0;
    }
```

이 메소드에는 여러 개의 파라미터가 들어간다. 사운드 소스(source)를 통해 사운드를 재생하기 위해서는 사운드 소스의 볼륨(gain), 피치(pitch), 위치(location)와 함께 `AL_LOOPING` 같은 루프 값이 필요하다. 그래서 메소드는 이러한 파라미터를 이용하여 사운드 소스를 적절히 설정한다.

사운드 효과를 재생하기 위한 코딩상의 편의를 위해 사운드 key만을 이용하거나, 사운드 key와 location 값만을 이용해서 사운드를 재생시킬 수 있는 메소드를 제공한다. 자세한 메소드 코드는 CH11_SLQTSOR 프로젝트의 SoundManager.m 파일에서 볼 수 있으며 메소드 이름은 다음과 같다.

- `playSoundWithKey:`
- `playSoundWithKey:location:`

메소드는 `alGetError`를 통해 이전에 발생한 OpenAL 오류를 가져오는 것으로 시작한다. 그리고 `aSoundKey`를 이용하여 `soundLibrary dictionary`를 사운드 버퍼 ID 값을 가져온다.

그런 다음에는 `nextAvailableSource` 메소드를 이용하여 사용 가능한 소스 ID를 `sourceID`에 세팅한다. `nextAvailableSource` 메소드는 리스트 11.23에서 볼 수 있다.

```objc
- (NSUInteger)nextAvailableSource {

    NSInteger sourceState;

    for(NSNumber *sourceNumber in soundSources) {
        alGetSourcei([sourceNumber unsignedIntValue], AL_SOURCE_STATE,
                     &sourceState);
        if(sourceState != AL_PLAYING) return [sourceNumber unsignedIntValue];
    }

    return 0;
}
```

nextAvailableSource 메소드는 soundSource에 있는 모든 소스 중 현재 재생 중이 아닌 소스를 찾는다. 소스를 찾았다면 ID 를 반환하고 그렇지 않은 경우에는 0을 반환한다.

경우에 따라 루프를 다 돌아도 비어 있는 소스를 찾지 못하면 다시 한 번 루프를 돌며 반복해서 재생하는 소스만을 탐색하고, 그래도 소스가 없다면 리스트의 마지막 소스를 강제로 취하도록 구현할 수 있다. 이러한 구현은 nextAvailableSource 메소드를 조금만 수정하는 것으로도 가능할 것이다.

리스트 11.24는 playSoundWithKey:gain:pitch:location:shouldLoop: 메소드의 나머지 부분이다.

리스트 11.24   SoundManager 클래스의 playSoundWithKey:gain:pitch:location:shouldLoop: 메소드 (Part 2)

```objc
alSourcei(sourceID, AL_BUFFER, 0);

alSourcei(sourceID, AL_BUFFER, bufferID);

alSourcef(sourceID, AL_PITCH, aPitch);
alSourcef(sourceID, AL_GAIN, aGain * fxVolume);

if(aLoop) {
    alSourcei(sourceID, AL_LOOPING, AL_TRUE);
} else {
    alSourcei(sourceID, AL_LOOPING, AL_FALSE);
```

```
    }

    alSource3f(sourceID, AL_POSITION, aLocation.x, aLocation.y, 0.0f);

    alSourcePlay(sourceID);

    alError = alGetError();
    if(alError != 0) {
        NSLog(@"ERROR - SoundManager: %d", alError);
        return 0;
    }

    return sourceID;
}
```

소스 ID를 찾은 다음에는 사운드를 재생하기 위해 소스를 설정한다. 먼저 소스는 버퍼 ID 0으로 매핑해 실제 버퍼는 매핑되지 않은 상태로 만든다(이는 OpenGL ES 텍스처를 텍스처 ID 0으로 매핑하는 것과 동일하다). 그런 다음 실제 버퍼 ID에 소스 ID를 매핑하고 피치(pitch)와 게인(gain)을 세팅한다. Gain 값은 파라미터로 받은 aGain 값에 fxVolume 값을 곱한 값으로 제공하는데, 여기서 fxVolume 값은 전체 볼륨값을 제어하는 용도로 사용된다. fxVolume 값을 사용함으로써 각각의 사운드 효과에 대한 볼륨값을 일일이 조정하지 않아도 볼륨 밸런스를 유지하며 전체 볼륨을 조절할 수 있다.

대부분의 사운드 소스 파라미터를 세팅하기 위하여 alSourcef 명령을 사용한다. 이 명령은 소스 ID를 첫 번째 파라미터로, 설정하기 위한 속성을 두 번째로, 속성에 대한 값을 세 번째 파라미터로 설정한다. 함수 이름 마지막에 붙은 f는 속성값으로 float 값이 사용됨을 의미한다. 함수 이름 마지막에 i가 붙었다면 속성값으로 integer를 사용한다. 마찬가지로 3f가 붙은 경우에는 float 값 3개가 사용된다.

사운드 소스 설정이 끝나면 alSourcePlay를 통해 사운드 소스를 재생시킨다. 이 시점에서 OpenAL은 버퍼에 저장되어 있던 사운드 데이터를 재생하는데, 사운드 소스 설정 및 거리 알고리즘 등의 환경 설정 등이 적용된다.

사운드 소스 재생을 의뢰한 다음에는 그 결과를 확인하고 문제가 없다면 소스 ID를 반환하는 것으로 메소드를 끝낸다.

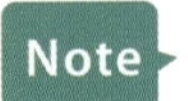 개발하는 동안 모든 OpenAL 명령에 대해 OpenAL 오류를 확인하는 것이 매우 중요하다는 사실을 알게 되었다. 이렇게 하면 오류 발생시 신속하게 디버깅할 수 있다. 디버깅 후 코드가 안정화되었다고 판단되면 주석 처리 등으로 OpenAL 오류 확인 부분을 제거하여 성능을 향상시킬 수 있다.

사운드 효과 재생 정지

재생 중인 사운드 효과를 정지시키기 위해서는 stopSoundWithKey: 메소드를 사용한다(리스트 11.25)

리스트 11.25 SoundManager 클래스의 stopSoundWithKey: 메소드

```objc
- (void)stopSoundWithKey:(NSString*)aSoundKey {

    alError = alGetError();
    alError = AL_NO_ERROR;

    NSNumber *numVal = [soundLibrary objectForKey:aSoundKey];

    if(numVal == nil) {
        NSLog(@"WARNING - SoundManager: No sound with key '%@' was found so
          cannot be stopped", aSoundKey);
        return;
    }

    NSUInteger bufferID = [numVal unsignedIntValue];
    NSInteger bufferForSource;
    for(NSNumber *sourceID in soundSources) {

        NSUInteger currentSourceID = [sourceID unsignedIntValue];

        alGetSourcei(currentSourceID, AL_BUFFER, &bufferForSource);

        if(bufferForSource == bufferID) {
            alSourceStop(currentSourceID);
            alSourcei(currentSourceID, AL_BUFFER, 0);
        }
    }

    if((alError = alGetError()) != AL_NO_ERROR)
        NSLog(@"ERROR - SoundManager: Could not stop sound with key '%@' got
          error %x", aSoundKey, alError);
}
```

재생 중인 사운드를 정지시키는 방법은 두 가지가 있다. 첫 번째로 사운드 소스 ID를 전달하며 `alSourceStop` 명령을 사용하는 방법이 있고, 조금 복잡한 방법으로 루프를 돌며 재생 중인 모든 사운드 소스 중에 정지시키고자 하는 것을 선택할 수도 있다.

첫 번째 방법은 `playSoundWithKey:` 메소드에서 받은 소스 ID를 건네주기만 하면 된다. 만약 여러 개의 사운드 소스에서 동일한 사운드를 재생하는 경우, 해당되는 모든 사운드 소스에 대해 정지시켜야 할 것이다. 이런 경우를 해결하기 위한 방법에는 여러 가지가 있지만 대부분 소스 ID 리스트를 관리해야 하기 때문에 구현이 복잡해진다. 이것은 저자의 코딩 컨셉과 배치되기 때문에 여기서는 간단한 방법을 택했다.

즉, 모든 사운드 소스를 돌며 정지시키고자 하는 사운드 버퍼를 찾을 때마다 일일이 재생을 정지시키고 바운드된 버퍼를 해제시킨다.

사운드 효과와 듣는 사람 위치 설정

사운드 효과를 다루는 마지막 두 개의 메소드는 다음과 같다.

- `setListenerPosition:`
- `setOrientation:`

위의 두 메소드를 리스트 11.26에 실었다.

리스트 11.26 SoundManager 클래스의 setListenerPosition과 setOrientation 메소드

```objc
- (void)setListenerPosition:(CGPoint)aPosition {
    listenerPosition = aPosition;
    alListener3f(AL_POSITION, aPosition.x, aPosition.y, 0.0f);
}

- (void)setOrientation:(CGPoint)aPosition {
    float orientation[] = {aPosition.x, aPosition.y, 0.0f, 0.0f, 0.0f, 1.0f};
    alListenerfv(AL_ORIENTATION, orientation);
}
```

사운드 (Sound)

두 메소드 모두 `CGPoint` 값을 가져와 청취자의 위치와 방향을 세팅하는 데 사용한다. 모두 단순해 보이지만 매우 중요하다. `setListenerPosition:` 메소드는 플레이어의 위치를 기반으로 청취자의 위치를 업데이트한다.

게다가 플레이어는 계속해서 움직이고 문(door) 같은 게임상의 오브젝트를 지나기 때문에, OpenAL은 이와 같은 상황을 full 3D로 느낄 수 있도록 효과 사운드를 재생시킨다. 플레이어를 지나친 사운드 소스는 플레이어와 멀어지면서 그 소리가 작아질 것이다.

이와 같은 OpenAL 기능을 사용하기 때문에 Sir Lamorak's Quest는 사용자에게 좀 더 실제 공간에 있는 듯한 느낌을 제공할 수 있다.

✖ 사운드 인터럽트 처리

iPhone에서 사운드를 관리하는 데 있어 개발자를 붙잡는 영역이 전화, 알람 발생 등에 대한 사운드 인터럽트 처리이다. 게임 플레이 도중 전화가 왔다면 전화벨 소리를 울려주기 위해 재생 중인 모든 음악과 사운드 효과를 잠시 멈추어야 한다. 알람이 울리는 경우에도 마찬가지이다. 물론 이번 장 시작 부분에서 이러한 상황에 대처할 수 있도록 오디오 카테고리를 설정하는 방법을 설명했지만 이것은 반만 해결한 것이다.

왜냐하면 우리는 OpenAL을 사용하기 때문에 전화벨 소리나 알람 소리가 끝나고 난 다음 게임 음악, 사운드를 다시 재생시켜야 하는 문제가 남아있기 때문이다.

물론 구현 자체는 어렵지 않지만 이러한 인터럽트 처리를 하지 않는다면 인터럽트 상황이 끝난 후 더 이상 게임 음악이 나오지 않아 사용자가 당황하는 상황이 생길 것이다.

앞에서 설명한 것과 같이 `SoundManager` 클래스는 `AVAudioSessionDelegate` 프로토콜을 준수한다. 그렇기 때문에 아래와 같은 상황을 처리할 수 있는 몇 가지 메소드를 구현해야 한다.

- 오디오 세션 카테고리 변경
- 오디오 하드웨어 변경 (헤드셋 사용/미사용 등)
- 오디오 입력 변경
- 오디오 하드웨어의 입·출력 채널 숫자 변경

위와 관련된 메소드로는 다음과 같은 것이 있다.

- `beginInterruption:`
- `endInterruption:`
- `categoryChanged:`
- `inputIsAvailableChanged:`
- `currentHardwareSampleRateChanged:`
- `currentHardwareInputNumbrOfChannelsIsChanged:`

전화 수신 같은 인터럽트 상황을 처리하기 위해 `beginInterruption`과 `endInterruption` 메소드를 구현해야 한다. Sir Lamorak's Quest에서 구현한 코드는 리스트 11.27에 있다.

리스트 11.27 SoundManager 클래스의 AVAudioSessionDelegate 메소드

```
- (void)beginInterruption {
    [self setActivated:NO];
}

- (void)endInterruption {
    [self setActivated:YES];
}
```

리스트 11.27과 같이 `setActivated:` 메소드만 설정해주면 된다. `setActivated:` 메소드는 리스트 11.28에 실었다.

 SoundManager 클래스의 setActivated: 메소드

```objc
- (void)setActivated:(BOOL)aState {

    OSStatus result;

    if(aState) {
        NSLog(@" INFO - SoundManager: OpenAL Active" );

        [audioSession setCategory:soundCategory error:&audioSessionError];
        if(audioSessionError) {
            NSLog(@"ERROR - SoundManager: Unable to set the audio session
category");
            return;
        }

        [audioSession setActive:YES error:&audioSessionError];
        if (audioSessionError) {
            NSLog(@"ERROR - SoundManager: Unable to set the audio session state
                to YES with error %d.", result);
            return;
        }

        if (musicPlayer) {
            [musicPlayer play];
        }

        alcMakeContextCurrent(context);
    } else {
        NSLog(@"INFO - SoundManager: OpenAL Inactive");

        alcMakeContextCurrent(NULL);
    }
}
```

setActivated: 메소드의 기본 역할은 오디오 세션 카테고리를 설정한 대로 세팅
하여 OpenAL context가 제대로 멈추고 다시 시작할 수 있도록 만드는 것이다.

NO 값이 넘어오면 OpenAL context는 NULL로 세팅되어 OpenAL이 shutdown
된다. 그리고 YES 값이 넘어오면 SoundManager 클래스 초기화 시점에 설정된 오디
오 세션 카테고리를 그대로 세팅하고 OpenAL context도 초기화 시점과 동일하게
만든다.

이렇게 하지 않으면 인터럽트가 끝난 이후에는 사운드를 듣지 못하게 될 것이다.

✂ 정리

이번 장도 많은 내용을 다루느라 길어졌다. 아마도 iPhone에서 사운드를 처리하는 것을 매우 어렵게 생각하는 사람들이 많을 것이다. 하지만 Sir Lamorak's Quest를 위해 구현한 사운드 매니저와 함께 iOS의 사운드 관련 API를 살펴본 지금은 사운드 처리를 위한 여러 가지 방법을 시도할 수 있는 자신감이 생겼을 것이다. 다양한 wrapping 메소드를 구현하면서 사운드 매니저를 좀 더 강력하게 발전시키기 바란다.

다음 장부터는 게임 엔진을 이용하여 Sir Lamorak's Quest의 여러 요소들을 어떻게 구현하였는지 살펴볼 것이다. 먼저 12장에서는 UITouch를 이용하여 어떻게 터치 입력을 다루는지, 그리고 이러한 정보를 Sir Lamorak's Quest에서 어떻게 활용하는지 확인할 것이다.

사운드(Sound)

Chapter 12
User
Input

이번 장에서는 Sir Lamorak's Quest에서 사용자 입력을 어떻게 처리하는지를 다룬다. 어떠한 게임이든지 아이콘을 옮기고, 옵션을 선택하고, 3D 환경에서 플레이어를 움직이게 하는 등의 조작을 위하여 사용자 입력이 필요하다.

iPhone이 세상에 나타나기 전까지만 해도 대부분의 휴대용 콘솔 게임기에는 하나 이상의 조이패드 같은 버튼이 여러 개가 달린 기기가 딸려나왔다. 그래서 이러한 컨트롤러를 이용하여 사용자는 플레이어를 조작할 수 있었다. 물론 기본적인 터치 입력이 가능한 스타일러스 같은 제품도 나왔지만 플레이어를 조작하는 메인 컨트롤러의 기능을 하지는 못했다.

그러다가 iPhone이 출시되면서 iPhone과 상호작용할 수 있는 두 가지 새로운 기능을 세상에 선보였는데, 그것은 바로 (스타일러스 펜이 필요 없는) 멀티 터치(multi-touch)와 가속도 센서(accelerometer)이다. 터치 입력은 손가락으로 하며 여러 개의 손가락으로 터치, 슬라이드 등의 동작을 할 수 있다. 그리고 가속도 센서는 iPhone을 기울이거나 움직이는 상황을 인식하여 iPhone 입력 신호로 전달한다. 그래서 iPhone을 운전대처럼 좌·우로 돌리거나 주사위를 굴리기 위해 흔들 수도 있다. iPhone 4에는 자이로스코프 센서도 포함되어 방향을 좀 더 정확하게 측정할 수 있게 되었다.

이번 장에서는 터치와 가속도 센서 입력을 살펴보지만, 주로 Sir Lamorak's Quest에서 사용한 터치 입력에 집중할 것이다.

✖ User Input 프로젝트

이번 장의 프로젝트는 CH12_SLQTSOR로 조이패드 같은 터치 입력기를 구현한다. 그래서 프로젝트를 실행하면 화면에 가장 직관적인 컨트롤러 중 하나인 조이패드 그림이 나타난다.

컨트롤러 측면에서 iPhone의 큰 장점 중 하나는 조이패드를 가상으로 만들 수 있다는 것이다. 즉 크기, 모양, 위치 등을 자유로이 지정할 수 있다. 그래서 조이패드 위치를 오른손/왼손잡이에 따라 바꿔주는 것도 가능하다. 그림 12.1은 화면에 조이패드가 나타난 모습을 보여준다.

| 그림 12.1 | iPhone Simulator를 이용하여 CH12_SLQTSOR 프로젝트를 실행한 화면

　프로젝트는 간단하면서도 터치 입력을 위한 필수 요소를 모두 갖췄다. 조이패드는 Sir Lamorak's Quest에서 사용하기 좋은 컨트롤러지만, 여러분은 여기에 터치와 가속도 센서를 동시에 사용하는 등의 다양한 아이디어를 반영하길 바란다.

> **Note**　위에서도 언급하였지만 Sir Lamorak's Quest에서는 가속도 센서를 사용하지 않는다. 하지만 이번 장의 샘플 프로젝트에서는 가속도 센서 데이터를 읽는 방법과 이를 이용하여 플레이어를 움직이게 하는 방법도 같이 구현하였다.
>
> 그리고 이 프로젝트에서는 OpenGL ES와 UIKit 컨트롤을 동일한 뷰(view)에 나타냈다. 이렇게 UIKit과 OpenGL ES를 묶음으로써 개발 속도를 높일 수 있다. 예를 들어 UIButton을 사용하면서 버튼에 게임 컨셉에 맞는 색이나 그림을 입히면 보기 좋게 하면서도 손쉽게 구현할 수 있다.
>
> 짐작하겠지만 너무 많은 UIKit 오브젝트를 OpenGL ES 뷰 맨 앞에 놓는 것은 구형 모델의 H/W 성능 문제를 야기시킨다는 것에 유의해야 한다.

✖ User Input 소개

사용자의 터치 입력을 처리하는 것은 iPhone에서 아주 기본적인 부분이다. 터치 입력 없이는 iPhone은 그저 매력적인 디스플레이 장치에 불과하기 때문이다.

그래서 Apple은 터치 이벤트를 위한 프레임워크를 제공한다. 이번 장에서는 이러한 프레임워크를 어떻게 게임 컨트롤에 사용하는지 알아볼 것이다.

또한 가속도 센서에서 나오는 데이터를 어떻게 읽고 처리하는지도 확인할 것이다.

터치 이벤트

iPhone의 터치 프레임워크에 대한 전반적인 이해를 위해 Apple에서 제공하는 iPhone Application Programming Guide[1]를 읽어볼 것을 권한다. 이 문서는 SDK 문서에 포함되어 있으며 이벤트 핸들링 부분에 기술되어 있다.

현재 iPhone은 다음과 같은 두 가지 형태의 이벤트를 지원한다.

- 터치 이벤트(Touch event)
- 모션 이벤트(Motion event)

위의 이벤트는 모두 `UIEvent` 클래스의 인스턴스이며 사용자가 터치 이벤트를 일으키는 동작(스크린에 손가락을 눌렀다 떼거나 누른 상태로 이리저리 움직이는 등)을 하면 시스템은 현재 실행 중인 애플리케이션 중에서 이러한 이벤트를 등록한 프로그램에 이벤트를 건네준다. 이렇게 전달된 이벤트 오브젝트에는 터치 상태, 위치 등의 주요 정보가 포함된다. 이러한 터치 이벤트를 처리하는 4가지 핵심 메소드는 다음과 같다.

- `touchesBegan:withEvent:`

---

[1] Apple의 iPhone Application Programming Guide는 developer.apple.com/iphone/ library/ documentation/iPhone/Conceptual/iPhoneOSProgrammingGuide/iPhoneAppProgrammingGuide.pdf 에 수록되어 있다.

- `touchesMoved:withEvent:`

- `touchesEnded:withEvent:`

- `touchesCancelled:withEvent:`

터치 이벤트를 처리하기 위해서는 클래스에 UIResponder 체인(chain)이 필요하며 관련된 메소드도 구현해야 한다. 이러한 메소드에는 조이패드 위를 움직일 때를 처리하는 로직 같은 것을 포함해야 한다.

이름에서 알 수 있듯이 각각의 메소드는 저마다의 터치 이벤트를 처리하는 역할을 맡는다. 그림 12.2는 싱글 터치의 과정을 보여준다.

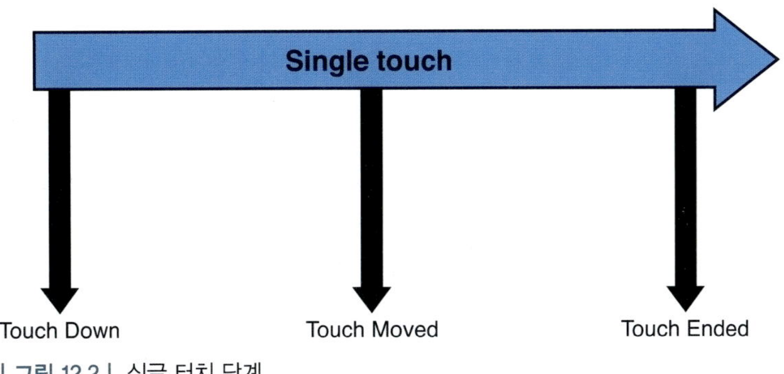

| 그림 12.2 | 싱글 터치 단계

그림 12.3은 멀티 터치가 일어나는 과정을 보여준다.

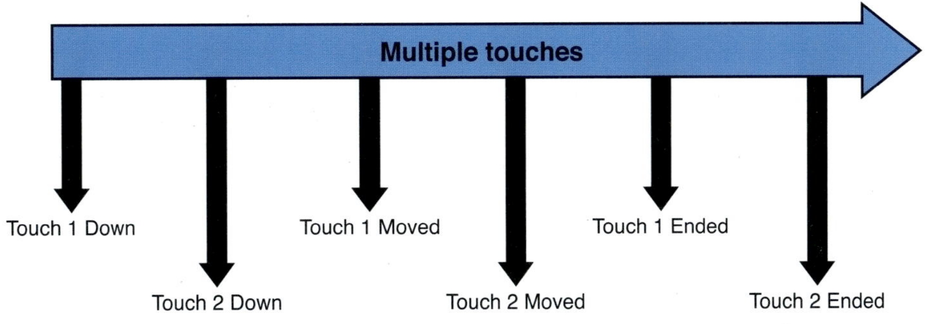

| 그림 12.3 | 멀티 터치 단계

앞에서 언급한 메소드에 전달되는 데이터를 통해 어떠한 터치 이벤트가 발생했는지 알 수 있다.

```
- (void)touchesBegan:(NSSet*)touches withEvent:(UIEvent*)event
```

첫 번째 파라미터는 NSSet으로, 여기에는 iOS가 구분 지은 터치 이벤트의 시작 단계에 해당하는 모든 UITouch 오브젝트가 들어있다. 여기서 터치 이벤트의 시작 단계란 터치가 존재하지 않은 상태, 즉 화면에 새로운 터치가 인식된 시점을 의미한다.

이미 터치가 일어난 상태에서 그 위치만 변경되는 경우에는 touchesMoved 메소드가 불리며 관련된 정보가 파라미터로 제공된다. 마찬가지로 touchesEnded 메소드는 손가락이 화면에서 떨어질 때 불리는 메소드다.

그럼 touchesCancelled 메소드는 언제 불리는 걸까? 왜냐하면 터치를 취소하는 일이 없기 때문이다. touchesCancelled 메소드는 시스템 자체적으로 터치를 취소하는 경우에 호출된다. 예를 들어 터치 이벤트가 일어나는 도중 전화가 오면, 현재 실행 중인 애플리케이션은 비활성화되며 발생하던 터치 이벤트는 취소된다. 또한 메모리 부족 경고, 문자메시지를 수신하면 나타나는 팝업 등에 의해 터치 이벤트가 취소되기도 한다.

✂ 터치 이벤트 처리

터치 이벤트를 받았다면 이제 게임에 반영시키면 된다. 이러한 이벤트를 일으키는 동작에는 플레이어를 움직이거나 버튼을 누르는 것 등이 있다. 그래서 터치가 일어나는 위치는 매우 중요한 정보로 작용한다. 조이패드에서 터치가 일어났는지 버튼에서 터치가 일어났는지를 구별하는 것이 좋은 예가 될 것이다.

터치가 일어나는 위치를 구하는 방법은 간단하다. UITouch 클래스에는 locationInView: 메소드가 있는데, 이 메소드는 터치가 일어난 좌표를 알려준다. 좌표를 계산하기 위하여 locationInView: 메소드는 터치가 발생하는 뷰에 해당하는 UIView 정보를 사용한다.

Sir Lamorak's Quest에서 사용하는 게임 엔진에는 4장에서 설명한 AbstractScene 개념을 사용하고 있다. AbstractScene 개념은 게임의 메인 메뉴와 실제 게임 화면처럼 서로 다른 장면(Scene)을 지원하는 것을 의미한다.

터치 이벤트를 처리하기 위해서는 클래스 안에 터치 메소드를 구현해야 하는데, 이때 클래스는 UIResponder 체인(chain)의 일부분이 된다. UIResponder 체인의 일부분으로 메소드를 구현하기 위해서 보통 메소드를 UIView를 상속한 클래스에서 구현한다. UIView는 UIResponder 클래스의 서브 클래스이므로 터치 이벤트를 수신할 수 있다. UIViewController를 포함한 여러 컨트롤러 클래스는 UIResponder 클래스의 서브 클래스가 아니기 때문에 터치 이벤트를 수신하지 못한다.

AbstractScene 클래스 역시 UIResponder 클래스의 서브 클래스가 아니기 때문에 터치 이벤트를 수신하지 못한다. 하지만 각각의 장면에서 터치 이벤트를 서로 다르게 처리해야 하기 때문에 각각의 장면을 처리하는 클래스인 GameScene 클래스에 터치 이벤트를 전달해야 한다.

Sir Lamorak's Quest에서 구현한 UIView 클래스는 EAGLView 뿐이다. 이 클래스는 게임의 메인 뷰로 UIView 클래스를 상속받았다.

리스트 12.1은 이번 장 프로젝트 CH12_SLQTSOR에서 EAGLView 클래스에 구현된 터치 메소드를 보여준다.

리스트 12.1 EAGLView 터치 메소드

```
- (void)touchesBegan:(NSSet*)touches withEvent:(UIEvent*)event {
    [[sharedGameController currentScene] touchesBegan:touches
                                        withEvent:event
                                        view:self];
}

- (void)touchesMoved:(NSSet*)touches withEvent:(UIEvent*)event {
    [[sharedGameController currentScene] touchesMoved:touches
                                        withEvent:event
                                        view:self];
}
```

```
- (void)touchesEnded:(NSSet*)touches withEvent:(UIEvent*)event {
    [[sharedGameController currentScene] touchesEnded:touches
                                         withEvent:event
                                         view:self];
}

- (void)touchesCancelled:(NSSet*)touches withEvent:(UIEvent*)event {
    [[sharedGameController currentScene] touchesCancelled:touches
                                         withEvent:event
                                         view:self];
}
```

4장에서 게임 루프를 만들면서 `GameController` 클래스를 구현하였는데, 이 클래스는 현재 활성화된 장면을 관리하는 역할을 맡았다. 따라서 이 클래스를 이용하여 `EAGLView`에서 받은 터치 이벤트를 현재의 장면(Scene)에 넘겨줄 수 있다.

리스트 12.1에서 보여주는 4개의 터치 메소드는 어떻게 `currentScene`에 해당하는 클래스에서 터치 이벤트를 처리하도록 하는지 보여준다. 각각의 scene에 구현된 터치 이벤트 메소드는 `EAGLView`에서 구현한 터치 이벤트 메소드와 거의 같고 세 번째 파라미터가 추가로 넘어간다는 것만 다르다. 세 번째 파라미터로 `EAGLView` 자체를 넘겨주어 `locationInView:` 메소드에서 사용할 수 있도록 한다.

`EAGLView` 클래스에 있는 위 메소드는 아무것도 처리하지 않고 터치 이벤트 정보를 현재 scene으로 전달만 한다. 이렇게 하여 현재 활성화된 scene에서 터치 이벤트를 처리할 수 있도록 한다.

touchesBegan 메소드

이제 scene에서 터치 이벤트를 처리하는 방법에 대해 알아보자. 리스트 12.2는 `GameScene` 클래스의 `touchesBegan:withEvent:view:` 메소드다.

리스트 12.2 GameScene 클래스의 touchesBegan:withEvent:view: 메소드

```
- (void)touchesBegan:(NSSet*)touches
        withEvent:(UIEvent*)event
        view:(UIView*)aView
{
```

```objc
for (UITouch *touch in touches) {
    CGPoint originalTouchLocation = [touch locationInView:aView];

    CGPoint touchLocation = [sharedGameController
                             adjustTouchOrientationForTouch:
                                originalTouchLocation];

    if (CGRectContainsPoint(joypadBounds, touchLocation)
        && !isJoypadTouchMoving) {
        isJoypadTouchMoving = YES;
        joypadTouchHash = [touch hash];
        continue;
    }
}
```

메소드가 시작되면 touches 세트에 등록된 모든 터치를 살펴보기 위해 루프를 돈다. 터치가 발생한 위치를 locationInView를 사용하여 구하는데, 이 위치는 UIView 좌표체계를 기반으로 하기 때문에 OpenGL ES 좌표체계와 맞지 않다. OpenGL ES 좌표체계에서는 화면의 맨 아래가 y=0, 맨 위는 y=480이지만 UIView 에서는 y 값이 거꾸로 된다.

그래서 이를 처리하기 위해 GameController 클래스의 adjustTouchOrientation ForTouch: 메소드를 사용한다. adjustTouchOrientationForTouch: 메소드는 y 값을 보정하여 CGPoint 타입으로 반환한다. 13장에서 iPhone 방향이 바뀌는 경우 에(세로/가로 모드) 이 메소드가 어떻게 동작하는지 보게 될 것이다.

그런 다음 touch의 위치가 CGRect 안에 들어왔는지 확인한다. CGRectContains Point 함수를 사용하면 지정된 CGRect 안에 위치가 있는지를 쉽게 확인할 수 있다. 이때 CGRect 영역을 충분히 크게 잡아 조이패드에서 일어나는 터치를 잡도록 해야 하지만 또 너무 영역을 크게 하여 다른 부분과 겹치는 일이 발생하지 않도록 주의해 야 한다.

터치 위치가 조이패드 영역 내부이고 조이패드 영역에 또다른 터치 이벤트가 발생 하지 않은 경우, isJoypadTouchMoving 플래그 값을 YES로 세팅한 다음 joypad TouchHash 값을 세팅한다.

터치 이벤트 단계 따라가기

화면에 조이패드를 구현할 때는 터치 이벤트가 일어나는 과정을 모두 따라가야 한다(예를 들어, 조이패드에 터치 이벤트가 발생한 이후에는 터치 위치를 계속 확인하며 플레이어가 움직일 방향을 계속해서 계산해야 한다). 최초의 터치 이벤트가 touchesBegan 메소드에 의해 처리되지만 터치한 상태에서 움직이는 이벤트는 touchesMoved 메소드에 의해 처리된다. NSSet에 들어 있는 모든 터치 이벤트가 touchesMoved 메소드에 전달되지만 touchesBegan 메소드에 전달된 것과 같은 순서로 전달되지 않기 때문에 각각의 터치를 구별할 방법이 필요하다.

이를 위해 여기서는 조이패드에 일어나는 터치 이벤트에 대해 hash 메소드를 사용하였다. hash 메소드는 lifecycle 동안 구별 가능한 고유의 값을 만들기 때문에 이를 이용하면 터치 이벤트의 위치를 이용하여 구별하는 것보다 더 정확하게 터치 이벤트를 구별할 수 있다.

터치 이벤트에 대한 hash 값을 계산하는 것으로 현재의 터치 이벤트 처리가 끝나기 때문에 continue를 이용하여 바로 다음 터치 이벤트로 넘어간다. 만일 멀티 터치를 사용하지 않는다면 continue 대신 break를 사용하여 루프를 빠져나오면 된다.

한 번에 하나 이상의 터치 이벤트를 따라다니고자 한다면 뷰에서 멀티 터치를 지원하도록 만들어야 한다. CH12_SLQTSOR 프로젝트에서는 SLQTSORAppDelegate.m 파일에 지정하였는데, applicationDidFinishedLaunching: 메소드를 보면 다음과 같은 문장을 볼 수 있다.

```
[glView setMultipleTouchEnabled:YES];
```

glView는 EAGLView 클래스의 인스턴스이다. 만약 setMultipleTouchEnabled:에 NO를 넣으면 맨 처음 일어난 터치 이벤트만 처리할 것이다.

touchesMoved 메소드

조이패드를 터치한 다음에는 플레이어가 움직일 방향으로 손가락을 이동할 것이다. 이러한 행동은 touchesMoved:withEvent: 메소드에 전달된다. GameScene 클래스의 touchesMoved:withEvent:view: 메소드는 어떻게 이러한 이벤트를 처리하는지 보여준다(리스트 12.3).

리스트 12.3 GameScene 클래스의 touchesMoved:withEvent:view: 메소드

```
- (void)touchesMoved:(NSSet*)touches
        withEvent:(UIEvent*)event
```

```objc
        view:(UIView*)aView
{

    for (UITouch *touch in touches) {

        if ([touch hash] == joypadTouchHash && isJoypadTouchMoving) {

            CGPoint originalTouchLocation = [touch locationInView:aView];

            CGPoint touchLocation = [sharedGameController
                                  adjustTouchOrientationForTouch:
                                        originalTouchLocation];

            float dx = (float)joypadCenter.x - (float)touchLocation.x;
            float dy = (float)joypadCenter.y - (float)touchLocation.y;

            // 맨하탄 거리측정 (Manhatten Distance)
            joypadDistance = fabs(touchLocation.x - joypadCenter.x)
                            + fabs(touchLocation.y - joypadCenter.y);

            directionOfTravel = atan2(dy, dx);
        }
    }
}
```


touchesMoved:withEvent:view: 메소드는 touchesBegan 메소드와 비슷하게 동작한다. 파라미터로 전달 받은 모든 터치 이벤트에 대해 루프를 돌면서 처리하는데, 조이패드 안에서 발생한 터치 이벤트를 구별하기 위하여 hash 값을 확인한다. 또한 isJoypadTouchMoving 플래그 값이 세팅되었는지 확인해서 이 값을 통해 조이패드에 두 개 이상의 터치가 동시에 발생하였는지 여부를 구별한다. 당연히 한 손가락만 터치한 경우에 한해서만 처리해야 하므로 isJoypadTouchMoving 플래그 값이 세팅된 경우에만 계속해서 진행한다.

이제 조이패드에서 발생한 터치 이벤트 정보를 이용하여 무엇을 계산할 것인지 고민해보자. 먼저 터치 이벤트가 일어난 위치 좌표를 구한 다음 이 값을 OpenGL ES 좌표체계에 맞게 보정해야 할 것이다.

그런 다음 터치 이벤트가 일어난 위치가 조이패드 중심을 기준으로 어느 방향인지 계산해야 한다. 조이패드 중심을 기준으로 터치 이벤트가 일어난 각도와 방향을 계산할 수 있다.

이를 위해 조이패드 중심과 터치 이벤트 발생 위치의 차이를 dx, dy에 담고, 이 값들을 atan2 함수에 전달하여 조이패드 중심에서 터치가 일어난 방향의 각도를 계산한다.

또한 조이패드 중심에서 터치가 일어난 위치까지의 거리도 계산하는데, 거리 계산을 위해 맨하탄 거리계산 알고리즘(Manhattan distance algorithm)[2]을 사용한다.

이 알고리즘을 사용하는 이유는 플레이어가 움직이는 속도를 계산하기 위해서이다. 그래서 조이패드 중심으로부터 짧은 거리만큼만 터치 이벤트가 일어난 경우에는 플레이어를 천천히 움직이게 하고, 거리가 멀어질수록 플레이어의 속도는 빨라지게 한다. 이렇게 함으로써 움직이거나 정지하는 두 종류의 움직임만 제공할 때보다 훨씬 실감나게 게임을 즐길 수 있도록 한다.

`directionOfTravel` 및 `joypadDistance` 값은 `updateSceneWithDelta:` 메소드에서 조이패드의 움직임과 플레이어의 움직임을 연결하는데 사용된다.

touchesEnded 메소드

마찬가지로 손가락을 화면에서 떼거나 쓸어 넘기면 `touchesEnded:withEvent:` 메소드가 동작한다. 리스트 12.4는 `touchesEnded:withEvent:view:` 메소드다.

리스트 12.4 GameScene 클래스의 touchesEnded:withEvent:view: 메소드

```
- (void)touchesEnded:(NSSet*)touches
       withEvent:(UIEvent*)event
       view:(UIView*)aView
{

    for (UITouch *touch in touches) {
        if ([touch hash] == joypadTouchHash) {
            isJoypadTouchMoving = NO;
            joypadTouchHash = 0;
            directionOfTravel = 0;
            joypadDistance = 0;
            return;
        }
    }
}
```

2 맨하탄 거리는 위키피디아(en.wikipedia.org/wiki/Manhattan_distance)의 정의를 참고하자.

다른 터치 이벤트 처리 메소드와 마찬가지로, 루프를 돌며 발생한 모든 터치 이벤트에 조이패드에서 일어난 터치 이벤트인지를 확인하기 위하여 hash 값을 사용한다. 조이패드에서 일어난 터치 이벤트인 경우라면 조이패드에서 손가락을 뗐다는 의미이므로 isJoypadTouchMoving 플래그를 NO로 세팅하고 joypadTouchHash, directionOfTravel, joypadDistance 변수값을 모두 지운다.

🛠 터치 횟수에 따른 처리

지금까지 터치 이벤트를 처리하는 방법에 대해 살펴보았다. 그런데 만약 사용자가 화면에 여러 번 터치하는 것을 처리하고자 한다면 어떻게 해야 할 것인지 생각해 보자. 사실 이것을 구현하는 것은 매우 간단하다. 왜냐하면 터치 이벤트에는 tapCount 프로퍼티가 있기 때문이다. tapCount 프로퍼티는 동일한 지점을 누른 횟수 값을 가지고 있다.

리스트 12.5는 GameScene 클래스의 touchesBegan:withEvent:view: 메소드를 다시 보여준다. 하지만 이번에는 for 루프 아래에 코드가 추가되었다.

리스트 12.5 **더블 터치를 처리하는 GameScene 클래스의 touchesBegan:withEvent:view: 메소드**

```
- (void)touchesBegan:(NSSet*)touches
       withEvent:(UIEvent*)event
       view:(UIView*)aView
{

    for (UITouch *touch in touches) {
        CGPoint originalTouchLocation = [touch locationInView:aView];

        CGPoint touchLocation = [sharedGameController
                           adjustTouchOrientationForTouch:
                               originalTouchLocation];

        if (CGRectContainsPoint(joypadBounds, touchLocation)
            && !isJoypadTouchMoving) {
            isJoypadTouchMoving = YES;
            joypadTouchHash = [touch hash];
```

```
            continue;
        }

        if (touch.tapCount == 2) {
            NSLog(@"Double Tap at X:%f Y:%f", touchLocation.x, touchLocation.y);
        }
    }
}
```

코드를 보면 더블 터치가 발생한 경우 로그로 남긴다.

싱글 터치를 처리하기 위해서는 `tapCount` 값이 1인지 확인하면 된다. 싱글 터치인 경우에는 `CGRect` 영역을 확인하여 해당하는 동작을 처리한다(예: 버튼 누름).

자신만의 GUI 컨트롤을 만드는 경우에는 UIKit 컨트롤이 어떻게 동작하는지 고려해야 한다. iPhone에서 일반적으로 사용하지 않는 컨트롤을 만들면 사용자들은 혼란스러워 할 것이다. 버튼을 예로 들면, UIKit 버튼은 버튼을 눌렀을 때가 아니라 떼었을 때 버튼이 입력된다. 그래서 사용자가 실수로 버튼을 누른 경우 버튼이 입력되는 것을 막기 위해 손가락을 화면에 누른 채로 버튼 영역 바깥으로 이동한 다음 손가락을 떼내어 버튼 입력이 일어나지 않도록 할 수 있다.

Sir Lamorak's Quest에서도 동일한 버튼 개념을 도입하였다. 그래서 `touchesEnded` 메소드가 동작할 때 이벤트가 일어난 위치를 확인하여 버튼 영역이 아닌 경우에는 버튼 입력이 일어나지 않도록 하였다.

13장에서는 게임의 메인 메뉴에서 게임 아이템을 선택하는 등의 동작을 위해 버튼을 어떻게 사용하는지 보여줄 것이다.

이와 같은 관점에서 OpenGL ES 뷰 위에 UIKit 컨트롤을 사용하여 GUI 요소를 구현하는 것이 가능한데, `UIButton` 이미지를 게임과 동일하게 입혀주거나 `UIButton`을 상속하는 서브클래스를 구현하여 자신만의 `drawRect:` 메소드를 구현할 수도 있겠다.

이용하여 `UISwitch`와 `UILabel`을 뷰에 넣도록 MainWindow.xib 파일을 편집한다. 그리고는 `EAGLView` 클래스의 인스턴스 변수 `uiSwitch`를 `UISwitch`와 연결한다(그림 12.4).

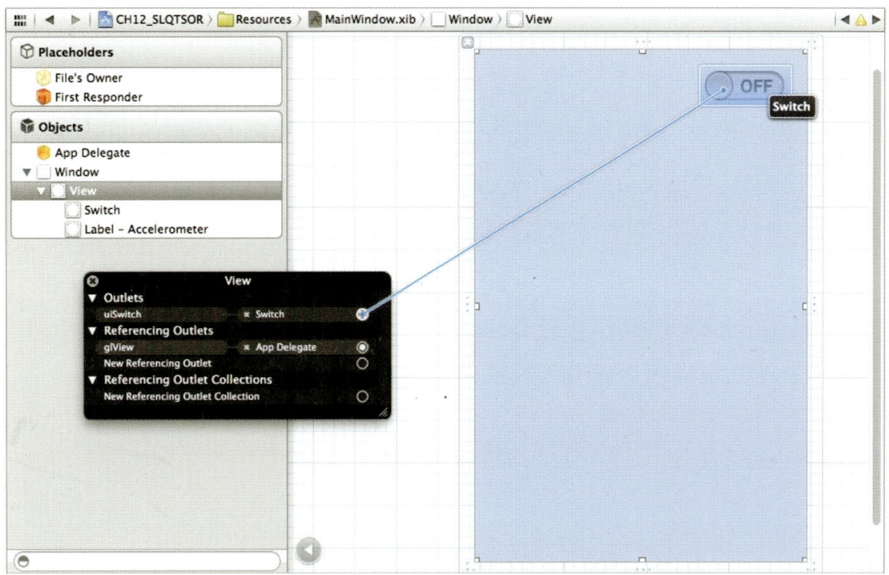

| **그림 12.4** | Interface Builder에서 UISwitch 컨트롤을 EAGLView와 연결하는 화면

이렇게 `EAGLView`에 스위치를 연결시키면 스위치 프로퍼티를 사용할 수 있게 된다. 스위치 프로퍼티 값은 `sharedGameController.eaglView.uiSwitch.on` 값에 저장되어 리스트 12.7에서와 같이 스위치 상태를 확인할 수 있다.

그래서 가속도 센서가 off 인 경우 조이패드를 이용하여 플레이어를 움직이고, 그렇지 않으면 가속도 센서를 이용하여 플레이어를 움직인다.

🛠 정리

이번 장은 짧지만 상당히 중요하다. 왜냐하면 사용자와의 상호작용이 없는 게임은 이미 게임이 아니기 때문이다. 이번 장에서 보여준 프레임워크와 예제들은 모두 플레이어가 컨트롤할 수 있는 기본적인 방법을 구현한 것이다. 대부분은 Sir Lamorak's Quest에서 사용되었으며 다른 프로젝트에서 사용할 수 있는 부분도 추가했다.

가속도 센서는 아주 재미있는 컨트롤이기 때문에 Sir Lamorak's Quest를 구상하는 단계에서는 가속도 센서를 컨트롤로 사용하려고 하였다. 그러나 가속도 센서는 장치를 어떻게 기울이냐에 따라 순간적으로 편차가 큰 값이 입력되기 때문에 세밀한 조작이 어렵다는 베타 테스터들의 결론으로 조이패드를 사용하게 되었다.

13장에서는 Sir Lamorak's Quest의 인터페이스에 대해 살펴볼 것이다. 메인 메뉴와 게임화면을 위한 GUI를 OpenGL ES를 이용하여 어떻게 구현하였는지, UIView를 이용하여 개발자 소개, 게임 설명, 최고 기록, 설정 등은 어떻게 구현하였는지도 보게 될 것이다. 또한 iPhone의 방향이 가로/세로로 전환될 때마다 이를 인지하고 처리하는 방법에 대해서도 다룰 것이다.

Chapter 13
Game
Interface

이번 장에서는 Sir Lamorak's Quest의 인터페이스(interface)에 대해서 다룬다. Sir Lamorak's Quest에서는 두 가지 종류의 인터페이스를 사용한다. 하나는 OpenGL ES를 사용하는 것으로 메인 메뉴와 게임 인터페이스가 이에 해당한다. 또 하나는 UIKit 컨트롤을 사용하는 것으로 `UISlider`, `UIButton` 등이 `UIView`에서 구현되며 볼륨, 조이패드 위치 설정 등 게임 설정 시 사용하는 슬라이드, 버튼 등의 인터페이스가 이에 해당한다.

이번 장에서는 두 가지 종류의 인터페이스뿐만 아니라 장치를 돌릴 때의 인터페이스에 대해서도 다룰 것이다. 장치 회전에 대한 구현은 말처럼 그리 쉽지 않기 때문에 Sir Lamorak's Quest에서는 어떻게 접근하였는지에 대해서 정도만 언급할 것이다.

🛠 Game Interface 프로젝트

이번 장의 프로젝트는 지금까지 살펴본 프로젝트와는 차원이 다르다. 왜냐하면 이번 장의 프로젝트 명은 SLQTSOR로 Sir Lamorak's Quest의 게임 전체 프로젝트이기 때문이다.

그동안 전체 프로젝트 중 주요 부분에 대해서는 모두 다루었기 때문에, 이제는 전체 프로젝트의 세세한 부분을 볼 것이다. 그래서 가능한 복잡한 부분으로 빠지지 않고 이번 장에서 다루는 부분에 대해서만 초점을 맞출 것이다. 하지만 전체 게임 코드를 읽다 보면 인터페이스 아이템이 게임 내에서 어떻게 구현되었는지 알 수 있을 것이다.

그림 13.1은 SLQTSOR 프로젝트를 iPhone Simulator에서 동작하는 모습이다. 화면에 표시되는 인터페이스는 설정 화면으로, 음악과 FX 볼륨을 조절하고 조이패드의 위치를 지정할 수 있다.

프로젝트를 실행하면 먼저 게임의 메인 메뉴를 보게 될 것이다. 메인 메뉴에서 고를 수 있도록 나열된 [New Game], [Scores], [Instructions] 버튼은 모두 `UIView`로 구현되었다. 그리고 오른쪽 아래에 있는 톱니바퀴 아이콘을 누르면 그림 13.1과 같은 설정 화면이 나타난다.

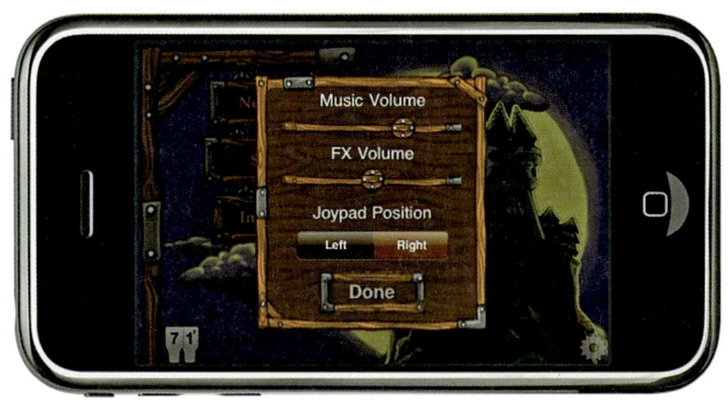

| **그림 13.1** | iPhone Simulator에서 동작하는 SLQTSOR 프로젝트

화면에 보이는 모든 뷰들은 iPhone을 회전시키면 그 방향에 맞춰 돌아간다. 물론 게임 화면도 마찬가지로 iPhone 방향에 맞게 보인다.

SLQTSOR 프로젝트 코드를 읽다 보면 지금까지 다루지 않은 부분을 많이 보게 될 것이다. 이 부분에 대해서는 이번 장을 포함한 이 책의 나머지 부분에서 설명할 것이다.

지면상 구현한 모든 코드를 다루는 것이 힘든 관계로 아주 중요한 부분만 살펴보고 나머지는 설명으로 갈음하였다. 하지만 직접 설명하지 않은 부분도 그리 어렵지 않아 읽는 데 큰 문제는 없을 것이다.

OpenGL ES 인터페이스

이제 OpenGL ES 인터페이스가 어떻게 만들어졌는지 살펴보자. OpenGL ES 인터페이스를 구현하는 방법은 지금까지 OpenGL ES를 사용하던 방법과 큰 차이가 없다. 다만 UIKit과 비교하자면 OpenGL ES를 사용하면 무엇이든 일일이 구현해야 한다는 점이 다르다.

UIKit을 사용하면 슬라이더, 버튼 등을 바로 뷰에 붙인 다음 그에 필요한 액션만 구현하면 알아서 다 만들어준다. 그러나 OpenGL ES에서는 슬라이더, 버튼 등에

413

대한 모양을 디자인해야 할뿐만 아니라 이벤트 처리를 위한 모든 코드를 구현해야 한다.

그렇기 때문에 복잡하게 혹은 간단하게 자신이 원하는 대로 인터페이스를 만드는 것이 가능하다. 단순한 버튼이라면 이미지를 하나 붙이고 CGRect로 버튼 영역을 설정하기만 하면 된다는 것이다. 그래서 터치가 끝나면 터치 이벤트 위치를 확인하여 버튼 영역을 터치한 것이라면 해당 액션을 취해주면 된다.

조금 복잡하게 구현하는 예를 든다면, 버튼을 위한 별도의 클래스를 만들어 자신이 만드는 버튼에 대한 모든 프로세스 로직을 구현할 수도 있겠다. 거기에다 버튼을 눌렀을 때 버튼이 하이라이트되는 등의 다양한 효과를 첨가하는 것도 가능하다.

이와 같은 구현은 여러분이 만드는 게임이 어떠한 컨셉과 방향을 갖느냐에 따라 결정될 것이다.

인터페이스 컨트롤을 다루기 위해서는 다음과 같은 세 가지 요소가 필요하다.

- 렌더링
- 영역 설정
- 터치 처리

인터페이스 렌더링

OpenGL ES에서 인터페이스를 렌더링하는 것은 다른 이미지를 렌더링하는 것과 차이가 없다. 인터페이스에 대한 이미지를 디자인하고 화면에 보여주면 그만이다.

그림 13.2는 Sir Lamorak's Quest의 메인 메뉴에서 사용되는 스프라이트 시트이다.

│ 그림 13.2 │ Sir Lamorak's Quest의 메인 메뉴에서 사용되는 스프라이트 시트

스프라이트 시트의 이미지들은 배경, 떠다니는 구름, 메뉴판 등으로 사용된다. 메뉴의 경우, 이 게임에서는 버튼이 움직일 일이 없었기 때문에 메뉴판 전체 이미지를 통으로 사용하였다. [Resume Game] 버튼의 경우에는 게임을 시작해야 나타나는 버튼이기 때문에 별도의 이미지로 만들었다. 그래서 [Resume Game] 버튼 위에 쇠사슬을 붙여 나중에 추가되어도 메뉴판에 전체적으로 잘 어우러지도록 하였다.

시트 안에는 로고와 톱니바퀴 이미지도 있다. 두 이미지 역시 버튼으로 사용되며 로고는 제작자 소개를 보여주는 용도로, 톱니바퀴는 설정 화면을 보여주는 용도로 사용된다.

샘플 프로젝트의 [Game Scenes] 그룹 안에는 두 개의 그룹 [Menu]와 [Game]이 있으며, [Menu] 그룹에는 MenuScene 클래스를 구현하는데 사용된 MenuScene.m 파일이 있다.

이 클래스는 `AbstractScene` 클래스를 상속받으며 메뉴에 사용되는 로직과 렌더링 코드가 구현되어 있다. 렌더링 코드는 `renderScene` 메소드에서 볼 수 있다(리스트 13.1).

```
- (void)renderScene {

    [background renderAtPoint:CGPointMake(0, 0)];

    for (int index=0; index < 7; index++) {
        Image *cloud = [clouds objectAtIndex:index];
        [cloud renderAtPoint:(CGPoint)cloudPositions[index]];
    }

    [castle renderAtPoint:CGPointMake(249, 0)];
    [logo renderAtPoint:CGPointMake(25, 0)];
    [settings renderAtPoint:CGPointMake(450, 0)];
    [menu renderAtPoint:CGPointMake(0, 0)];

    if ([sharedGameController resumedGameAvailable]) {
        [menuButton renderAtPoint:CGPointMake(71, 60)];
    }

    if (state == kSceneState_TransitionIn ||
        state == kSceneState_TransitionOut ||
        state == kSceneState_Idle) {
        [fadeImage renderAtPoint:CGPointMake(0, 0)];
    }

    [sharedImageRenderManager renderImages];

    if (SCB) {
        drawRect(startButtonBounds);
        drawRect(scoreButtonBounds);
        drawRect(instructionButtonBounds);
        drawRect(resumeButtonBounds);
        drawRect(logoButtonBounds);
        drawRect(settingsButtonBounds);
    }
}
```

리스트 13.1은 기본 코드로 이미 낯익은 부분들이 있을 것이다. renderScene 메소드에서 가장 핵심이 되는 부분은 구름이 서로 다른 방향으로 움직이도록 렌더링하는 것이다. 구름이 움직이도록 처리하는 코드는 for 루프 안에 구현했다.

메소드는 현재 scene의 상태를 체크하여 렌더링해야 할 것을 결정하는데, AbstractScene 클래스에는 state 프로퍼티가 있어 scene의 상태를 보관하고 있다.

상태값은 Global.h 파일에 enum으로 정의되어 있다(리스트 13.2).

 Global.h 파일에 정의된 Scene 상태값

```
enum {
    kSceneState_Idle,
    kSceneState_Credits,
    kSceneState_Loading,
    kSceneState_TransitionIn,
    kSceneState_TransitionOut,
    kSceneState_TransportingIn,
    kSceneState_TransportingOut,
    kSceneState_Running,
    kSceneState_Paused,
    kSceneState_GameOver,
    kSceneState_SaveScore,
    kSceneState_GameCompleted
};
```

renderScene 메소드에서는 scene의 상태가 kSceneState_TransitionIn 또는 kSceneState_TransitionOut이라면 fadeImage를 렌더링한다. fadeImage는 1픽셀 짜리 검정색 점으로, 이것을 화면크기로 확대하여 사용한다. 이렇게 하면 메모리를 적게 사용하면서 전체 화면을 지우는 효과를 얻을 수 있다.

그리고 fadeImage를 이용하여 scene을 페이드인/ 페이드아웃시키는 효과도 만들 수 있는데, 이미지의 알파값만 조절해주면 간단하게 구현할 수 있다.

4장에서 설명한 바와 같이, 각각의 메소드에서 렌더링과 로직을 일일이 구현하기 때문에 scene의 상태값은 렌더링 및 업데이트 메소드가 취해야 할 정확한 액션을 결정할 수 있도록 도와준다.

MenuScene.m 파일에서 updateWithDelta: 메소드를 본다면 scene의 상태에 따라 어떻게 움직일 것인지 결정하기 위한 switch 구문을 확인할 수 있다.

버튼 영역 설정

MenuScene.h 파일을 보면 여러 개의 CGRect 변수를 볼 수 있다(리스트 13.3).

 MenuScene.h 파일에 정의된 CGRect 변수

```
CGRect startButtonBounds;
CGRect resumeButtonBounds;
CGRect scoreButtonBounds;
CGRect instructionButtonBounds;
CGRect logoButtonBounds;
CGRect settingsButtonBounds;
```

이 변수들은 모두 버튼의 영역을 갖는데, MenuScene.m 파일의 init 메소드에서 초기화된다(리스트 13.4)

 버튼 영역 초기화

```
startButtonBounds = CGRectMake(74, 235, 140, 50);
scoreButtonBounds = CGRectMake(71, 178, 135, 50);
instructionButtonBounds = CGRectMake(74, 120, 144, 50);
resumeButtonBounds = CGRectMake(74, 61, 142, 50);
logoButtonBounds = CGRectMake(15, 0, 50, 50);
settingsButtonBounds = CGRectMake(430, 0, 50, 50);
```

Scene 요소들이 화면에 그려지면 각각의 버튼 영역을 지정해주어야 하는데, 알맞은 좌표를 찾기 위해 그래픽 프로그램의 도움을 받았다. 이미지를 iPhone 화면 크기와 동일하게 만들어 놓고 그래픽 프로그램으로 읽은 다음 버튼 영역 좌표를 얻어내는 것이다. 앞의 코드에 있는 좌표는 모두 이와 같은 방식으로 구하였다.

터치 처리

인터페이스 버튼과 버튼 영역을 설정하였으니 이제 터치 이벤트에 대한 처리를 하면 된다.

터치 이벤트 처리는 12장에서 사용한 메소드를 그대로 사용한다. 대신 터치 이벤트가 끝나는 시점에 확인해야 하는 영역 개수가 늘어났다는 것이 다르다.

그래서 touchesEnded: 메소드는 앞 장에서와 거의 같다. 다른 부분이 있다면 오직 싱글 터치에만 관심을 갖는다는 것이다. 그래서 입력된 모든 터치를 확인하기 위해 루프를 돌 필요가 없다. 대신 아래와 같이 UIEvent 오브젝트를 가져올 뿐이다.

```
UITouch *touch = [[event touchesForView:aView] anyObject];
```

이렇게 하면 입력된 여러 개의 터치 이벤트 중 하나만 취하기 때문에 선택에 대한 고민을 덜 수 있다. 만약 멀티 터치를 지원하도록 하고 싶다면, 루프를 돌면서 모든 터치 이벤트를 처리해야 한다.

입력받은 touch를 통해 위치를 확인할 수 있는데, 이때 좌표체계는 iPhone의 방향을 기준으로 한다(곧 방향에 대한 코드를 볼 것이다).

위치를 구한 다음 scene의 상태를 체크한다. 왜냐하면 현재 scene이 실행 중이어야 버튼 터치가 의미가 있기 때문이다. Scene 상태를 확인하고 나서야 터치 위치가 버튼 영역에 있는지 확인할 수 있다. 리스트 13.5는 시작 버튼 영역을 확인하는 코드이다.

리스트 13.5 **버튼 영역 초기화**

```
if (CGRectContainsPoint(startButtonBounds, touchLocation)) {
    [sharedSoundManager playSoundWithKey:@" interfaceTouch" ];
    state = kSceneState_TransitionOut;
    sharedGameController.shouldResumeGame = NO;
    alpha = 0;
    return;
}
```

터치 이벤트가 일어난 위치가 버튼 영역 안에 들어왔는지 확인하기 위하여 CGRectContainsPoint 함수를 사용하였다. 버튼 영역 안에서 일어난 경우에는 사운드를 재생하고 몇 가지 변수를 조정토록 하였다.

먼저 scene의 상태값을 kSceneState_TransitionOut으로 바꾸어 메뉴 화면이 페이드아웃 되고 게임 화면이 페이드인 되도록 하였다. 이러한 변화는 updateWith Delta: 메소드에서 진행된다. 이렇게 화면 전환이 끝난 다음에는 iPhone의 idle 타이머를 중지시킨다.

```
[[UIApplication sharedApplication] setIdleTimerDisabled:YES];
```

Idle 타이머를 동작시키면 일정 시간 이후 화면을 흐릿하게 만들어 게임 플레이를 정상적으로 할 수 없도록 만든다.

메인 메뉴의 나머지 버튼에 대한 터치 이벤트 처리도 동일하게 하면 된다. 다른 점이 있다면 버튼이 눌렸을 때 코드가 동작한다는 것이다.

인터페이스 영역 시각화

버튼이나 다른 인터페이스 요소들에 대한 영역을 지정하는 것은 말처럼 쉬운 일이 아니다. 그래서 인터페이스 영역을 시험하기 위하여 약간의 편법을 도입했는데, 바로 인터페이스 영역을 네모 형태로 그려 시각화하는 것이었다. 나중에는 게임 엔티티까지 확장시켜 게임 오브젝트의 충돌 영역을 표시하는 데까지 사용하였다. 그림 13.3에서는 인터페이스 영역 스위치가 ON 된 상태의 테스트 화면을 보여준다.

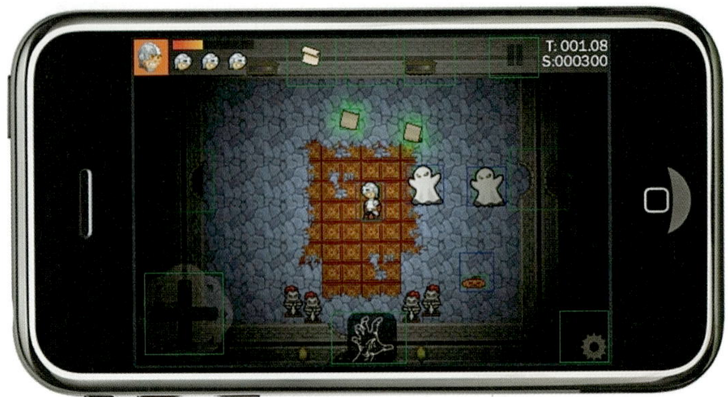

| 그림 13.3 | 터치 영역을 디버깅하는 모습

그림 13.3에서 녹색 박스로 표시한 부분이 각 인터페이스 요소의 영역이 된다. 이렇게 영역을 그림으로써 좀 더 세밀하게 게임을 튜닝할 수 있을 것이다.

여기서 중요한 점은 각 인터페이스 아이템의 터치 영역을 최대한 키우는 것이 좋다는 것이다. 그림 13.3에서도 화면 오른쪽 아래에 있는 설정 버튼의 실제 크기에 비해 훨씬 넓게 영역이 설정된 것을 볼 수 있다. 이렇게 하면 오른쪽 아랫부분을 적당히 터치해도(아이콘을 정확하게 터치하지 않아도) 설정화면이 나타나게 된다.

이렇게 인터페이스 영역을 화면에 표시하기 위하여 `Primitives` 클래스와 C 함수인 `drawBox`를 만들었다. 이에 대한 코드는 [Game Engine]−[Primitives] 그룹에서 볼 수 있다. 리스트 13.6은 drawBox 함수를 보여준다.

리스트 13.6 <u>Primitives 클래스의 drawBox 함수</u>

```
void drawBox(CGRect aRect) {
    GLfloat vertices[8];
    vertices[0] = aRect.origin.x;
    vertices[1] = aRect.origin.y;
    vertices[2] = aRect.origin.x + aRect.size.width;
    vertices[3] = aRect.origin.y;
    vertices[4] = aRect.origin.x + aRect.size.width;
    vertices[5] = aRect.origin.y + aRect.size.height;
    vertices[6] = aRect.origin.x;
    vertices[7] = aRect.origin.y + aRect.size.height;

    glDisableClientState(GL_COLOR_ARRAY);
    glDisable(GL_TEXTURE_2D);
    glVertexPointer(2, GL_FLOAT, 0, vertices);
    glDrawArrays(GL_LINE_LOOP, 0, 4);
    glEnableClientState(GL_COLOR_ARRAY);
    glEnable(GL_TEXTURE_2D);
}
```

메소드는 `CGRect` 타입의 파라미터를 받아 네 개의 꼭지점 좌표를 설정하고 화면에 렌더링한다. 꼭지점 좌표는 `vertices` 배열에 들어가 `glDrawArrays` 명령으로 전달된다. 여기에서 가장 중요한 부분이 `GL_LINE_LOOP` 모드이다. `GL_LINE_LOOP` 모드를 사용하면 OpenGL ES는 네 개의 점을 모두 이어 사각형을 보여준다. 하지만 렌더링 순서를 무시하기 때문에 다수의 선을 그리는 상황에서는 사용하지 않는 것이 좋다.

여기에서는 디버깅 목적으로만 제한적으로 사용하였다.

이렇게 drawBox 함수를 만든 다음 이 코드를 MainMenu와 `GameScene` 클래스에 넣었다. MainMenu.m 파일에서 drawBox 함수를 사용한 예를 볼 수 있다(리스트 13.7).

리스트 13.7 **MainMenu.m 파일 내에 있는 인터페이스 요소 영역을 그리는 코드**

```
#ifdef SCB
    drawBox(startButtonBounds);
    drawBox(scoreButtonBounds);
    drawBox(instructionButtonBounds);
    drawBox(resumeButtonBounds);
    drawBox(logoButtonBounds);
    drawBox(settingsButtonBounds);
#endif
```

영역을 렌더링하는 부분은 `ifdef` 전처리 구문으로 묶여 있다. 그래서 SCB(Show Collision Bounds)가 정의되지 않은 경우에는 `ifdef`로 묶인 부분은 컴파일되지 않아 인터페이스 영역이 화면에 표시되지 않는다. SCB는 Global.h 파일에 정의되어 있다.

게임 엔티티나 오브젝트 같은 아이템 영역을 표시하는 것 또한 같은 방법으로 어렵지 않게 구현할 수 있다. 이러한 아이템 영역에 대한 시각화는 충돌 영역을 쉽게 확인할 수 있도록 돕기 때문에 충돌 시험에 대한 부하를 줄이는 데 많은 도움이 된다.

`AbstractEntity` 클래스의 render 메소드에도 영역을 그리는 코드를 넣었다. 각 엔티티는 두 종류의 영역으로 구분되는데, 이동 영역은 맵과 비교하여 막힌 타일은 통과하지 못하게 하고 충돌 영역은 다른 엔티티와 부딪쳤는지 여부를 점검한다. 여기서는 이동 영역을 파란색으로, 충돌 영역을 녹색으로 표기하였다. 더 자세한 내용은 다음 장에서 다룬다.

화면전환 처리

Sir Lamorak's Quest에서 장면 간 전환은 `GameController` 클래스와 각 scene 클래스에서 이루어진다.

GameController 클래스의 transitionToSceneWithKey: 메소드는 현재의 장면을 바꾸는 역할을 하는데, 키 값을 받아 gameScenes dictionary에서 일치하는 scene을 찾은 다음 transitionIn 메소드를 호출하여 새로운 scene으로 교체한다.

각 scene마다 존재하는 transitionIn 메소드는 장면의 상태 및 기타 초기화 과정을 수행한다. 또한 장면 간 전환 시 페이딩 효과도 제공한다.

최고 기록, 게임 설명, 개발자 소개, 설정 화면에 사용된 UIView로의 전환은 조금 다르게 진행한다. 비(非) OpenGL ES 뷰로의 전환은 iOS notification center를 사용한다.

NSNotificationCenter는 notification을 전파하는 메커니즘을 제공한다. 클래스는 notification center에 등록하여 특정 메시지를 수신할 수 있는데, 하나의 메시지를 여러 클래스가 수신할 수도 있다.

설정 뷰를 예로 들면 필요한 동작은 크게 두 가지로, 하나는 게임을 잠시 멈추게 하는 것이며 다른 하나는 설정 뷰를 보여주는 것이다.

SettingsViewController와 EAGLView 클래스는 모두 showSettings 메시지를 기다리도록 등록한다. 그러면 메시지를 수신할 때 EAGLView 클래스는 게임을 일시 정지시키고 SettingsViewController 클래스는 설정 화면이 보이도록 한다. 그리고 hideSettings 메시지를 수신하면 반대로 EAGLView 클래스는 게임을 재개시키고, SettingsViewController 클래스는 설정 화면을 사라지게 한다.

Notification은 클래스 간 메시지를 전달하는 쉽고도 강력한 기능이며, Sir Lamorak's Quest에서는 주로 UIView를 나타내거나 숨기는 용도로 사용하였다.

Notification을 처리하는 자세한 내용은 이번 장 후반에서 자세히 다룬다.

OpenGL ES 화면 방향

iPhone에서 샘플 프로젝트를 실행하고 iPhone 방향을 바꾸면 그에 맞춰 화면이 돌아간다. 이번에는 OpenGL ES에서 방향에 따른 화면 전환을 구현하는 방법을 살펴볼 것이다.

먼저 iPhone 방향이 어떻게 되는지 파악해야 하고 그 다음 방향에 맞게 화면을 그리면 된다.

직접 방향 설정

기본적으로 Sir Lamorak's Quest는 가로 모드로 시작한다. 이러한 내용은 샘플 프로젝트의 [Resources] 그룹에 있는 SLQTSOR-Info.plist 파일에 들어 있다(그림 13.4).

Key	Value
▼ Information Property List	(14 items)
Localization native development re	English
Bundle display name	${PRODUCT_NAME}
Executable file	${EXECUTABLE_NAME}
Icon file	icon.png
Bundle identifier	com.daley-uk.slqtsor
InfoDictionary version	6.0
Bundle name	${PRODUCT_NAME}
Bundle OS Type code	APPL
Bundle creator OS Type code	????
Bundle version	0.6b
Application requires iPhone enviror	☐
Main nib file base name	MainWindow
Initial interface orientation	Landscape (right home button)
Status bar is initially hidden	☑

| 그림 13.4 | SLQTSOR 프로젝트의 plist 파일

프로퍼티 리스트를 보면 Initial interface orientation 항목에 대한 값으로 Landscape(right home button)가 지정되어 있다. 이렇게 하면 프로그램 실행 시 가로 모드로 동작하게 된다. 프로퍼티 리스트에는 유용한 세팅 값이 더 있는데, 그림 13.4의 맨 마지막에 나오는 'Status bar is initially hidden' 항목이 체크되어 있다면 프로그램이 실행되는 동안 상태표시줄이 나타나지 않는다.

여기서 주의할 점이 있는데, 이러한 가로/세로 모드는 EAGLView에서 구현된 OpenGL ES의 뷰에서는 자동으로 적용되지 않는다는 것이다. 즉, UIViewController만을 사용해야 iPhone이 돌아가는 방향에 맞추어 자동으로 화면 전환이 이루어진다.

물론 EAGLView에서도 CGAffineTransform을 사용하여 직접 화면 전환을 시킬 수 있다. 하지만 CGAffineTransform은 오버헤드가 많아 애플리케이션 전체의 성능을 떨어뜨릴 수 있기 때문에 권장하는 방법은 아니다.

OpenGL ES 뷰의 화면 방향을 바꾸는 좋은 방법은 바로 OpenGL ES 자체를 사용하는 것이다. 즉 OpenGL ES의 회전 행렬을 이용하여 전환되는 화면을 직접 구현하는 것이다. 회전 행렬을 사용하는 것이 훨씬 효율적이며 Apple에서도 권고하는 방법이다.

회전 행렬을 적용하기 위해서는 iPhone의 방향을 알 수 있어야 하는데 이것은 방향에 대한 notification을 사용하여 얻을 수 있다. `SLQTSORAppDelegate` 클래스의 `applicationDidFinishLaunching:` 메소드에 다음과 같이 notification을 등록하면 된다. `SLQTSORAppDelegate` 클래스는 샘플 프로젝트의 클래스 그룹에 있다.

```
[[UIDevice currentDevice] beginGeneratingDeviceOrientationNotifications];
```

이렇게 하면 iPhone은 가속도 센서를 활성화시킨 다음 iPhone의 방향이 바뀔 때마다 notification을 보낸다. 전달되는 notification 이름은 다음과 같다.

```
UIDeviceOrientationDidChangeNotification
```

이 notification을 수신하기 위해 샘플 프로젝트의 [Classes]-[Views] 그룹에 있는 `ES1Renderer` 클래스는 초기화 과정에서 notification 수신을 위한 observer 등록을 한다. 그 내용은 다음과 같다.

```
[[NSNotificationCenter defaultCenter]
   addObserver:self
   selector:@selector(orientationChanged:)
   name:@"UIDeviceOrientationDidChangeNotification"
   object:nil];
```

그렇게 해서 iPhone의 방향이 바뀌면 `ES1Renderer` 클래스의 `orientationChanged` 메소드가 호출된다(리스트 13.8). 바로 이 시점에서 OpenGL ES의 설정을 변경해주면 된다. 물론 앞의 notification을 수신하는 클래스를 더 늘릴 수 있다. 그러려면 수신코자 하는 클래스 모두 observer만 등록하면 된다.

```objc
- (void) orientationChanged:(NSNotification *)notification {

    UIDeviceOrientation orientation = [[UIDevice currentDevice] orientation];
    if (orientation == UIDeviceOrientationLandscapeRight) {
        sharedGameController.interfaceOrientation =
            UIInterfaceOrientationLandscapeLeft;
        glLoadIdentity();
        glTranslatef( 160, 240, 0);
        glRotatef(90, 0, 0, 1);
        glTranslatef(-240,-160,0);
    }

    if (orientation == UIDeviceOrientationLandscapeLeft) {
        sharedGameController.interfaceOrientation =
            UIInterfaceOrientationLandscapeRight;
        glLoadIdentity();
        glTranslatef( 160, 240, 0);
        glRotatef(-90, 0, 0, 1);
        glTranslatef(-240,-160,0);
    }
}
```

메소드는 장치의 방향을 확인하여 두 가지 종류의 가로 모드 중 어떤 것인지 확인한 다음, 해당 값을 UIKit 뷰가 참조할 수 있도록 GameController 클래스의 interfaceOrientation 프로퍼티 값을 세팅한다. 그런 다음, OpenGL ES의 ModelView 행렬이 회전된다.

회전 행렬이 적용되고 나면 OpenGL ES의 컨텐츠는 가로 모드로 렌더링된다.

> **Tip**
> OpenGL ES의 컨텐츠는 회전되어 가로 모드로 나타나지만, 그 바탕이 되는 뷰는 회전되지 않았다. 그렇기 때문에 터치 이벤트가 일어난 위치, 프레임 좌표 등은 세로 모드 기준으로 제공된다. 따라서 이러한 좌표값을 꼭 보정해주어야 한다. 즉, 가로는 세로로, 세로는 가로로 바꾸면 된다.

터치 이벤트를 처리할 때 GameController 클래스의 adjustTouchOrientationForTouch: 메소드를 호출한 것을 기억할 것이다. 리스트 13.9는 이 메소드를 통해 터치 이벤트 위치를 가로 모드로 보정하는 방법을 보여준다.

```
- (CGPoint)adjustTouchOrientationForTouch:(CGPoint)aTouch {

    CGPoint touchLocation;

    if (interfaceOrientation == UIInterfaceOrientationLandscapeRight) {
        touchLocation.x = aTouch.y;
        touchLocation.y = aTouch.x;
    }

    if (interfaceOrientation == UIInterfaceOrientationLandscapeLeft) {
        touchLocation.x = 480 - aTouch.y;
        touchLocation.y = 320 - aTouch.x;
    }

    return touchLocation;
}
```

메소드는 단순히 현재의 방향을 확인하고 그에 맞게 터치 이벤트 위치의 좌표를
보정한다.

✖ UIKit 인터페이스

OpenGL ES 기반의 인터페이스를 만들기 위해서는 이미지를 렌더링하고 터치 이
벤트가 인터페이스 영역에서 발생하였는지 확인하는 일련의 과정이 필요했다. 이에
반해 UIKit은 UIKit 프레임워크와 컨트롤 등을 통하여 이미 구현해놓았기 때문에
훨씬 수월하게 인터페이스를 만들 수 있다.

이번에는 UIKit 인터페이스를 만드는 방법과 이것을 OpenGL ES 게임에 포함시
키는 방법에 대하여 설명할 것이다. UIKit과 OpenGL ES를 서로 묶기 위해서는 약
간의 트릭이 필요하다. 묶는 방법이 어려운 것은 아니지만 성능상의 문제가 야기될
수 있기 때문이다. Apple 문서에서도 UIKit과 OpenGL ES를 묶는 데에는 성능 문
제가 있을 수 있다고 명시되어 있다(그리고 실제로도 그렇다). 물론 iPhone 4, iPad
등이 출시되면서 이러한 성능 이슈는 많이 줄어들었지만 OpenGL ES 위에 UIKit
컨트롤을 올릴 때에는 성능 문제를 꼭 염두에 두고 코딩하는 것이 좋다.

인터페이스 생성

`UIKit` 인터페이스도 일일이 코딩으로 구현할 수 있다. 하지만 인터페이스 빌더 (Interface Builder)를 이용하면 훨씬 간단하게 만들 수 있다. 인터페이스 빌더를 통해 GUI 방식으로 인터페이스를 디자인한 다음 뷰 컨트롤러에 연결만 하면 인터페이스를 만들 수 있다. 인터페이스를 만든 결과물은 보통 크게 두 가지인데, 하나는 뷰 자체(.xib 파일로 정의됨)이며 다른 하나는 뷰 컨트롤러 코드 파일이다.

뷰 컨트롤러 자체는 클래스가 되며, `UIViewController` 클래스로부터 상속받는다. 클래스 안에는 뷰와 데이터를 컨트롤하는 부분을 서로 연결시키는 코드가 구현되어 있다. 이러한 구현 방식은 디자인 패턴(design pattern) 중 하나인 Model–View–Controller (MVC) 이며, iPhone 애플리케이션의 표준적인 구현 방법이기도 하다.

> **Tip** **디자인 패턴(Design Pattern)**
> iPhone, iPad, Mac에서 동작하는 애플리케이션을 개발하는 데 사용하기 위한 디자인 패턴 (design pattern)에 대한 더 자세한 내용을 알고 싶다면 〈코코아 디자인 패턴〉(에릭 벅, 케이 앤피북스, 2011)를 참고하기 바란다.

일반적으로 각각의 뷰는 뷰 컨트롤러와 연결되어 있기 때문에 Xcode에서 동시에 여러 뷰를 만들 수 있다. 그림 13.5는 Xcode 프로젝트에서 새 파일을 생성할 때 나타나는 패널이다.

iPhone OS 패널에서 [Cocoa Touch Class]를 선택하고, 중앙에서 [UIViewController subclass]를 선택하면 중간에 XIB 파일을 사용할 것인지를 선택하는 [Option] 항목이 나온다. 기본적으로 .xib 파일은 뷰 컨트롤러 클래스 이름과 동일한 이름을 사용한다. 만일 iPad용 뷰를 만드는 중이라면 'Targeted for iPad' 옵션 항목도 체크해야 한다.

프로젝트의 [Resources] 그룹을 보면 Sir Lamorak's Quest에서 사용하는 인터페이스 빌더용 뷰 파일을 볼 수 있다. 뷰 파일들은 모두 뷰 컨트롤러 클래스와 연결되어 있으며, 이들 클래스는 프로젝트의 [Classes]–[Views] 그룹에 있다. 그림 13.6은 인터페이스 빌더에서 SettingsView.xib 파일을 읽은 화면이다.

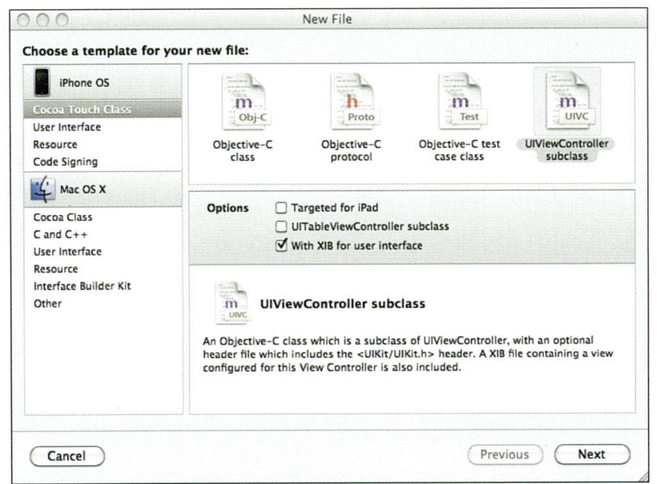

| 그림 13.5 | Xcode의 New File 패널

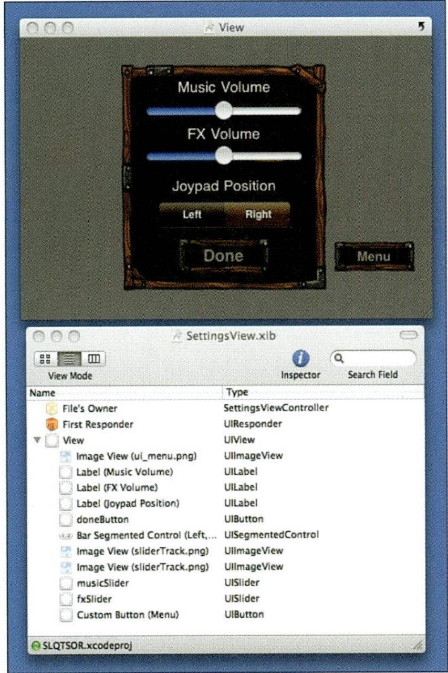

| 그림 13.6 | 인터페이스 빌더에서 SettingsView.xib 파일을 읽은 화면

다른 프로그램에서 .xib 파일을 읽는다면 이미지가 나타나지 않을 것이다. 왜냐하면 이미지는 Xcode 번들(bundle)에 포함되어 있기 때문이다.

그림 13.6의 뷰를 보면 여러 개의 인터페이스로 구성된 것을 알 수 있다. 배경의 나무판 이미지를 그리기 위하여 UIImageView를 사용하였다. 상단에는 레이블(label)과 슬라이더(slider)를 붙이고 조이패드 위치를 결정하도록 UISegmentedControl을 아래에 붙였다.

두 개의 버튼은 배경과 비슷한 이미지를 붙여 전체적인 게임 테마에 맞추었다. 그림의 슬라이더는 아직 이미지를 입히지 않았다.

슬라이더에 이미지를 입히기 위해서는 슬라이더 노드와 트랙에 대한 두 개의 이미지가 필요하다. 슬라이더 노드 이미지를 입히는 코드는 SettingsViewController 클래스의 viewDidLoad 메소드 안에 아래와 같이 구현되어 있다.

```
[musicVolume setThumbImage:[UIImage imageNamed:@"ui_scrollbutton.png"]
forState:UIControlStateNormal];
[fxVolume setThumbImage:[UIImage imageNamed:@"ui_scrollbutton.png"]
forState:UIControlStateNormal];
```

Tip

슬라이더 트랙에 이미지 입히기

슬라이더 트랙에 이미지를 입히는 방법은 코딩으로 노드에 이미지를 입힌 것과 동일하게 구현할 수 있다. UISlider의 setMaximumTrackImage:forState:와 setMinimum TrackImage: forState: 메소드는 UISlider 컨트롤의 양쪽 이미지를 입혀준다.

슬라이더 트랙에 입힐 이미지는 잘 디자인해야 한다. 이미지는 양쪽 끝 부분과 중앙에 1픽셀짜리 이미지를 붙이면 된다. 중앙의 1픽셀짜리 이미지는 슬라이더 트랙의 길이만큼 늘어난다.

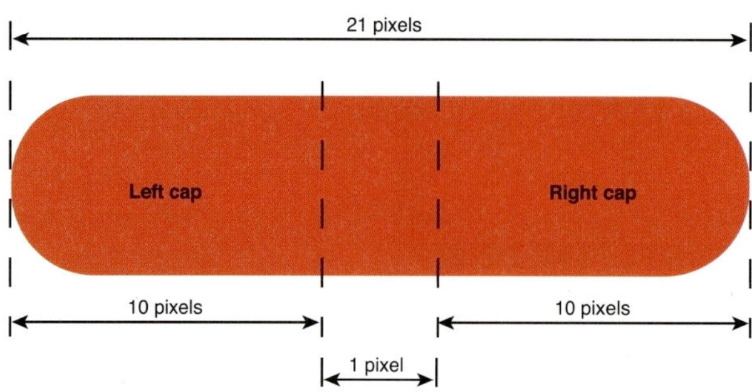

이렇게 이미지를 만들면 UIImage 메소드에 왼쪽 끝 이미지의 크기를 알려주어야 한다. 오른쪽 이미지는 왼쪽 끝 이미지 바로 다음 1픽셀을 뺀 나머지 오른쪽 부분으로 결정된다.

```
UIImage *capImage = [[UIImage imageNamed:@"RedTrack.png"]
stretchableImageWithLeftCapWidth:10 topCapWidth:0];
```

왼쪽, 오른쪽 이미지를 다르게 하여 슬라이더 노드 왼쪽은 빨간색, 오른쪽은 흰색으로 표시할 수도 있다. 이와 같은 방법으로 Sir Lamorak's Quest 테마에 맞는 슬라이더 이미지를 입혔다.

> **Tip** 인터페이스 빌더에서 사용하는 이미지는 꼭 프로젝트에 추가해야 한다. 그렇지 않으면 인터페이스 빌더 GUI상에 나타나지 않는다.

실제로 뷰를 세팅하는 것은 인터페이스를 원하는 위치에 갖다 놓는 것이다. 또한 뷰의 전체 배경도 결정해야 하는데, 배경색의 투명도를 55%로 하여 뷰가 나타날 때 바탕에 있는 게임 화면이 살짝 보이도록 하였다.

인터페이스 연결

인터페이스 빌더를 이용하여 뷰를 디자인한 다음에는 코드와 연결해야 한다. SettingsView.xib 안에는 UISlider, UISegmentedControl, UIButton 등이 있는데, SettingsViewController.h 파일을 보면 이러한 인터페이스와 연결하기 위한 IBOutlet 변수 선언문이 있다(리스트 13.10).

리스트 13.10 <u>SettingsViewController.h 파일의 IBOutlet 선언문</u>

```
IBOutlet UISlider *musicVolume;
IBOutlet UISlider *fxVolume;
IBOutlet UISegmentedControl *joypadPosition;
IBOutlet UIButton *menuButton;
```

IBOutlet은 Xcode에서 사용하는 키워드로 인터페이스와 연결할 수 있는 인스턴스 변수임을 인터페이스 빌더에 알려주는 역할을 한다. 리스트 13.10과 같이 인스턴스 변수를 만들고 저장하면 인터페이스 빌더에서 연결할 수 있게 된다.

그림 13.7에서는 music volume 슬라이더와 SettingsViewController.h의
musicVolume 변수를 연결하는 모습을 보여준다.

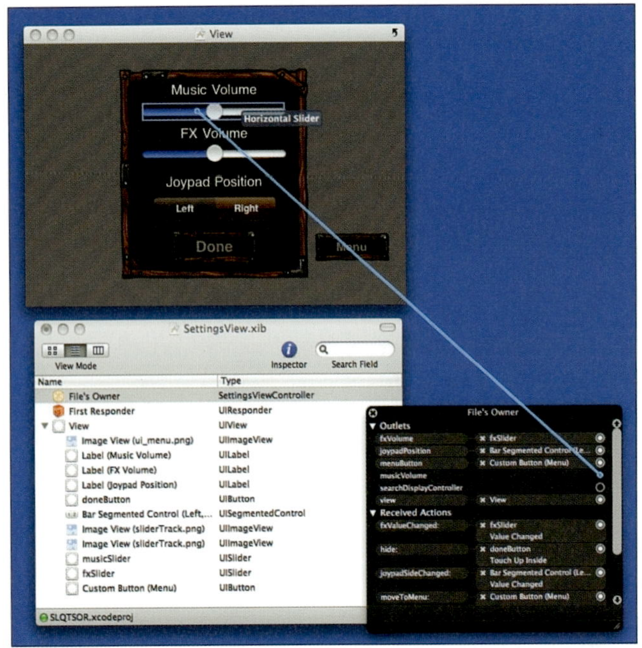

| 그림 13.7 | IBOutlet 연결

[SettingsView.xib] 패널에서 [File's Owner]를 마우스 오른쪽 버튼으로 클릭하면 [File's Owner] 패널이 나타나는데, 그림 13.7의 오른쪽 아래에 있는 검은색의 패널이 바로 그것이다. [File's Owner] 패널의 [Outlets] 섹션을 보면 SettingsViewController.h 파일에서 IBOutlet으로 선언한 모든 인스턴스 변수가 나타난 것을 확인할 수 있다. 만약 [Outlets] 섹션에 자신이 선언한 인스턴스 변수가 나타나지 않는다면 헤더파일에 제대로 선언이 되었는지, 헤더파일은 저장되었는지 확인하고 [File's Owner]가 [SettingsViewController] 클래스와 연결되었는지도 확인하기 바란다.

인스턴스 변수 [musicVolume]과 music volume 슬라이더를 연결하기 위해서는

먼저 [File's Owner] 패널의 [musicVolume] 오른쪽에 있는 동그라미를 마우스 왼쪽 버튼으로 클릭한 다음 클릭한 채로 드래그하여 music volume 슬라이더까지 끌어 놓으면 된다. 이렇게 하면 musicVolume과 슬라이더가 연결된다.

뷰에 있는 나머지 컨트롤도 동일한 방법으로 연결시킨다.

이와 같이 단순히 뷰에 있는 컨트롤을 뷰 컨트롤러의 인스턴스 변수에 연결하는 것만으로도 인스턴스 변수를 이용하여 컨트롤 정보에 접근할 수 있게 된다. 컨트롤을 통해 액션을 취하게 할 수도 있는데(예: 버튼 터치, 슬라이더 조절) 액션에 대한 값이나 정보를 얻기 위해서는 컨트롤과 매핑되는 메소드를 뷰 컨트롤러에 구현해야 한다.

컨트롤 액션에 대한 구현 역시 인스턴스 변수와 동일한 방법으로 한다. 먼저 뷰 컨트롤러 헤더 파일에 실제 액션을 수행할 메소드를 선언한다(리스트 13.11).

리스트 13.11 <u>SettingsViewController.h 파일의 액션 메소드 선언문</u>

```
- (IBAction)hide:(id)aSender;

- (IBAction)moveToMenu:(id)sender;

- (IBAction)musicValueChanged:(UISlider*)sender;

- (IBAction)fxValueChanged:(UISlider*)sender;
- (IBAction)joypadSideChanged:(UISegmentedControl*)sender;
```

메소드 선언문을 보면 IBAction 키워드가 사용되는 것을 볼 수 있다. IBOutlet과 마찬가지로 IBAction 키워드는 인터페이스 빌더에 액션 메소드임을 알려주는 역할을 한다. 액션과 메소드를 연결하는 방법 또한 인스턴스 변수와 IBOutlet을 연결하는 것과 거의 비슷하다. 다만 마우스로 연결한 다음 마우스 버튼을 놓으면 거기서 끝나는 것이 아니라 새로운 팝업 창이 뜨면서 메소드를 동작시킬 액션을 선택하도록 하는 점이 유일하게 다른 부분이다. 이에 대한 내용을 그림 13.8에서 보여준다.

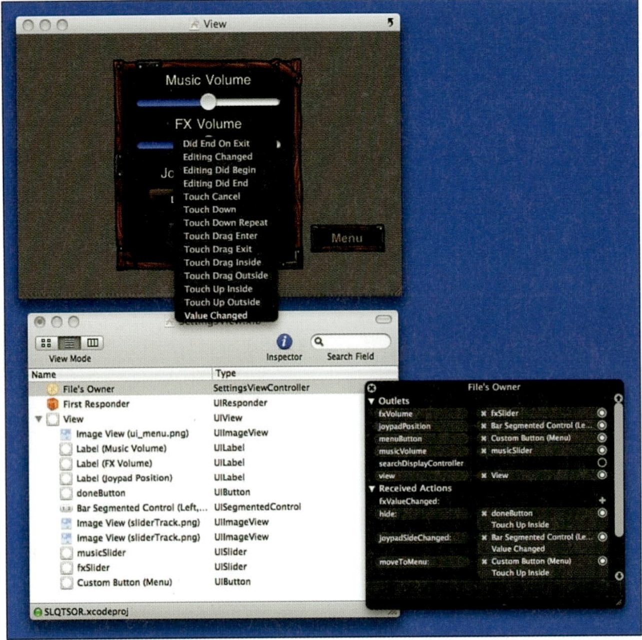

| 그림 13.8 | IBAction 연결

그림 13.8과 같이 컨트롤에서 취할 수 있는 액션에는 여러 가지가 있다. 우리는 슬라이더가 변할 때의 값이 필요하기 때문에 'Value Changed' 액션을 선택하면 된다. 버튼에는 'Touch Up Inside (마우스 버튼을 누를 때 동작)' 액션을, segmented 컨트롤에는 'Value Changed' 액션을 사용하였다. 이와 같은 액션이 일어났을 때 동작하는 SettingsViewController 클래스의 IBAction 메소드는 리스트 13.12에서 볼 수 있다.

리스트 13.12 SettingsViewController 클래스의 IBAction 메소드

```
- (IBAction)musicValueChanged:(UISlider*)sender {
    sharedSoundManager.musicVolume = [sender value];
}


- (IBAction)fxValueChanged:(UISlider*)sender {
    sharedSoundManager.fxVolume = [sender value];
}
```

```objc
- (IBAction)joypadSideChanged:(UISegmentedControl*)sender {
    sharedGameController.joypadPosition = sender.selectedSegmentIndex;
}
```

리스트 13.12의 메소드들은 단순히 입력받은 볼륨값이나 조이패드 위치 정보를 `GameController` 클래스의 프로퍼티 값으로 세팅한다.

Sir Lamorak's Quest에서 사용한 모든 UIKit 뷰는 이러한 방법으로 구현되었다. UIKit 뷰 간의 차이점이라면 화면에 보여주는 것이 다르다는 것뿐이다. Credits와 information 뷰에서는 `UIScrollView` 컨트롤을 이용하여 이미지를 위아래로 스크롤할 수 있도록 했다. 가장 복잡하게 구현된 뷰는 바로 high scores 뷰로, `UITableView`를 사용하기 때문에 테이블 데이터를 처리하는 데 필요한 `UITable VewDelegate`와 `UITableViewDataSource` 프로토콜도 구현해야 한다.

테이블 데이터는 `GameController` 클래스가 관리하는 high scores 테이블에서 제공된다. 테이블의 각 셀은 `UITableView`에서 만들어지며, `UITableView`는 인터페이스 빌더를 이용하여 만든다. High scores 테이블에 대한 .xib 파일은 HighScoreCell. xib 이다.

UIKit Orientation

이미 언급한 것처럼 `UIKit` 인터페이스의 가로/세로 방향을 관리하는 것은 OpenGL ES 인터페이스의 그것과 다르다. 왜냐하면 UIKit 인터페이스 바로 뒤에 있는 `UIViewController` 클래스가 방향 전환을 다루기 때문이다.

iPhone을 돌리면 최상단에 있는 뷰 컨트롤러가 설정된 바에 따라 방향을 전환하며, 이때 뷰 컨트롤러는 `shouldAutorotateToInterfaceOrientation:` 메소드를 호출한다. 메소드는 뷰가 iPhone의 방향에 맞추어야 하는지(즉, 회전해야 하는지)를 Boolean 값으로 알려주는데, 이를 통하여 애플리케이션의 방향을 전환할 것인지 여부를 결정할 수 있다. 리스트 13.13은 `SettingsViewController` 클래스에서 구현된 `shouldAutorotateToInterfaceOrientation:` 메소드다.

```
- (BOOL)shouldAutorotateToInterfaceOrientation:
(UIInterfaceOrientation)interfaceOrientation {
    return UIInterfaceOrientationIsLandscape(interfaceOrientation);
}
```

iPhone 방향이 가로면 YES를 반환한다는 것 외에 별 다른 내용은 없다. UIInterf
aceOrientationIsLandscape 매크로는 UIKit.h 파일에 정의되어 있으며 오른쪽/
왼쪽에 상관없이 가로 방향인지 판별한다.

뷰 컨트롤러의 회전에 대한 설정을 했으니 실제로 회전이 발생했을 때 어떻게 동
작할 것인가를 구현해야 한다. 원하는 방향은 이렇다. iPhone 방향에 맞도록 뷰를
회전시키지만 뷰가 처음 나타날 때는 회전시키지 않고 기본 방향으로 한다. 그런 다
음 방향에 맞게 회전시킬 것이다. 실제로 구현된 코드는 리스트 13.14와 같다.

리스트 13.14   SettingsViewController 클래스의 viewWillAppear: 메소드

```
- (void)viewWillAppear:(BOOL)animated {
    self.view.alpha = 0;

    [self updateControlValues];

    if (sharedGameController.interfaceOrientation
        == UIInterfaceOrientationLandscapeRight){
        [[UIApplication sharedApplication]
            setStatusBarOrientation:UIInterfaceOrientationLandscapeRight];
        self.view.transform = CGAffineTransformIdentity;
        self.view.transform = CGAffineTransformMakeRotation(M_PI_2);
        self.view.center = CGPointMake(160, 240);
    }
    if (sharedGameController.interfaceOrientation
        == UIInterfaceOrientationLandscapeLeft){
        [[UIApplication sharedApplication]
            setStatusBarOrientation:UIInterfaceOrientationLandscapeLeft];
        self.view.transform = CGAffineTransformIdentity;
        self.view.transform = CGAffineTransformMakeRotation(-M_PI_2);
        self.view.center = CGPointMake(160, 240);
    }
}
```

viewWillAppear: 메소드는 뷰의 알파값을 0으로 설정하는데, 이는 Core Animation에서 페이드 효과를 구현하기 위한 조치이다. 이렇게 해서 처음에 뷰가 나타날 때는 투명하게 보이도록 하는 것이다. 그런 다음 GameController에서 알파 값을 높여가며 뷰가 페이드인 되도록 한다.

다음으로 GameController의 interfaceOrientation 값을 통해 ES1Renderer상에서 iPhone이 회전한 것으로 설정되었는지 확인한다. 현재의 방향에 맞추어 상태 바의 방향을 설정하고 뷰도 회전시킨다. 이렇게 하지 않으면 뷰의 방향이 제대로 되지 않을 것이다.

뷰의 속성값 중 하나인 transform은 CGAffineTransformIdentity를 통해 리셋되는데, 이것은 OpenGL ES의 glLoadIdentity와 동일한 과정이라고 할 수 있다. 그런 다음 회전 행렬을 통해 오른쪽 또는 왼쪽으로 180도 회전시킨다. 그리고 화면의 정중앙 좌표를 지정한다.

UIKit 뷰가 보이는 동안 iPhone의 방향이 바뀌면 뷰 컨트롤러가 알아서 뷰의 방향을 맞춰주기 때문에 우리는 이것에 대해 걱정할 필요가 없다.

UIKit 인터페이스 보여주기/숨기기

뷰의 방향을 맞췄다는 것은 뷰를 화면에 보여줄 준비가 됐음을 의미한다. 앞에서 게임의 메인 메뉴에서 버튼이 눌리면 showSettings와 같은 notificaiton이 전달된다고 하면서 각각의 뷰 컨트롤러는 옵저버 메소드를 initWithNibName: 메소드 안에 등록해야 한다고 했다. 예를 들어, SettingsViewController 클래스는 showSettings notification을 아래와 같이 등록한다.

```
[[NSNotificationCenter defaultCenter] addObserver:self
                            selector:@selector(show)
                            name:@"showSettings"
                            object:nil];
```

그런 다음 `showSettings notification`을 받게 되면 뷰를 화면에 보여주기 위해 `show` 메소드가 호출된다(리스트 13.15).

리스트 13.15 SettingsViewController 클래스의 show 메소드

```
- (void)show {

    [sharedGameController.eaglView addSubview:self.view];

    if (![sharedGameController.currentScene.name isEqualToString:@"game"]) {
        menuButton.hidden = YES;
    } else {
        menuButton.hidden = NO;
    }

    [UIView beginAnimations:nil context:NULL];
    self.view.alpha = 1.0f;
    [UIView commitAnimations];
}
```

먼저 `show` 메소드는 현재의 뷰를 `EAGLView`에 subview로 추가한다. `EAGLView`가 화면의 1순위 뷰임을 기억할 것이다. 그렇기 때문에 여기에 subview로 명시하는 것이다. 그런 다음 현재 활성화된 scene이 어떤 것인지를 확인하는데, 설정 화면이 게임 도중에 나타나는 경우에는 메뉴 버튼이 나타나도록 하고 그렇지 않은 경우에는 메뉴 버튼이 나타나지 않도록 한다. 이렇게 하여 게임을 멈추고 메인 화면으로 돌아갈 수 있도록 만들었다.

이렇게 준비한 다음 뷰가 화면에 나타나도록 한다. 이 부분은 Core Animation에서 처리하기 때문에 클래스 메소드 `beginAnimations:context:`를 호출하고 뷰가 보이도록 설정하면 뷰가 화면에 나타나게 된다.

여기서는 알파값을 1.0f로 지정하는 데 그쳤지만 여기에다 회전, 확대ㆍ축소, 색깔 지정 등의 여러 효과를 지정할 수 있다. 그러고 나서 클래스 메소드 `commitAnimations`를 호출하면 뷰는 기본 상태에서 `begin`과 `commit` 메소드 사이에 지정된 상태로 변환하는데, 끊어지며 진행하지 않고 애니메이션처럼 아주 부드럽게 전환된다.

Core Animation에 대한 더 자세한 내용은

Core animation은 그 자체로 큰 주제가 되기 때문에, Core animation에 대해 좀 더 깊은 내용을 알고 싶다면 〈Core Animation: Simplified Animation Techniques for Mac and iPhone Development〉(Marcus Zarra, Matt Long, Addison-Wesley, 2009)를 참조하도록 하자.

화면에 뷰를 나타낸 이후에는 필요에 따라 숨기기도 해야 하는데, 이를 위해 hide: 메소드를 사용한다. 이 메소드는 [Done] 버튼의 Touch Up Inside 액션에 연결되어 있다(리스트 13.16).

리스트 13.16 SettingsViewController 클래스의 hide: 메소드

```objc
- (IBAction)hide:(id)sender {

    [[NSNotificationCenter defaultCenter] postNotificationName:@"startGame"
                                          object:self];
    [[NSNotificationCenter defaultCenter] postNotificationName:@"hidingSettings"
                                          object:self];

    [UIView beginAnimations:nil context:NULL];
    [UIView setAnimationDelegate:self];
    [UIView setAnimationDidStopSelector:@selector(hideFinished)];
    self.view.alpha = 0.0f;
    [UIView commitAnimations];
}
```

이 시점에서 게임은 EAGLView에 의해 일시 정지된 상태이기 때문에 startGame notification을 발생시켜 EAGLView로 하여금 게임을 재개하도록 만든다. 그런 다음 이번에는 GameScene이 바라보는 hidingSettings notification을 발생시킨다. GameScene은 hidingSettings notification을 받으면 checkJoypadSettings 메소드(리스트 13.17)를 호출한다.

리스트 13.17 GameScene 클래스의 checkJoypadSettings 메소드

```objc
- (void)checkJoypadSettings {

    if (sharedGameController.joypadPosition == 0) {
        joypadCenter.x = 50;
        settingsButtonCenter.x = 465;
```

```
            settingsBounds = CGRectMake(430, 0, 50, 50);
        } else if (sharedGameController.joypadPosition == 1) {
            joypadCenter.x = 430;
            settingsButtonCenter.x = 15;
            settingsBounds = CGRectMake(0, 0, 50, 50);
        }

        joypadBounds = CGRectMake(joypadCenter.x - joypadRectangleSize.width,
                                  joypadCenter.y - joypadRectangleSize.height,
                                  joypadRectangleSize.width * 2,
                                  joypadRectangleSize.height * 2);
    }
```

checkJoypadSettings 메소드는 조이패드가 화면에 제대로 나타나도록 한다.
GameController 클래스에 지정된 joypadPosition 속성값에 따라 조이패드와 버튼
의 위치와 영역을 지정한다.

다시 hide: 메소드로 돌아와서 notification을 보낸 다음에는 show 메소드와는 반
대로 페이드아웃 효과가 일어나도록 한다. 여기서 show 메소드와는 확연히 구분되
는 차이점이 있는데, 바로 언제 페이드아웃이 끝나는지 알아야 한다는 것이다.

화면에서 뷰를 지우기 위해서는 EAGLView에서 뷰를 떼내야 한다. 그런데 지우고
자 하는 뷰는 EAGLView에서 가장 앞에 나온 뷰이기 때문에 iPhone이 회전하는 것에
대해 반응하게 된다. 그래서 단순히 EAGLView에 subview로 매달린 모든 뷰 컨트롤
러를 남겨 놓으면 iPhone이 회전할 때 가장 앞에 나와있는 뷰만 회전하게 될 것이
다. 이를 해결하기 위해서는 뷰가 사라질 때 해당하는 뷰 컨트롤러를 EAGLView에서
제거하면 된다.

하지만 페이드아웃이 완전히 끝날 때까지는 뷰를 제거하지 말아야 하기 때문에 페
이드아웃이 끝난 상황을 알아챌 수 있어야 한다. 다행히 Core Animation에서는 이
를 위한 해결책을 제공한다. 먼저 애니메이션 delegate(이번 예에서는 self)를 제공
한 다음 애니메이션이 끝나고 동작할 메소드로 animationDidStopSelector를 세팅
하면 된다.

리스트 13.16을 보면 애니메이션이 끝나고 동작하도록 지정한 hideFinished: 메
소드를 볼 수 있다. 이 메소드 안을 보면 아래와 같이 EAGLView에서 뷰를 제거하는

부분이 구현되어 있다.

```
[self.view removeFromSuperview];
```

✕ 정리

이번 장에서는 OpenGL ES와 UIKit의 인터페이스 요소를 동시에 사용하는 방법에 대하여 설명했다. 두 종류의 인터페이스는 표현하는 방법과 터치 등의 액션에 반응하는 방법을 구현하는 데 있어서 저마다의 차이를 보여주었다.

UIKit 인터페이스 요소는 인터페이스 빌더를 이용하여 뷰 컨트롤러와 연결하는 것으로 인터페이스 요소의 액션과 데이터를 관리할 수 있다.

또한 iPhone 화면의 방향에 따라 어떻게 화면 전환을 할 것인지에 대해서도 언급하였는데, 이 부분 역시 UIKit과 OpenGL ES의 구현 방법에 많은 차이가 있었다. 아울러 UIKit 인터페이스의 페이드아웃 효과를 구현하기 위하여 Core Animation을 사용하는 방법에 대해서도 다루었다.

세부적인 내용까지 설명한 부분도 있었지만, 이번 장에서 설명한 내용은 어쩌면 수박 겉핥기라고 할 수 있겠다. 인터페이스의 디자인 및 구현은 제법 방대한 영역을 다루기 때문에 관심 있는 사람에게는 이번 장의 내용이 더욱 많은 경험과 노하우를 쌓을 수 있는 기반이 되었을 것이다.

다음 장에서는 Sir Lamorak's Quest에서 사용한 엔티티를 만드는 방법에 대해 다룰 것이다. 엔티티에는 플레이어, 적(敵) 등과 같은 다양한 게임 오브젝트가 포함된다.

Chapter 14
게임
오브젝트와
엔티티

이제 우리가 만든 게임 세상을 채우기 위한 게임 오브젝트(object)와 엔티티(entity)를 고려할 시점이 되었다. 게임 오브젝트(Game object)는 게임 내에 존재하는 아이템으로 에너지 아이템, 양피지 조각, 움직이는 타일 맵 오브젝트(램프 등)가 이러한 예이다. 게임 엔티티(Game entity)는 플레이어(Lamorak), 성 내부를 돌아다니는 적(敵), Lamorak이 던져서 날아다니는 도끼, 자동으로 열리고 닫히는 문(門) 등을 말한다.

이러한 게임 오브젝트와 엔티티는 게임 플레이의 골격을 형성하는 데 매우 중요하게 작용한다. 즉, 각각의 역할이 무엇이며 서로 간에 어떻게 움직이느냐에 따라 게임의 재미가 결정되는 것이다.

1장에서 게임을 어떻게 디자인했나 다시 한 번 생각해 보자. 먼저 플레이어로 하여금 기본적인 액션(도끼 던지기, 열쇠 등 아이템 수집, 에너지 획득)을 취할 수 있도록 하였다. 그리고 적(敵)들은 성 내부를 돌아다니다 플레이어를 보면 쫓아가도록 하고 문은 지정된 열쇠가 있어야 열리거나 단순히 저절로 열리고 닫히도록, 혹은 유령이 열어주도록 디자인하였다.

이번 장에서는 Sir Lamorak's Quest에서 이와 같은 오브젝트와 엔티티를 어떻게 만들고 구현하였는가에 대하여 설명할 것이다.

✂ 게임 오브젝트와 엔티티 프로젝트

이번 장의 프로젝트는 13장의 프로젝트와 동일하다(SLQTSOR). 프로젝트를 실행하고 새 게임을 시작하면 문이 자기 멋대로 열리고 닫히는 것을 볼 수 있을 것이다. 그리고 성 안을 돌아다녀보면 주변에 에너지 아이템, 연기와 함께 나타나는 적들, 성을 탈출하기 위해 필요한 열쇠도 눈에 띌 것이다.

그림 14.1은 Sir Lamorak's Quest를 iPhone Simulator에서 돌리는 화면인데 유령 엔티티가 움직이는 동시에 또 다른 엔티티가 나타나는 것을 볼 수 있다.

| 그림 14.1 | iPhone Simulator에서의 SLQTSOR 실행화면

게임 오브젝트

게임 오브젝트를 구현하기에 앞서 Sir Lamorak's Quest에서는 어떠한 게임 오브젝트를 사용하였는지 살펴보자.

- **Map**: 벽에 붙어 있는 램프, 플레이어가 죽으면 나타나는 묘비
- **Key**: 여러 가지 색깔로 구별되는 열쇠(같은 색깔의 문만 열 수 있음)
- **Energy**: 음식 아이템으로 만들어졌으며 플레이어가 아이템 위를 지나가면 먹을 수 있음(에너지 보충)
- **Parchment**: 성을 탈출하는 데 꼭 필요한 양피지 조각

위와 같은 게임 오브젝트는 게임 내에서 자신만의 규칙을 갖고 행동하기 때문에 오브젝트 별로 클래스를 만들었다. 이렇게 만든 클래스에는 오브젝트의 로직과 그래픽이 들어 있기 때문에 손쉽게 오브젝트의 행동을 원하는 대로 변경할 수 있다.

동일한 클래스에서 만들어진 게임 오브젝트 간에는 행동양식을 공유할 수 있으며, 모든 게임 오브젝트는 `AbstractObject` 클래스로부터 상속받는다. `AbstractObject` 클래스는 일종의 가상 클래스로 type, subtype, state, energy 프로퍼티를 갖는다.

프로퍼티 type과 subtype을 설정하면 클래스는 어떤 오브젝트인지 판단하여 알맞은 그래픽과 로직을 적용시킨다.

게임 오브젝트는 `GameScene` 클래스에 배열 형태로 선언되어 있으며 이름은 `gameObjects`이다.

AbstractObject 클래스

모든 게임 오브젝트는 `AbstractObject` 클래스로부터 상속받는다고 했다. `AbstractObject` 클래스는 게임 오브젝트와 게임 오브젝트를 처리하는 메소드 간에 공통적으로 필요한 모든 속성값을 가지고 있다. 그리고 `NSCoding` 프로토콜을 구현하였기 때문에 게임 오브젝트를 저장하거나 로드할 수도 있다. 저장 및 로드에 대해서는 뒷부분에서 자세히 설명할 것이다.

`AbstractObject` 클래스는 예제 프로젝트의 [Abstract Classes] 그룹에서 볼 수 있다. 리스트 14.1은 `AbstractObject` 클래스에서 정의된 속성값을 보여준다.

리스트 14.1 **AbstractObject 클래스 속 값**

```
///////////////////// 인스턴스 변수
CGPoint tileLocation;        // 게임 오브젝트가 위치한 맵에서의 타일 좌표
CGPoint pixelLocation;       // 게임 오브젝트가 위치한 맵에서의 픽셀 좌표
int state;                   // 오브젝트 state
int type;                    // 오브젝트 type
int subType;                 // 오브젝트 subtype
int energy;                  // 플레이어가 얻게 되는 에너지 양

///////////////////// 플래그
BOOL isCollectable;          // 플레이어의 오브젝트 획득 가능 여부
```

게임 오브젝트가 갖는 속성 중 tileLocation은 타일 맵에서 게임 오브젝트가 어디에 있는가를 타일 좌표값으로 가지고 있으며 이를 이용하여 pixelLocation을 계산할 수 있다. 픽셀 좌표는 화면에 렌더링할 때 사용된다. 타일 좌표를 픽셀 좌표로 변환하는 함수는 tileMapPositionToPixelPosition이며 Global.h 파일에 정의되어 있다. 이 함수는 EnergyObject 같은 게임 오브젝트 클래스의 initWithTileLocation: 메소드에서 호출된다.

앞에서 보여준 속성값에는 이미지를 저장하는 것이 없었다. 그 이유는 오브젝트가 여러 장의 이미지 혹은 애니메이션을 사용할 수도 있기 때문이다.

사용할 수 있는 type, subtype, state 항목은 [Global Headers] 그룹의 Global.h 파일에 enum 형태로 정의 되어 있다(리스트 14.2).

리스트 14.2   <u>Global.h에 정의된 게임 오브젝트 type과 subtype enum</u>

```
// 게임 오브젝트 type
enum  {
    kObjectType_Key,
    kObjectType_Energy,
    kObjectType_General
};

// 게임 오브젝트 subtype
enum {
    kObjectSubType_RedKey = 0,
    kObjectSubType_GreenKey = 1,
    kObjectSubType_BlueKey = 2,
    kObjectSubType_YellowKey = 3,
    kObjectSubType_Candy = 4,
    kObjectSubType_Cake = 5,
    kObjectSubType_Chicken = 6,
    kObjectSubType_Drink = 7,
    kObjectSubType_LolliPop = 8,
    kObjectSubType_Ham = 9,
    kObjectSubType_Grave = 10,
    kObjectSubType_BottomLamp = 11,
    kObjectSubType_RightLamp = 12,
    kObjectSubType_TopLamp = 13,
    kObjectSubType_LeftLamp = 14,
    kObjectSubType_ParchmentTop = 15,
    kObjectSubType_ParchmentMiddle = 16,
    kObjectSubType_ParchmentBottom = 17,
    kObjectSubType_Exit = 18,
};

// 게임 오브젝트 state
enum {
    kObjectState_Active,
    kObjectState_Inactive,
    kObjectState_Inventory
};
```

게임 오브젝트와 엔티티

이와 같이 사용할 수 있는 type 및 subtype enum 값들은 게임 코드뿐만 아니라 맵 에디터에서도 사용된다. 게임 오브젝트와 오브젝트의 위치 좌표는 타일 맵에 정의되어 있으며 type과 subtype도 타일 맵에서 정의할 수 있다. 이렇게 하면 타일 맵 파일을 파싱하는 단계에서 필요한 게임 오브젝트를 생성할 수 있다.

별도로 지정된 enum 값은 게임 코드 범주 밖에서 사용되기도 하는데, subtype과 같이 항목이 많은 경우 항목에 대한 값을 부여하면 타일 맵에서 게임 오브젝트를 만들 때 편리하게 사용할 수 있다.

AbstractObject 클래스 역시 여러 개의 공용 메소드를 가지고 있다(리스트 14.3).

리스트 14.3 AbstractObject 클래스의 메소드 선언부

```
- (id)initWithTileLocation:(CGPoint)aTileLocation type:(int)aType subType:(int)aSubType;
- (void)updateWithDelta:(float)aDelta scene:(AbstractScene*)aScene;
- (void)render;
- (void)checkForCollisionWithEntity:(AbstractEntity*)aEntity;
- (CGRect)collisionBounds;
- (id)initWithCoder:(NSCoder *)aDecoder;
- (void)encodeWithCoder:(NSCoder *)aCoder;
```

게임 오브젝트는 자신만의 updateWithDelta: 및 render 메소드를 가지고 있으며, AbstractObject 클래스에서 이를 사용하는 형태를 띠고 있다. AbstractObject 클래스 대부분의 메소드는 내용이 비어 있으며, AbstractObject 클래스를 상속받아 override 형태로 구현하게 된다.

내용이 들어 있는 메소드는 단 두 개로, initWithTileLocation: 메소드와 render 메소드이다.

initWithTileLocation: 메소드는 클래스를 초기화하고 공유된 사운드 매니저의 레퍼런스를 만든다. 게임 오브젝트도 사운드를 발생시킬 것이기 때문에 이러한 사운드를 사용하기 위해서는 사운드 매니저 레퍼런스가 필요하다.

render 메소드에는 게임 오브젝트의 둘레를 네모 형태로 그리는 코드를 포함하고 있는데 이 영역이 바로 충돌 영역이다. 13장에서 영역을 시각적으로 표시하는 기법에 대해 설명하였는데, SCB 상수가 Global.h에서 정의되면 drawBox 함수가 호출되어 원하는 인터페이스나 오브젝트 영역을 표시하게 된다.

EnergyObject 클래스

Sir Lamorak's Quest에는 AbstractObject 클래스로부터 상속받은 네 개의 게임 오브젝트 클래스가 있지만 여기에서는 그 중 EnergyObject 클래스만 살펴보도록 하자.

 게임 오브젝트 구현 부분은 [Game Objects] 그룹에서 볼 수 있다.

초기화

게임 오브젝트를 만들면 initWithTileLocation: 메소드가 게임 오브젝트의 type과 subtype을 확인한다. 그러면 게임 오브젝트를 렌더링할 때 필요한 그래픽 요소들을 게임 오브젝트 클래스에 설정할 수 있다. 리스트 14.4는 EnergyObject 클래스의 initWithTileLocation: 메소드다.

리스트 14.4 EnergyObject 클래스의 initWithTileLocation: 메소드

```
- (id)initWithTileLocation:(CGPoint)aTileLocaiton
     type:(int)aType
     subType:(int)aSubType
{
  self = [super init];
  if (self != nil) {
     type = aType;
     subType = aSubType;

     tileLocation.x = aTileLocaiton.x + 0.5f;
     tileLocation.y = aTileLocaiton.y + 0.5f;
     pixelLocation = tileMapPositionToPixelPosition(tileLocation);

     PackedSpriteSheet *pss = [PackedSpriteSheet
                               packedSpriteSheetForImageNamed:@"atlas.png"
                               controlFile:@"coordinates"
                               imageFilter:GL_LINEAR];

     switch (subType) {
        case kObjectSubType_Cake:
           image = [[[pss imageForKey:@"item_cake.png"] imageDuplicate]
                     retain];
           energy = 20;
```

```objective-c
            break;

        case kObjectSubType_Drink:
            image = [[[pss imageForKey:@"item_drink.png"] imageDuplicate]
                        retain];
            energy = 10;
            break;

        case kObjectSubType_Candy:
            image = [[[pss imageForKey:@"item_chocolate.png"] imageDuplicate]
                        retain];
            energy = 15;
            break;

        case kObjectSubType_Chicken:
            image = [[[pss imageForKey:@"item_chicken.png"] imageDuplicate]
                        retain];
            energy = 25;
            break;

        case kObjectSubType_Ham:
            image = [[[pss imageForKey:@"item_ham.png"] imageDuplicate] retain];
            energy = 20;
            break;

        case kObjectSubType_LolliPop:
            image = [[[pss imageForKey:@"item_lollipop.png"] imageDuplicate]
                        retain];
            energy = 10;
            break;

        default:
            break;
        }
    }
    return self;
}
```

코드를 보면 subtype에 따라 게임 오브젝트의 이미지와 플레이어가 획득하게 될 에너지 양을 swtich 구문으로 정의하고 있다. 그리고 스프라이트 시트에서 이미지를 일일이 복사하는 것을 볼 수 있는데, 이렇게 하지 않으면 맨 마지막에 지정된 이미지 레퍼런스를 모든 오브젝트가 갖게 되는 문제가 발생한다.

이 버그 때문에 고생 좀 했다. 나중에 모든 오브젝트가 동일한 이미지를 바라본다는 사실을 깨닫고는 Image 클래스에 imageDuplicate 메소드를 구현하게 되었다.

이미지를 복사했기 때문에 에너지 오브젝트는 이미지에 대해 retain, release를 할 수 있게 된다.

클래스 속성값을 지정하는 방법은 여러 가지가 있겠지만(예: 설정파일 사용), Sir Lamorak's Quest에서는 게임 오브젝트를 많이 사용하지 않기 때문에 하드 코딩하기로 결정했다.

MapObject, KeyObject, ParchmentObject 클래스 역시 EnergyObject 클래스와 동일한 절차를 거치며 초기화를 진행한다.

업데이트

게임 scene 업데이트 메소드를 진행하는 동안 화면에 보이는 모든 게임 오브젝트는 자신들의 업데이트 메소드를 호출한다. 오브젝트가 화면에 보이는지 여부는 GameScene 클래스의 updateSceneWithDelta: 메소드에서 알 수 있다. 게임 오브젝트의 로직은 updateWithDelta: 메소드에 구현되어 있다(리스트 14.5).

리스트 14.5 EnergyObject 클래스의 updateWithDelta: 메소드

```objc
- (void)updateWithDelta:(float)aDelta scene:(AbstractScene *)aScene {

    if (state == kObjectState_Active) {
        Scale2f scale = image.scale;
        if (scaleUp) {
            scale.x += 0.75 * aDelta;
            scale.y += 0.75 * aDelta;
        } else {
            scale.x -= 0.75 * aDelta;
            scale.y -= 0.75 * aDelta;
        }

        image.scale = scale;
        if (scale.x > 1.35) {
            scaleUp = NO;
        }
```

게임 오브젝트와 엔티티

```
        if (scale.x < 1) {
            scaleUp = YES;
        }
    }
}
```

이 업데이트 메소드는 게임 오브젝트가 활성화 상태인 경우에 게임 오브젝트의 이
미지 크기를 늘였다 줄였다 한다. 에너지 오브젝트의 상태가 `kObjectState_Active`
이면 오브젝트는 타일 맵상에 있으며 플레이어가 가져갈 수 있음을 의미한다. 그리
고 게임 오브젝트가 플레이어와 부딪치면 게임 오브젝트의 상태는 `kObjectState_`
`Inactive`로 바뀌면서 사운드 효과음이 재생된다. 이러한 충돌 감지는 `checkFor`
`CollisionWithEntity:` 메소드에서 이루어지는데, 이 메소드에 대해서는 나중에
설명할 것이다.

리스트 14.5와 같이 게임 오브젝트에 필요한 여러 로직은 업데이트 메소드에 구
현하기만 하면 된다. 여기에서는 모든 에너지 게임 오브젝트는 동일한 클래스에서
구현하였지만 필요에 따라 여러 개의 클래스를 만들어 각각의 로직을 구현할 수도
있다.

게임 오브젝트를 하나의 클래스에 묶은 가장 큰 이유는 관리의 용이함 때문이다.
하나의 클래스에 구현되었기 때문에 로직 테스트 및 수정이 쉽고 빠르다. 이와 같
이 게임을 설계할 때 추상화와 상속을 활용하는 것은 좋은 디자인 패턴이라고 할 수
있다.

렌더링

에너지 게임 오브젝트를 렌더링하는 것은 매우 쉽다. `render` 메소드는 리스트
14.6에 있다.

리스트 14.6 <u>EnergyObject 클래스의 render 메소드</u>

```
- (void)render {
    if (state == kObjectState_Active) {
        [image renderCenteredAtPoint:pixelLocation];
    }
```

```
    [super render];
}
```

게임 오브젝트에 지정된 이미지는 `pixelLocation`을 중앙으로 하여 렌더링된다. 메소드에서 유일하게 확인하는 것은 게임 오브젝트의 활성화 상태이다. 그래서 활성화 상태인 오브젝트만 렌더링하게 된다. 그리고는 `[super render]`를 통해 상위 클래스를 호출하여 SCB 정의 여부에 따라 오브젝트의 테두리를 그린다.

충돌 확인

게임 scene의 업데이트 루프에서 플레이어 게임 오브젝트는 화면에 보이는 모든 오브젝트와 충돌하였는지 확인한다. 또한 화면에 보이는 모든 게임 오브젝트 역시 `Player` 엔티티와의 충돌 여부를 `checkForCollisionWithEntity:` 메소드를 통해 확인한다(리스트 14.7).

`Player` 엔티티는 게임 오브젝트를 구분 짓고 오브젝트 간에 충돌 시 알려주는 역할을 한다. 그렇기 때문에 충돌에 대한 구현은 경우마다 다르게 구현될 수 있다.

리스트 14.7 EnergyObject 클래스의 checkForCollisionWithEntity: 메소드

```
- (void)checkForCollisionWithEntity:(AbstractEntity*)aEntity {

    if ([aEntity isKindOfClass:[Player class]]) {

        if (CGRectIntersectsRect([self collisionBounds], [aEntity collisionBounds]))
        {
            state = kObjectState_Inactive;

            [sharedSoundManager playSoundWithKey:@"eatfood"
                             location:CGPointMake(aEntity.pixelLocation.x,
                                                  aEntity.pixelLocation.y)];
        }
    }
}
```

`Collision` 메소드는 엔티티가 `Player` 클래스의 인스턴스인지 먼저 확인하는데, Sir Lamorak's Quest에서는 엔티티로 `Player`만 넘어온다. 그렇기 때문에 사실 첫

번째 if 문은 구현할 필요가 없지만 나중을 위해 남겨 놓았다.

어쨌거나 엔티티가 플레이어라면 게임 오브젝트와 플레이어와의 영역을 비교하게 되는데, 충돌이 일어났다면 게임 오브젝트의 상태를 바꾸고 해당하는 사운드 효과음을 재생한다.

각각의 게임 오브젝트의 영역은 `collisionBounds` 메소드에 들어 있다(리스트 14.8). Sir Lamorak's Quest의 경우에는 모든 게임 오브젝트의 크기가 동일하지만, 구현하는 바에 따라 게임 오브젝트 크기를 다양하게 할 수 있다.

리스트 14.8 EnergyObject 클래스의 collisionBounds 메소드

```
- (CGRect)collisionBounds {
    return CGRectMake(pixelLocation.x - 10, pixelLocation.y - 10, 20, 20);
}
```

`collisionBounds` 메소드는 간단하다. 중심 좌표를 기준으로 `CGRect` 테두리를 만드는 것이다. `EnergyObject` 클래스에서는 네모의 크기를 코드에 직접 넣었지만 크기를 변하게 구현할 수도 있다. 가령 게임 오브젝트의 이미지가 애니메이션 형태이고 프레임에 따라 크기가 달라지도록 만들고 싶을 수도 있을 것이다. 이러한 경우에 대한 좋은 예가 샘플 프로젝트 [Game Entities]-[Moving] 그룹의 `Pumpkin` 클래스에 있는데, `Pumpkin` 클래스의 `collisionBounds` 메소드에 크기가 달라지는 영역이 구현되어 있다.

게임 오브젝트와 타일 맵

이번 장에서 다루는 게임 오브젝트는 모두 타일 맵에 존재하면서 플레이어가 획득할 수 있다. 그렇기 때문에 이 오브젝트들이 맵의 어디에 있는지 지정할 방법이 필요하다. 물론 type, subtype을 지정할 때와 같이 코드에 직접 넣을 수도 있겠지만 이번 경우에는 워낙 양이 많아서 관리하기가 어려워진다.

그래서 9장에서 타일 맵을 만들 때 사용한 Tiled 타일 맵 편집기의 도움을 받기로 했다. Tiled 프로그램을 이용하여 Sir Lamorak's Quest의 타일 맵을 만들면서 게임 오브젝트를 타일 맵에 놓을 수도 있었던 것을 기억할 것이다. Tiled 프로그램을 활용

하면 게임 오브젝트의 위치를 지정하기도 쉽고 위치를 바꾸는 것도 편리하다.

Tiled 프로그램은 레이어 개념도 지원하는데, 오브젝트 레이어의 경우에는 픽셀 단위로 오브젝트 위치를 지정할 수 있을 뿐만 아니라 타일 맵 어디든지 오브젝트를 놓을 수 있다.

오브젝트 레이어를 사용하여 게임 오브젝트를 배치하면 .tmx 파일에 저장되어 게임 초기화 과정에서 파싱을 통해 `gameObject` 배열에 들어가게 된다. 게임 오브젝트의 초기화에 대해서는 16장에서 자세히 다룬다.

그림 14.2는 Sir Lamorak's Quest의 맵을 Tiled 프로그램에서 읽은 화면이다. 타일 맵 파일은 slqtsor.tmx로 샘플 프로젝트에서 찾을 수 있다.

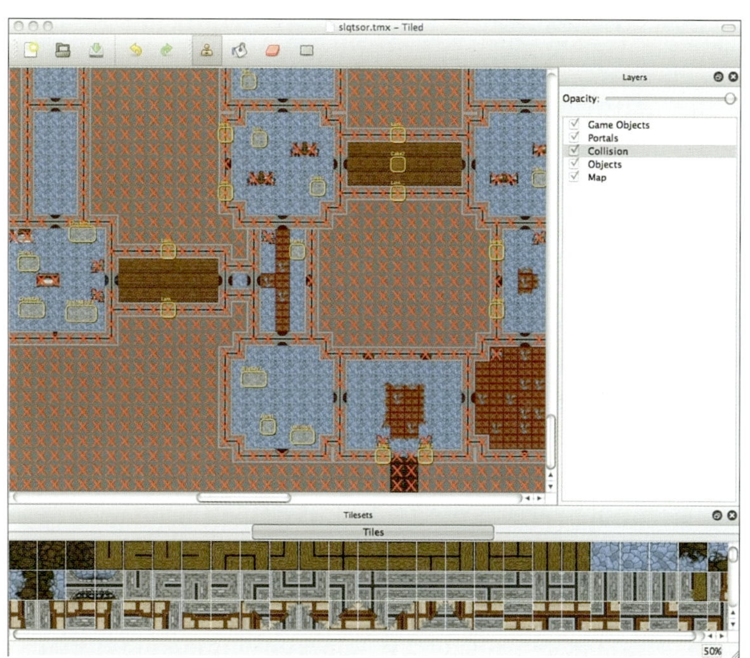

| 그림 14.2 | slqtsor.tmx 파일을 편집하는 화면

그림 14.2의 오른쪽 패널에는 레이어 목록이 있다. 그 중 'Game Objects' 레이어에 게임 오브젝트가 들어 있다. 그리고 중앙의 편집 화면에는 게임 오브젝트가 노란색 박스로 표현되어 있다.

게임 오브젝트와 엔티티

오브젝트 레이어를 맵에 추가하고 싶다면, [Layer] 메뉴에서 [Add Object Layer] 옵션을 선택해야 한다. 그러면 레이어 이름을 묻는 창이 나타나고 레이어 이름을 지정하면 오브젝트 레이어가 생성된다.

오브젝트 레이어가 활성화되면 타일 맵의 아무 위치에나 오브젝트를 만들 수 있다. 색깔을 띤 네모가 개개의 오브젝트를 의미하고 네모의 오른쪽 아래에 있는 작은 노드를 클릭하여 네모의 크기를 조절할 수 있다. 그림 14.3은 두 개의 오브젝트가 맵에 표시된 모습이다.

| 그림 14.3 | Tiled 맵 편집기에서 보여주는 오브젝트

오브젝트 박스의 위치와 크기는 자동으로 타일 맵의 .tmx 파일에 저장되어 충돌 확인 등의 용도로 활용된다.

.tmx 파일에 저장된 오브젝트의 위치는 타일 좌표가 아니라 픽셀 좌표이다. 오브젝트가 만들어지면 오브젝트의 왼쪽 아래에 해당하는 픽셀 좌표는 픽셀이 위치한 타일 좌표로 변환된다. 그리고 오브젝트가 초기화될 때 타일 좌표에 0.5를 더하여 오브젝트가 타일의 중앙에 렌더링되도록 했다. Sir Lamorak's Quest에서는 오브젝트의 가로·세로의 길이가 다른 경우를 고려하지 않았다. 맵 편집기에서 오브젝트의 크기가 다르게 나타난 것은 단순히 오브젝트의 이름을 모두 보여주기 위해서이다.

오브젝트를 만들고 나면 오브젝트에 속성값을 넣을 수 있게 된다. 그림 14.4를 보면 오브젝트를 마우스 오른쪽 버튼으로 눌렀을 때 나타나는 팝업 메뉴를 볼 수 있다.

팝업 메뉴를 통해 오브젝트를 복제 또는 삭제할 수 있으며 오브젝트의 속성도 지정할 수 있다. 만약 여러 개의 속성을 사용하고자 한다면 오브젝트를 복제하여 복제한 오브젝트에 다른 속성값을 넣으면 된다.

| 그림 14.4 | 오브젝트 컨텍스트 메뉴

팝업 메뉴에서 [Properties] 옵션을 선택하면 [Object Properties] 창이 뜬다(그림 14.5).

오브젝트의 이름은 맵 편집기 내에서 어떠한 오브젝트를 명시하는지 알려주는 중요한 정보로 사용된다.

오브젝트 이름은 반드시 유일해야 한다. 왜냐하면 TileMap 클래스에서 오브젝트 이름이 키 값으로 사용되기 때문이다. 키 값을 이용하여 오브젝트의 속성값을 가져올 수 있다. 이는 TileMap 클래스의 제약이지 Tiled 편집기 자체의 것은 아니다.

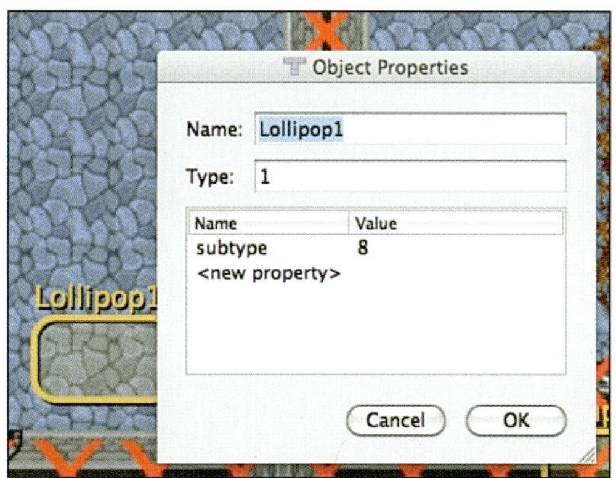

| 그림 14.5 | Object Properties 다이얼로그 창

[Type] 필드는 오브젝트의 type 값을 저장하는 데 사용된다. 오브젝트는 다음의 세 가지 형태 중 하나가 된다.

- kObjectType_Key = 0
- kObjectType_Energy = 1
- kObjectType_General = 2

그림 14.5의 경우 lollipop 오브젝트이기 때문에 type 값은 1(`kObjectType_Energy`)이 된다. subtype은 프로퍼티 리스트에 `subtype`이라는 이름으로 지정하면 된다. 여기서의 subtype은 에니지 오브젝트의 종류를 결정하는 역할을 한다. 그림 14.5에서는 `subtype`으로 8이 지정되었는데, 이것은 리스트 14.2에서 lollipop으로 정의되어 있다.

오브젝트 하나에 여러 개의 속성값이 지정될 수 있다. 그래서 게임 코드에서 가져온 설정 정보를 맵 편집기에 반영해주면 맵 디자이너에게 많은 도움이 될 것이다.

타일 맵에 오브젝트를 추가하고 type, subtype을 설정하고 나면 게임 화면에서 필요할 때마다 쉽게 꺼낼 수 있게 된다. 뿐만 아니라 오브젝트를 테스트하는 과정에서도 쉽게 위치 변경, 추가, 삭제 등을 할 수 있다.

게임 오브젝트 정리

이번 장에서는 Sir Lamorak's Quest의 모든 게임 오브젝트에 대한 구현에 대해서는 다루지 않았지만, 핵심 클래스인 `AbstractObject`와 `EnergyObject` 클래스를 익혔기 때문에 나머지 오브젝트 클래스에 대해서도 어렵지 않게 구현 방법을 이해할 수 있을 것이다.

게임 엔티티(Game Entity)

Sir Lamorak's Quest에서 사용한 게임 엔티티는 게임 오브젝트와 매우 유사하다. 사실 너무 비슷해서 굳이 다른 추상 클래스를 사용하지 않아도 될 정도이다. 그럼에도 불구하고 오브젝트와 엔티티를 구분했다. 고정되어 능동적인 행동을 취하지 않는 것을 오브젝트로, 움직이면서 자신만의 행동을 하는 것을 엔티티로 구분했다.

이러한 이유로 `AbstractEntity` 클래스가 만들어졌다. `AbstractEntity` 클래스를 상속받는 Sir Lamorak's Quest의 엔티티는 다음과 같다.

- `Player`
- `Axe`
- `Ghost`
- `Pumpkin`
- `Bat`
- `Zombie`
- `Witch`
- `Frank`
- `Vampire`
- `Portal`
- `Door`

위 엔티티와 클래스는 게임에서 활동적인 요소를 표현하기 위하여 사용된다. 목록에서 적(敵)에 해당하는 엔티티가 무엇인지 쉽게 파악할 수 있을 것이다. 이 엔티티들은 성 안을 돌아다니다 플레이어에게 다가가는데, 플레이어와 부딪히면 이 엔티티는 사라지며 플레이어의 에너지는 감소하게 된다.

> **Tip** **Door 정의**
>
> 성에 있는 모든 문(door)은 `Door` 클래스의 인스턴스로 표현된다. `Door` 클래스는 성에 존재하는 다양한 형태의 문(열쇠가 필요한 문, 무작위로 열리고 닫히는 문 등)을 관리하는 역할을 맡는다.
>
> 문의 위치와 type은 타일 맵에 정의되어 있으며 타일 맵의 Collision 레이어에 위치한다.
>
> `Type` 값은 Global.h 안에 다른 `enum` 값으로 정의되어 있다. 각각의 값은 어떤 종류의 문인지 `Door` 클래스에 알려주어 동작 방법을 결정할 수 있도록 한다.
>
> 맵에서는 닫힌 문만 문의 위치를 지정하는데 사용되었다. 그리고 GameScene 초기화 과정에서 `Door` 클래스의 인스턴스는 생성되면서 `doors` 배열에 저장된다.

Axe 클래스는 이름만으로도 쉽게 어떤 일을 하는지 알 수 있다. 이 클래스는 플레이어의 도끼로 날아다닐 수 있다. 도끼는 벽에 반사되면서 일정 시간 동안 날아다닌다.

마지막 두 클래스는 Portal과 Door로, 두 엔티티 모두 움직이지는 못하지만 자체적으로 액션을 취한다.

Portal 클래스는 particle 효과를 이용하여 무시무시하게 보이도록 하였으며, 플레이어기 그 안으로 들어가면 맵의 다른 장소로 순간이동시킨다. 순간이동은 하이젠베르크의 불확정성 원리에 따라 동작한다.[1]

AbstractEntity 클래스

AbstractEntity 클래스는 앞에서 설명한 바와 같이 AbstractObject 클래스와 매우 유사하다. AbstractEntity 클래스에도 엔티티가 사용할 여러 속성에 대해 정의한다(리스트 14.9).

리스트 14.9 **AbstractEntity 클래스 속성값**

```
///////////////// 싱글톤 매니저
SoundManager *sharedSoundManager;
GameController *sharedGameController;

///////////////// 이미지
Image *image;
SpriteSheet *spriteSheet;
Animation *animation;

///////////////// 엔티티 위치
CGPoint tileLocation;
CGPoint pixelLocation;

///////////////// 엔티티 상태 / 인스턴스 변수
GameScene *scene;
uint state;
float energyDrain;
float speed;
```

---

[1] 하이젠베르크의 불확정성 원리: en.wikipedia.org/wiki/Uncertainty_principle

```
    float angle;
    ParticleEmitter *dyingEmitter;
    ParticleEmitter *appearingEmitter;
    float offScreenTimer;
    float appearingTimer;
    float distanceFromPlayer;
```

공통 속성들은 많은 수의 엔티티가 사용하는데 `Player`, `Axe`, `Portal`, `Door` 클래스를 제외하고는 추상 클래스에서 정의한 속성 외의 자체 속성값을 사용하지 않는다.

게임 오브젝트와 마찬가지로 엔티티도 상태값을 갖는다. 리스트 14.10은 Global.h에 정의되어 있고 엔티티 상태값을 보여준다.

 Global.h 파일에 정의된 엔티티 상태 enum 값

```
// 엔티티 상태
enum entityState {
    kEntityState_Idle,
    kEntityState_Dead,
    kEntityState_Dying,
    kEntityState_Alive,
    kEntityState_Appearing
};
```

리스트 14.11은 `AbstractEntity` 클래스에서 사용하는 메소드다.

 AbstractEntity 클래스의 메소드

```
- (id)initWithTileLocation:(CGPoint)aLocation;
- (void)updateWithDelta:(float)aDelta scene:(AbstractScene*)aScene;
- (void)render;
- (BOOL)isEntityInTileAtCoords:(CGPoint)aCoords;
- (CGRect)movementBounds;
- (CGRect)collisionBounds;
- (BoundingBoxTileQuad)getTileCoordsForBoundingRect(CGRect aRect, CGSize aTileSize);
- (void)checkForCollisionWithEntity:(AbstractEntity*)aEntity;
- (void)checkForCollisionWithObject:(AbstractObject*)aObject;
```

메소드 중 `getTileCoordsForBoundingRect` 메소드는 C 함수 형태로 정의된 것을 볼 수 있다. 이 메소드는 굉장히 빈번하게 불리기 때문에 Objective-C 메소드를 호출할 때 생기는 메시지 오버헤드를 줄이기 위하여 C 함수로 구현하였다.

`getTileCoordsForBoundingRect` 메소드는 `isEntityInTileAtCoords`, `initWithEncoder`, `encodeWithEncoder` 메소드와 함께 abstract 클래스에 직접 구현되었다. 이 메소드들은 모든 엔티티에 대해 동일하게 동작하기 때문에 한 번만 작성되면 된다.

`movementBounds` 메소드는 `collisionBounds` 메소드와 다른 영역을 만들어낸다. `movementBounds`는 타일 맵에서 지나갈 수 있는지를 결정하는 데 사용되는 영역이다. 이렇게 별도로 영역을 만들어 놓으면 맵에서의 충돌이나 적 또는 다른 오브젝트와의 충돌을 구별하게 되어 좀더 사실적으로 게임을 즐길 수 있게 도와준다.

> **Note**
> 엔티티가 벽에 부딪히는 범위(이동 영역)가 다른 엔티티 또는 오브젝트와 부딪히는 범위보다 넓게 구현했다는 사실은 매우 중요하다. 이동 영역을 더 넓게 만들면 엔티티가 문을 지날 때 엔티티 그래픽의 일부가 잘리는 것을 방지할 수 있다. 만일 이동 영역을 좁게 하면 문을 지날 때 엔티티의 가장자리가 문 그림 옆으로 살짝 나타나는 일이 발생한다.

또한 충돌 메소드도 두 종류가 있는데, 하나는 다른 엔티티와의 충돌을 체크하고 다른 하나는 오브젝트와의 충돌을 확인한다. 물론 하나의 메소드로 합칠 수도 있었지만 앞에서 언급한 게임 설계 방향에 따라 별도의 메소드로 구현하였다. 하지만 Player 클래스만 `checkForCollisionWithObject:` 메소드를 사용한다.

인공지능

게임에 있어서 인공지능은 그 개념이 나타난 이후 현재까지도 계속해서 발전하는 매우 광범위한 주제이다. 1950년대 초창기 프로그램에 인공지능의 일부 개념이 도입된 이후 게임은 인공지능 연구 분야의 한 축이 되었다.

인공지능에 대해 다루는 서적은 셀 수 없이 많으며, 특정 내용만을 다루기에도 너무나 양이 방대하다. 하지만 인공지능이 어떻게 구현되는지 이해하는 것은 매우 중요하다.

앞에서 설명한 것처럼 엔티티는 자신의 업데이트와 렌더링을 관리해야 하기 때문에 엔티티의 업데이트 메소드에는 인공지능이 구현될 수 있다. Sir Lamorak's Quest에는 복잡한 인공지능을 구현하지 않았다. 게임 엔티티의 업데이트 루틴은 그저 엔티티가 맵을 돌아다니도록 하면서 동시에 충돌이 일어나는지를 확인할 뿐이다. 하지만 그 중 인공지능을 가진 엔티티가 하나 있는데 바로 마녀 엔티티다.

마녀 엔티티는 플레이어가 가까이 가면 플레이어를 쫓아온다. 리스트 14.12는 마녀 엔티티의 움직임을 구현한 코드로, Witch 클래스의 updateWithDelta:scene: 메소드의 일부이다.

리스트 14.12 updateWithDelta:scene: 메소드 코드 중 마녀가 접근하는 부분

```
if (distanceFromPlayer <= 3) {
    entityAIState = kEntityAIState_Chasing;
} else {
    entityAIState = kEntityAIState_Roaming;
}


if (entityAIState == kEntityAIState_Chasing) {
    speed = 1 * MOVEMENT_SPEED;
    float dx = tileLocation.x - scene.player.tileLocation.x;
    float dy = tileLocation.y - scene.player.tileLocation.y;
    angle = atan2(dy, dx) - DEGREES_TO_RADIANS(180);
    tileLocation.x += (speed * aDelta) * cos(angle);
    tileLocation.y += (speed * aDelta) * sin(angle);
}


if (entityAIState == kEntityAIState_Roaming) {
    changeDirSpeed = (int)(99 * RANDOM_0_TO_1());
    if(changeDirSpeed == 1) {
        angle = (int)(360 * RANDOM_0_TO_1()) % 360;
        speed = (float)(RANDOM_0_TO_1() * MOVEMENT_SPEED);
    }
    tileLocation.x += (speed * aDelta) * cos(DEGREES_TO_RADIANS(angle));
    tileLocation.y += (speed * aDelta) * sin(DEGREES_TO_RADIANS(angle));
}
```

마녀와 플레이어와의 거리를 비교하여 너무 멀리 떨어져 있으면 재생성(re-spawn)한다. 만일 거리가 타일 3개 이내라면 엔티티의 entityAIState 변수값은 kEntityAIState_Chasing으로 바뀐다. 거리가 타일 3개를 넘는다면 entityAIState 변수값은 kEntityAIState_Roaming으로 세팅된다.

그래서 마녀 엔티티가 추적 상태로 바뀌면 플레이어의 위치에 따라 방향과 속도가 결정된다. 이렇게 함으로써 마녀는 플레이어에 점점 가까이 다가갈 수 있게 된다.

하지만 마녀와 플레이어의 거리가 타일 3개를 넘기면 마녀 엔티티는 다시 무작위로 배회하게 된다.

이것은 아주 간단한 인공지능이지만 게임을 하는 유저로 하여금 긴장하게 만드는데 아주 유용하게 쓰인다. 이 인공지능에서 고려되지 않은 부분이 있는데, 바로 타일 거리를 계산할 때 막혀 있는 타일도 포함했다는 것이다. 그래서 플레이어와 마녀 사이에 벽이 존재해도 마녀는 플레이어를 인식할 수 있게 된다.

이러한 부분은 인공지능을 이용한 일종의 편법이라고 할 수 있는데, 많은 게임에서 이와 같은 편법을 사용한다. 그래서 심지어는 플레이어가 보지 못하는 영역에 있는 엔티티가 플레이어의 위치를 알고 있다거나, 일정 확률로 쫓아오는 속도가 빨라지기도 한다. 당연히 이렇게 편법을 사용하는 것은 플레이어 입장에서는 반칙이라고 생각될 것이다. 하지만 이러한 요소 때문에 게임의 긴장감을 계속해서 유지할 수 있는 것이다. 만약 이와 같은 장치가 없다면 게임을 잘 하는 유저는 금방 지루함을 느낄 것이다. 그렇기 때문에 인공지능은 계속해서 발전하게 되며, 언젠가는 여러분이 집에 들어오면 Mac이 알아차리고 주방에 있는 가전제품을 터미네이터 부대로 변신시킬지도 모르는 일이다.

일반적으로 인공지능은 상태 머신(state machine)을 사용한다. 그래서 몇 개의 입력 파라미터를 이용하여 상태를 설정하며 이에 따라 엔티티는 적절히 행동하게 된다. Witch 클래스를 예로 들면, 엔티티의 인공지능 상태값은 entityAIState 변수에 저장되며 상태값은 enum 상수 값으로 정의된다. 그래서 인공지능 상태값과 입력 파라미터의 개수가 많아질수록 인공지능은 더욱 복잡해진다.

엔티티의 또 다른 주요 인공지능으로는 길찾기를 들 수 있다. 길찾기는 맵상에서 엔티티의 현재 위치부터 목적지 위치까지 정상적으로 갈 수 있는 경로를 찾는 과정이다. 물론 특정 위치에서 엔티티가 있는 위치까지의 경로를 찾을 수도 있다. 어쨌거나 현재 구현된 마녀의 이동은 단순히 플레이어가 있는 곳으로 움직이는 것이기 때문에 중간에 벽이 있으면 다가가지 못한다. 이를 해결하기 위해서는 경로 탐색 알고리즘을 사용하면 된다.

경로 탐색 알고리즘 중에서 널리 사용되는 것으로 A*(A star)를 들 수 있다. 이 알고리즘은 복잡하게 만들어진 타일 맵에도 잘 적용되기 때문에, A* 알고리즘을 사용하면 타일 맵상에서 엔티티가 가야 할 경로를 계산할 수 있다.

또한 A* 알고리즘은 이동하는 구간별로 가중치를 줄 수도 있기 때문에 같은 목적지라도 가장 빠른 길을 찾거나, 특정 타일은 비껴가는 경로를 찾도록 할 수 있다. 이 책에서는 A* 경로 탐색 알고리즘에 대해서 다루지는 않았지만 인터넷을 통해 많은 정보를 얻을 수 있을 것이다.[2]

Player 엔티티 클래스

Sir Lamorak's Quest에서 돌아다니는 것들에 대한 클래스 중 `Player` 클래스는 가장 핵심이 되는 클래스이다. `Player` 클래스는 Lamorak에 대한 로직, 렌더링, 이동, 인벤토리(inventory) 등을 관리하며, `AbstractEntity` 클래스를 상속받음에도 불구하고 자신만의 속성값을 지니고 있다(리스트 14.13).

리스트 14.13 <u>Player 클래스 속성 값</u>

```
/////////////////////// 애니메이션
Animation *leftAnimation;
Animation *rightAnimation;
Animation *downAnimation;
Animation *upAnimation;
Animation *currentAnimation;

/////////////////// 인스턴스 변수
float playerSpeed;
float energy;
float angleOfMovement;
float speedOfMovement;
float energyTimer;
float deathTimer;
float blinkTimer;
int lives;
float stayDeadTime;
CGPoint beamLocation;
```

---

[2] www.policyalmanac.org/games/aStarTutorial.htm

```
////////////////// 인벤토리
AbstractObject *inventory1, *inventory2, *inventory3;

////////////////// 플래그
BOOL renderSprite;
BOOL hasParchmentTop, hasParchmentMiddle, hasParchmentBottom;
```

애니메이션 속성은 각각 Lamorak이 상하좌우로 움직이는 애니메이션을 가지고
있다. 그 중 `currentAnimation`은 플레이어가 움직이는 방향에 따라 알맞은 애니
메이션 속성 변수를 가리킨다. 인벤토리(inventory) 속성 변수들은 GameScene 클
래스의 gameObject 배열에 있는 오브젝트를 가리키는 포인터로, 플레이어가 오브
젝트를 집으면 해당 레퍼런스가 인벤토리 속성 변수에 들어가게 된다. 그렇기 때문
에 인벤토리 변수가 가리키는 오브젝트가 바뀌면 인벤토리의 내용도 자동으로 변
경된다.

초기화

`Player` 클래스의 초기화는 다른 클래스와 큰 차이가 없다. 이동 방향별로 애니메
이션이 지정되는데, if 문을 남발하지 않도록 `currentAnimation` 변수를 별도로 만
들어 플레이어의 이동 방향이 바뀔 때만 해당하는 애니메이션을 가리키도록 하였다.
그래서 `movement`와 `render` 메소드는 플레이어의 이동 방향을 고민할 필요 없이
`currentAnimation` 값만 참조하면 된다.

업데이트

`updateWithDelta`: 메소드는 switch 구문을 사용하여 플레이어의 상태에 따라 필
요한 동작을 하도록 구현되었다. 플레이어가 살아있는 동안에는 플레이어의 위치와
에너지가 업데이트된다. 리스트 14.14는 `updateWithDelta`: 메소드의 앞 부분을 보
여준다.

리스트 14.14 Player 클래스의 updateWithDelta: 메소드(Part 1)

```
switch (state) {
```

```objc
case kEntityState_Appearing:
case kEntityState_Alive:

    if (state == kEntityState_Appearing) {
        appearingTimer += aDelta;

        if (appearingTimer >= 4) {
            state = kEntityState_Alive;
            appearingTimer = 0;
        }

        blinkTimer += aDelta;
        if (blinkTimer >= 0.10) {
            renderSprite = (renderSprite == YES) ? NO : YES;
            blinkTimer = 0;
        }
    }

    [self updateLocationWithDelta:aDelta];

    energyTimer += aDelta;
    if (energyTimer > 3) {
        energy -= 1;
        energyTimer = 0;
    }

    if (energy <= 0) {
        state = kEntityState_Dead;

        energy = 0;

        MapObject *grave = [[MapObject alloc]
                            initWithTileLocation:tileLocation
                            type:kObjectType_General
                            subType:kObjectSubType_Grave];
        [aScene.gameObjects addObject:grave];
        [grave release];

        lives -= 1;
        if (lives < 1) {
            aScene.state = kSceneState_GameOver;
        }

        [sharedSoundManager playSoundWithKey:@"scream"
                            location:pixelLocation];
    }
```

게임 오브젝트와 엔티티

플레이어의 에너지가 0 또는 그 이하가 되면 플레이어 엔티티의 상태는 `kEntity State_Dead`가 된다. 동시에 `energy` 값을 `0`으로 세팅하여 플레이어가 죽었음에도 불구하고 에너지가 남아있는 상황이 발생하는 것을 미연에 방지한다.

플레이어가 죽으면 묘비가 `GameScene` 클래스의 `gameObject` 배열에 추가된다. 묘비 오브젝트는 플레이어가 죽은 자리에 일정 시간 동안 나타나게 되는데, `MapObject` 인스턴스를 만들 때 묘비의 type과 subtype을 정의하는 것을 볼 수 있다.

그린 다음 플레이어 목숨 수를 하나 줄이는데, 디이상 남아 있는 플레이어가 없다면 `GameScene`의 상태는 `kSceneState_GameOver`로 바뀐다. 그리고 비명 소리를 재생하여 플레이어가 죽었음을 알린다.

잔여 플레이어가 아직 남아 있을 때 플레이어가 죽은 경우에는 다음 번 switch 진입 시 `kEntityState_Dead` 부분이 실행된다(리스트 14.15).

 Player 클래스의 updateWithDelta: 메소드(Part 2)

```
case kEntityState_Dead:
    deathTimer += aDelta;
    if (deathTimer >= stayDeadTime) {
        deathTimer = 0;
        state = kEntityState_Appearing;
        energy = 100;
    }
    break;
default:
    break;
    }
}
```

플레이어가 죽은 다음 일정 시간이 지난 후에 부활하도록 하기 위하여 타이머 하나를 사용하여 잠시 기다리도록 하였다. 그런 다음 상태값을 `kEntityState_Appearing`으로 바꾸고 에너지도 꽉 채웠다. 하지만 플레이어가 부활된 직후에는 바로 공격 당할 위험이 있기 때문에, 부활 후 일정 시간 동안은 무적상태로 돌아다닐 수 있도록 하였다. 무적상태로 돌아다니는 부분은 리스트 14.14의 `kEntityState_Appearing` 비교 구문에 있다.

플레이어가 무적상태임을 알려주기 위하여 별도의 변수를 사용하여 4초 동안 0.1초 간격으로 플레이어의 스프라이트를 렌더링했다 안했다를 반복한다. 이렇게 하면 화면에는 플레이어가 깜박이는 것처럼 보이기 때문에 유저는 무적상태임을 금방 인식할 수 있게 된다. 4초 후 깜박임이 멈추면 플레이어 엔티티의 상태는 kEntityState_Alive 로 바뀌며, 정상적으로 게임을 진행하게 된다.

플레이어의 위치 업데이트

updateWithDelta: 메소드를 보면 updateLocationWithDelta: 메소드를 호출하는 것을 볼 수 있다. updateLocationWithDelta:는 private 메소드로 조이패드의 입력에 따라 플레이어의 위치를 업데이트하는 일을 담당한다. 또한 지나가지 못하는 타일과 플레이어의 충돌도 같이 처리한다. 리스트 14.16은 updateLocationWithDelta: 메소드의 앞 부분을 나타낸다.

리스트 14.16 Player 클래스의 updateLocationWithDelta: 메소드(Part 1)

```objc
- (void)updateLocationWithDelta:(float)aDelta {

    BoundingBoxTileQuad bbtq;

    CGPoint oldPosition = tileLocation;
    if (speedOfMovement != 0) {

        tileLocation.x -= (aDelta * (playerSpeed * speedOfMovement))
                            * cosf(angleOfMovement);

        CGRect bRect = [self movementBounds];
        bbtq = getTileCoordsForBoundingRect(bRect,
                                CGSizeMake(kTile_Width, kTile_Height));
        if ([scene isBlocked:bbtq.x1 y:bbtq.y1] ||
            [scene isBlocked:bbtq.x2 y:bbtq.y2] ||
            [scene isBlocked:bbtq.x3 y:bbtq.y3] ||
            [scene isBlocked:bbtq.x4 y:bbtq.y4]) {
            tileLocation.x = oldPosition.x;
        }

        tileLocation.y -= (aDelta * (playerSpeed * speedOfMovement))
                            * sinf(angleOfMovement);
```

```
        bRect = [self movementBounds];
        bbtq = getTileCoordsForBoundingRect(bRect,
                                CGSizeMake(kTile_Width, kTile_Height));
        if ([scene isBlocked:bbtq.x1 y:bbtq.y1] ||
            [scene isBlocked:bbtq.x2 y:bbtq.y2] ||
            [scene isBlocked:bbtq.x3 y:bbtq.y3] ||
            [scene isBlocked:bbtq.x4 y:bbtq.y4]) {
            tileLocation.y = oldPosition.y;
        }
```

먼저, 플레이어의 현재 위치를 `oldPosition`에 저장하여 지나가지 못하는 타일로 이동하였을 때 다시 원래 위치로 복귀시킬 수 있도록 한다.

다음으로 `speedOfMovement` 변수를 확인하는데, 값이 0인 경우는 의미가 없기 때문에 0이 아닌 경우에만 플레이어의 위치를 업데이트한다.

플레이어가 움직이는 경우 새로이 움직인 위치를 계산하게 되는데, 이때 한 번에 좌표축 하나씩 계산한다. 그래서 여기에서는 x값을 먼저 계산한 다음 y값을 계산한다. 이렇게 하면 벽을 따라 지나가도록 할 수 있다.

이동하는 x축 위치는 플레이어의 이동 속도에 의해 계산되는데, 조이패드로부터 속도와 각도(방향) 값을 얻는다.

```
tileLocation.x -= (aDelta * (playerSpeed * speedOfMovement))
                * cosf(angleOfMovement);
```

`angleOfMovement` 값을 이용하여 새로운 x축 위치를 계산하기 위해서는 약간의 수학적 지식이 필요하다. 어쨌거나 새로운 x 위치 계산이 끝나면 `getTileCoordsFor BoundingRect` 메소드를 사용하여 플레이어의 이동 영역을 계산한다. 이 메소드는 이동 영역의 네 귀퉁이를 타일 좌표로 변환시켜 이동이 불가능한 타일과 겹치는 부분이 있는지 확인할 수 있도록 만든다.

그림 14.6은 이동 영역에 대해 충돌 확인을 하는 장면이다. 그림 14.6에서 빨간색 타일이 이동 불가능 타일이다. 파란색 사각형은 x 값만큼 이동한 후의 이동 영역을 나타내며, 회색의 사각형은 이동하기 이전 위치를 나타낸다.

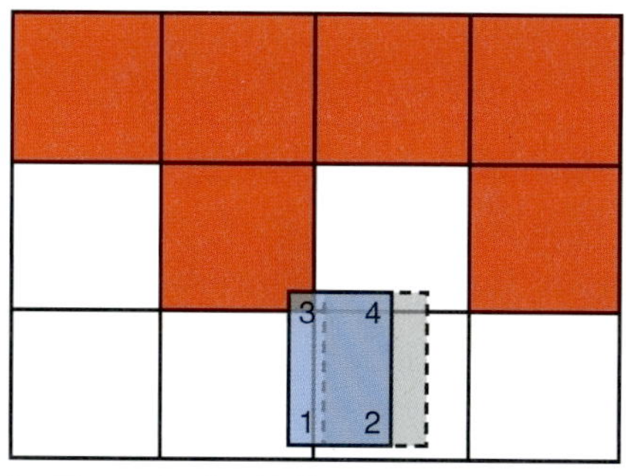

| **그림 14.6** | 이동 불가능 타일에 대한 이동 영역 확인

그림에서 볼 수 있듯이 3번 모서리가 이동 불가능 타일 안에 들어간 것을 알 수 있다. 그렇기 때문에 이동 가능 여부를 체크한 다음 다시 원래 위치로 복귀하게 된다. 이렇게 하는 것이 벽에 충돌했을 때 반응하는 아주 쉽고 간단한 방법이 된다. 업데이트 주기마다 얼마나 많이 이동하느냐에 따라 플레이어의 이동 영역과 벽 사이에는 약간의 공간이 생길 수도 있다.

Sir Lamorak's Quest에서는 플레이어의 이동 속도가 빠르지 않아 공간이 나타나지 않았지만 빠르게 이동하는 오브젝트를 사용하는 게임에서는 벽을 넘어가는 시점에서 이동 전 위치로 복귀시키지 않고 벽에 붙어 있도록 보정해주어야 할 것이다.

만약 y축을 따라 위로 올라가는 상황이라면 벽과 충돌하지 않기 때문에 이동한 위치로 업데이트될 것이다. 지금까지 설명한 내용은 x, y축 방향으로 모두 움직이는 상황에서 어떻게 벽을 타고 가는지 보여주는 좋은 예이다.

리스트 14.17은 updateLocationWithDelta: 메소드의 나머지 부분으로 플레이어의 방향에 따라 알맞은 애니메이션과 OpenAL 청취자 위치를 결정한다.

리스트 14.17 Player 클래스의 updateLocationWithDelta: 메소드(Part 2)

```
if (angleOfMovement > 0.785 && angleOfMovement < 2.355) {
    currentAnimation = downAnimation;
} else if (angleOfMovement < -0.785 && angleOfMovement > -2.355) {
    currentAnimation = upAnimation;
} else if (angleOfMovement < -2.355 || angleOfMovement > 2.355) {
    currentAnimation = rightAnimation;
} else  {
```

```
        currentAnimation = leftAnimation;
    }

    [currentAnimation setState:kAnimationState_Running];
    [currentAnimation updateWithDelta:aDelta];

    [sharedSoundManager setListenerPosition:CGPointMake(pixelLocation.x,
                                            pixelLocation.y)];
} else {
    [currentAnimation setState:kAnimationState_Stopped];
    [currentAnimation sctCurrentFrame:4];
}
```


리스트 14.17에 사용된 숫자는 라디안 값으로, 그림 14.7에서 표시된 네 영역을 나누는 각도가 된다.

조이패드를 터치하면 플레이어는 터치한 방향으로 움직일 것이다. 플레이어의 움직임을 자연스럽게 표현하기 위해 이동하는 방향에 맞게 애니메이션을 그려준다. Sir Lamorak's Quest에서는 상하좌우 네 방향만 다루면 된다. 터치하는 조이패드의 방향을 결정하는 영역을 그림 14.7에서 보여주고 있다.

그림 14.7에 표시된 영역에 해당하는 범위 내에 angleOfMovement 값이 들어왔는지 점검하는데, 각도는 라디안 값을 사용한다. 그렇게 하여 상하좌우 영역 중 조이패드에 터치된 부분에 해당하는 방향에 맞게 애니메이션을 사용하게 된다. 네 방향의 영역은 45도로 나뉘어 있는데, 이 각은 여러 차례 시험을 통해 결정된 최적의 각도이다. 조이패드에서 넘어오는 각도는 라디안 값이기 때문에 if 문에서 사용된 숫자역시 라디안 값을 사용하였다.

이렇게 방향에 맞는 애니메이션을 결정한 다음에는 변경된 플레이어의 위치에 맞추어 OpenAL의 청취자(listener) 위치를 조정한다. 11장에서 살펴본 바와 같이 OpenAL을 이용하여 사운드를 재생하기 때문에 청취자의 위치를 업데이트하지 않으면 사운드가 이상하게 들릴 것이다.

마지막으로 플레이어가 움직이지 않는 경우에는 애니메이션 프레임 값을 4로 지정하여 기본 자세로 서있는 그림을 보여주도록 하였다.

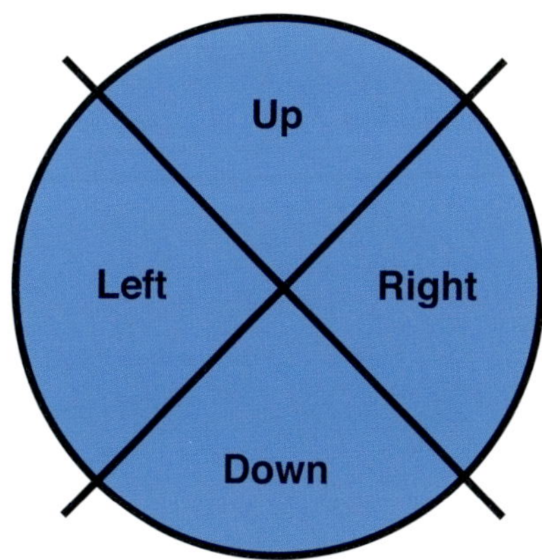

| 그림 14.7 | 플레이어가 움직이는 애니메이션의 방향을 결정짓는 조이패드의 영역

인벤토리(Inventory)

Player 클래스는 플레이어의 인벤토리(inventory)도 관리하며, 다음의 두 메소드가 실제 일을 수행한다.

- placeInInventoryObject:
- dropInventoryInSlot:

플레이어가 아이템을 인벤토리에 추가하면 placeInInventoryObject: 메소드가 동작한다(리스트 14.18)

리스트 14.18 Player 클래스의 placeInInventoryObject: 메소드

```
- (void)placeInInventoryObject:(AbstractObject*)aObject {

    if (aObject.state == kObjectState_Active) {
        if (!self.inventory1) {
            self.inventory1 = aObject;
            aObject.state = kObjectState_Inventory;
            aObject.isCollectable = NO;
            aObject.pixelLocation = CGPointMake(180, 303);
            [self checkForParchment:aObject pickup:YES];
        } else if (!self.inventory2) {
```

```
            aObject.state = kObjectState_Inventory;
            aObject.isCollectable = NO;
            aObject.pixelLocation = CGPointMake(240, 303);
            self.inventory2 = aObject;
            [self checkForParchment:aObject pickup:YES];
        } else if (!self.inventory3) {
            aObject.state = kObjectState_Inventory;
            aObject.isCollectable = NO;
            aObject.pixelLocation = CGPointMake(300, 303);
            self.inventory3 = aObject;
            [self checkForParchment:aObject pickup:YES];
        }
    }
}
```

먼저 추가하려는 오브젝트의 상태를 확인하여 활성화 상태가 아니면 추가하지 않는다. 오브젝트가 활성화 상태라면 세 개의 슬롯을 모두 확인하여 비어 있는 곳에 먼저 넣는다. 슬롯에 오브젝트가 들어가게 되면 상태값은 `kObjectState_Inventory`로 바뀌어 인벤토리 안에 있음을 알려준다. 또한 이미 획득한 오브젝트이므로 수집 불가능으로 표기하고, 이미지를 그릴 픽셀 위치를 해당 슬롯 위치로 지정한다.

마지막으로 `checkForParchment:pickup:` 메소드를 이용하여 오브젝트가 양피지 조각인지 확인한다. 양피지 조각을 세 장 모두 모으면 플레이어가 성 밖으로 나갈 수 있음을 알려주기 위하여 사운드가 연주된다. 세 개의 플래그가 모두 `YES`여야만 성을 빠져나갈 수 있다.

인벤토리에 있던 오브젝트를 버릴 때는 `dropInventoryInSlot:` 메소드가 호출된다(리스트 14.19)

리스트 14.19 Player 클래스의 dropInventoryInSlot: 메소드

```
- (void)dropInventoryFromSlot:(int)aInventorySlot {

    AbstractObject *invObject = nil;

    if (aInventorySlot == 0) {
        invObject = self.inventory1;
    } else if (aInventorySlot == 1) {
        invObject = self.inventory2;
    } else if (aInventorySlot == 2) {
```

```objc
        invObject = self.inventory3;
    }

    if (invObject) {
        invObject.pixelLocation = pixelLocation;
        invObject.tileLocation = tileLocation;
        invObject.state = kObjectState_Active;
    }

    if (aInventorySlot == 0) {
        self.inventory1 = nil;
    } else if (aInventorySlot == 1) {
        self.inventory2 = nil;
    } else if (aInventorySlot == 2) {
        self.inventory3 = nil;
    }

    [self checkForParchment:invObject pickup:NO];
}
```

GameScene으로부터 슬롯 번호를 받은 다음 해당 슬롯에 있는 오브젝트를 꺼내어 오브젝트의 위치 정보를 현재 플레이어가 있는 위치 정보로 대치한다.

엔티티 정리

비록 Sir Lamorak's Quest에서 사용하는 모든 엔티티에 대해서 다루지 못했지만, `AbstractEntity`와 `Player` 클래스만 이해하면 나머지 엔티티 클래스도 어렵지 않게 이해할 수 있을 것이다.

우리가 살펴본 엔티티 클래스는 매우 기본적인 형태로 구현되었다. 업데이트 루프에서 핵심이 되는 부분은 타일 맵상에서 엔티티가 어떻게 움직일 것인지와 충돌에 어떻게 반응할 것인지 구현하는 것이다. 충돌을 감지하고 반응하는 것은 `Player` 클래스에서 구현한 방법과 동일하다.

⚒ 게임 오브젝트 및 엔티티 저장

게임 오브젝트나 엔티티의 현재 상태를 저장하는 것은 아주 중요한 요소가 된다. 왜냐하면 이렇게 저장해야 나중에 게임을 이어서 할 수 있기 때문이다. 다행히 게임 상태를 저장하는 것은 생각보다 어렵지 않다.

앞에서 `AbstractObject`와 `AbstractEntity` 클래스를 다룰 때 `NSCoding` 프로토콜을 구현한 것을 보았을 것이다. `NSCoding` 프로토콜은 형식을 갖추어야 하는 프로토콜로, 아래의 두 메소드를 꼭 구현해야 한다.

- `initWithCoder:`
- `encodeWithCoder:`

`NSCoding` 프로토콜을 구현한다는 것은 오브젝트와 엔티티를 아카이브(archive) 형태로 디스크에 저장할 수 있음을 의미한다. 오브젝트가 한 개뿐이거나 배열로 구성되었거나 상관 없이 `NSKeyedArchiver`를 사용하여 아주 쉽게 저장할 수 있다.

`NSKeyedArchiver`를 만들고 나면 한 개의 명령으로 오브젝트 또는 엔티티 배열을 아카이브 형태로 저장할 수 있다. 리스트 14.20은 GameScene 클래스의 `saveGameState` 메소드 일부이다.

리스트 14.20 GameScene 클래스의 saveGameState 메소드 중 NSKeyedArchiver 생성 부분

```objectivec
NSArray *paths = NSSearchPathForDirectoriesInDomains(NSDocumentDirectory,
                                        NSUserDomainMask, YES);
NSString *documentsDirectory = [paths objectAtIndex:0];
NSString *gameStatePath = [documentsDirectory
                    stringByAppendingPathComponent:@"gameState.dat"];

NSKeyedArchiver *encoder;
gameData = [NSMutableData data];
encoder = [[NSKeyedArchiver alloc] initForWritingWithMutableData:gameData];
[encoder encodeObject:gameScene.entities forKey:@"gameEntities"];
[encoder finishEncoding];
[gameData writeToFile:gameStatePath atomically:YES];
[encoder release];
```

코드를 보면 NSKeyedArchiver 인스턴스 encoder를 만들어 NSMutableData 타입의 gameData에 저장할 수 있도록 한다. 그런 다음 게임 엔티티 배열을 gameEntities 키 값으로 저장하고 마무리로 인코딩을 끝낸 다음 gameData를 디스크에 저장하면 모든 과정이 끝난다.

gameEntities 배열에 있는 모든 오브젝트는 각자 인코딩되어야 하며, 이를 위해 encodeWithCoder: 메소드가 사용된다. 이 메소드는 인스턴스 변수를 인코딩하여 디스크에 저장할 수 있는 형태로 변환시킨다.

iPhone 애플리케이션에서 사용하는 디렉토리

보안 문제로 인해 iPhone에서 동작하는 애플리케이션이 자신의 데이터를 저장할 수 있는 공간은 제한되어 있다. 애플리케이션이 처음 설치될 때 자신의 홈 디렉토리와 하위 디렉토리 몇 가지를 만드는데, 이러한 디렉토리와 용도를 표 14.1에 정리하였다. 각 디렉토리의 사용 목적을 명확하게 이해하고 있어야 데이터를 잘 보관하고 정리할 수 있을 것이다.

| 표 14.1 | iPhone 애플리케이션에서 사용하는 디렉토리

디렉토리	설명
⟨Application_Home⟩/ AppName.app	애플리케이션 자체가 저장되는 디렉토리로 내용을 바꾸면 프로그램이 멈출 수 있기 때문에 내용 수정이 불가능하다.
⟨Application_Home⟩/ Documents/	애플리케이션 데이터를 저장하는 데 사용한다. 이 디렉토리는 iTunes에서도 백업하기 때문에 이곳에 애플리케이션에서 필요한 모든 데이터를 저장하는 것이 좋다.
⟨Application_Home⟩/ Library/ Preferences	애플리케이션 설정 정보가 저장되는 디렉토리이다. 이 디렉토리는 직접 읽고 쓰지 못하며, NSUserDefaults 클래스를 이용하여 설정값을 읽고 쓰는 형태로 디렉토리에 접근할 수 있다. 16장에서 Sir Lamorak's Quest에서의 예를 볼 수 있다.
⟨Application_Home⟩/ Library/Caches/	애플리케이션의 현재 버전에서 필요한 데이터를 저장하는 디렉토리로, 자유로이 접근할 수 있지만 애플리케이션 버전이 바뀌어 새로 설치되거나 백업한 애플리케이션을 복구시키면 그 동안 업데이트된 내용은 삭제된다.
⟨Application_Home⟩/ tmp/	임시 디렉토리로 애플리케이션이 실행하는 동안에만 유효하다. 이 디렉토리의 사용을 모두 마치고 나면 애플리케이션은 내용을 비워야 하며, 만약 내용을 지우지 않고 애플리케이션이 종료되더라도 iOS 운영체제가 자동으로 내용을 삭제한다.

AbstractObject와 AbstractEntity 클래스는 모두 encodeWithCoder: 메소드를 구현하였다. 그 중 AbstractEntity 클래스에 구현된 코드를 리스트 14.21에 실었다.

 AbstractEntity 클래스의 encodeWithCoder: 메소드

```objc
- (void)encodeWithCoder:(NSCoder *)aCoder {
    [aCoder encodeCGPoint:tileLocation forKey:@"position"];
    [aCoder encodeFloat:speed forKey:@"speed"];
    [aCoder encodeFloat:angle forKey:@"angle"];
    [aCoder encodeInt:state forKey:@"entityState"];
    [aCoder encodeFloat:offScreenTimer forKey:@"offScreenTimer"];
    [aCoder encodeFloat:appearingTimer forKey:@"appearingTimer"];
}
```

AbstractEntity 클래스는 단순히 파라미터로 넘어온 NSCoder 오브젝트를 이용하여 인스턴스 변수를 인코딩한다. 인코딩하는 인스턴스는 종류별로 키 값을 다르게 해서 디코딩할 때 인스턴스를 구별할 수 있도록 하였다.

디코딩 시 사용하는 메소드는 initWithCoder: 메소드로, 리스트 14.22는 AbstractEntity 클래스에서 구현한 initWithCoder: 메소드를 보여준다.

 AbstractEntity 클래스의 initWithCoder: 메소드

```objc
- (id)initWithCoder:(NSCoder *)aDecoder {
    [self initWithTileLocation:[aDecoder decodeCGPointForKey:@"position"]];
    speed = [aDecoder decodeFloatForKey:@"speed"];
    angle = [aDecoder decodeFloatForKey:@"angle"];
    state = [aDecoder decodeIntForKey:@"entityState"];
    if (state == kEntityState_Dying)
        state = kEntityState_Dead;
    offScreenTimer = [aDecoder decodeFloatForKey:@"offScreenTimer"];
    appearingTimer = [aDecoder decodeFloatForKey:@"appearingTimer"];
    return self;
}
```

initWithCoder: 메소드는 디코더를 이용하여 인스턴스 변수값을 디코딩한다. 이렇게 디코딩한 값은 속성값을 초기화하는 데 사용된다.

오브젝트와 엔티티 클래스에서 NSCoder를 구현하였기 때문에 인코딩/디코딩을 자유로이 할 수 있지만 Player, Door, Axe 클래스는 추상 클래스와는 저장하는 내용이 다르기 때문에 자체적으로 인코더 및 디코더 클래스를 구현하였다.

Sir Lamorak's Quest의 전체 게임 상태를 저장하는 방법에 대해서는 16장에서 다룬다.

✂ 정리

이번 장 초반에서 언급하였듯이 게임 오브젝트와 엔티티는 게임에 있어 핵심적인 플레이 요소로 작용한다. 그래서 이러한 오브젝트와 엔티티가 플레이어와 행동하고 상호작용하는 방법에 따라 게임이 어떻게 동작하는지 결정되는 것이다. 이를 위해 오브젝트와 엔티티에 대한 저마다의 클래스를 만든 다음 독자적으로 움직일 수 있도록 별도의 AI 및 함수 등을 구현하였다.

대부분의 오브젝트 및 엔티티는 같은 형태로 움직이기 때문에 비슷하게 구현되었지만 자체 AI를 가진 오브젝트 또는 엔티티는 자신만의 알고리즘에 따라 행동하게 된다. 그래서 어떤 적들은 주인공이 일정한 범위 내에 들어오면 계속해서 쫓아다니기도 한다.

이번 장에서는 Sir Lamorak's Quest에 등장하는 모든 오브젝트 및 엔티티를 다루지 못했지만, 본문의 내용만 잘 파악했다면 인용되지 않은 나머지 오브젝트 및 엔티티도 어렵지 않게 이해할 수 있을 것이다.

가능한 한 예제 코드를 여러 가지로 바꾸면서 자신이 생각하는 내용을 담아보도록 시도해보자. 예를 들어 Ghost 클래스의 내용을 수정하여 유령이 움직이는 방법을 바꾸거나 무조건 주인공만 쫓도록 구현하는 것도 좋겠다(힌트를 준다면 update 메소드부터 건드리는 것이 좋다).

15장에서는 Sir Lamorak's Quest에서 사용한 충돌 감지 방법에 대해서 다룬다. 그리고 다양한 상황에 대처할 수 있는 여러 전략에 대한 내용도 같이 알아본다.

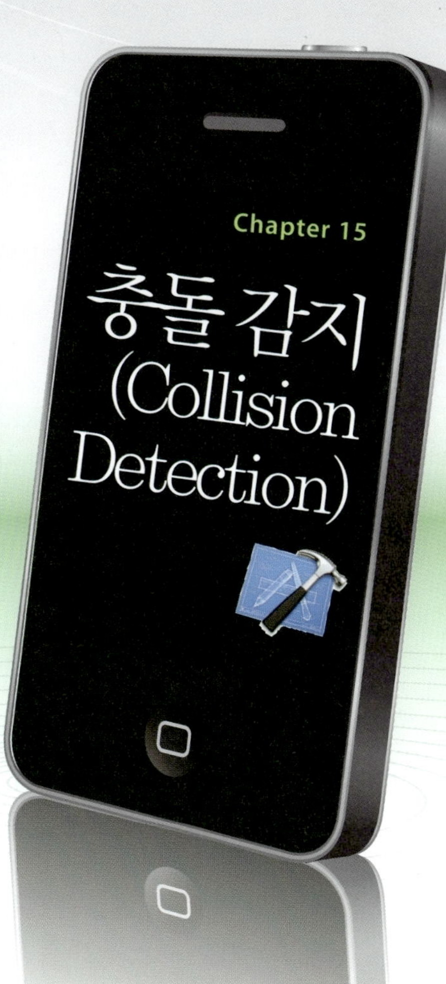
Chapter 15
충돌 감지
(Collision
Detection)

이번 장에서는 Sir Lamorak's Quest에서의 충돌 감지(collision detection)를 어떻게 구현하고 이와 관련된 문제들을 어떻게 해결했는지에 대해서 다룬다. 충돌 감지 시스템이 없다면 플레이어와 다른 게임 캐릭터들은 자유로이 벽을 통과할 수 있을 뿐만 아니라 서로가 부딪치는지도 알 수 없다.

"충돌 감지(Collision Detection)"가 이번 장의 제목이지만, 같이 언급되는 충돌 처리(collision response) 역시 매우 중요한 꼭지임을 명심하기 바란다. 충돌을 확인하고 처리하는 두 단계는 별도로 관리하는 것이 좋다. 물론 코드상으로는 같이 다룰 수도 있지만 논리적으로는 나누어서 디자인하고 구현해야 한다.

Sir Lamorak's Quest는 2D 게임이기 때문에 이 책에서 다루는 충돌 감지도 2D를 기반으로 하였다. 몇몇 개념들은 3D 환경에도 적용할 수 있지만 3D 환경에서의 충돌 감지 문제는 이 책의 범주를 넘는 내용이다.

✂ 충돌 감지에 대하여

2D 환경에서 충돌을 확인하는 것은 어렵지 않다. 기본적으로 충돌 감지란 두 물체가 서로 부딪혔는가를 확인하는 것이다. 1980년대에는 충돌을 확인하기 위하여 픽셀 단위까지 조사했다. 그래서 스프라이트 시트의 픽셀 하나가 다른 스프라이트 시트와 겹치면 충돌이 일어난 것으로 판정했다. 일부 플랫폼은 이러한 연산을 하드웨어적으로 지원하기도 하였다.

하지만 현대의 게임 세상은 수많은 삼각형으로 구성되어 있기 때문에 픽셀 단위로 충돌을 검사하는 것은 쉽지 않은 일이 되었다. 물론 불가능한 것은 아니지만 시간이 너무 오래 걸린다.

중요한 점은 게임은 시뮬레이션이라는 것이다. 즉, 보기 좋으면 그만이다. 그래서 픽셀 단위로 충돌이 발생했는지를 확인하는 것은 크게 중요하지 않다. 특히 빠른 속도로 움직이는 게임에서는 픽셀 몇 개까지 사용자가 인지하는 일은 거의 없다.

물론 실제 세상을 표현하기 위하여 매우 정교한 물리 엔진까지 사용하는 게임도 더러 있다. 하지만 이러한 경우에도 물리 엔진 역시 정확하게 충돌을 체크하고 처리하지 못한다. 다만 실제와 매우 흡사하게 보이도록 처리하는 것뿐이다.

Sir Lamorak's Quest는 다행히 간단한 충돌 감지 기법만 사용하는 것으로 충분하다.

충돌 걸러내기

게임 화면을 떠올려 보면 여러 개의 엔티티가 화면에서 돌아다니고 일부는 화면 안팎을 넘나들기도 하기 때문에 개개의 충돌을 확인하는 것이 아주 큰 작업이 된다. 그래서 가능한 확인할 필요가 없는 충돌을 걸러내는 것이 필요하다.

충돌을 걸러내는 기법에는 여러 가지가 있지만 타일 맵을 이용하여 엔티티가 지나가는 타일이 어떤 것인지를 확인하는 spatial partitioning[1] 기법은 게임 공간을 여러 개의 영역으로 나눈다.

타일 기반에서는 엔티티가 있는 타일과 플레이어가 있는 타일을 비교하면 된다. 만일 같은 타일에 있거나 두 개의 타일이 일정 거리 이내에 있다면 충돌이 일어났을 가능성이 생기기 때문에 충돌 검사를 시행하면 된다. 엔티티가 플레이어와 동일한 타일에 있지 않으면서 타일 한가운데에 있다면 충돌할 일이 없기 때문에 충돌 검사를 할 필요가 없다.

충돌을 확인하는 과정은 매우 복잡한 연산의 연속이기 때문에 충돌 검사 횟수를 줄일수록 게임 성능은 더욱 좋아진다. 그래서 충돌 검사를 걸러내는 데 더 많은 코드가 필요하더라도 충돌 검사 수를 줄이는 것이 전체적인 성능이 높이는 데 도움이 된다.

Sir Lamorak's Quest에서는 오브젝트의 위치를 기반으로 충돌 검사를 걸러냈다. 즉, `GameScene`의 `updateWithDelta:` 메소드에서 화면에 보이는 맵 영역을 계산하고 이 안에 들어 있는 오브젝트에 한해서만 플레이어와의 충돌을 검사하였다. 리스트 15.1은 오브젝트의 영역을 계산하는 코드이다.

리스트 15.1 **GameScene 클래스의 updateSceneWithDelta: 메소드 중 오브젝트 업데이트 부분**

```
int minScreenTile_x = CLAMP(player.tileLocation.x - 8, 0, kMax_Map_Width-1);
int maxScreenTile_x = CLAMP(player.tileLocation.x + 8, 0, kMax_Map_Width-1);
int minScreenTile_y = CLAMP(player.tileLocation.y - 6, 0, kMax_Map_Height-1);
```

---

[1] Spatial partitioning에 대한 자세한 내용은 en.wikipedia.org/wiki/Spatial_partitioning을 참조하도록 하자.

```objc
int maxScreenTile_y = CLAMP(player.tileLocation.y + 6, 0, kMax_Map_Height-1);

isPlayerOverObject = NO;
for(AbstractObject *gameObject in gameObjects) {

    if (gameObject.tileLocation.x >= minScreenTile_x &&
        gameObject.tileLocation.x <= maxScreenTile_x &&
        gameObject.tileLocation.y >= minScreenTile_y &&
        gameObject.tileLocation.y <= maxScreenTile_y) {

        // 오브젝트 업데이트
        [gameObject updateWithDelta:aDelta scene:self];

        if (gameObject.state == kObjectState_Active) {
            [player checkForCollisionWithObject:gameObject];
            [gameObject checkForCollisionWithEntity:player];
            if (gameObject.isCollectable) {
                isPlayerOverObject = YES;
            }
        }
    }
}
```

먼저 플레이어의 위치를 기준으로 타일 좌표의 min, max 값을 계산한다. CLAMP 매크로로는 플레이어가 맵의 가장자리에 갔을 때 타일 좌표가 0 미만으로 떨어지거나 맵의 영역을 벗어나는 것을 막아준다.

이렇게 맵 영역을 계산한 다음에는 gameObject 배열에 있는 모든 오브젝트에 대해 루프를 돌며 맵 영역에 들어온 오브젝트를 업데이트시킨다. 이렇게 함으로써 화면에 보이지 않는 오브젝트까지 업데이트하는 낭비를 줄일 수 있다. 이러한 구현 방식은 Sir Lamorak's Quest에서만 적용된다. 왜냐하면 다른 게임에서는 화면에 보이지 않는 엔티티까지도 업데이트시켜야 할 수도 있기 때문이다. 물론 이때도 보이지 않는 엔티티를 렌더링할 필요까지는 없다.

오브젝트 업데이트가 끝나면 플레이어와의 충돌을 검사한다. 검사 전에 충돌 검사를 꼭 해야하는 오브젝트를 걸러내는 과정을 거치는데, 이렇게 하면 플레이어와 가까이 있는 오브젝트라도 충돌 검사가 필요 없는 경우도 생긴다. 하지만 화면에 오브젝트가 많지 않다면 충돌 검사를 걸러내는 과정으로 얻는 이득은 별로 없다.

문(門)을 업데이트할 때도 동일한 과정을 거치는데, 맵에는 문이 많기 때문에 플레이어와 가까이 있는 문에 대해서만 충돌 검사를 한다면 성능 향상에 도움이 될 것이다.

✂ 프레임(Frame) 기반과 시간(Time) 기반

4장 "게임 루프"에서 프레임 기반과 시간 기반으로 업데이트하는 경우의 차이점과 문제점에 대해 설명했다. 빠르게 움직이는 물체의 경우 프레임 사이에 벽을 통과하는 경우도 발생할 수 있기 때문에 프레임 단위로 충돌을 확인한다면 충돌을 감지하지 못하는 일이 생긴다고 언급했다.

그래서 프레임 간격과 업데이트 간격을 분리시키면 충돌 검사에 좀 더 도움이 된다. Sir Lamorak's Quest의 게임 루프에서는 프레임 간격을 사용하는 대신 고정 델타값을 사용하였다. 그렇게 하면서 프레임 간격을 업데이트 간격보다 더 짧게 하였다. 이때 렌더링 메소드는 업데이트 메소드와는 별도로 프레임 간격으로 동작하도록 하여 일정한 속도로 엔티티가 움직이도록 하였다.

한 프레임 사이에 여러 번의 업데이트가 일어나기 때문에 속도가 빠른 엔티티에 대한 검사도 같은 시간에 더 많이 할 수 있어 충돌 감지를 놓칠 가능성을 좀 더 줄이게 된다.

이와 같이 구현하면 좋은 점은 테스트가 쉬워진다는 것이다. 왜냐하면 델타값이 일정하기 때문에 프레임 단위로 엔티티가 어떻게 움직이고 반응하는지를 확인할 수 있다. 델타값이 가변적일 경우에는 프레임 간격이 수 초가 되는 상황이 발생할 수도 있기 때문에, 이런 상황에서는 엔티티 간 충돌을 감지하지 못하여 이상한 결과를 초래할 수 있다.

⚒ AABB(Axis-Aligned Bounding Boxes)

AABB(Axis-Aligned Bounding Boxes)는 2D 게임에서 널리 사용하는 간단한 충돌 감지 기법이다. 물론 3D 환경에서도 bounding box를 3차원으로 확장하여 사용하는 것이 가능하다. 그림 15.1에서는 Sir Lamorak's Quest에서 각 엔티티에 설정된 bounding box[2]를 보여주고 있다.

| **그림 15.1** | Sir Lamorak's Quest에서의 bounding box

그림 15.1에는 두 가지 종류의 bounding box가 사용되었다. 플레이어와 유령 주변에 그려진 파란색 bounding box는 이동 영역을, 녹색의 bounding box는 충돌 감지 영역을 나타낸다. 이러한 모든 영역이 AABB가 된다(기본적으로 네모는 회전되지 않는다).

14장에서 각 오브젝트와 엔티티는 자신만의 이동 영역과 충돌 감지 영역이 있다고 했다. 이러한 영역을 구현하기 위하여 CGRect 상자를 사용하였다.

Sir Lamorak's Quest에서는 네모를 사용했지만 다른 모양을 사용하는 것도 무방하다. Bounding circle 역시 충돌 감지를 위하여 많이 사용되는 모양 중 하나이며, 복잡한 모양의 엔티티를 사용하는 게임에서는 하나의 엔티티의 영역을 위하여 여러 개의 네모와 동그라미를 사용하기도 한다. 이렇게 복잡한 모양을 하나의 네모로만 영역을 구성하는 경우에는 빈 공간이 많이 생길 수 있기 때문에 실제로 충돌이 일어나지 않았음에도 불구하고 충돌로 감지하는 상황이 더 빈번히 일어나게 된다.

---

2 **역주** AABB의 bounding box는 좌표 축에 평행한 (회전하지 않은) 직사각형 또는 직육면체를 의미한다.

다수의 모양을 사용하면 좀 더 엔티티의 충돌을 정교하게 감지할 수 있다. 이러한 개념은 몇 년 간 2D 격투 게임에서 많이 사용되었다. 즉 캐릭터의 팔, 다리, 몸통, 머리 등에 각각 bounding box를 입혀 싸우는 과정에서 일어나는 충돌 검사가 더욱 정확하게 이루어지도록 하는 것이다.

충돌 검사

AABB를 사용하면 도형끼리 겹치는 부분을 검사하는 것이 매우 쉽기 때문에 이는 바로 충돌 검사의 용이함으로 이어진다. Sir Lamorak's Quest에서는 SDK에서 제공하는 CGRectIntersectsRect 함수를 이용하여 겹치는 부분을 검사했지만 자신만의 검사 알고리즘을 만들어 사용할 수도 있다.

CGRectIntersectsRect 함수는 두 개의 네모를 입력 받은 다음 겹치는 부분이 발생하면 1을 반환한다. 여기서 주의할 점은 bounding box가 회전되지 않은 상황에서 AABB를 사용하는 경우에만 이와 같은 검사가 가능하다는 것이다.

만약 여러분이 OBB(Oriented Bounding Boxes), 즉 회전된 bounding box를 사용하여 충돌 검사를 한다면 별도의 알고리즘을 구현해야 할 것이다. 이러한 알고리즘에는 분리축 이론(separating axis theorem)[3] 같은 것들이 있으며, 모두 이 책을 벗어나는 내용이다. 하지만 인터넷에 관련 자료가 많이 있기 때문에 쉽게 찾아볼 수 있을 것이다.

만일 스프라이트를 회전시키고자 한다면 충돌 검사 영역으로 원을 사용할 수도 있다. 이를 위해서는 엔티티 모양이 원에 가까울수록 좋다. 원을 사용하면 엔티티가 회전할 때마다 AABB를 재설정하는 불편은 없어진다. 문제가 있다면 원과 네모의 충돌을 검사해야 한다는 것인데, 이를 위한 코드가 리스트 15.2에 있다.

---

[3] 분리축 이론(Separating axis theorem)은 en.wikipedia.org/wiki/Separating_axis_theorem에서 확인할 수 있다.

  원-네모 충돌 검사 함수

```
static inline BOOL RectIntersectsCircle(CGRect aRect, Circle aCircle) {

    float testX = aCircle.x;
    float testY = aCircle.y;

    if (testX < aRect.origin.x)
        testX = aRect.origin.x;
    if (testX > (aRect.origin.x + aRect.size.width))
        testX = (aRect.origin.x + aRect.size.width);
    if (testY < aRect.origin.y)
        testY = aRect.origin.y;
    if (testY > (aRect.origin.y + aRect.size.height))
        testY = (aRect.origin.y + aRect.size.height);

    return ((aCircle.x - testX) * (aCircle.x - testX) + (aCircle.y - testY)
            * (aCircle.y - testY))
            < aCircle.radius * aCircle.radius;
}
```

모든 엔티티의 영역을 원으로 한다면 원끼리의 충돌 검사도 필요하다. 리스트 15.3은 원과 원의 충돌을 검사하는 함수이다.

리스트 15.3 **원-원 충돌 검사 함수**

```
static inline BOOL CircleIntersectsCircle(Circle aCircle1, Circle aCircle2) {
    float dx = aCircle2.x - aCircle1.x;
    float dy = aCircle2.y - aCircle1.y;
    float radii = aCircle1.radius + aCircle2.radius;

    return ((dx * dx) + (dy * dy)) < radii * radii;
}
```

충돌을 검사하는 함수는 수도 없이 불리기 때문에 매우 빨리 동작해야 한다. 그래서 거리 계산을 할 때도 제곱근을 계산하는 sqrtf 같이 비싼 연산을 하는 함수는 사용하지 않았다. 하지만 Sir Lamorak's Quest 프로젝트에는 필요할 때 사용하기 위해 Global.h 파일에 거리계산 코드를 포함시켜 놓았다. 이러한 함수는 오버헤드를 최대한 줄이기 위하여 C 함수로 구현하였다.

Circle 구조체는 Global Header 그룹의 Structures.h 파일에 정의되어 있다.

✂ Collision Map

엔티티가 막혀 있는 타일 맵과 충돌하였는지 확인하는 과정은 Sir Lamorak's Quest에서 빈번히 이루어진다. 그리고 엔티티와 플레이어는 벽, 테이블, 닫힌 문 등의 아이템은 통과하지 못한다.

지나가지 못하는 타일은 타일 맵에 정의되어 있다. Sir Lamorak's Quest의 타일 맵에는 `Collision` 레이어를 만들어 통과하지 못하는 타일과 문을 정의해 놓았다. 그림 15.2는 Tiled 에디터에서 `Collision` 레이어를 편집하는 화면이다.

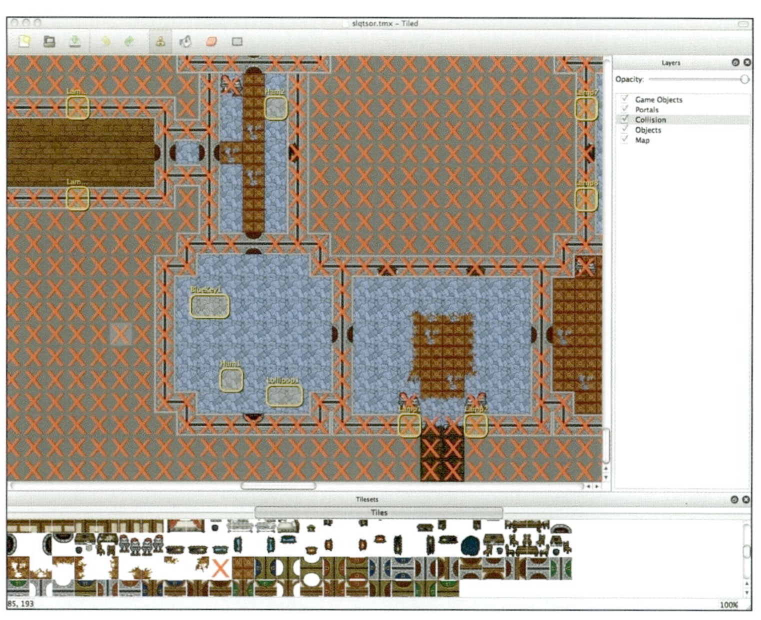

| 그림 15.2 | sqltsor.tmx 파일의 Collision 레이어를 Tiled 프로그램에서 보여주는 화면

빨간색의 X표가 있는 타일은 모두 이동 불가 타일이다. 화면의 아랫부분을 보면 타일 중 빨간색 X표만 있는 타일이 있는 것을 볼 수 있는데, 이것이 Collision 레이어에서 이동 금지 타일을 표시하는 데 사용되는 타일이다.

게임 초기화 과정에서 2차원 배열의 collision map을 만든다. 이렇게 만든 배열에는 0과 1 두 개의 값만 가지고 있는데 0은 이동 가능 타일을, 1은 이동 불가 타일을

의미한다. 리스트 15.4에서는 GameScene 클래스의 initCollisionMapAndDoors:
메소드에서 이러한 배열을 초기화하는 것을 보여준다.

리스트 15.4 **GameScene 클래스의 initCollisionMapAndDoors: 메소드**

```objc
- (void)initCollisionMapAndDoors {

    SLQLOG(@"INFO - GameScene: Creating tilemap collision array and doors.");

    int collisionLaycrIndex = [castleTileMap layerIndexWithName:@"Collision"];

    Door *door = nil;

    Layer *collisionLayer = [[castleTileMap layers]
                              objectAtIndex:collisionLayerIndex];
    for(int yy=0; yy < castleTileMap.mapHeight; yy++) {
        for(int xx=0; xx < castleTileMap.mapWidth; xx++) {
            int globalTileID =
                    [collisionLayer globalTileIDAtTile:CGPointMake(xx, yy)];

            if(globalTileID == kBlockedTileGloablID⁴) {
                blocked[xx][yy] = YES;
            } else  {
                if (!sharedGameController.shouldResumeGame) {
                    if (globalTileID >= kFirstDoorTileGlobalID &&
                        globalTileID <= kLastDoorTileGlobalID) {
                        int doorType =
                                [[castleTileMap tilePropertyForGlobalTileID:
                                                globalTileID
                                          key:@"type"
                                          defaultValue:@"-1"]
                                    intValue];
                        if (doorType != -1) {
                            door = [[Door alloc]
                                    initWithTileLocation:CGPointMake(xx, yy)
                                    type:doorType
                                    arrayIndex:[doors count]];
                            [doors addObject:door];
                            [door release];
                        }
```

----

4 **역주** `kBlockedTileGloablID`는 SLQTSOR 프로젝트에 오타로 정의되는 바람에 프로젝트 전체에 오타로
남게 되었다. GameScene.h 파일에 실제로 정의된 코드는 다음과 같다.

```objc
#define kBlockedTileGloablID 160
```

```
                }
              }
            }
          }
        }
      SLQLOG(@"INFO - GameScene: Finished constructing collision array and doors.");
    }
```

`initCollisionMapAndDoors:` 메소드는 타일 맵의 `Collision` 레이어에 있는 모든 타일을 조사하면서 `globalTileID` 값으로 160이 표시된 타일은 모두 이동 불가 타일로 표시한다. 이렇게 하면 Tiled 프로그램에서 `Collision` 레이어를 만들지 않고 모든 타일에 속성값을 부여하는 것보다 관리하기가 수월해진다. 뿐만 아니라 타일 맵의 모든 타일 속성을 가져오는 데 걸리는 시간보다 훨씬 짧아 초기화 과정에 걸리는 시간을 300% 이상 단축시킬 수 있었다.

> 시간을 단축시킬 수 있는 다른 방법으로 맵 파일을 한 번만 파싱하는 방법이 있다. 최초 플레이 시 맵 파일 정보를 모두 가져와 맵에 있는 모든 오브젝트 정보를 저장한 다음, 다음 번 플레이부터는 저장한 오브젝트 정보만 가져오는 것이다. 이렇게 하면 tmx 파일 전체를 불러오면서 처리할 필요가 없기 때문에 두 번째 플레이부터는 로딩 시간을 단축시킬 수 있다.

문(門) 정보를 파싱할 때도 동일한 방법을 사용한다. 문을 구별하기 위하여 미리 설정한 범위 내에서만 `globalTileID` 값을 확인해서 게임 성능을 높이는 데 기여할 수 있도록 하였다.

`GameScene` 클래스에는 통과 가능 타일 여부를 확인하기 위하여 `isBlocked:y:` 메소드를 사용하였다(리스트 15.5).

리스트 15.5 <u>GameScene 클래스의 isBlocked:y: 메소드</u>

```
- (BOOL)isBlocked:(float)x y:(float)y {
    if (x < 0 || y < 0 || x > kMax_Map_Width || y > kMax_Map_Height) {
        return YES;
    }

    return blocked[(int)x][(int)y];
}
```

isBlocked:y: 메소드는 입력 받은 타일 좌표가 유효한지 확인한 다음 blocked 배열의 해당 좌표값을 반환한다. 플레이어가 이동 불가 타일을 지날 때 이 메소드를 통해 통과 가능 여부를 확인한다.

✂ 엔티티와 맵 간 충돌 감지

Collision map을 구성했으니 이제 엔티티의 충돌 영역을 사용하여 엔디디가 이동 불가 타일에 왔는지를 검사할 수 있게 되었다. 각 엔티티의 충돌 영역은 타일 맵의 타일 크기보다 작거나 같다. 충돌 검사는 충돌 영역의 네 모서리에서 진행되기 때문에 충돌 영역이 맵 타일보다 클 수 없다. 만약 충돌 영역이 맵 타일보다 크면 맵 타일 위를 모서리가 걸치지 않으면서 지나는 상황에서는 충돌이 일어났다고 판단하지 못하는 일이 발생한다(그림 15.3).

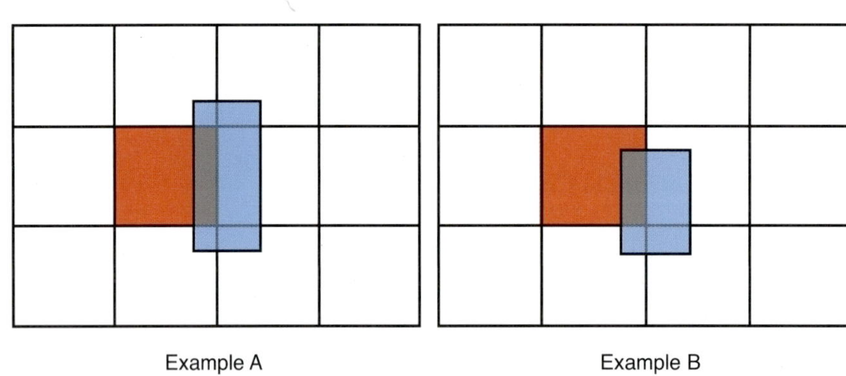

| 그림 15.3 | 타일 맵상의 충돌 영역

Example A를 보면 파란색 충돌 영역이 이동 금지 타일 위에 올라왔음에도 불구하고 모서리가 겹치지 않아 충돌이 일어나지 않은 것으로 판단하게 된다. 눈으로는 쉽게 판단할 수 있지만 프로그램적으로는 판단이 쉽지 않은 것이다.

Example B의 경우 충돌 영역의 세로 길이가 타일 크기와 같기 때문에 모서리가 겹칠 수 밖에 없으며 자연스레 충돌을 감지할 수 있게 된다.

물론 충돌을 검사하기 위해 모서리만 확인하는 것은 아니지만, 그러한 방법은 더욱 복잡할 뿐만 아니라 이 책의 범위를 벗어나는 부분이기도 하다.

리스트 15.6은 이동 불가 타일과 직사각형 충돌 영역 간 충돌 검사를 하는 코드이다.

리스트 15.6 엔티티-맵 간 충돌 검사

```
CGRect bRect = [self movementBounds];


BoundingBoxTileQuad bbtq = getTileCoordsForBoundingRect(bRect,
CGSizeMake(kTile_Width, kTile_Height));

if([scene isBlocked:bbtq.x1 y:bbtq.y1] ||
    [scene isBlocked:bbtq.x2 y:bbtq.y2] ||
    [scene isBlocked:bbtq.x3 y:bbtq.y3] ||
    [scene isBlocked:bbtq.x4 y:bbtq.y4]) {
        // 충돌하였음
}
```

리스트 15.6을 보면, 엔티티의 이동 영역의 네 모서리를 타일 맵 좌표로 변환시키고 isBlocked:y: 메소드를 이용하여 해당 좌표가 이동 불가 타일 좌표인지 확인한다.

그래서 충돌이 발생하면 엔티티는 그에 대한 반응을 해야 하는데, Sir Lamorak's Quest에서는 단순히 다른 방향으로 이동시킨다. 엔티티마다 가지고 있는 이동 방향이 존재하는데, 이동 금지 타일을 만나면 그 각도를 반대 방향으로 설정하는 것이다.

엔티티와 엔티티 간 충돌 감지

이것이 Sir Lamorak's Quest에서 볼 수 있는 가장 빠른 충돌 검사이다. 각 엔티티의 충돌 영역 정보를 이용하여 checkForcollisionWithEntity: 메소드는 엔티티 간의 충돌을 검사한다. 리스트 15.7은 Ghost 클래스의 메소드를 보여준다.

 Ghost 클래스의 checkForCollisionWithEntity: 메소드

```objc
- (void)checkForCollisionWithEntity:(AbstractEntity *)aEntity {

    if(([aEntity isKindOfClass:[Player class]]
        || [aEntity isKindOfClass:[Axe class]])
       && aEntity.state == kEntityState_Alive) {
        if (CGRectIntersectsRect([self collisionBounds], [aEntity collisionBounds]))
        {
            [sharedSoundManager playSoundWithKey:@"pop"
                                 location:CGPointMake(tileLocation.x*kTile_Width,
                                                 tileLocation.y*kTile_Height)];
            state = kEntityState_Dying;
            dyingEmitter.sourcePosition = Vector2fMake(pixelLocation.x,
                                                 pixelLocation.y);
            [dyingEmitter setDuration:kDyingEmitterDuration];
            [dyingEmitter setActive:YES];
            scene.score += 150;
        }
    }
}
```

엔티티 파라미터로 플레이어 또는 도끼가 들어오면 충돌 여부를 확인한다. 그래서 충돌했다면 엔티티가 있는 위치를 기준으로 사운드 효과음을 재생시키고, 엔티티의 상태를 kEntityState_Dying으로 바꾼다. 그리고는 dyingEmitter의 위치를 엔티티가 있는 위치로 설정하고 파티클 시스템을 작동시킨다. 마지막으로 플레이어의 점수에 150점을 더한다(더해지는 점수는 엔티티에 따라 다르며, 특정 캐릭터를 없애는 경우에는 보너스 포인트를 얻는다).

앞에서 충돌 감지와 충돌 반응은 독립적으로 다루어져야 한다고 했다. 이렇게 두 엔티티 간에 충돌이 일어났음을 확인했기 때문에 충돌 후에 나타나는 반응을 보여주어야 한다. 리스트 15.7이 Ghost 엔티티의 반응을 보여주었다면 리스트 15.8은 Player 엔티티의 반응을 보여준다.

 Player 클래스의 checkForCollisionWithEntity: 메소드

```objc
- (void)checkForCollisionWithEntity:(AbstractEntity*)aEntity {

    if (CGRectIntersectsRect([self collisionBounds], [aEntity collisionBounds])) {
        if(([aEntity isKindOfClass:[Ghost class]] ||
```

```
        [aEntity isKindOfClass:[Frank class]] ||
        [aEntity isKindOfClass:[Witch class]] ||
        [aEntity isKindOfClass:[Pumpkin class]] ||
        [aEntity isKindOfClass:[Bat class]] ||
        [aEntity isKindOfClass:[Vampire class]] ||
        [aEntity isKindOfClass:[Zombie class]]
    ) && state == kEntityState_Alive) {
        energy -= aEntity.energyDrain;
    }
  }
}
```

코드를 보면 알 수 있듯이, `Player`는 `Ghost`와는 다른 양상을 보여주고 있다.
`Ghost`는 충돌이 일어나면 Lamorak에게 150점을 주었는데, `Player`는 각 엔티티가
가지고 있는 `energyDrain` 값만큼 체력에서 빼앗긴다.

✂ 정리

이번 장에서는 충돌 감지에 대하여 살펴보았다. 먼저 게임 루프에서 프레임 또는
시간 간격으로 업데이트하는 것이 어떤 차이가 있는지 확인해 보았다. 그리고 충돌
검사 횟수를 줄이는 것이 수많은 엔티티가 존재하는 게임 공간에서 얼마나 성능을
끌어올리는 데 도움을 주는지도 알 수 있었다.

또한 2D게임에서 가장 많이 나타나는 형태인 사각형–사각형, 사각형–원, 원–원
간의 충돌을 검사하는 함수에 대해서도 다루었다.

특히 Sir Lamorak's Quest에서는 타일 맵을 만들 때 collision map을 사용하여
엔티티와 맵 간 충돌 검사를 쉽게 할 수 있다는 점도 알 수 있었다.

16장에서는 Sir Lamorak's Quest에서 살펴보아야 하는 여러 가지 세부사항에 대
하여 설명한다. 이러한 내용에는 점수 시스템, 게임 상태 저장, 베타 테스트, 성능 최
적화 등이 포함된다.

Chapter 16
끝내기

이번 장에서는 Sir Lamorak's Quest를 마무리 지을 수 있는 것들 – 게임 상태 저장, 최고 점수 저장, 성능 최적화, 베타 테스트 등에 대하여 다룬다.

여기까지 오는 동안 많은 주제들을 다뤘지만 저자와 많은 게임 프로그래머들의 경험으로 봤을 때 게임을 개발하는 마지막 10%가 가장 힘들다. 즉, 끝내기에 해당하는 세밀한 부분 점검, 게임 동작 확인, 메모리 누수 점검 등이 얼마나 잘 이루어지느냐에 따라 게임의 성패가 결정된다고 해도 과언이 아니다.

카메라

여기에서는 얼마나 뛰어난 사진작가가 되느냐를 설명하려는 것이 아니라 Sir Lamorak's Quest의 가장 중요한 요소 중 하나인 카메라에 대해 이야기할 것이다. 카메라 관점에서 보면 Lamorak은 항상 화면의 정가운데에 위치하고 있는데, 이를 가능케 하도록 맵을 움직이는 방법과 절차를 고민하는 것이라고 할 수 있다.

카메라를 구현하는 방법에 대해서는 게임에 따라 달라진다. Sir Lamorak's Quest에서는 주인공을 항상 화면 중앙에 놓도록 하였다. 다른 방법으로 맵 바깥 부분이 보이지 않도록 타일 맵 구석에서 주인공이 직접 이동할 수 있도록 구현할 수도 있지만 Sir Lamorak's Quest에서는 그렇게 하지 않았다.

Sir Lamorak's Quest에서 카메라의 구현 방법은 매우 기본적인 것으로 GameScene 클래스의 `renderScene` 메소드에서 다루어진다. 리스트 16.1은 Lamorak이 화면 중앙에 있도록 만드는 코드이다.

리스트 16.1 GameScene 클래스의 renderScene 메소드 중 플레이어를 화면 중앙에 위치시키는 부분

```
glClear(GL_COLOR_BUFFER_BIT);
glPushMatrix();
glTranslatef(240 - player.pixelLocation.x, 160 - player.pixelLocation.y, 0);
```

코드를 보면 화면을 지운 다음 현재 모델 뷰 행렬을 스택에 넣는다. 그리고 `glTranslate` 명령을 이용하여 iPhone 화면의 가로 · 세로 길이의 반에서 플레이어

의 픽셀 위치를 뺀 값만큼 이동시킨다.

타일 맵의 크기는 200×200 타일이고 타일 한 장은 40×40 픽셀이므로 전체 타일 맵의 픽셀 크기는 8000×8000 픽셀이 된다.

그래서 이와 같이 화면을 이동시키면 주인공은 항상 화면 중앙에 나타나게 된다. 그리고 화면은 렌더링할 때 카메라(iPhone 화면)를 Lamorak의 위치 바로 위에 두면 배경이 Lamorak을 중심으로 움직이는 것처럼 보이는 효과를 얻을 수 있다.

다음으로 맵 레이어를 렌더링한다. 이를 위해 주인공 위치를 기반으로 화면에 표시할 타일을 계산해야 한다. 이를 위한 코드가 리스트 16.2에 나타나 있다.

리스트 16.2 GameScene 클래스의 renderScene 메소드 중 타일 맵 렌더링 부분

```
[castleTileMap renderLayer:0
               mapx:playerTileX - leftOffsetInTiles - 1
               mapy:playerTileY - bottomOffsetInTiles - 1
               width:screenTilesWide + 2
               height:screenTilesHeight + 2
               useBlending:NO];
[castleTileMap renderLayer:1
               mapx:playerTileX - leftOffsetInTiles - 1
               mapy:playerTileY - bottomOffsetInTiles - 1
               width:screenTilesWide + 2
               height:screenTilesHeight + 2
               useBlending:YES];
```

9장 "타일 맵"에서 TiledMap 클래스를 설명하면서 각 타일의 위치는 타일 맵이 초기화될 때 계산된다고 했다. 조금 전에 glTranslate를 이용하여 월드 좌표를 이동시켰기 때문에 플레이어 주변에 있는 타일을 렌더링해야 하는데, 이렇게 하기 위해서는 플레이어의 주변에 있는 타일을 계산해야 한다.

플레이어의 타일 위치를 알고 있기 때문에 leftOffsetInTiles와 bottomOffsetInTiles는 GameScene이 초기화될 때 아래와 같이 계산할 수 있다.

```
bottomOffsetInTiles = screenTilesHeight / 2;
leftOffsetInTiles = screenTilesWide / 2;
```

이 값들을 이용하여 렌더링을 시작할 타일의 x, y 좌표를 계산할 수 있다. 또한 screenTilesWide와 screenTilesHigh 변수도 사용하였는데, 이들 변수값은 다음과 같이 계산된다.

```
screenTilesWide = screenBounds.size.width / kTile_Width;
screenTilesHeight = screenBounds.size.height / kTile_Height;
```

여기에서 주의할 점은 타일 위치 x, y 값에서 각각 1씩 빼고 width, height 값에 2를 더했다는 것이다. 플레이어가 천천히 움직일 때는 1픽셀 단위로 맵이 바뀌기 때문에 맵이 부드럽게 움직이는 것처럼 보여주기 위해서는 화면에 그려지는 맵의 크기가 화면 크기보다 조금 커야 한다. 그렇게 해야 맵의 일부가 갑자기 사라지는 현상을 막을 수 있다.

타일 맵을 그린 다음에는 renderScene 메소드는 타일 맵의 현재 위치를 바탕으로 엔티티와 오브젝트를 렌더링한다. 오브젝트와 엔티티 역시 플레이어와 맵의 위치에 맞는 것으로 그려주어야 한다.

게임 오브젝트와 엔티티를 모두 렌더링한 다음에는 glPopMatrix 명령을 이용하여 모델 뷰 행렬을 다시 가져와 게임 장면을 그리기 전의 모습으로 만들어준다. 이렇게 함으로써 게임 인터페이스 아이템과 같이 게임 화면 위에 그려지는 것들을 게임 오브젝트나 엔티티의 위치에 상관없이 렌더링시킬 수 있다.

카메라가 어떻게 움직이는지 이해하는 데에는 시간이 조금 필요할 것이다. 하지만 지금까지 설명한 것은 아주 단순한 방법이라는 것을 알아야 한다. 다른 게임의 경우 매우 복잡한 카메라 시스템을 사용하며, 심지어는 플레이어와 독립적으로 카메라가 움직이는 경우도 있다.
Sir Lamorak's Quest에서는 고정된 카메라를 구현하였기 때문에 렌더링 메소드에 카메라 위치를 계산하는 코드를 넣었지만, 만일 복잡한 카메라 시스템을 구현하고자 한다면 카메라의 위치를 계산하는 메소드를 별도로 만들게 될 것이다.

⚒ 게임 상태 및 설정 저장

1장 "게임 디자인"에서 설명한 여러 가지 핵심 디자인 포인트 중 하나가 쉬워야 한다는 것이었다. 즉, 게임을 하는 데 있어서 별다른 설명이 필요하지 않도록 하는 것이다. 또한 언제든지 게임을 멈추거나 재개할 수 있어야 하며 이를 위해 게임 상태는 아무 때나 저장이 가능하도록 해야 한다.

게임을 그만해야 하는 일이 생겨 iPhone의 홈 버튼을 눌렀을 때, 그 동안 진행된 상태가 모두 날아가 버린다면 사용자는 게임을 지워버릴 가능성이 높아질 것이다. 그대신 홈 버튼을 누른 다음 다시 게임으로 돌아왔을 때 계속해서 이어서 할 수 있다면 사용자는 조금 더 기분 좋게 게임을 즐길 수 있을 것이다.

게임 상태 저장

이렇게 게임 상태를 유지하기 위하여 게임의 상태를 저장해야 하는데 사용자가 홈 버튼을 누른 직후, 또는 설정 화면에서 메인 메뉴로 돌아왔을 때 가능한 한 빨리 게임 상태를 저장해야 한다. 14장에서 게임 오브젝트를 저장하기 위하여 `NSCoding` 프로토콜을 구현해야 한다고 설명하였다.

이제 오브젝트를 저장하고 불러오는 능력을 사용할 때가 되었다. 게임 상태를 저장하는 것은 `GameScene` 클래스에서 구현했다. 왜냐하면 저장하고자 하는 모든 정보는 `GameScene` 클래스에 있기 때문이다. 또한 게임 설정도 저장해야 하는데, 이것은 `GameController` 클래스에서 구현되었으며 이번 장 후반에서 설명할 것이다.

먼저 리스트 16.3에 있는 `saveGameState` 메소드를 보자.

리스트 16.3 GameScene 클래스의 saveGameState 메소드

```
- (void)saveGameState {

    SLQLOG(@"INFO - GameScene: Saving game state.");

    NSArray *paths = NSSearchPathForDirectoriesInDomains(NSDocumentDirectory,
                                          NSUserDomainMask, YES);
    NSString *documentsDirectory = [paths objectAtIndex:0];
    NSString *gameStatePath = [documentsDirectory
```

```objc
                                    stringByAppendingPathComponent:@"gameState.dat"];

    NSMutableData *gameData;
    NSKeyedArchiver *encoder;
    gameData = [NSMutableData data];
    encoder = [[NSKeyedArchiver alloc] initForWritingWithMutableData:gameData];

    // 엔티티 보관
    [encoder encodeObject:gameEntities forKey:@"gameEntities"];

    // 플레이어 보관
    [encoder encodeObject:player forKey:@"player"];

    // 플레이어의 무기 보관
    [encoder encodeObject:axe forKey:@"weapon"];

    // 문 보관
    [encoder encodeObject:doors forKey:@"doors"];

    // 게임 오브젝트 보관
    [encoder encodeObject:gameObjects forKey:@"gameObjects"];

    // 타이머 설정 보관
    NSNumber *savedGameStartTime = [NSNumber numberWithFloat:gameStartTime];
    NSNumber *savedTimeSinceGameStarted = [NSNumber
                                numberWithFloat:timeSinceGameStarted];
    NSNumber *savedScore = [NSNumber numberWithFloat:score];
    [encoder encodeObject:savedGameStartTime forKey:@"gameStartTime"];
    [encoder encodeObject:savedTimeSinceGameStarted forKey:@"timeSinceGameStarted"];
    [encoder encodeObject:savedScore forKey:@"score"];
    [encoder encodeInt:locationName forKey:@"locationName"];

    // 인코딩 종료 및 gameData 내용을 파일로 저장
    [encoder finishEncoding];
    [gameData writeToFile:gameStatePath atomically:YES];
    [encoder release];

    // 게임 컨트롤러에 게임 재개 가능 명시
    sharedGameController.resumedGameAvailable = YES;
}
```

먼저 게임 데이터를 저장할 파일의 경로를 만든다. 여기에서는 게임의
documents 디렉토리에 gameState.dat 라는 파일 이름으로 저장한다. iPhone의
모든 애플리케이션은 자신만의 디렉토리를 가지고 있으며, 애플리케이션이 삭제될

때 같이 지워진다는 것을 명심해야 한다. 일반적으로 데이터를 저장하기 위하여 사용되는 디렉토리는 documents이다.

파일 경로를 설정한 다음 NSKeyedArchiver를 만든다. 이때 NSMutableData 변수 gameData를 만들어 아카이브된 정보가 저장될 공간도 같이 만든다.

그런 다음에는 단순히 필요한 게임 데이터를 적절한 키 값을 부여하며 인코딩한다. 인코딩하는 배열에 들어있는 모든 오브젝트는 NSCoding을 구현해야 하며 이에 대한 내용은 14장에서 설명하였다. NSCoding이 구현되었기 때문에 코드 한 줄로 배열 전체를 인코딩할 수 있는 것이다.

주요 배열 인코딩이 끝나면 나머지 독립 오브젝트와 주요 값들을 인코딩한다. 이러한 값에는 플레이어, 도끼, 점수, 타이머 등이 있다. 모든 내용의 인코딩을 마치고 나면 인코딩을 종료하고 gameData의 내용을 gameStatePath에 들어 있는 파일에 저장한다. 이렇게 해서 게임 상태를 저장하는 과정이 모두 끝났다. 이제 필요할 때 읽어오면 된다.

게임 상태 읽어오기

이번에는 저장한 게임 상태를 읽어오도록 하자. 게임 상태를 읽는 과정은 저장하는 과정의 역순으로, GameScene 클래스의 loadGameState 메소드에 구현되어 있다 (리스트 16.4).

리스트 16.4 GameScene 클래스의 loadGameState 메소드

```objc
- (void)loadGameState {

    [self initGameContent];

    // 파일 매니저와 documents 경로 셋업
    NSArray *paths = NSSearchPathForDirectoriesInDomains(NSDocumentDirectory,
                                        NSUserDomainMask, YES);
    NSString *documentsDirectory = [paths objectAtIndex:0];

    NSMutableData *gameData;
    NSKeyedUnarchiver *decoder;
```

```objc
// ghosts.dat 파일이 존재하면 내용을 읽어 entities 배열에 넣는다.
NSString *documentPath = [documentsDirectory
                          stringByAppendingPathComponent:@"gameState.dat"];
gameData = [NSData dataWithContentsOfFile:documentPath];

decoder = [[NSKeyedUnarchiver alloc] initForReadingWithData:gameData];

SLQLOG(@"INFO - GameScene: Loading saved player data.");
player = [[decoder decodeObjectForKey:@"player"] retain];
[self calculatePlayersTileMapLocation];

SLQLOG(@"INFO - GameScene: Loading saved weapon data.");
axe = [[decoder decodeObjectForKey:@"weapon"] retain];

SLQLOG(@"INFO - GameScene: Loading saved entity data.");
if (gameEntities)
    [gameEntities release];
gameEntities = [[decoder decodeObjectForKey:@"gameEntities"] retain];

SLQLOG(@"INFO - GameScene: Loading saved game object data.");
if (gameObjects)
    [gameObjects release];
gameObjects = [[decoder decodeObjectForKey:@"gameObjects"] retain];

SLQLOG(@"INFO - GameScene: Loading saved door data.");
if (doors)
    [doors release];
doors = [[decoder decodeObjectForKey:@"doors"] retain];

SLQLOG(@"INFO - GameScene: Loading saved game duration.");
timeSinceGameStarted = [[decoder decodeObjectForKey:@"timeSinceGameStarted"]
                        floatValue];

SLQLOG(@"INFO - GameScene: Loading saved game score.");
score = [[decoder decodeObjectForKey:@"score"] floatValue];

SLQLOG(@"INFO - GameScene: Loading location name.");
locationName = [decoder decodeIntForKey:@"locationName"];

SLQLOG(@"INFO - GameScene: Loading game time data.");

[decoder release];

// localDoors 배열 초기화
[self initLocalDoors];
}
```

먼저 initGameContent 메소드를 호출해 타일 맵, collision 맵, 포탈 등을 셋업한다. 그런 다음 gameState.dat 파일을 읽기 위해 파일 경로를 만들고 decoder를 셋업해서 키 값을 통해 저장한 내용을 읽을 수 있도록 준비한다. 그래서 gameEntities 키를 이용하여 오브젝트를 디코딩하면 해당 엔티티 클래스의 initWithCoder:coder: 메소드가 새로운 인스턴스를 만들면서 저장된 내용을 읽어온 후 gameEntities 배열에 들어간다. 이러한 과정이 끝나면 오브젝트와 엔티티는 저장할 때의 상황으로 돌아오게 된다.

마지막으로 initLocalDoors 메소드를 호출하여 localDoors 배열을 정리한다. 이렇게 하면 화면에 보이도록 설정된 문이 화면에 나타나게 된다. 이렇게 화면에 보이는 문만 별도로 업데이트하고 관리하는 이유는 성능 향상에 도움되기 때문이다. localDoors 배열은 플레이어가 움직이는 동안 계속 업데이트된다.

게임 설정 저장

게임 상태뿐 아니라 게임 설정도 저장해야 한다. 여기에는 음악 볼륨, 사운드 효과음 볼륨, 조이패드 위치, 총알 방향 등이 포함된다. 게임 상태를 저장할 때와 다른 점이 있다면 NSUserDefaults를 사용했다는 것이다.

NSUserDefaults는 시스템 기본값을 사용하게 되는데, 이러한 정보가 저장되는 경로는 <Application_Home>/Library/Preferences 디렉토리이다.

NSUserDefaults를 사용하면 게임 세팅을 굉장히 쉽게 저장할 수 있다. 게임 세팅 부분은 GameController 클래스에서 구현되었기 때문에 설정을 저장하는 saveSettings 메소드 역시 GameController 클래스에 구현되었다(리스트 16.5).

리스트 16.5 GameController 클래스의 saveSettings 메소드

```
- (void)saveSettings {
    [settings setFloat:sharedSoundManager.musicVolume forKey:@"musicVolume"];
    [settings setFloat:sharedSoundManager.fxVolume forKey:@"fxVolume"];
    [settings setInteger:self.joypadPosition forKey:@"joypadPosition"];
    [settings setInteger:self.fireDirection forKey:@"fireDirection"];
}
```

settings 변수는 GameController 클래스의 initGameController 메소드에서 아래와 같이 만들어진다.

```
settings = [[NSUserDefaults standardUserDefaults] retain];
```

settings 변수가 초기화되어야 NSUserDefaults의 메소드를 사용할 수 있다. 리스트 16.5를 보면 설정마다 정의된 키 값을 이용하여 저장하는 것을 알 수 있다.

게임 설정 읽어오기

게임 설정은 처음으로 게임이 로드될 때 읽어온다. SLQTSORAppDelegate 클래스의 applicationDidFinishLaunching: 메소드에서 GameController 클래스의 loadSettings 메소드를 호출한다(리스트 16.6).

리스트 16.6 GameController 클래스의 loadSettings 메소드

```
- (void)loadSettings {

    SLQLOG(@"INFO - EAGLView: Loading settings.");

    if (![settings boolForKey:@"userDefaultsSet"]) {
        [settings setBool:1 forKey:@"userDefaultsSet"];
        [settings setFloat:0.5f forKey:@"musicVolume"];
        [sharedSoundManager setMusicVolume:0.5f];
        [settings setFloat:0.75f forKey:@"fxVolume"];
        [sharedSoundManager setFxVolume:0.75f];
        [settings setInteger:0 forKey:@"joypadPosition"];
        self.joypadPosition = 0;
        [settings setInteger:0 forKey:@"fireDirection"];
        self.fireDirection = 0;
    } else {
        [sharedSoundManager setMusicVolume:[settings floatForKey:@"musicVolume"]];
        [sharedSoundManager setFxVolume:[settings floatForKey:@"fxVolume"]];
        self.joypadPosition = [settings integerForKey:@"joypadPosition"];
        self.fireDirection = [settings integerForKey:@"fireDirection"];
    }

    [[NSNotificationCenter defaultCenter]
        postNotificationName:@"updateSettingsSliders" object:self];
}
```

먼저 NSUserDefaults 엔트리 중 userDefaultsSet 값이 1인지 확인한다. 만약 1 이 아니라면 게임 설정은 저장된 적이 없음을 의미하기 때문에 기본값으로 설정한 다음 userDefaultsSet 값을 1로 세팅한다.

게임 설정이 저장된 경우에는 해당 값으로 불러온다.

마지막으로 updateSettingsSliders 메소드에 notification을 등록한다. 이 시점에 는 이미 SettingsViewController 클래스가 초기화되었기 때문에 설정 파일에서 읽어 온 각 설정값을 적용시킬 수 있다. SettingsViewController 클래스는 notification을 감시하고 있다가 notificaton이 날아오면 설정값을 업데이트한다.

✖ 점수 저장

지금까지 게임 상태와 설정을 저장하는 방법에 대해 설명하였다. 하지만 아직 저 장할 것이 남았으니 그것이 바로 최고 점수이다.

게임을 즐기고 나면 남는 것이 바로 점수인데, 사용자는 자신의 점수 또는 시간 기 록이 향상되고 있는 것을 보길 원할 것이다. 이러한 요구를 만족시키기 위하여 과거 의 기록을 볼 수 있도록 구현해야 한다.

이를 위하여 score 변수를 사용하는데 아마도 SLQTSOR 프로젝트를 다루면서 이 미 보았을 것이다. score 변수는 integer 타입으로 GameScene 클래스에 선언되어 엔티티가 죽을 때마다 score 값이 증가한다.

그렇게 해서 게임이 끝나면 이번 판에 진행된 게임 점수와 시간을 화면에 보여준 다. 게임 오버 화면은 그림 16.1과 같다.

여기에서 사용자가 화면을 터치하면 이름을 입력할 수 있는 화면이 나타나는데, 이 화면은 그림 16.2이다.

사용자가 [Dismiss] 버튼을 누르면 이번 게임의 점수는 기록되지 않는다. 하지만 이름을 입력하면 입력한 날짜와 시각, 점수, 플레이 시간, 승리 또는 패배 정보가 기 록된다.

| 그림 16.1 | Sir Lamorak's Quest의 게임 오버 화면

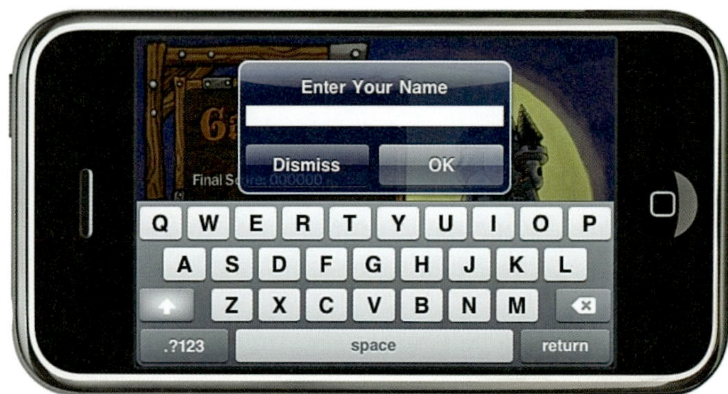

| 그림 16.2 | 이름 입력 화면

리스트 16.7은 `alertView:clickedButtonAtIndex:` 메소드로, 사용자가 입력한 정보를 저장한다.

 GameScene 클래스의 alertView:clickedButtonAtIndex: 메소드

```
- (void)alertView:(UIAlertView*)alertView
      clickedButtonAtIndex:(NSInteger)buttonIndex {

    UITextField *nameField = (UITextField *)[alertView viewWithTag:99];

    // OK 버튼을 누르면 playersname을 설정한다.
    if (buttonIndex == 1) {
```

```objc
    playersName = nameField.text;
    if ([playersName length] == 0)
        playersName = @"No Name Given";

    if (playersName) {
        BOOL won = NO;
        if (state == kSceneState_GameCompleted)
            won = YES;
        [sharedGameController addToHighScores:score
                            gameTime:gameTimeToDisplay
                            playersName:playersName
                            didWin:won];

    }
}

[nameField resignFirstResponder];

state = kSceneState_TransitionOut;
}
```


여기에서는 `UITextFiled`를 다른 태그값과 구별하기 위하여 99를 사용하였지만, 어떤 값을 써도 무방하다.

`alertView:clickedButtonAtIndex:` 메소드는 `UIAlertView`를 위한 delegate 메소드다. 그래서 게임이 끝나서 사용자가 화면을 터치하면 새로운 `UIAlertView`가 `GameScene` 클래스의 `touchesBegan:withEvent:` 메소드에서 만들어진다. 이렇게 해서 만들어지는 alert 뷰는 텍스트 박스 같은 필요한 컨트롤을 가져오는데, 이때 키보드가 화면의 내용을 덮지 않도록 적절히 배치시킨다.

또한 delegate를 `self`에 세팅하여 어떤 버튼을 눌러도 `alertView:clickedButton AtIndex:` 메소드가 호출되도록 하였다.

이렇게 해서 호출된 `alertView:clickedButtonAtIndex:` 메소드는 먼저 alert 뷰에 나타난 UITextFiled 레퍼런스를 가져온 다음 `buttonIndex` 값을 확인한다. 인덱스 값이 1인 경우에는 [OK] 버튼이 눌렸음을 의미하므로 텍스트 필드에 적혀 있는 텍스트를 가져와 그 길이를 확인한다. 텍스트 길이가 0인 경우에는 기본값으로 정의된 이름이 설정된다.

다음으로 최고 점수를 저장하는데 GameController 클래스의 `addToHighScores:`

`gameTime:playersName:didWin:` 메소드가 이 일을 담당한다.

그런 다음에는 텍스트 필드를 정리하고 저장된 게임 상태를 삭제한 다음, `state` 값을 `TransitionOut`으로 하여 메인 메뉴로 돌아가도록 한다.

점수 추가

리스트 16.8은 이번 판에서 획득한 점수를 최고 점수 목록에 추가하는 코드이다.

리스트 16.8   GameController 클래스의 addToHighScores:gameTime:playersName:didWin: 메소드

```objc
- (void)addToHighScores:(int)aScore
      gameTime:(NSString*)aGameTime
      playersName:(NSString*)aPlayerName
      didWin:(BOOL)aDidWin
{
    Score *score = [[Score alloc] initWithScore:aScore
                                gameTime:aGameTime
                                playersName:aPlayerName
                                didWin:aDidWin];
    [unsortedHighScores addObject:score];
    [score release];
    [self saveHighScores];
    [self sortHighScores];
}
```

`addToHighScores:gameTime:playersName:didWin:` 메소드는 `Score` 클래스의 인스턴스를 만드는데, 저장하는 정보는 다음과 같다.

- 플레이어 이름
- 저장하는 날짜 및 시각
- 게임 플레이 시간
- 점수

`Score` 클래스 역시 `NSCoding` 프로토콜을 구현하여 인코딩 및 디코딩이 가능하다.

GameController 클래스는 인스턴스 변수 unsortedHighScores를 가지고 있는데, unsortedHighScores는 NSMutableArray 타입으로 Score 클래스의 인스턴스들이 들어있다.

Score 클래스에 새로운 인스턴스를 추가한 다음에는 배열 내용을 저장하고 정렬(sort)시킨다. 점수를 정렬시키는 sortHighScores 메소드는 리스트 16.9에 있다.

리스트 16.9 GameController 클래스의 sortHighScores 메소드

```
- (void)sortHighScores {
    NSSortDescriptor *scoreSortDescriptor = [[[NSSortDescriptor alloc]
initWithKey:@"score" ascending:NO] autorelease];
    NSSortDescriptor *dateSortDescriptor = [[[NSSortDescriptor alloc]
initWithKey:@"dateTime" ascending:NO] autorelease];
    NSArray *sortDescriptors = [NSArray arrayWithObjects:scoreSortDescriptor,
dateSortDescriptor, nil];

    [highScores release];
    highScores = [[unsortedHighScores sortedArrayUsingDescriptors:sortDescripto
rs] retain];
}
```

먼저 NSSortDescriptor 클래스를 이용하여 sort descriptor를 만든다. 이것은 배열을 정렬시키는 간단한 방법으로, 두 개의 sort descriptor를 사용하였다. 두 개의 descriptor는 NSArray에 추가되는데 추가되는 순서가 정렬할 때 사용되는 필드의 순서가 된다.

그런 다음 highScores 배열을 release시키고 새로 만든 정렬된 최고 기록을 다시 담는다. 배열을 정렬하는 것은 sortedArrayUsingDescriptors: 메소드가 맡는다.

이것이 정렬된 형태로 점수 리스트를 만드는 방법이다. 이렇게 해서 만든 highScores 배열은 나중에 HighScoreViewController 클래스에서 UITableView를 만들 때 사용된다.

최고 점수 저장

점수를 저장하는 saveHighScores 메소드는 게임 상태를 저장하는 것과 동일한 과

정을 거치도록 구현되었다. Score 클래스 역시 NSCoding 프로토콜을 구현하기 때문에 GameController 클래스의 unsortedHighScores를 아카이브하고 디스크에 저장할 수 있다(리스트 16.10).

 GameController 클래스의 saveHighScores 메소드

```objc
- (void)saveHighScores {
    NSArray *paths = NSSearchPathForDirectoriesInDomains(NSDocumentDirectory,
                                                NSUserDomainMask, YES);
    NSString *documentsDirectory = [paths objectAtIndex:0];
    NSString *scoresPath = [documentsDirectory
                        stringByAppendingPathComponent:@"highScores.dat"];

    NSMutableData *scores;
    NSKeyedArchiver *encoder;
    scores = [NSMutableData data];
    encoder = [[NSKeyedArchiver alloc] initForWritingWithMutableData:scores];

    [encoder encodeObject:unsortedHighScores forKey:@"highScores"];

    [encoder finishEncoding];
    [scores writeToFile:scoresPath atomically:YES];
    [encoder release];
}
```

최고 점수 읽어오기

게임을 시작할 때 최고 점수를 읽어오는 것도 저장할 때와 마찬가지로 간단하다. 리스트 16.11은 loadHighScores 메소드다.

 GameController 클래스의 loadHighScores 메소드

```objc
- (void)loadHighScores {
    NSArray *paths = NSSearchPathForDirectoriesInDomains(NSDocumentDirectory,
                                                NSUserDomainMask, YES);
    NSString *documentsDirectory = [paths objectAtIndex:0];

    NSMutableData *highScoresData;
    NSKeyedUnarchiver *decoder;

    NSString *documentPath = [documentsDirectory
                        stringByAppendingPathComponent:@"highScores.dat"];
```

```objc
highScoresData = [NSData dataWithContentsOfFile:documentPath];

if (highScoresData) {
    decoder = [[NSKeyedUnarchiver alloc] initForReadingWithData:highScoresData];
    unsortedHighScores = [[decoder decodeObjectForKey:@"highScores"] retain];
    [decoder release];
} else {
    unsortedHighScores = [[NSMutableArray alloc] init];
}

[self sortHighScores];
}
```

`GameController`가 최초로 초기화될 때 최고 점수가 로드된다. 이때 `unsorted HighScores` 배열이 만들어지면서 읽어온 점수가 배열에 저장된다.

✖ 성능과 최적화

iPhone, iPad 같은 모바일 장치를 위한 소프트웨어를 만들 때는 제한된 자원을 최대한 활용하는 것이 매우 중요하다. 이를 위해 제공되는 툴이 Instruments이다. Instruments는 여러분이 작성한 애플리케이션을 다음과 같이 여러 가지 관점에서 분석하는 프로그램이다.

- 오브젝트 할당(Object allocation)
- 메모리 누수(Memory leak)
- OpenGL ES
- CPU

Instruments는 성능 이슈와 메모리 누수 문제를 분석하는 데 아주 훌륭한 프로그램이다.

저자는 `ImageRenderManager` 클래스를 테스트할 때 GPU를 얼마나 많이 점유하는지 확인하기 위해 처음으로 Instruments를 사용하였다. OpenGL ES instrument는 얼마나 GPU를 많이 사용하는지 잘 보여주었으며, 이렇게 얻은 정보로 성능 향상을 위해 수정해야 하는 부분이 어디인지를 알 수 있었다.

Instruments 중 저자가 많이 사용하는 것은 Leaks이다. 이 instrument는 애플리케이션에서 메모리 누수가 어디서 일어나는지를 알려준다. 애플리케이션이 실행하는 동안 OS로부터 메모리를 할당받을 때마다 leaks가 기록되는데, 만일 할당된 메모리 영역을 가리키는 포인터를 제거하거나 다른 것으로 덮어쓰면 해당 메모리 영역은 free되지 못하여(즉 OS에 반납되지 못하여) 누수(leak)가 일어나게 된다. 프로그램 코드를 최적화하는 것은 이미 최적화해야 한다는 것을 알고 있는 상황임에도 불구하고 시간이 많이 걸리기 때문에 프로젝트를 지연시키게 된다. 뿐만 아니라 코드를 더욱 복잡하고 읽기 어렵게 만들기도 한다.

> **Tip** 저자는 프로그램을 개발할 때면 몇 년 전 컴퓨터과학 교수가 강의시간에 이야기한 이 한 마디를 떠올린다. "섣부른 최적화는 모든 악의 근원이다." 교수는 큰 의미를 두지 않았을지 몰라도 저자는 이 말을 마음 속 깊이 새기고 있다.

애플리케이션을 최적화하는 것, 특히 게임에 있어서는 매우 중요한 작업이지만 이러한 최적화에는 반드시 그 이유가 있어야 한다. 특정 코드가 게임을 느리게 하는 것 같다는 기분이 아닌 증명이 가능한 이유여야 한다.

Sir Lamorak's Quest에는 분명히 최적화할 수 있는 부분이 더 존재한다고 믿고 있다. 예를 들어 Objective-C를 사용하지 않고 C 함수를 사용하거나, particle system을 조금 더 최적화할 수도 있을 것이다. 그러나 이미 모든 iPhone에서 게임이 잘 동작하고 있기 때문에 더 이상 코드를 복잡하게 하면서까지 최적화를 해야 할 필요를 느끼지 않는다.

만약 코드에서 병목이 되는 부분을 찾아야 한다면 Instruments가 도와줄 것이다.

여기에서는 Instruments에 대한 모든 내용을 설명하는 대신 가장 많이 사용하는 부분(예: OpenGL ES, CPU, 메모리)에 어떻게 적용하는지를 알아볼 것이다.

Instruments 사용하기

Instruments를 사용하는 것은 만만치 않다. 먼저 Xcode에서 여러분의 프로젝트를 연 다음, 메뉴 바에서 [Run]–[Run With Performance Tool] 을 선택한다. 그러면 instrument 템플릿 리스트가 그림 16.3과 같이 나타난다.

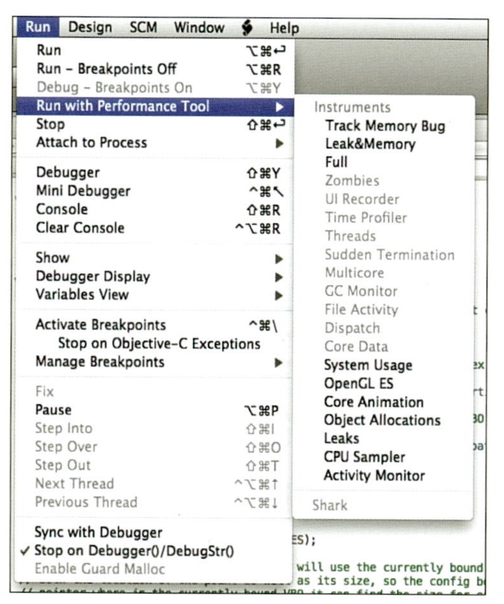

| 그림 16.3 | Xcode에서 instrument 템플릿을 선택하는 화면

Instrument 템플릿에는 여러 가지가 있으며, 그림 16.3에서 볼 수 있는 것과 같이 저자가 직접 만든 [Track Memory Bug], [Leak&Memory], [Full] 등과 같은 것도 포함된다. Instrument 템플릿은 원하는 만큼 만들어 추가하는 것이 가능하다. 자신만의 instruments를 추가하고 설정한 다음 템플릿으로 저장하면 Xcode의 템플릿 리스트에서 자신이 만든 instrument 템플릿을 볼 수 있다.

> **Note** 기본적으로 여러 가지 다양한 instruments가 이미 등록되어 있어 바로 사용할 수 있다.

Leaks Instrument

Leaks instrument를 선택하면 Instruments 프로그램이 Leaks 플랫폼으로 실행된다. 동시에 현재 프로젝트를 iPhone Simulator 또는 iPhone에서 실행시킨다. 그림 16.4는 Leaks 템플릿을 선택했을 때 동작하는 Instruments를 보여주고 있다.

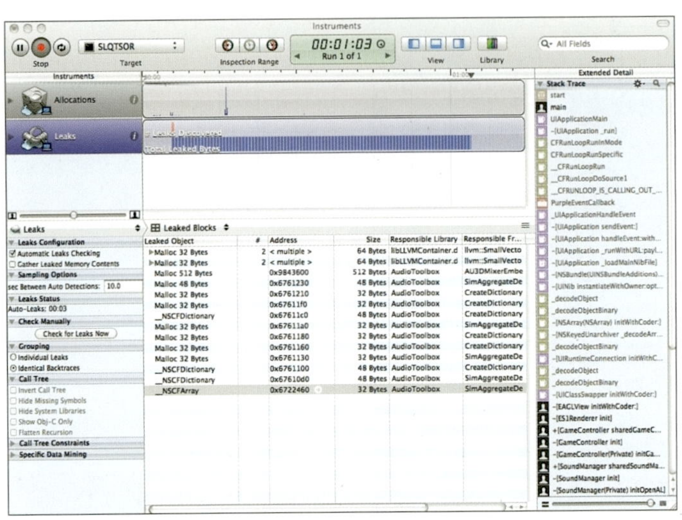

| **그림 16.4** | SLQTSOR 프로젝트에 대해 동작하는 Instruments의 Leaks 템플릿

화면 맨 위를 보면 오브젝트 할당 상태를 막대그래프로 보여주고 있다. 중간에 튄 부분은 이미지와 스프라이트 시트에 대한 오브젝트를 만들고 메모리를 할당하면서 생긴 부분이다.

바로 밑에는 메모리 누수가 나타난 모습을 보여주는데 갈색 막대는 메모리 누수가 나타난 횟수를, 파란색 막대는 누수된 메모리의 전체 양을 나타낸다. Leaks Instrument가 선택되면 중앙 아래에 메모리 누수가 일어난 세부 내역을 보여준다.

메모리 누수는 여러분이 작성한 애플리케이션에서만 일어나는 것은 아니다. 메모리 누수 세부 내역에서 [Responsible Library] 열을 보면 SLQTSOR에 대한 내용이 없다는 것을 알 수 있다. 화면에 나타난 것은 모두 Apple 프레임워크에 해당한다. Apple 코드에 메모리 누수가 있는 경우에는 어떻게 바꿀 도리가 없다. 그리고 leaks instrument가 나타내는 라이브러리가 iPhone Simulator에서 동작할 때와 iPhone 기기에서 동작할 때가 다른 것을 볼 수 있을 것이다. 저자도 iPhone Simulator에서는 메모리 누수가 발생하지 않았지만 iPhone 기기에서 실행했을 때에는 메모리 누수가 일어나는 것을 보기도 하였다.

애플리케이션을 테스트할 때 실제 장치에서 하는 것이 가장 좋다. iPhone Simulator는 단순히 simulator일 뿐이다(emulator도 아니다). iPhone Simulator의 성능은 iPhone 자체와는 많이 다르기 때문에 가장 좋은 결과를 얻기 위해서는 여러 종류의 iPhone 장치에서 테스트하는 것이 좋다. 가족 또는 친구들을 베타 테스터로 섭외하는 것도 좋은 방법이 된다. 이에 대한 내용을 이번 장 후반에서 다룰 것이다.

그러면 메모리 누수가 얼마나 일어나는지 Leak 프로젝트를 통해 알아보자. Leak 프로젝트는 로그 파일에 몇 줄 적는 간단한 iPhone 앱으로 iPhone Simulator에는 회색 화면만 나타난다.

Xcode 메뉴에서 [Run]-[Run With Performance Tool]을 선택하고 Leaks 템플릿을 선택하면 Leaks Instrument가 나타나면서 애플리케이션이 시작한다. 그림 16.5는 Leak 프로젝트 실행 중에 동작하는 Leaks instrument 화면이다.

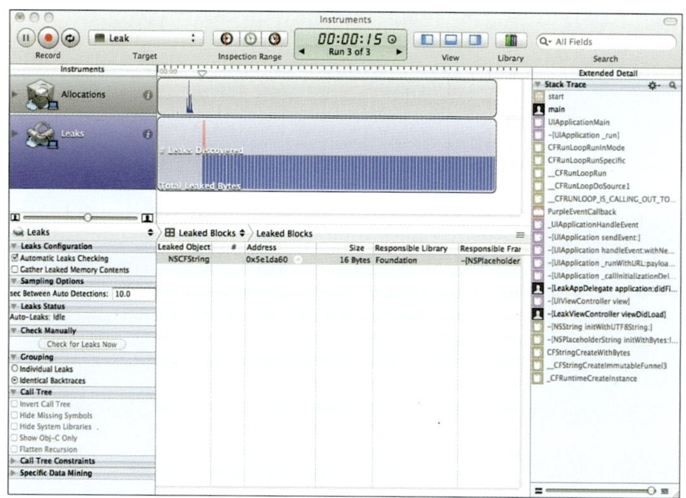

| 그림 16.5 | Leak 프로젝트가 실행하는 동안의 Leaks instrument 화면

Leaks instrument를 실행한 다음 몇 초 후에 메모리 누수가 일어났음을 감지하고 몇 byte의 메모리가 누수되었는지 알려준다. 이때 Stop 버튼을 누르면 메모리 누수가 일어난 부분을 조사할 수 있다.

왼쪽 패널 [instrument]에서 [Leaks]를 선택하면 중앙 패널에 메모리 누수가 일어난 오브젝트 리스트가 나타난다(그림 16.5). 그리고 확장 패널도 볼 수 있는데, 그렇게 하기 위해서는 그림 16.6과 같이 같이 중앙 상단에서 [Extended detail view]를 선택하면 된다.

| 그림 16.6 | Leaked block view와 extended detail view가 활성화된 상태

[Extended detail view]는 메모리 누수가 일어난 곳을 코드로 보여주기 때문에 아주 유용하다. 중앙 패널의 리스트 중 하나를 선택하면 오른쪽의 확장 패널에서는 스택 형태로 메모리 누수가 일어난 곳을 보여준다. 오른쪽 확장 패널에 나타난 스택 리스트 중 애플리케이션에 해당하는 맨 마지막 항목을 선택하면 되는데, 애플리케이션에 해당하는 항목에는 사람 모양을 한 아이콘이 붙어 있다. 여기에서는 `viewDidLoad:` 부분이 애플리케이션에 해당하는 가장 마지막 항목이다. 마지막 항목을 선택하면 그림 16.7과 유사하게 나타날 것이다.

코드를 보면 `viewDidLoad:` 메소드에서 문자열을 만들기 위해 할당 받은 메모리가 누수되었다고 표시하고 있다. Instruments는 메모리 누수가 일어난 부분을 알려주기는 하지만 메모리 누수가 발생한 원인까지는 알려주지 못한다. 원인을 찾는 것은 개발자의 몫이다.

예제에서는 다행히 메모리 누수의 원인을 쉽게 찾을 수 있다. `viewDidLoad:` 메소드에서 `leakyString`에 메모리를 할당받은 다음 `printAnotherMessage:` 메소드에서 `leakyString`을 release하지 않은 채 다시 메모리를 할당받아서 메모리 누수가 발생했다. 이제 이를 해결하기 위하여 `printAnotherMessage:` 메소드 내에서 `leakyString`에 메모리를 할당하는 코드 앞에 아래의 코드를 추가하면 된다.

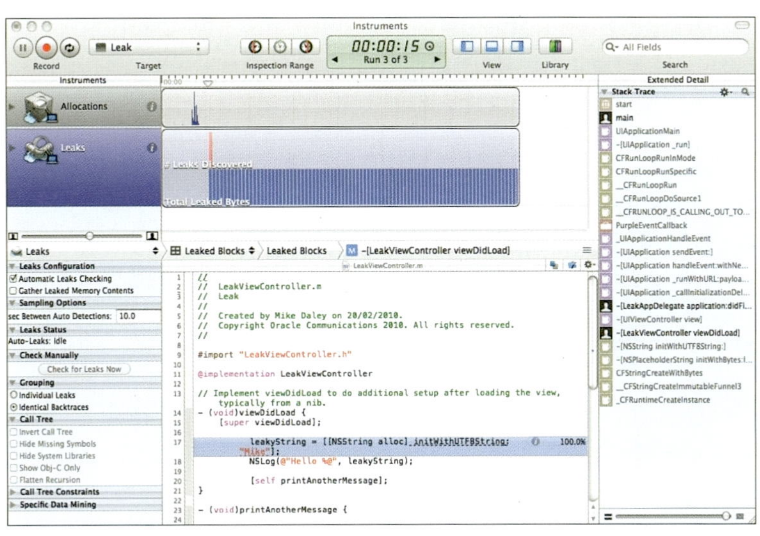


```
//
//  LeakViewController.m
//  Leak
//
//  Created by Mike Daley on 20/02/2010.
//  Copyright Oracle Communications 2010. All rights reserved.
//

#import "LeakViewController.h"

@implementation LeakViewController

// Implement viewDidLoad to do additional setup after loading the view,
// typically from a nib.
- (void)viewDidLoad {
    [super viewDidLoad];

    leakyString = [[NSString alloc] initWithUTF8String:
    "Mike"];
    NSLog(@"Hello %@", leakyString);

    [self printAnotherMessage];
}

- (void)printAnotherMessage {
```

| 그림 16.7 | 메모리 누수가 일어난 코드가 강조된 화면

```
if (leakyString)
    [leakyString release];
```

메모리를 할당받기 전에 이미 할당받은 메모리가 있는지 확인하고 만일 그렇다면 release해주는 것만으로 간단하게 메모리 누수 문제를 해결할 수 있다.

이제 다시 컴파일하고 iPhone Simulator에서 Instruments와 함께 실행시키면 메모리 누수가 일어나지 않았음을 확인할 수 있다.

다시 한 번 이야기하지만, Instruments는 메모리 누수가 일어나는 부분을 알려줄 수는 있지만 메모리 누수의 원인까지 알려주지 못한다. 코드의 어느 부분에서 메모리 누수의 원인을 제공하는지는 알 수 없는 일이기 때문에 코드가 복잡할수록 메모리 누수의 원인을 찾는 것이 쉽지 않다. 메모리 누수를 예방하는 좋은 습관 중 하나는 오브젝트에 메모리를 할당받기 위해 alloc을 사용했다면 가능한 한 빨리 release 또는 autorelease 메시지를 사용하는 것이다. 이렇게 하면 메모리 해제를 고민해야 할 오브젝트 수를 줄일 수 있기 때문에 메모리 누수를 일으킬 확률을 낮출 수 있다. 메모리 누수를 예방할 수 있는 또 다른 방법으로 Xcode의 [Build and Analyze] 메뉴를 이용하는 것이다. [Build and Analyze]를 선택하면 컴파일러가 판단하기에 메모리 누수가 일어날 것이라고 예상되는 부분을 지적해준다.

OpenGL ES Instrument

OpenGL ES Instrument는 CPU 사용률을 보여주듯이 GPU 사용률을 보여준다. 그리고 프레임 비율을 모니터하면서 CPU 사용률이 튀는 부분이 있는지도 알려준다. 물론 instrument가 정확한 원인을 알려주는 것은 아니지만 적어도 어느 부분이 잘못되었는지는 짚어줄 수 있다.

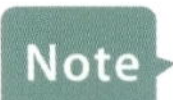
OpenGL ES instrument는 실제 기기에서 동작할 때만 프로그램을 분석하며 iPhone Simulator에서 동작할 때는 분석하지 못한다.

SLQTSOR 프로젝트를 열고 OpenGL ES instruments 템플릿을 선택한 다음 iPhone에서 Sir Lamorak's Quest가 실행되면 새 게임을 시작한다. 게임 화면이 나타나면 Instruments에도 그림 16.8과 같은 내용이 보일 것이다.

Instruments의 상단에는 OpenGL ES가 작업하는 세부내역을 보여주고 있다. 화면 왼쪽 패널 상단의 [Instruments] 목록에서 [OpenGL ES] 바로 오른쪽에 있는 i 모양의 버튼(인스펙터(inspector) 버튼이다)을 누르면 각 instrument가 보여주는 정보 목록을 설정할 수 있다. 그래서 만일 그림 16.8과 같은 화면이 나타나지 않는다면 인스펙터 버튼을 눌러 원하는 정보를 선택하면 된다.

화면 하단에는 현재 선택한 instrument에 대한 좀 더 자세한 리스트가 나타난다. 그림 16.8에서 볼 수 있는 것처럼 저자는 종종 맨 앞 열의 sample number 순으로 정렬한다. 이렇게 하면 게임이 실행되는 동안 가장 최근 샘플부터 보여준다.

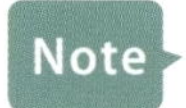
세부 리스트에는 [Implicit Scene Count], [Renderer Utilization], [Resource Bytes], [Tiler Utilization], [Core Animaton Frames Per Second] 등을 보여준다. 저자는 이 중에서 [Renderer Utilization]과 [Core Animaton Frames Per Second]를 가장 많이 사용한다.

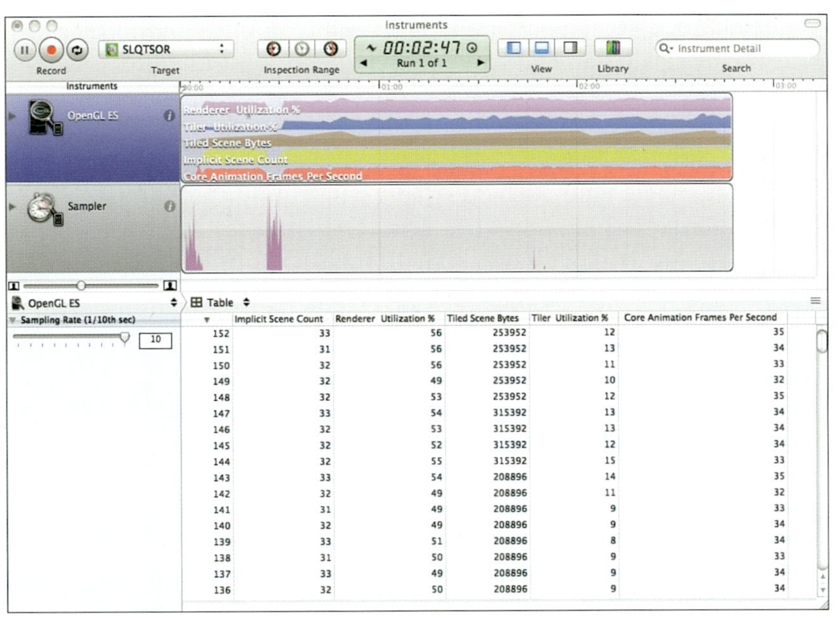

	Implicit Scene Count	Renderer Utilization %	Tiled Scene Bytes	Tiler Utilization %	Core Animation Frames Per Second
152	33	56	253952	12	35
151	31	56	253952	13	34
150	32	56	253952	11	33
149	32	49	253952	10	32
148	32	53	253952	12	35
147	33	54	315392	13	34
146	32	53	315392	13	34
145	32	52	315392	12	34
144	32	55	315392	15	33
143	33	54	208896	14	35
142	32	49	208896	11	32
141	31	49	208896	9	33
140	32	49	208896	9	34
139	33	51	208896	8	34
138	31	50	208896	9	33
137	33	49	208896	9	34
136	32	50	208896	9	34

| 그림 16.8 | iOS 4 버전의 iPod 2G에서 SLQTSOR을 실행시킨 후 OpenGL ES instrument로 모니터링하는 화면

그림 16.8의 세부 리스트를 보면 OpenGL ES renderer가 50~60% 정도 사용되는 것으로 나타나는데, 이 정도 수치면 여러 개의 particle 효과와 함께 다수의 스프라이트가 렌더링되는 상황이지만, 그래도 적정 수준의 부하를 유지한다고 할 수 있다. 만약 지속적으로 100%를 유지한다면 최적화가 필요한 상태임을 인식해야 한다.

GPU를 많이 사용하는 작업 중 하나가 화면 중첩이다. 그래서 반투명 화면을 사용하는 경우에는 불투명 화면을 사용하는 경우에 비해 GPU의 부하가 훨씬 증가한다. 따라서 가능한 한 투명한 화면 사용을 자제하는 것이 GPU 부하를 적정 수준으로 유지할 수 있는 방법이 되겠다.

[OpenGL ES] 아래에 있는 것은 [Sampler]이다. [Sampler]는 [OpenGL ES]가 동작할 때의 CPU 사용량을 보여주는데, 보통 프레임 비율이 떨어지면 CPU 사용량도 튀는 양상을 띤다. CPU가 튀는 부분과 관련된 코드를 찾는 것은 어렵지 않다.

오른쪽에 확장 패널을 나타나게 한 다음 CPU가 튀는 부분을 선택하면 확장 패널에는 해당 코드가 스택 형태로 나타난다. 코드 목록에서 맨 위에 있는 애플리케이션 코드를 선택하면 CPU를 많이 잡아먹도록 만든 코드가 어느 부분인지 화면 하단에 나타난다. 그림 16.9는 CPU를 많이 사용하는 코드를 보여주는 화면이다.

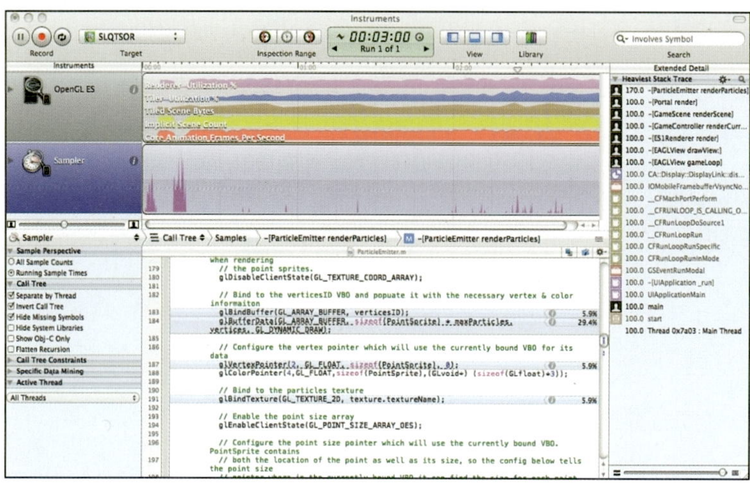

| **그림 16.9** | CPU 점유율이 높은 코드

　CPU 점유율이 높은 코드를 조회할 때 아주 편리한 점은 각 코드마다 CPU를 얼마나 점유하는지를 시간 비율로 보여준다는 것이다. 그림 16.9의 예를 보면 `glBufferData` 명령이 이 클래스에서 29.4%에 해당하는 시간 동안 점유했음을 알려준다. `glBufferData` 명령이 렌더링하기 전에 꼭지점 정보를 VBO에 복사하는 것임을 감안하면 이러한 점유율은 충분히 납득된다.

　지금까지 설명한 여러 가지 정보를 통해 여러분의 게임에서 최적화시켜야 할 부분이 어디인지를 쉽게 찾게 될 것이다. 그러나 CPU 점유율이 튄다고 해서 무조건 최적화시켜야 한다는 것은 아니다. CPU 점유율이 높아지더라도 게임을 진행하는데 전혀 무리가 없다면 고쳐야 할 부분은 없다고 봐도 무방하다.

Compiling for Thumb 옵션

　별도의 분석 툴을 사용하지 않고 여러분의 게임 성능을 높일 수 있는 방법이 있다.

iPhone에 들어 있는 ARM 프로세서는 표준 ARM 명령어(instruction) 세트를 사용할 때만 부동 소수점(floating-point) 연산을 할 수 있기 때문에, ARM 프로세서로 하여금 언제든지 부동 소수점 연산을 하도록 설정하는 것이 좋다.

그러나 기본적으로 프로젝트 build 설정은 Thumb[1]을 사용하도록 되어 있기 때문에 컴파일 시 표준 부동 소수점 연산을 방해하는 요소로 작용하게 된다. 이것은 대부분이 부동 소수점 연산으로 구성된 게임 프로그램에 있어서는 성능 저하의 원인이 된다. 이를 막기 위해서는 프로젝트 설정에서 Compile for Thumb 옵션을 비활성화하면 된다[2]. 이렇게만 해도 제법 많은 성능 향상을 확인할 수 있을 것이다.

✖ 베타 테스트

게임 프로그램을 개발하고 여러 가지 세부사항을 보완하여 어느 정도 완성단계에 이르면, 이제 사람들에게 자신의 작품을 공개할 때가 되었다.

베타 테스트는 App Store를 포함한 게임의 life cycle에 있어 아주 중요한 부분이다. 개발하는 과정에서 수도 없이 게임을 플레이했기 때문에 게임의 모든 기능과 특징에 대해 이미 익숙해질 대로 익숙해져 있을 것이다. 하지만 관심 있는 부분에만 집중하다 보면 놓치는 부분이 생기기 마련이다.

그래서 다른 사람에게 게임 테스트를 의뢰할 때는 자신이 만든 게임에 대한 지식이 전혀 없는 사람을 선택하는 것이 중요하다. 저자는 Sir Lamorak's Quest가 그저 책을 위한 예제 프로그램에서 끝나지 않고 제대로 된 완성도 높은 게임이 되도록 하기 위해서 게임 개발이 거의 끝날 무렵에는 이 게임에 문제는 없는지 확인하고 싶었다. 이를 위해 저자가 운영하는 블로그(www.71squared.co.uk)에 10명의 베타 테스터를 모집하는 광고를 냈는데, 운 좋게도 10명의 훌륭한 베타 테스터를 금방 모집할 수 있었다. 만약 블로그 등을 운영하지 않는다면 iPhone 기기를 사용하는 가족

---

1 ARM 프로세서의 Thumb과 부동 소수점 연산에 대한 자세한 내용은 en.wikipedia.org/wiki/ARM_architecture#Thumb 에서 확인할 수 있다.

2 **역주** Xcode 4 에서 Thumb 옵션을 끄기 위해서는 프로젝트를 선택한 다음 중앙 패널 상단에서 Build Settings 탭을 선택하고, 맨 아랫 부분에 있는 GCC_THUMB_SUPPORT 값을 NO로 지정하면 된다.

또는 친구에게 의뢰하거나 iDevGames(www.iDevGames.com), #iPhoneDev
IRC 채널 같은 유명한 포럼에 의뢰할 수도 있다.

베타 테스트를 진행할 때는 테스터에게 원하는 방향을 제시하고 결과를 피드백하기 위한 통일된 양식을 제공하는 것이 중요하다. 또한 마감시간을 정하여 베타 테스트의 지연으로 다른 일정에 영향을 미치는 일이 없도록 하는 것도 중요하다.

그리고 가능한 다양한 종류의 기기를 가진 베타 테스터를 구하는 것이 좋다. 개발자 혼자 그 많은 기기를 갖고 있기는 힘들기 때문에 베타 테스트를 이용하여 자신에게 없는 기기에서의 시험을 손쉽게 진행할 수 있다.

UDID는 iPhone, iPodTouch, iPad 등을 구별하는 고유 장치번호이다. 이 ID를 이용하여 여러분이 작성한 프로그램의 임시 배포 버전을 만들 수 있으며, 이 버전은 오직 등록된 UDID 장치에서만 동작할 뿐만 아니라 App Store를 거치지 않고 직접 배포할 수 있다.

배포 버전을 만들기 위해서는 유료 개발자 프로그램[3] 멤버로 등록해야 한다. 개발자 프로그램에 대한 자세한 내용은 iPhone Development Center(developer.apple.com/iphone)를 확인하기 바란다.

배포 버전을 만드는 과정은 쉽지 않지만 iPhone Dev Center에서 제공하는 여러 문서를 참고하다 보면 점점 속도가 붙을 것이다.

> **Tip** 자신이 가지고 있는 장치의 UDID 값은 Xcode를 이용하여 얻을 수 있지만, 베타 테스터에게는 개발 툴이 없거나 UDID가 무엇인지도 모르는 경우가 많기 때문에 UDID를 확인할 수 있는 방법을 베타 테스터에게 알려주어야 한다. App Store에는 이러한 용도의 무료 프로그램이 많이 있으니 App Store에 방문하여 "UDID"를 검색한 다음, 결과로 나타나는 무료 프로그램 중 하나를 설치토록 한다. iPad에서도 동작하기 때문에 같은 방법으로 UDID를 수집하면 된다.

다양한 기기 형태

베타 테스터를 이용하는 장점 중 하나는 다양한 장치에서 시험할 수 있다는 것이다. 다양한 장치에서 시험함으로써 혹시라도 발생할 수 있는 특정 기기에서의 오류

----

3 **역주** "iPhone" 도서에도 개발자 프로그램에 대한 설명이 자세히 수록되어 있으니, 참고하기 바란다.

를 미리 잡아낼 수 있다.

Sir Lamorak's Quest의 베타 테스트를 진행하는 동안 테스터 한 명이(사실 편집자 Chuck이다) 화면에 흰색 플래시 같은 불빛이 비정상적으로 나타난다는 보고를 해주었다. 이러한 내용을 다른 베타 테스터들에게도 이메일로 알려주었는데, 이 이후에 다른 베타 테스터 몇 명도 같은 내용의 문제를 보고해 주었다.

확인 결과 iPhone 3GS 에서 동작할 때 일어나는 것으로 판명되었는데, 이메일을 주고 받으며 좀 더 자세히 분석해보니 문제의 원인이 particle system에 있다는 것을 확인하게 되었다. 간혹 particle 스프라이트 점의 크기가 0보다 작아지는 경우에 iPhone 3GS 에서 렌더링하면 플래시 같은 불빛을 만들어 내는 것이었다. 이러한 현상은 iPhone 3GS에서만 발생하였으며, 다른 iPhone 모델이나 iPod Touch에서는 일어나지 않았다. 해결 방법은 간단했다. 점 크기를 0보다 작아지지 않도록(음수 값이 되지 않도록) 유지하면 됐다.

저자는 iPhone 3GS를 갖고 있지 않은데다 iPhone Simulator에서는 플래시 현상이 일어나지 않았기 때문에, 베타 테스트를 하지 않았다면 아마도 이와 같은 버그를 발견하지 못했을 것이다.

또한 release 버전을 컴파일하고 App Store에 등록하기 전에는 반드시 최종 버전이 제대로 동작하는지 확인할 수 있는 좋은 방법이다. Sir Lamorak's Quest의 개발과 테스트를 모두 마친 다음 App Store에 등록하는 일만 남았을 때, 한 번 더 정리할 부분이 없는지 확인하면서 그 과정에서 사용하지 않는 초기 버전 이미지들을 삭제하였다. 그렇게 한 다음 컴파일하고 실행하는 데 전혀 문제가 없었기 때문에 이렇게 만든 최종 버전을 App Store에 등록하였다.

약 일주일의 기간을 거쳐 프로그램이 승인되어 App Store에 등록했는데, 문제는 그 다음에 발생하였다. App Store에 등록된 지 몇 시간도 되지 않아 사용자 한 사람으로부터 게임이 제대로 동작하지 않는다는 피드백을 받았다. 특정 지역에 들어가면 움직이지 못하거나 엔티티나 오브젝트가 전혀 없는 곳이 존재한다는 것이다. 이미 할 수 있는 모든 시험을 마친 상황이었기 때문에 그 당시에 받은 충격은 매우 컸다.

피드백을 받자마자 바로 코드를 실행하였지만 프로그램은 아무런 문제 없이 동작하는 것이었다. 그래서 프로젝트 정리(clean) 작업을 거친 다음 다시 컴파일하고 실행해보니, 이런! 사용자가 알려준 것과 유사한 문제가 발생하는 것이었다. 두어 시간 가량 이 문제와 씨름하고 나서야 문제의 원인을 알게 되었다. 이미지 파일 하나가 사라져버리는 바람에 이미지를 로딩하는 순간 프로그램이 잘못 동작하게 된 것이었다. 이미지를 다시 붙이고 프로젝트를 정리한 다음 컴파일하고 실행하는 것을 수 차례 반복하고 반복한 끝에 모든 것이 완벽하다는 확신을 갖고 App Store에 다시 등록하였다. 이 1.1 버전은 며칠 후 App Store에 등록되었다.

이러한 경험을 통해 얻은 교훈은, 최종 버전이 만들어진 다음에는 더 이상 그것을 절대로 건드리면 안 된다는 것이었다.

피드백

베타 테스터는 게임 디자인에 대해서도 피드백하는 경우가 있다. Sir Lamorak's Quest의 경우에는 HUD에 대한 훌륭한 피드백을 받을 수 있었다. 그림 16.10은 Sir Lamorak's Quest의 HUD 초안인데 이것이 너무 커서 화면을 많이 차지한다는 피드백이 있었다.

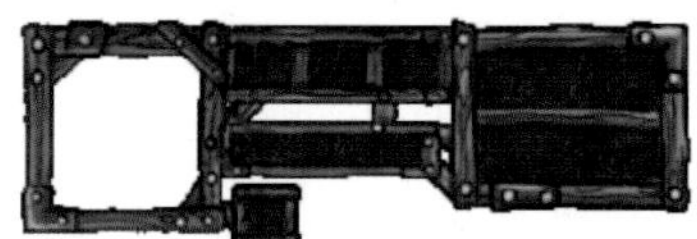

| 그림 16.10 | Sir Lamorak's Quest의 HUD 초안

물론 이러한 디자인적인 문제는 개개인마다 다를 수 있기 때문에 만약 한 명의 베타 테스터가 이러한 문제를 제기했다면 충분히 무시할 수도 있었을 것이다. 하지만 HUD가 너무 크다는 의견이 과반수가 넘었기 때문에 결국 HUD 디자인을 고치기로 마음 먹었다.

기타 피드백으로는 폰트 디자인 문제, 문을 통과하지 못하는 문제, 문 이미지 아래에 있는 주인공 그림이 잘리는 문제, 다른 작업을 해야 하는 상황에서 게임이 일시정지되지 않는 문제 등이 있었다.

첫 번째 베타 테스트를 거치고 난 후 게임이 훨씬 안정되고 세련되어졌음을 느끼게 되었는데, 이것은 모두 베타 테스터 덕분이었다. 다른 사람에게 게임에 대한 의견을 묻지 않고 모든 테스트를 직접 진행했더라면 완성도에 대해서 만족하지 못했을 것이다.

✂ 정리

드디어 이 책의 끝에 다다랐다. 지금까지 iPhone에서 동작하는 OpenGL ES 게임을 개발하는 데 필요한 다양한 개념들을 살펴보았는데, 그저 여러분이 즐겁게 이 책을 읽고 이 책을 통해 게임 개발에 많은 도움을 받았으면 정말 좋겠다는 생각이다.

이 책을 통해 설명한 여러 가지 개념과 기술은 여러분이 게임을 개발하는 데 좋은 밑거름이 될 것이다. 또한 이 책의 예제로 사용된 게임 엔진은 Sir Lamorak's Quest만을 위한 것이 아니기 때문에 여러분이 충분히 활용할 수 있을 것이다. 그리고 게임 제작을 하면서 겪게 되는 여러 가지 문제에 대한 해결 기법들은 여러분의 노하우가 될 것이다.

본 프로젝트의 전체 코드 분석을 세밀한 부분까지 하게 된다면 아마도 게임 개발에 필요한 또 다른 프레임워크를 찾게 될 것이다. 이를 돕고자 오픈 소스 프레임워크 몇 가지를 소개한다.

- Cocos2D iPhone, 2D 엔진 (www.cocos2d-iPhone.org)
- Oolong, 3D 엔진 (code.google.com/p/oolongengine)
- Sio2Engine, 3D 엔진 (www.sio2interactive.com)

덧붙여 상업용 엔진도 몇 개 소개한다.

- Torque, 2D/3D 엔진 (www.torquepowered.com)
- Bork3D, 3D 엔진 (bork3d.com/engine)
- ShiVa 3D, 3D 엔진 (www.stonetrip.com)
- Unity3D, 3D 엔진 (www.unity3d.com)

어떻게 돌아가는지 그 핵심만 파악한다면 위에서 설명한 게임 엔진을 훌륭히 소화할 수 있을 것이다. 또한 오픈 소스 엔진의 경우 소스에 대한 분석 및 시험도 진행할 수 있다.

Sir Lamorak's Quest에 사용하기 위한 게임엔진을 개발하는 작업은 자신의 실력을 객관적으로 평가할 수 있었던 매우 가치 있는 경험이었다. 왜냐하면 게임엔진을 개발하면서 부딪힌 수많은 문제를 통해 많은 것을 배울 수 있었기 때문이다. 이러한 경험을 통해 다른 사람이 개발한 프레임워크를 사용하는 것으로는 절대로 많은 것을 배울 수 없다는 생각을 갖게 되었으며, 앞으로도 게임엔진을 계속해서 보완하고 발전시켜 나갈 것이다.

이제 여러분의 게임 개발에 이 책이 조금이나마 보탬이 되길 바라는 일만 남았다. iPhone 플랫폼에서 게임을 개발하는 과정에 이 책이 많이 활용된다면 저자로서 매우 기쁘고 보람될 것이다. 지금 이순간에도 많은 사람들이 iPhone 게임을 개발하기 위해 밤낮을 가리지 않고 있으며, 여러분도 곧 이 대열에 합류하게 될 것이다.

그리고 마침내 여러분이 게임 하나를 완성한 다음 저자에게도 공유해준다면 게임을 좋아하는 저자로서는 더할 나위 없는 기쁨이 될 것이다.

찾아보기